PRÈS DU CŒUR

Témoignages et réflexions sur l'allaitement

Sous la direction de
LYSANE GRÉGOIRE ET MARIE-ANNE POUSSART

PRÈS DU CŒUR

Témoignages et réflexions sur l'allaitement

les éditions du remue-ménage

Couverture : Tutti Frutti
En couverture : Romain Beauchamp, comblé au sein de sa maman Sophie Lesiège,
tout comme l'était auparavant sa grande sœur Maxinne.
Photo : Marylène Thériault, Les fées mères (www.lesfeesmeres.com)
Infographie : Claude Bergeron

Ce recueil est une initiative du Groupe MAMAN, Mouvement pour l'autonomie
dans la maternité et pour l'accouchement naturel (www.groupemaman.org).

© Les Éditions du remue-ménage
Dépôt légal : quatrième trimestre 2008
Bibliothèque et Archives Canada
Bibliothèque et Archives nationales du Québec
ISBN 978-2-89091-275-5

Les Éditions du remue-ménage
110, rue Sainte-Thérèse, bureau 501
Montréal (Québec) H2Y 1E6
Tél. : 514 876-0097 / Téléc. : 514 876-7951
info@editions-remuemenage.qc.ca
www.editions-remuemenage.qc.ca

Les Éditions du remue-ménage bénéficient du soutien de la Société de développement des entreprises culturelles du Québec (SODEC) pour leur programme
d'édition. Nous remercions le Conseil des Arts du Canada de l'aide accordée à
notre programme de publication. Nous reconnaissons l'aide financière du gouvernement du Canada par l'entremise du Programme d'aide au développement
de l'industrie de l'édition (PADIÉ) pour nos activités d'édition.

Table des matières

Avant-propos

Marie-Anne Poussart

Comment les mères d'aujourd'hui qui allaitent vivent-elles cette expérience ? Qu'en retirent-elles ? Qu'en retiennent-elles ? Comment se déroule réellement cette période de leur vie ?

Ces questions, je me les pose depuis quelques années déjà, depuis que j'ai moi-même découvert l'allaitement. Ma propre expérience m'a permis de réfléchir à ce que représente l'allaitement, à ce que ça exige et à ce que ça implique. J'ai donné naissance à mon premier enfant en mars 2002 et l'ai allaité pendant 14 mois, à mon plus grand bonheur. Puis, en octobre 2003, je suis ensuite devenue mère d'une fille, que j'ai allaitée pendant deux ans, marqués cette fois par d'innombrables défis. C'est dire le nombre de tétées que j'ai passé à songer, à cogiter, à philosopher… mais sans pour autant réellement savoir ce que vivaient mes consœurs de leur côté.

En décembre 2005, alors que j'étais enceinte de mon troisième enfant, je dus me rendre à la Maison de naissance Côte-des-Neiges, à Montréal, pour un rendez-vous de suivi avec ma sage-femme. Comme j'étais arrivée quelques minutes d'avance, je me suis dirigée vers le salon où se trouve une bibliothèque remplie de livres que l'on peut consulter et emprunter. C'est là que j'ai vu pour la première fois l'ouvrage *Au cœur de la naissance : témoignages et réflexions sur l'accouchement* (Remue-ménage, 2004), dont j'avais lu un compte-rendu dans une revue. Très intéressée par le contenu qu'il proposait, je l'ai emprunté et n'ai mis que quelques jours à le lire au complet. Les témoignages étaient si forts, si émouvants, si vrais ! C'est alors que m'est venue l'idée de diriger la production d'un recueil similaire qui porterait sur l'allaitement. Pour enfin savoir ! Mais surtout, pour donner la parole aux mères de ma génération.

Journaliste de formation, je me disais que j'étais toute désignée pour mettre en branle une telle initiative. Je rêvais déjà au lancement du livre, à l'impact qu'il pourrait avoir sur des femmes enceintes ayant tant à découvrir sur l'allaitement. Voulant mener à terme mon projet, je me suis tournée vers Lysane Grégoire, codirectrice d'*Au cœur de la naissance* et présidente du Groupe MAMAN[1]. Notre rencontre fut déterminante.

---

1. Mouvement pour l'autonomie dans la maternité et pour l'accouchement naturel.

Rapidement, elle me confirma que mon idée n'était pas du tout farfelue, qu'un tel ouvrage serait une suite naturelle au premier et qu'il pourrait réellement inspirer les femmes. Elle m'invita à présenter l'idée au Groupe MAMAN, qui s'est révélé l'équipe idéale avec laquelle développer et réaliser le projet. Mon enthousiasme était à son comble.

Il faut dire qu'à ce moment-là, cela faisait déjà quatre ans que j'étais marraine Nourri-Source à Montréal, que j'épaulais des nouvelles mères, que je suivais des formations, que j'animais des rencontres prénatales, que je me renseignais, que je lisais beaucoup, que je participais à des colloques et à des rencontres sur l'allaitement. Tout cela, en vivant moi-même l'allaitement au quotidien. Je ne me lassais pas d'en apprendre toujours davantage. Et parallèlement, grandissait en moi le profond désir d'agir.

«Écrire, c'est aller vers les autres», confiait récemment l'auteure Jeanne Cordelier sur les ondes de Radio-Canada. En effet, écrire est une façon unique de partager avec d'autres ce que l'on vit, ce que l'on ressent, ce que l'on pense. Les quelque 175 mères qui ont répondu à notre appel de témoignages lors de la longue préparation de cet ouvrage souhaitaient toutes partager leur histoire pour le bénéfice d'autres mères. Nous les remercions chaleureusement de nous avoir soumis leur récit et de nous avoir permis de bâtir ce recueil.

Allaiter est une aventure, un engagement, une décision que l'on prend et reprend quotidiennement lorsqu'on vient d'avoir un enfant. Puisse ce livre éclairer les décisions que prendront cette année, l'an prochain et pour plusieurs années à venir, les mères de demain. Puisse-t-il leur donner confiance et les soutenir.

C'est dans les termes de cet appel de textes que les femmes ont été invitées à participer à ce recueil de témoignages.

PROJET DE LIVRE
RECUEIL DE TÉMOIGNAGES D'ALLAITEMENT

La suite naturelle de l'accouchement, c'est le lien physique
qui se poursuit dans l'intimité de la relation d'allaitement.
Bien plus qu'un mode d'alimentation, l'allaitement favorise l'attachement
et offre sécurité, chaleur et... une savoureuse dose d'amour!
Extrait de la philosophie du Groupe MAMAN

Nous entendons souvent parler de l'allaitement en termes de difficultés à surmonter, de complications, et de règles à suivre. Nous souhaitons montrer ce geste maternel sous une perspective différente, offrir une vision plus globale et intimiste de l'aventure exaltante qu'est celle de nourrir son enfant au sein. Vous aimez ou avez aimé allaiter votre enfant? Vous souhaitez partager votre expérience, au bénéfice de futures mères?

Nous sommes à la recherche de témoignages authentiques, d'histoires variées et inspirantes. Votre expérience est unique et pourrait encourager de futures mères à faire des choix plus éclairés, de même qu'à réduire certaines de leurs craintes fondées sur l'inconnu.

Pourquoi avez-vous choisi d'allaiter? Qu'est-ce qui vous a motivée? Comment se sont déroulés ces mois ou ces années? Avez-vous traversé des moments difficiles? Comment les avez-vous surmontés? Comment votre entourage vous a-t-il soutenue? Ou encore, en quoi vous a-t-il nui? Comment s'est déroulé le sevrage? Comment le fait d'allaiter vous a-t-il changée? Votre expérience d'allaitement a certainement été jalonnée de moments inoubliables et de souvenirs marquants; notre souhait est de permettre à d'autres femmes d'être touchées par ce qui vous a émue et transformée.

Nous recherchons également des témoignages de pères qui ont trouvé leur place auprès de leur bébé allaité. De même, un de vos parents, une sœur ou une amie peut témoigner de l'impact de votre allaitement dans leur vie.

FAITES-VOUS PLAISIR ET FAITES DU BIEN:
PRENEZ LA PLUME!

La perte culturelle

Lysane Grégoire

L'allaitement, un océan que je visite et revisite habituellement avec plaisir et aisance, mais dans lequel tenter de plonger habilement, dans le contexte de ce livre, m'est bien difficile. Je ne vous dis pas le nombre d'essais jamais satisfaisants, les pirouettes hésitantes, les sempiternelles méditations sur le tremplin. Alors voilà, je commence en admettant mon impuissance à trouver l'angle, le point de départ, la façon idéale d'introduire ce sujet pour moi si fondamental, si fondateur. Je plonge, aussi imparfaitement et difficilement que bien des débuts d'allaitement.

Promouvoir l'allaitement de nos jours n'est pas chose banale ; un peu comme l'acte lui-même, ce n'est pas toujours si simple ! Il s'en faut de peu, et de quoi au juste, pour être targuée d'épithètes aussi peu flatteuses que celle d'Ayatollah de l'allaitement. En tant que militante pour l'autonomie et la liberté, le qualificatif ne me réjouit guère. Cette situation, je ne la dénonce pas, je la reçois comme une invitation à aborder le sujet avec une sensibilité extrême. Allaiter fait partie des femmes et peu importe comment et pourquoi des générations entières de mères ont perdu cette part d'elles-mêmes, le résultat est le même : une perte culturelle, un deuil confus, une blessure *Près du cœur*.

En ce dimanche soir humide et chaud de la fin juillet, je laisse Ariane Moffatt m'émouvoir avec sa chanson *Poussière d'ange* qui évoque l'avortement. Étrange peut-être, choquant même, je le crains, mais je sens un lien entre les charges émotionnelles associées à l'interruption de grossesse et au fait de ne pas allaiter. Dans les deux cas, des organes féminins dédiés à faire œuvre d'amour, à faire croître la vie, sont purgés de leur finalité. Jamais ce ne sont des décisions simples et si l'avortement ou le non-allaitement peuvent être l'objet d'un choix libre, trop souvent ils résultent d'une obligation à laquelle une femme doit se résoudre pour mille et une raisons, toutes légitimes, toutes respectables, toutes liées à un contexte culturel spécifique et surtout, lui appartenant toutes.

D'accord, l'allaitement est un sujet sensible et le défi est certes de ne pas contribuer au sentiment de culpabilité si facile à faire germer dans le cœur d'une mère, mais nous allons tout de même nous donner le droit à travers ces pages de le célébrer. Un peu comme on fête le retour de l'enfant prodigue, bien des femmes ont envie de partager cette expérience singulière qui les réjouit. La plupart ont eu à découvrir le geste, à l'apprivoiser, à s'y adapter, dans un contexte où la transmission intergénérationnelle a été interrompue. Chacune à sa manière, elles communiquent la plénitude qu'elles ont ressentie en allaitant leur enfant. En termes de promotion, il ne se fait pas mieux !

S'il nous faut de nos jours parler d'allaitement, c'est qu'un geste ancestral, un état de l'être dans sa physiologie (l'état d'allaiter ou d'être allaité) a été atteint dans son intégrité. Atteint au point d'être travesti en option à choisir ou non, atteint au point que la physiologie elle-même a du mal à se mettre à l'œuvre simplement. De toutes nos fonctions physiologiques, celles reliées à la maternité ont été les plus malmenées au cours de l'histoire récente de l'humanité. Si nous n'avons toujours pas besoin de revendiquer la protection de l'acte de respirer avec nos poumons ou de digérer avec notre estomac, pour plusieurs, nous en sommes là, à protéger le droit d'accoucher avec un utérus alerte et celui de nourrir avec nos seins.

Imaginons qu'un jour, une société extraterrestre puissante, souhaitant améliorer nos conditions de vie, bien sûr, remplace l'élevage et l'agriculture par la production d'une bouillie savamment concoctée pour contenir tous les éléments nutritifs essentiels à notre sain développement. Cette soupe épaisse à saveur uniforme préviendrait même l'obésité en éliminant la malbouffe de notre environnement. Génial, non ? Ces nouveaux maîtres du monde nous priveraient de la variété des saveurs, des parfums qui font saliver et des textures qui plaisent au palais, tout ça bien bêtement parce qu'ils n'y verraient tout simplement aucun intérêt. N'est-ce pas ce que vivent les bébés qui sont privés des saveurs changeantes du lait maternel ? De l'odeur de la peau chaude et humide du lait qui y a coulé ? De sentir la texture du mamelon qui s'étire dans sa bouche ? Du plaisir d'attraper le sein de sa petite main qui flatte ou s'agrippe ? Du bien-être que procure cette douceur sur son visage lorsqu'il peut s'enfouir à satiété dans la chair nourricière ?

La nature donnant parfois l'impression d'avoir pensé à tout, le bébé n'est pas seul à pouvoir jouir des délices de l'allaitement. Dans *Mémoires de deux jeunes mariées*, Balzac a créé le personnage de Renée de L'Estorade qui, dans une lettre à une amie, s'exprime sur les joies de la maternité. Je ne sais où Balzac a tiré son inspiration, d'une amie ou des projections de son imagination, mais certaines pourront se reconnaître dans les propos de Renée :

Le petit monstre a pris mon sein et a tété : voilà le fiat lux ! J'ai soudain été mère. Voilà le bonheur, la joie, une joie ineffable. [...] Ce petit être ne connaît absolument que notre sein. Il n'y a pour lui que ce point brillant dans le monde, il l'aime de toutes ses forces, il ne pense qu'à cette fontaine de vie, il y vient et s'en va pour dormir, il se réveille pour y retourner. Ses lèvres ont un amour inexprimable, et, quand elles s'y collent, elles y font à la fois une douleur et un plaisir, un plaisir qui va jusqu'à la douleur, ou une douleur qui finit par un plaisir ; je ne saurais t'expliquer une sensation qui du sein rayonne en moi jusqu'aux sources de la vie, car il semble que ce soit un centre d'où partent mille rayons qui réjouissent le cœur et l'âme. Enfanter, ce n'est rien ; mais nourrir, c'est enfanter à toute heure. [...] Cette adorable sensation de son premier cri, qui fut pour moi ce que le premier rayon du soleil a été pour la terre, je l'ai retrouvée en sentant mon lait lui emplir la bouche ; je l'ai retrouvée en recevant son premier regard, je viens de la retrouver en savourant dans son premier sourire sa première pensée. Il a ri, ma chère. Ce rire, ce regard, cette morsure, ce cri, ces quatre jouissances sont infinies : elles vont jusqu'au fond du cœur, elles y remuent des cordes qu'elles seules peuvent remuer ! Les mondes doivent se rattacher à Dieu comme un enfant se rattache à toutes les fibres de sa mère [...] Être nourrice, ma Louise, c'est un bonheur de tous les moments. On voit ce que devient le lait, il se fait chair, il fleurit au bout de ces doigts mignons qui ressemblent à des fleurs et qui en ont la délicatesse ; il grandit en ongles fins et transparents, il s'effile en cheveux, il s'agite avec les pieds. [...] Nourrir, Louise ! C'est une transformation qu'on suit d'heure en heure et d'un œil hébété.

L'enthousiasme de Renée est savoureux pour qui s'y reconnaît, mais si débordant qu'il franchit un seuil. Celui décrié, celui qui provoque colère et mépris, celui qui fait craindre le retour en arrière, l'aliénation des femmes, l'esclavage de la maternité, la servitude imposée, le piège qu'il faut redouter. En effet, elle termine sa missive en ces termes :

La femme n'est dans sa véritable sphère que quand elle est mère ; elle déploie alors seulement ses forces, elle pratique les devoirs de sa vie, elle en a tous les bonheurs et tous les plaisirs. Une femme qui n'est pas mère est un être incomplet et manqué. Dépêche-toi d'être mère, mon ange ! Tu multiplieras ton bonheur actuel par toutes mes voluptés.

Un grand défi à notre époque, soutenir les mères et les familles sans les piéger. Surtout, ne pas jeter le bébé avec l'eau du bain. Ces excès passionnés que prête Balzac à Renée, on les entend régulièrement ou, du moins, on frôle ce précipice tant redouté du recul de la longue lutte inachevée pour l'émancipation des femmes. Encore une fois, je n'ai pas envie de les dénoncer, mais suis plutôt tentée d'y voir ce que les mères cherchent à exprimer du fond d'elles-mêmes. Ce que je perçois dans l'élan de celles qui sont si transies par la maternité qu'il leur semble que sans cet épisode la vie d'une femme n'a plus de véritable sens, c'est la grandeur et la profondeur d'une expérience que les mots ont du mal à traduire avec toutes les nuances qu'il faudrait, puisqu'on parle d'une part si intime de soi.

La femme qui utilise ses organes de maternité, qui accouche en sentant son utérus se contracter, qui sent une vie se mouvoir en elle et qui pousse ce petit être à travers son corps, qui le nourrit avec ses glandes mammaires, qui ressent la montée d'ocytocine et le réflexe d'éjection du lait qu'elle a produit... comme l'aveugle qui recouvre la vue, elle découvre une nouvelle dimension de sa vie, une gamme de sensations inédites et stupéfiantes. Derrière des mots, parfois malhabiles, outre l'envie de crier son émerveillement, elle exprime aussi sa tristesse, parce qu'une sœur, ou une amie, sera privée de ces gratifications et de ces émois. Elle ressent une impuissance aussi à communiquer de façon satisfaisante cette espèce de message inextricablement lié aux tripes.

Quoi qu'il en soit, ce livre aux voix multiples est effectivement une invitation à un certain recul. Mais pas n'importe où, pas juste là derrière, à cette époque récente où les femmes n'avaient accès ni au suffrage, ni à l'éducation, ni à la liberté, et où elles étaient confinées exclusivement à la sphère familiale. C'est beaucoup plus loin que nous sommes invitées à voyager, quelque part aux frontières de notre qualité de mammifère, non loin de ces régions où se tapit l'instinct, là où prend source notre nature de femme.

Tandis qu'on marche toujours avec nos jambes et qu'on mastique encore avec notre bouche, que s'est-il passé pour qu'on en arrive à ne plus nourrir avec nos seins ? Ce qui s'est passé est complexe, ce peut être interprété de plusieurs façons et n'est pas constitué d'un événement unique. Par ailleurs, à « ce qui s'est passé », s'ajoutent des conséquences désastreuses pour le bien-être de nos populations, j'y reviendrai. Constatons d'abord que la conjoncture qui a favorisé le déclin de l'allaitement inclut ce que l'économiste Béatrice Majnoni d'Intignano qualifie d'épidémie industrielle. Elle a défini ce concept en 1995 en ces termes : « Les épidémies industrielles concernent les maladies ou les morts précoces provoquées par la commercialisation licite ou illicite de produits dangereux pour la santé ou pour la vie, par des industries puissantes et organisées qui déploient des stratégies internationales, cohérentes et à long terme. »

Alors que l'humain a dû, à travers sa grande aventure, lutter contre les prédateurs, les parasites, les virus ou les bactéries, il doit maintenant lutter contre les objets de son invention ; c'est une nouvelle phase dans l'histoire des maladies. L'épidémie industrielle la mieux connue est certes celle du tabagisme. Une industrie puissante a fait du tabac un produit de consommation de masse en développant constamment de nouveaux marchés : d'abord les hommes, puis les femmes, ensuite les jeunes et maintenant qu'elle est en butte à des réglementations de plus en plus sévères, elle cible les pays en développement où les enfants se mettent à fumer.

L'industrie des préparations lactées met en œuvre exactement les mêmes stratégies pour atteindre les mêmes buts : accroître ses profits en dépit des atteintes à la santé de la population. Les risques associés à l'alimentation artificielle sont maintenant connus, mais cela ne constitue pas un frein pour cette industrie, pas plus que pour celle du tabac, qui a longtemps caché ses propres études révélant les effets dévastateurs de son produit. Une étude réalisée dans la région de Lanaudière[1] en 2001 a mis au jour les économies que pourrait réaliser le système de soins québécois si 60 % des nouveau-nés étaient exclusivement allaités durant trois mois. Si on considère uniquement la diminution du nombre des cas de gastro-entérites, d'otites moyennes et aiguës et de maladies respiratoires, l'économie serait de plus de 5 millions de dollars. Imaginez, pas tous les bébés, seulement 60 % ; pas allaités durant six mois, seulement durant trois mois et pas pour toutes les maladies, seulement pour trois pathologies... 5 millions d'économie ! Si les spécialistes de la santé publique de Lanaudière sont au courant, il faudrait être bien naïf pour croire que l'industrie est honnête quand elle affirme que son produit « procure à votre bébé les bienfaits qu'on associait auparavant uniquement au lait maternel » et qu'il « aide à stimuler le système immunitaire en pleine maturation de votre bébé » (les Laboratoires Ross, publicité pour Similac Advance).

Outre la morbidité augmentée par l'alimentation artificielle, il nous faut malheureusement aussi parler de mortalité, comme pour toute épidémie industrielle digne de ce nom. Selon l'Organisation mondiale de la santé, chaque année, dans les pays en voie de développement, 1,5 million d'enfants meurent faute d'avoir été nourris au sein adéquatement.

---

1. « L'allaitement maternel : pour la santé et le bien-être des enfants et des mères et pour une réduction des coûts de santé », Direction de la Santé publique, Lanaudière, vol. 8, n° 1, février 2001.

L'alimentation artificielle les conduit au décès par suite de déshydratation diarrhéique ou d'infection respiratoire. Je ne sais pas pour vous, mais pour moi, le terme de *génocide* ne m'apparaît pas excessif. Pour fins de comparaison, chaque année, les accidents de la route causent la mort de 1,2 million de personnes dans le monde tandis que l'industrie du tabac est responsable du décès de 5 millions d'êtres humains (OMS, 2005).

L'industrie persiste, malgré la mesure de protection que constitue le *Code international de commercialisation des substituts du lait maternel*, à présenter son produit comme une alternative valable, un choix intelligent : « Cela prend 80 ans d'améliorations constantes pour développer une préparation pour bébés qui mérite la confiance des médecins », soutient Mead Johnson. *Quid* du lait maternel, substance vivante mise au point depuis la nuit des temps ? Entre temps, l'UNICEF doit émettre des communiqués pour dénoncer des états d'urgence humanitaire, tel celui que l'organisme révélait en 1999 à propos de la situation en Irak :

> *Le nombre de décès d'enfants de moins de cinq ans est deux fois plus élevé qu'il y a dix ans. L'UNICEF a fait remarquer que l'on assiste à une augmentation dramatique de l'alimentation artificielle infantile. Faisant porter la responsabilité des taux élevés de malnutrition et de mortalité infantile à ce type d'alimentation, l'UNICEF prie instamment le gouvernement iraquien de remplacer dans les rations les substituts du lait maternel par des éléments nutritionnels additionnels pour femmes enceintes ou qui allaitent. L'UNICEF a également demandé au gouvernement de promouvoir une politique nationale en faveur uniquement de l'allaitement maternel.* (UNICEF, 12 août 1999)

L'industrie n'est pas dupe et, surtout, elle n'est pas étrangère à ces virages culturels qui font que les femmes d'un pays délaissent massivement l'allaitement pour une forme d'alimentation qu'elles associent à un progrès des temps modernes.

Dans nos pays riches, on a l'impression que la mortalité infantile liée à l'alimentation artificielle ne nous concerne pas. En effet, dans les pays pauvres, la difficulté d'accès à l'eau potable pour préparer les biberons décuple les risques pour la santé. Aussi, les familles démunies ont du mal à faire face aux coûts des préparations lactées et nombreuses sont celles qui les diluent à outrance, ce qui entraîne de graves problèmes de malnutrition. N'empêche que le substitut demeure une substance inerte, dénuée de tout anticorps, pour ne mentionner qu'une composante parmi d'autres que le système immunitaire du bébé attend pour se développer adéquatement. Bien que dans les pays riches, les taux de mortalité liés à l'usage des substituts soient rarement examinés, en 2004, une étude menée par le National Institute of Environmental Health Sciences[2] aux États-Unis s'est penchée sur la question. L'étude avance que la vie de 720 bébés américains pourrait être sauvée chaque année si tous les bébés étaient allaités. L'estimé peut être considéré conservateur puisque l'étude comparait des bébés n'ayant jamais été allaités avec d'autres l'ayant été, quelle que soit la durée de l'allaitement et que ce soit exclusivement ou non.

Ainsi, malgré le caractère nuisible de son produit pour la santé des bébés, l'industrie en fait un produit de consommation courante grâce à l'art du marketing, c'est-à-dire l'art de dire beaucoup à partir de peu, voire à partir de douteux. Mais l'éthique n'est pas le premier souci de l'industrie, l'important c'est de vendre, d'augmenter ses parts du marché, et pour ça, il faut séduire le client, ou plutôt la cliente, dans le cas qui nous préoccupe. Un bel exemple du culot dont ne manquent pas ces compagnies a été médiatisé en 2004 par *Marketplace,* le magazine télévisé de consommation de la CBC. Le produit sur la sellette était Enfamil A+, une formule avec acides gras ajoutés mise en marché par Mead Johnson. Fière de présenter sa toute dernière recette améliorée, vendue à un prix significativement supérieur à celui des autres formules, la publicité affirme : « La seule préparation pour nourrissons s'étant prouvée capable d'entraîner des scores plus élevés lors de l'évaluation du développement mental précoce » et encore « Conçu pour le développement mental, éveille son esprit ».

Sur quoi se base le fabricant pour claironner les prouesses de son produit ? *Marketplace* a obtenu la réponse : sur une étude examinant 56 enfants dont la diète a été contrôlée de l'âge de 5 à 17 semaines. La moitié des bébés de cette « vaste » cohorte étaient nourris avec la formule magique qui réveille le cerveau tandis que les 28 autres étaient nourris à la formule régulière pour bébés aux parents moins fortunés ; ce qui, bien sûr, n'est pas mentionné dans la publicité, mieux vaut laisser planer l'idée que le groupe de comparaison était peut-être simplement allaité. Puis, à 18 mois, les bébés ont été évalués et on a trouvé un écart de 0,35 points à leur QI. Considérant que l'intelligence moyenne correspond à un QI de 90 à 110 points, qu'est-ce qu'un écart de 0,35 peut bien signifier... à 18 mois... suffisamment, paraît-il, pour soutenir le message central d'une campagne promotionnelle. Évidemment, cette étude a été entièrement financée par Mead Johnson. Étrangement, *Marketplace* a retracé quatre autres études de plus grande envergure portant sur l'ajout

---

2. Aimin Chen, MD, Ph.D. et Walter J. Rogan, MD, 2004.

d'acides gras aux préparations lactées. Ces recherches n'ont noté aucune amélioration du développement mental.

Le reportage n'est probablement pas étranger à l'enquête menée par la suite par l'Agence canadienne d'inspection des aliments afin de vérifier s'il y avait présence d'allégations trompeuses. Depuis, Mead Johnson a modifié son discours ; son site présente aujourd'hui le même produit en des termes moins pompeux : « Dans le cadre d'études cliniques, il a été montré que le DHA contenu dans Enfamil A+ permet aux enfants d'atteindre un QI comparable à celui des nourrissons allaités » et aussi « favorise le développement normal et la bonne santé de votre bébé ». Un tableau indique même qu'à quatre ans, les bébés Enfamil A+ ont un QI de 108 tandis que ceux allaités en auraient un de 111 ! Un écart de 3 points ! Quelle ironie pour les bébés nourris à la formule régulière de Mead Johnson, leur QI n'est pas indiqué. Par ailleurs, la compagnie demeure prudente dans la présentation de sa formule régulière, elle se contente de promettre le développement « en bonne santé » du nourrisson, mais n'évoque pas le développement « normal » que la formule A+ assure. Une assertion cependant est demeurée inchangée : « Notre préparation qui se rapproche le plus du lait maternel ». Comme si chaque amélioration apportée à leurs recettes ne faisait pas la preuve de l'imperfection de la formule précédente !

Les compagnies qui mettent en marché les substituts du lait maternel jouissent de moyens considérables pour effectuer des études de marché, dresser le profil psychologique de leur clientèle et développer des argumentaires convaincants. Elles ont finement développé l'art d'exploiter les valeurs sociales en vogue pour en tirer profit. L'individualisme, la liberté, la position sociale enviable, le style de vie sont des cartes que l'industrie manie habilement.

Ainsi, dans une de ses publicités, Nestlé présente une jolie femme, cheveux ondulés, camisole légère et bébé nu dans ses bras ; le texte dit simplement : « Femme. Amante. Mère. Bohème. Experte en recherche. Pour un bon départ. » L'image de la boîte du produit complète le tableau, tout est dit. La femme accomplie, dotée d'une expertise et qui n'a pas renoncé à ses qualités de femme en devenant mère, doit bien savoir ce qui est bon, et cela inclut ce « bon départ » qui se consomme en bouteille.

De son côté, Mead Johnson vise la femme plus cartésienne. Une femme en tailleur, cheveux noués, tient un bébé face à elle. Elle lui chante une petite ritournelle dont les paroles flottent dans un décor complexe d'écrans cathodiques, de graphiques du NASDAQ et autres fluctuations de taux. Le texte au bas de la publicité est long, la mère explique qu'elle a visité le site de la compagnie. Ce qu'elle a lu sur le produit et ses ingrédients l'a convaincue que c'est la seule formule assez bonne pour le biberon de son bébé. Signé «Tamara, spécialiste en stratégie financière». Un slogan achève de peaufiner le message: «Pour une alimentation complète. Ajoutez tout simplement de l'amour.» Complète? Et les hormones? Les enzymes? Les anticorps? Et l'augmentation des maladies?

En insistant sur l'excellence nutritionnelle de son produit, l'industrie continue de façon éhontée à prétendre offrir un substitut valable à l'allaitement. Depuis la mise en marché de la première préparation commerciale destinée aux nourrissons par Henri Nestlé, une recette fort simple composée de blé, de lait de vache concentré et de sucre, l'industrie n'a de cesse de berner sa clientèle. L'industrie est devenue mondiale, elle est puissante et développe des stratégies à long terme pour promouvoir ses produits et développer de nouveaux marchés. Morbidité et mortalité ne sont pour elle que des obstacles embêtants qu'elle s'ingénie à contourner, malheureusement avec beaucoup de succès.

Si nos tourments ne tenaient qu'à un produit, ce ne serait encore pas si mal, mais le recours à l'alimentation artificielle s'inscrit dans une perte culturelle beaucoup plus large. C'est même surtout d'un mode de vie et donc, d'une affaire à la fois éminemment sociale et tout à fait personnelle qu'il est question. Pour mieux appréhender l'étendue des enjeux que sous-tend la perte culturelle entourant l'allaitement, nous avons sollicité quelques spécialistes qui nous ont généreusement donné matière à réflexion. Leur contribution nous invite à l'ouverture, à l'exploration de visions encore peu discutées et qui peuvent parfois surprendre. L'idée est de tenter de prendre un certain recul pour mieux discerner le portrait global, pour stimuler nos points de vue qui parfois sont cristallisés et gagnent à se nuancer sous des éclairages différents; un recul qui en même temps peut favoriser, si le cœur nous en dit, une certaine introspection.

Plusieurs questions seront abordées telles que: comment l'allaitement peut s'inscrire dans un mode de vie contemporain, compte tenu des représentations sociales du geste et, plus largement, de la maternité; qu'est-ce que l'allaitement selon une perspective évolutionniste, comment cette expérience sensorielle joue un rôle fondamental dans le développement du cerveau du bébé; en quoi le soutien est un élément clé dans le projet d'allaiter, tant au plan individuel que social; que peut-on apprendre des femmes d'origines culturelles différentes, pour qui l'allaitement n'a pas connu le même sort qu'en Occident; quels sont nos rapports à la sexualité en lien avec l'allaitement et qu'est-ce au juste que le sevrage naturel; comment les périls qu'a subis l'allaitement justifient une intervention au niveau politique et enfin, comment envisager l'allaitement dans une perspective féministe. Ces propos se veulent complémentaires à ce qui constitue l'âme de cet ouvrage, la voix des femmes qui ont eu envie de partager leur expérience personnelle de l'allaitement. Mais avant chaque relation d'allaitement, il y a l'histoire d'une toute petite vie et, dans nos sociétés évoluées, c'est le point de départ à la mise en place d'une foule de pratiques culturelles plus ou moins douteuses.

Récemment, lors d'une émission de télévision française intitulée *Les tabous de la naissance*, une psychanalyste affirmait que l'instinct maternel n'existe pas, qu'il s'agit d'un mythe. Elle appuyait son affirmation sur le fait que certaines mères font de graves dépressions postpartum et peuvent connaître d'importants problèmes d'attachement à leur bébé. Le gynécologue invité sur le même plateau n'a pas hésité une minute à renchérir en alléguant que si la chienne ou la chatte sait reconnaître son petit, de son côté, la femme ne saurait discerner son nouveau-né parmi dix autres. Effectivement, concluait-il, l'instinct maternel n'existe pas, ce n'est qu'une construction psychique.

Si on a pu en venir à remettre en question l'existence de l'instinct maternel et à le réduire à un simple mythe, c'est que nous sommes entraînés par une vague puissante : une dérive culturelle à ce point considérable qu'elle altère la nature même des comportements instinctifs de la mère et du bébé. Ainsi, dans nos sociétés modernes et développées, les nouveau-nés se sont vu accueillis par des mains étrangères et aussitôt emportés à l'écart de leur mère pour examen, bain et emmaillotage. Après un bref coup d'œil accordé à madame, lorsqu'elle n'était pas sous anesthésie, le bébé était dirigé vers une pouponnière pour y être nourri au biberon à heures fixes et calmé à l'aide d'une suce. La nouvelle mère de son côté était invitée à se reposer tandis que d'autres s'occupaient parfaitement bien de son petit. Le biberon était pour ainsi dire imposé, bien plus scientifique et sûr que le liquide corporel méconnu produit en quantité tout aussi inconnue et fort probablement insuffisante. Les bras de la mère ont été remplacés par la poussette. Sa couche partagée avec ses petits depuis l'origine de l'humanité a été supplantée par une cage à bébé « sécuritaire » isolée dans une chambre joliment décorée. La vigilance de la proximité parentale a été substituée par un moniteur à piles, le réconfort du sein évincé par une suce de caoutchouc orthodontique, la balade sur la hanche troquée pour une session en balançoire vibrante.

Toutes ces substitutions ne sont pas neutres. Nous vivons dans un système de valeurs qui les considère comme un progrès, comme faisant partie d'un mode de vie moderne et civilisé. Ce sont des outils libérateurs à qui l'émancipation des femmes doit une fière chandelle. Celles qui résistent à ces « progrès » font face à une montagne de croyances et de perceptions aussi inébranlables que bien intentionnées. Grâce à l'anesthésie, la femme n'est-elle pas libérée du dogme biblique « Tu enfanteras dans la douleur » ? Le biberon ne permet-il pas un repos bien mérité et, mieux encore, la participation du père qui peut ainsi s'attacher à son rejeton ? Dans la foulée, ces préceptes modernes ont porté ombrage aux pratiques ancestrales. Partager son lit avec son enfant est souvent associé, à tort, à mettre en péril la vie du bébé. De façon moins dramatique mais tout aussi triste, la mère qui donne le sein à la demande peut être perçue comme faisant office de suce géante ! Pourtant, lequel du sein ou de la suce s'est substitué à l'autre ? Si le nouveau-né avait droit de parole, que choisirait-il ?

Imaginons que notre pays n'est pas plus grand que l'espace que prend notre corps, qu'il est chaud, aqueux, doux, en mouvement. L'environnement sonore est fait d'un battement régulier, s'accélérant parfois, mais incessant. Tous les sons, les voix familières, les bruits du quotidien sont filtrés par ce milieu liquide. Le paysage qui s'offre à nos yeux n'a pas d'horizon, la pénombre cède la place par moments à une luminosité rougeâtre. Nous venons de cette contrée où le corps est complètement enveloppé, où la peau est toujours en contact avec une muqueuse tiède, d'un monde où on ne ressent pas la faim, l'alimentation étant directe et continue. Peut-on imaginer univers plus confortable, plus plaisant, plus apaisant ? Serions-nous à gâter nos fœtus à les laisser vivre si librement dans nos utérus ? Sans les frustrations qui sont pourtant l'apanage d'une bonne éducation ? Peut-être faudrait-il songer à s'y prendre dès la vie intra-utérine pour préparer les bébés au premier défi qu'on leur lance : faire leurs nuits !

Un jour, à la suite d'un prodigieux massage de tout le corps, ce monde bascule. Naître, c'est un peu comme un voyage vers un univers inconnu, avec tout ce que cela peut comporter de surprises, d'étonnement, d'émerveillement même, mais aussi d'inquiétude et d'insécurité. Tout est inédit, la lumière, les sons, cette nouvelle sensation dans les poumons qui n'ont encore jamais inspiré et surtout, cette fraîcheur de l'air sur l'épiderme. L'élan qui nous fait prendre le nouveau-né pour le rapprocher du cœur qui bat, l'envie de le tenir contre soi au creux de nos bras, de lui parler doucement, de le caresser… tous ces réflexes millénaires tendent à recréer un environnement familier pour ce petit être totalement dépendant, pour lui offrir un accueil sécurisant et chaleureux. L'instinct maternel, bien que sujet à de grandes controverses, est cette impulsion que l'on doit à notre nature. Dans des circonstances naturelles, conjonctures raréfiées par la médicalisation de la naissance, la physiologie de la maternité est le théâtre d'un jeu complexe d'hormones et de mécanismes biologiques qui soutiennent cet élan, cette sensation extraordinaire qui fait que la mère est toute tendue vers son enfant. Les effets de l'ocytocine, baptisée hormone de l'amour par le Dr Michel Odent, sont maintenant bien connus et quelques textes de ce livre y reviennent plus en détail. Sécrétée lors de l'accouchement, de l'allaitement et des contacts peau à peau, cette hormone joue un rôle clé dans l'établissement puis le renforcement du lien entre la mère et l'enfant. Cette même hormone est également produite lors des relations sexuelles et contribue ainsi à l'attachement réciproque des partenaires et augmente leur confiance mutuelle.

Le bébé aussi a des comportements instinctifs, « une tendance innée à des actes déterminés exécutés parfaitement sans expérience préalable », précise le *Petit Robert* : la succion et la recherche du sein. Par ailleurs, les bébés séduisent les adultes, leur mère en particulier ; ils sont en quelque sorte « conçus » pour être irrésistibles. Leur aspect général, leur crâne disproportionné, leurs grands yeux, leurs joues rebondies, leurs membres courts et dodus, leurs gestes gauches... ces caractéristiques qui constituent la « physionomie du mignon » séduisent et attendrissent ; Walt Disney l'a bien compris en prêtant ces traits à son mythique personnage de Mickey. Nous avons des instincts liés à la survie de notre espèce dont le petit a la caractéristique d'être particulièrement dépendant des soins de l'adulte, et ce, assez longtemps comparativement à nos cousins les primates ou nos collègues les mammifères.

Le moment unique de la naissance, cette grande rencontre, donne une impulsion considérable à l'attachement qui lie la mère à son enfant. La relation d'allaitement poursuit le lien physique et psychologique entre ces deux êtres et constitue probablement la représentation la plus éloquente qu'on puisse imaginer de l'expression habituellement liée aux amoureux « à ne plus faire qu'un ». Cette relation donne tout son sens à l'énoncé d'Albert Jacquard : « Nous sommes les liens que nous tissons ». Petite parenthèse : une nuit, ma fille, alors âgée d'une dizaine d'années, était malade et m'avait appelée à quelques reprises pour que je la réconforte, lui frotte le ventre, lui apporte un verre d'eau... Au matin, je lui demande comment elle va, elle me prend par le cou et s'exclame : « Y a pas meilleur médicament qu'une maman ! » Albert a raison, je suis les liens que je tisse, je suis une maman médicament ! Que c'est bon !

Combien de femmes ont été soumises à des pratiques les privant de ce que la nature a prévu pour favoriser l'éveil de leur instinct ? Combien de mères n'ont pas ou peu connu les hormones de l'allaitement ? Combien d'autres n'ont pas connu les hormones du travail et de l'accouchement parce qu'elles ont subi une césarienne, bien souvent sans motif médical suffisant, et parmi elles, combien en ont conçu un sentiment d'incompétence qu'elles n'ont jamais surmonté ? Mesure-t-on l'impact, pour le bébé comme pour la mère, de la privation de ce bain hormonal et sensoriel que constituent une naissance respectée et une relation d'allaitement inviolée ?

Les pratiques inadéquates d'accueil et de prise en charge auxquelles sont assujettis les mères et les bébés sont la norme dans nos sociétés. Ainsi, de nombreuses mères sont affectées dans leur identité de femme, handicapées dans une partie d'elles-mêmes par une culture qui tend à annihiler leurs instincts. Parmi toutes ces femmes, faut-il s'étonner qu'il s'en trouve un nombre significatif à être atteintes au point de ressentir que leur bébé est un étranger, de sentir la maternité comme un envahissement qui les submerge ?

La difficulté ne repose pas que sur une carence hormonale. L'idéologie prédominante élève l'individualisme et la réalisation de soi au rang du plus grand des accomplissements. Dans un monde où la grossesse est vue comme une menace de déformation du corps, où la maternité est un renoncement, où l'allaitement est un don de soi, comment ne pas se sentir assaillie et accablée ? Au-delà des illusions du monde moderne qui facilite la vie avec ses fours à micro-ondes et ses couches jetables, les mères ont la vie dure à devoir tenter de tout concilier pour se réaliser sans trop de compromis : temps pour développer une carrière trépidante, temps pour stimuler une vie de couple digne de l'image que nous prescrivent les magazines, temps pour une vie de famille riche en activités et en attention accordée au développement de l'estime de soi de chacun, temps pour une vie sociale animée pour relaxer et échanger, temps pour s'impliquer dans la communauté et remplir son devoir de citoyenne ! Trouver l'équilibre et un peu de bien-être paisible dans tout ça, c'est carrément mission impossible.

Pour suivre son élan et demeurer conforme aux valeurs ambiantes, notre culture a avantage à concevoir que l'instinct maternel n'est qu'un mythe et que l'allaitement est un simple choix de mode d'alimentation. S'il fallait rendre notre organisation sociale cohérente avec la libre expression de l'instinct maternel et, surtout, compatible avec les besoins des bébés et des femmes allaitantes, c'est tout un monde échafaudé sous le signe de la productivité qu'il faudrait ébranler. Mais n'est-il pas permis de rêver ? Pourquoi pas, mais d'abord, il faut prendre conscience des obstacles majeurs auxquels les mères font face.

La sociologue Maria de Koninck explique que pour accéder à l'émancipation des femmes, la voie empruntée fut celle du calque du modèle masculin basé sur la productivité, ce qui a permis aux femmes d'être libérées des enfants[3]. Ainsi, les femmes ont eu accès à la contraception, à l'avortement et au développement de services de garde. L'option de l'alimentation artificielle des bébés s'inscrit parfaitement dans ce courant de libération des femmes du fardeau maternel. La sociologue constate que « la reconnaissance de la maternité en tant que contribution essentielle à la vie collective a peu évolué ».

En tentant d'améliorer la condition des femmes, il y aurait donc eu dérapage. Avec l'adoption d'un modèle basé sur une vision masculine de l'organisation du travail, « un producteur désincarné de tout ce qui est de l'ordre de la reproduction, soit un être sans parents et sans enfants, entièrement disponible à son travail », les femmes se voient dorénavant obligées de gérer leur fécondité de façon à ne pas compromettre leur vie professionnelle. « Le désir d'enfant est aujourd'hui soumis aux règles impitoyables de l'autonomie économique », souligne-t-elle.

> *Il faudrait se demander pourquoi on accepta si facilement de dévaloriser le travail (et le statut) des femmes au foyer, au lieu de critiquer l'exploitation dont il faisait l'objet. C'est un peu comme si, au lieu de dénoncer l'exploitation du travail des ouvriers, on avait dit qu'il était sot et méprisable et que les ouvriers devaient quitter l'usine et changer complètement d'activités* (Sylviane Agacinski, *Politique des sexes*).

Ainsi, les activités liées à la maternité, dont l'allaitement, mais aussi la prise en charge des jeunes enfants tout comme les soins donnés aux proches, ne sont plus considérées comme des expériences humaines épanouissantes ni comme sources d'actualisation de soi (« nous sommes les relations que nous tissons », disait Jacquard). Ce qui devrait faire l'objet de la gratitude sociale, à titre de contribution fondamentale au bien-être de l'humanité, s'avère un champ miné par les douleurs des séparations obligées, par le sevrage précoce des bébés, par la véritable course à obstacles que la femme doit accomplir pour tout concilier et demeurer intègre. Une telle confusion habite une génération de femmes déchirées par

---

3. Conférence « Dévalorisation et déqualification du rôle maternel, est-ce la faute des féministes ? », colloque *Marcher sur des œufs,* Conseil du statut de la femme, 1998. Disponible sur le site du CSF, www.csf.gouv.qc.ca sous Publications.

l'appel de la maternité qui vient du ventre et semble aux antipodes de l'invitation du cerveau à une destinée plus admirable socialement. Le recul constant de l'âge des femmes au moment d'avoir un premier enfant n'en témoigne-t-il pas ?

La voie qui se dessine à travers le témoignage des femmes qui souhaitent vivre pleinement leur maternité est celle de concevoir l'égalité, la justice et la véritable émancipation comme tributaires de la reconnaissance du fait que les femmes et les hommes, bien qu'égaux en droits et libertés, sont différents par leur nature. La spécificité des femmes est banalisée, voire méprisée, si on en juge par certaines réactions envers les femmes qui prennent une pause du monde de l'emploi pour faire des enfants et s'en occuper. En dépit des conditions sociales défavorables, à des coûts monétaires, mais aussi au prix d'une énergie physique et psychologique considérable, certaines arrivent à être mère en laissant leur instinct les guider. Mais combien sont celles qui en arrachent, qui se sentent désespérément seules dans l'aventure ? Qui sont tristes de se voir contraintes à renoncer aux objectifs d'allaitement qu'elles s'étaient fixés ? Ou qui se culpabilisent en n'arrivant pas à atteindre les standards promus par la santé publique ? Ou encore qui ressentent de la colère en ayant l'impression que leur corps ne leur appartient plus et qu'elles doivent justifier l'usage qu'elles font de leurs seins ?

Je laisse Maria de Koninck affirmer sa conviction que je fais mienne et que je ne saurais mieux formuler :

> *Ma conviction est qu'une voie à emprunter pour aller plus loin est celle de l'affirmation de la différence. Différence sur laquelle doit reposer l'organisation économique et sociale. De là la nécessité de nous faire entendre. C'est l'enfermement dans le monde domestique qui a causé et qui peut causer problème, ce ne sont pas les expériences humaines qui lui sont associées. Accepter la dévalorisation de la maternité rejaillit négativement non seulement sur les mères, mais sur l'ensemble des femmes. Revendiquer un autre statut pour la maternité ne veut pas dire qu'il y a là le destin des femmes. C'est affirmer qu'il s'agit d'une expérience unique et essentielle à l'humanité.*

L'enfermement dans le monde domestique est toujours fortement associé à la maternité dans l'imaginaire populaire. En fait, le malheur, c'est que ce n'est pas seulement une image, c'est une réalité culturelle déplorable qui devrait donner lieu à rien de moins qu'une révolution.

Le mode de vie dans lequel l'humanité s'est développée, celui des chasseurs-cueilleurs, sera abordé dans un autre texte, mais considérons un moment l'aspect de la vie de bande. Si «nous sommes les liens que nous tissons», on pourrait aussi dire que les liens entre les humains constituent une forme de physiologie sociale. Si on réfléchit un moment à ce qui revêt le plus d'importance dans notre vie, une invitation que lançait récemment l'écosociologue Laure Waridel à son auditoire[4], nos relations avec nos proches remportent la palme. Immédiatement après la satisfaction des besoins élémentaires liée à notre survie, les relations avec les gens que nous aimons répondent à une nécessité affective et psychologique. La femme n'est pas faite pour vivre seule, pas plus que l'homme, pas plus que l'enfant.

La vie en bande permet des rapports humains constants où l'interdépendance prévaut et où l'indépendance n'est pas un objectif. La vie en groupe permet l'entraide et la prise en charge des uns par les autres. Dans ce type d'organisation sociale, celui qu'a connu l'humanité durant la plus grande partie de son histoire, jamais les plus faibles ne se retrouvent sous la responsabilité d'une seule personne, pas plus les personnes âgées que les handicapées, les bébés ou les jeunes enfants. La vie en appartement ou en maison unifamiliale bouleverse totalement cette façon socialement saine de fonctionner et je crois que cela nous manque terriblement. Aucune institution ne peut répondre aussi adéquatement aux besoins des plus démunis que les proches qui les aiment et leur sont attachés.

La mère qui enfante est évincée de son environnement social, habituellement son milieu de travail. Elle vit en général avec un conjoint qui doit continuer à travailler durant de longues heures loin de sa petite cellule familiale. Ses parents, ses sœurs ou amies vivent ailleurs, dans d'autres maisons, rarement à proximité. Cet isolement social est une calamité. C'est une condition de vie qui constitue un obstacle monumental à l'expérience naturelle de la maternité. Par « naturelle », je réfère à la possibilité de laisser l'instinct faire son œuvre, de permettre à la femme de n'avoir à peu près rien d'autre à faire que se consacrer à la rencontre de la nouvelle vie qui a émergé de ses entrailles, de pouvoir vivre sans restriction la relation d'allaitement qu'elle et son enfant ont besoin de démarrer, non seulement pour le bénéfice de leur santé globale, mais pour se sentir bien et heureux. Un mode de vie qui permet l'interdépendance est un environnement où l'humain peut jouir de ses richesses les plus précieuses, aimer tout son saoul et être aimé.

---

4. Conférence «Éloge de la vraie richesse», Forum social québécois, Montréal, UQAM, 2007.

La femme d'aujourd'hui qui a le courage de se lancer dans l'aventure de la maternité, et c'est dire combien l'appel peut être fort, doit envisager de se débrouiller pratiquement seule et de ne pas trop s'en plaindre puisque c'est la norme et après tout, elle l'a voulu. Elle fera également face à l'appauvrissement de même qu'à un probable recul au plan professionnel. Mais elle saura se raisonner et se dire que ce n'est pas la fin du monde de mettre en péril sa sécurité matérielle et l'avancement de sa carrière puisque toutes les autres mères le font. Si elle hésite à faire garder son enfant, elle sera affublée de l'étiquette de « mère poule » et elle apprendra à s'habituer vu la grande importance de se réserver du temps juste pour elle. Si elle choisit de rester à la maison au-delà de six mois avec son enfant, on l'accusera de nuire à son développement en l'empêchant de socialiser. Entre temps, personne ne semble réaliser que la première entrave à la socialisation de l'enfant tient à l'exclusion sociale dont sa mère est l'objet.

Quand elle sortira des quatre murs de sa maison avec son enfant, elle n'ira pas n'importe où, parce que les petits, c'est dérangeant. Si elle allaite en public, elle le fera discrètement, sachant bien que ce n'est pas parce que la mode est aux soutiens-gorges hyperpigeonnants qu'elle ne risque pas d'offenser le badaud qui entreverrait un bout de sein. Elle saluera avec joie l'avènement des matinées ciné-maman où, et je cite le commentaire d'une mère glané sur un forum de discussion : « Même si votre bébé pleure, ce n'est pas grave, car les gens qui sont dans la salle s'y attendent, alors tu ne te sens pas trop coupable, tu peux prendre le temps de réconforter ton tout petit, sans trop de stress. » Puis, elle se fera répondre par un père qui semble bien s'y connaître : « Je trouve que c'est important pour le moral de la maman d'avoir une petite sortie par semaine, parce que passer la semaine à changer des couches et répondre à toute les petites attentions nécessaires à notre petit ange, ça devient monotone et déprimant. »

La fatalité du mauvais sort de l'exclusion sociale qui vient avec la maternité semble rarement remise en cause. Et pourtant, la solitude n'est-elle pas le plus lourd des fardeaux ? Est-il naturel que chaque jour de nombreuses mères attendent impatiemment le retour du travail de leur conjoint pour enfin lui confier le petit afin de souffler un peu le temps d'une escapade salvatrice à la pharmacie ?

Si les mères sont les premières à pâtir de leur exclusion sociale, l'absence des enfants des différents milieux de vie affecte toute la société. Notre culture a tellement perdu l'habitude de la compagnie des petits qu'elle y est devenue allergique. Au-delà de l'agacement que leur présence génère à peu près partout, nous avons perdu ce que l'enfance apporte à qui la côtoie. Le plaisir de leur sourire bien sûr, mais surtout, leur regard neuf, leur innocence, la façon qu'ils ont de nous garder en contact avec notre sens de l'indignation devant les problèmes qui affligent l'humanité. Imaginez un instant, pour le plaisir de l'utopie, qu'à l'instar d'une bande de chasseurs-cueilleurs réunie autour d'un feu pour discuter d'un problème important, le conseil d'administration d'une entreprise tenait débat avec quelques mères, bébé au sein, deux ou trois bambins rampant et quelques adolescents intéressés par les discussions. Je me demande si la décision de déplacer les opérations en Chine, pour économiser sur le dos de la main-d'œuvre, concurrence oblige, se prendrait aussi aisément.

On ne peut malheureusement pas, d'un simple claquement de doigts, faire comme si nous vivions dans un environnement adéquat et favorable à la réponse aux besoins fondamentaux des bébés. Les effets désastreux de l'isolement social nous obligent à l'indulgence envers les mères et commandent des actions pour l'émergence d'un monde transformé où la prise en charge des enfants est collective et non uniquement maternelle. Il faut pour cela réfléchir à des organisations sociales alternatives, il faut une volonté politique et se rappeler que celle-ci dépend de nous. Minimalement, suivons le principe de Simonne Monet-Chartrand à propos de l'action sociale : « Quand je suis d'accord avec quelque chose, je signe une carte de membre ; quand je ne suis pas d'accord avec quelque chose, je signe une pétition[5]. »

La mère contemporaine, disions-nous, devra d'abord accoucher. La façon dont cette expérience intense sera vécue risque fort d'affecter le démarrage de l'allaitement. Dans un monde où la manœuvre est hautement médicalisée, la parturiente sera prise en charge plutôt que reconnue et encouragée dans son pouvoir de femme d'enfanter. Soulagée par la péridurale et ne sentant plus ses contractions, elle aura sans doute besoin du coup de pouce d'une hormone synthétique pour accomplir le travail. Il est aussi assez probable qu'elle subisse une ou plusieurs autres interventions telles que la rupture des membranes, l'épisiotomie, l'application d'une ventouse, le recours aux forceps, l'administration de médicaments et enfin, elle a presque une chance sur quatre de gagner à la loto-césarienne[6].

---

5. « Pour les droits des femmes », entretien à l'occasion de la Journée internationale des femmes, Radio-Canada, 8 mars 1992.
6. Évolution du taux de césariennes au Québec : 9 % en 1975, 18 % en 2000 et 22,5 % en 2005, Institut de la statistique du Québec ; au Canada : 17 % en 1993 et 26,3 % en 2007, Société des obstétriciens et gynécologues du Canada.

La médicalisation de la naissance en préoccupe plusieurs. L'Organisation mondiale de la santé émet des recommandations pour appeler la communauté médicale à réduire ses interventions et elle considère que la sage-femme est le soutien le plus approprié pour les soins pendant une grossesse et un accouchement normaux, y compris pour l'évaluation des risques et des complications. Des organisations internationales militent pour que la naissance soit démédicalisée. Je n'en mentionnerai que deux : la Coalition for Improving Maternity Services[7], qui vise à améliorer les résultats cliniques de l'accouchement, en réduire les coûts et à examiner l'ensemble des pratiques obstétricales pour s'assurer qu'elles contribuent vraiment au bien-être des mères, des bébés et de leur famille ; l'Alliance francophone pour l'accouchement respecté[8], qui diffuse de l'information, notamment sur les interventions obstétricales, et défend les libertés individuelles.

Pour les femmes qui font partie du Groupe MAMAN, à qui l'on doit l'initiative du présent ouvrage, l'accouchement est un processus naturel et une expérience appartenant aux mères et aux familles. Inspirées par notre propre expérience, nous avons le sentiment que lorsque la femme est maître d'œuvre de son accouchement, qu'elle est soutenue et encouragée plutôt que prise en charge, elle se découvre des compétences et une force insoupçonnées tout en se donnant la meilleure initiation qui soit à son rôle de mère. Nous sommes aussi inquiètes des répercussions de l'hypermédicalisation de la naissance et des pertes qui en découlent pour les femmes.

Mesurons-nous l'impact de l'accouchement médicalisé sur la relation d'allaitement ? À quel point les interventions médicales entravent-elles les mécanismes biologiques et hormonaux qui président à la première rencontre de la mère avec son enfant ? Cela est d'autant plus révoltant que ces abus sont documentés et que les pratiques tardent à se mettre à jour. Quelle impression laissent ces interventions sur l'estime que les mères ont d'elles-mêmes lorsqu'il leur a semblé ne pas avoir les compétences requises pour réussir à mettre leur enfant au monde ? Leur corps sera-t-il plus compétent pour nourrir cette petite vie si exigeante ?

Lorraine Fontaine, coordonatrice des dossiers politiques au Regroupement Naissance-Renaissance, invite par ailleurs à poser un regard critique sur les pratiques en soulevant la question : « Sommes-nous en train

---

7. www.motherfriendly.org
8. www.afar.info

de nous tromper en faisant des faux diagnostics de dépression postnatale quand les femmes souffrent plutôt du syndrome de choc post-traumatique suite à leur accouchement en milieu hospitalier[9] ? » Elle évoque les préoccupations et les questionnements des chercheurs et autres personnes impliquées en périnatalité, notamment : comment expliquer l'augmentation des prescriptions d'antidépresseurs en période postnatale ou, encore, l'accouchement en établissement est-il susceptible de mener à de l'abus, de la négligence ou de la violence ? Quoi qu'il en soit, la nature est forte et les femmes aussi, ce qui ne minimise en rien l'urgence de redoubler de vigilance afin de ne plus pousser les femmes aux frontières du supportable.

À travers la grossesse et l'accouchement, la femme est profondément sollicitée par des expériences intenses qui exigent adaptation et un certain abandon aux forces vives du processus. L'émerveillement devant cette vie qui croît en soi s'accompagne de quelques inconforts plus ou moins importants. Après l'épopée de la naissance, la suite naturelle de l'histoire se prolonge dans l'intimité de la relation d'allaitement et cela implique, plus que jamais peut-être, un investissement majeur. Les femmes qui partagent ici les mille facettes de cette aventure jamais commune nous forcent à constater que « suite naturelle » ne rime pas avec simplicité et facilité. Les témoignages réunis dans ces pages nous convient à une multitude de voyages intimistes d'où se dégage la force d'un engagement plus profond que la raison.

Le geste instinctif n'est pas nécessairement au rendez-vous, tout ne se déroule pas forcément parfaitement comme avec une machine bien huilée. Les mères et les bébés ne sont pas des robots tous conformes : un mamelon plat, un frein de langue court, un bébé hypertonique ou au contraire qui s'endort dès qu'il a le sein dans la bouche, la gamme des situations plus ou moins hors normes est large. Si le soutien tarde et que la fatigue prend le dessus, il n'en faut pas plus pour donner lieu à des complications qui ne demandent parfois qu'à s'aggraver. Ce qui impressionne, c'est le courage et la volonté à tout rompre de ces femmes qui, une fois dans le bateau, rament ! L'énergie fournie pour surmonter les difficultés est saisissante. La persévérance de ces femmes semble mue par le puissant moteur de l'attachement. Allaiter devient alors à la fois la motivation et la récompense, la satisfaction et l'état d'être qui permet d'en sortir gagnante et heureuse malgré des passages franchement

9. « Dépression postnatale ou traumatisme ? », *MAMANzine*, vol. 12, n° 1, 2008.

laborieux. L'allaitement se révèle une expérience d'une nécessité vitale et fondamentale pour les deux êtres humains en cause, et toute tentative de comparaison de cette relation avec un « mode d'alimentation » apparaît pour le moins saugrenue.

Personnellement, j'en retiens qu'il faut tempérer le discours clamant que l'allaitement c'est naturel, simple et pratique puisque le lait maternel est disponible à tout moment et toujours à la bonne température... C'est une insulte pour les femmes pour qui l'allaitement n'est ni simple ni facile. Allaiter devient la plupart du temps facile et gratifiant, mais c'est surtout une décision qui, pour plusieurs, est si incontournable et essentielle qu'elle engendre un courage et une détermination hors du commun. La force qui se dégage de ces femmes ressemble à un réflexe de survie, et je crois qu'effectivement l'allaitement assure la survie affective de l'humanité.

Au final, l'allaitement, malgré la promotion dont il fait objet, demeure une activité qui va tout à fait à contre-courant de notre époque. Lorsque des femmes évoquent la symbiose qu'elles vivent avec leur bébé, c'est un choc culturel pour qui valorise l'individualisme et la liberté. En cette ère où l'homme cherche à dominer la nature pour s'en affranchir, la femme qui donne le sein s'abandonne à sa nature et doit plutôt chercher à s'affranchir des contraintes de sa culture.

Un stage chez les Bochimans[10] nous ferait à tous le plus grand bien. Nous comprendrions plus viscéralement que la place du bébé est *Près du cœur* de sa mère. La vue d'un bébé qui tète à loisir se normaliserait et les mères se sentiraient davantage humaines en leur qualité d'allaitantes et moins «suces géantes». À l'inverse, certaines scènes apparemment banales de notre vie actuelle nous apparaîtraient sous un jour étrange. Par exemple, quoi de plus normal que de vouloir regarder un bon film au petit écran pour terminer la soirée! Ce souhait tout à fait légitime et cohérent avec notre culture s'avère pourtant un âpre combat lorsqu'on a un bébé d'environ neuf mois. C'est qu'en termes de chasseurs-cueilleurs, demeurer assis ou allongé immobile deux heures durant devant une boîte lumineuse qui fait du bruit n'a rien de naturel. Le bébé de neuf mois qui voudrait simplement dormir contre sa mère en tétant de temps à autre se retrouve stimulé et maintenu en éveil par la télévision. Dormir seul dans une chambre ne correspond pas non plus à sa préférence et il risque de le manifester. Ainsi en sommes-nous à multiplier les efforts pour concilier

---

10. Habitants du désert du Kalahari dont quelques représentants vivent toujours selon le mode de vie des chasseurs-cueilleurs.

nos besoins culturels avec ceux d'un bébé qui n'a pas encore saisi que notre mode de vie est souvent en contradiction avec sa nature. Comprenez bien que l'idée n'est pas de minimiser le besoin de se détendre devant un film, simplement de le mettre en perspective.

Ce bébé a été bercé neuf mois durant en contact continu avec la surface de l'utérus. Pourquoi serait-il bon pour lui de se sevrer de cette chaleur mouvante et de toutes les stimulations sensorielles que lui procurent les contacts sur sa peau ? D'ailleurs, tout adultes que nous sommes, les contacts corporels nous plaisent toujours, c'est notre pays originel, celui qui nous a nourris globalement depuis notre conception. Nous sommes des animaux à sang chaud qui dorment à deux à l'âge adulte, mais qui ont cessé un bon jour de dormir en famille. Pourquoi sommes-nous si avares de ce qui nous fait tant de bien ? Touchons ceux que nous aimons. La complicité physique s'ancre dans nos contacts continus avec un bébé, mais elle est si difficile à recréer plus tard si elle n'est pas déjà là. Les amoureux aiment s'endormir l'un contre l'autre, les bébés aussi et ils sont rares à pleurer lorsqu'on les porte. Pourquoi les jeunes enfants et les adolescents n'apprécieraient plus la chaleur humaine ? Quelle drôle d'idée que ces chambres n'accueillant qu'un lit simple ! Comment en est-on venu à croire qu'un enfant trouverait une saine satisfaction dans un espace qui lui est particulièrement dédié ? On dit même que ce serait un besoin que d'investir un territoire juste à soi, un concept qui m'apparaît servir surtout un système économique basé sur la consommation. D'ailleurs, avec un peu de chance, le jeune a son espace tout équipé avec télévision et jeu vidéo.

Les humains, comme les mammifères avec qui ils partagent la même classe, ont toujours dormi les uns contre les autres, avec leurs parents ou leurs frères et sœurs. Quelle incompréhension tragique des besoins humains ! Que de carences nous infligeons-nous ! Quelles répercussions en découlent ? Quels liens à faire avec la détresse psychologique qui afflige de si nombreuses personnes ? Encore une fois, l'idée n'est pas de porter un jugement sur les parents. Je serais bien mal venue, bien que petits ils aient partagé la même chambre, et bien que j'aie longtemps dormi avec ma dernière, mes trois enfants ont aujourd'hui chacun leur chambre, nous n'échappons pas facilement à notre époque.

Profitons de cette incursion sous les draps pour mentionner une autre composante culturelle qui ne sert pas la femme dans son expérience de la maternité. C'est bien connu, la femme qui devient mère ne gagne pas un nouvel attrait, elle perd une dimension bien plus valorisée, pour ne pas dire bien plus *hot*, celle de la femme sexuelle. Bien que Nestlé ait pensé à la conforter dans sa publicité quant à son identité d'amante, le message ambiant signale à la femme que sa nouvelle qualité maternelle pourrait semer la confusion dans l'esprit de son homme. Il pourrait avoir du mal à retrouver la femme derrière la mère. Ainsi, une pression supplémentaire s'ajoute sur les épaules de la nouvelle mère afin qu'elle retrouve son poids d'avant la grossesse, qu'elle use de crèmes antivergetures, qu'elle évite d'accueillir son homme en queue de chemise ou avec des compresses d'allaitement.

Les guides pratiques prolifèrent sur Internet et dans les magazines. Médecins et sexologues y vont de leurs conseils indiquant aux femmes « comment retrouver au plus vite une vie sexuelle épanouie » puisque « l'arrivée d'un enfant bouleverse la vie de couple » et, bien sûr, « votre libido est au plus bas ». Qui plus est, « si vous allaitez, la fatigue est encore plus intense et cette phase délicate pour le couple peut s'allonger ». Les conseils orientent les couples pour qu'ils s'aménagent du temps et trouvent des solutions de garde. On valorise le plaisir de l'individu qui doit penser à lui en premier.

> *La femme a tendance à s'oublier (alors que le papa, rarement), à ne vivre que pour son enfant. Continuez vos soirées pyjama avec vos copines, vos virées shopping, vos activités sportives...*

Des analyses à l'emporte-pièce cantonnent les femmes dans de drôles de situations :

> *Si le couple était actif avant, il le redeviendra très rapidement, et si la nouvelle maman était « femme », elle le sera toujours. De même, si le couple est défaillant, l'accouchement révèle la situation sans en être responsable. Le changement de rythme lié à l'arrivée du bébé et la fatigue sont de fausses excuses pour ne plus faire l'amour[11].*

La sexualité de la femme semble donc se résumer aux rapports amoureux tels qu'ils étaient avant la maternité. Paradoxalement, la femme qui devient mère vit une période intensément liée à sa sexualité. La libido peut être à la hausse, en particulier durant certaines périodes de la grossesse. La dimension sexuelle de l'accouchement est culturellement totalement occultée. Il faut dire que le contexte hospitalier où la majorité des femmes donnent naissance ne favorise aucunement l'intimité que l'accouchement respecté requiert. N'empêche que la cinéaste Debra

---

11. Propos extraits de l'article « Devenir mère et rester femmes », Plurielles.fr.

Pascali-Bonaro vient de réaliser un documentaire, intitulé *Orgasmic Birth*[12], qui explore une approche de l'accouchement où les femmes jouissent de cette expérience plutôt qu'elles ne la subissent. Onze femmes vivent le travail de l'accouchement sans être dérangées, dans un contexte de joie, de sensualité et d'intensité.

Par ailleurs, donner le sein et prendre le sein constituent la partie physique de l'échange amoureux entre la mère et son bébé, ce qui, lorsque l'allaitement est sur les rails, peut s'avérer très sensuel et agréable. Renée de L'Estorade, le personnage de Balzac, livre son émoi à son amie :

> Oh ! Louise, il n'y a pas de caresses d'amant qui puissent valoir celles de ces petites mains roses qui se promènent si doucement, et cherchent à s'accrocher à la vie. Quels regards un enfant jette alternativement de notre sein à nos yeux !

Socialement, c'est un aspect difficile à admettre et à discuter puisqu'il se situe aux frontières du tabou et que le spectre de l'inceste rôde. Un sujet de réflexion demeure : pourquoi s'en tenir à voir dans la maternité une atteinte à la vie sexuelle des femmes, une perte dans l'habileté à séduire, alors que chez la mère non seulement l'être sexuel existe, mais il connaît de nouvelles voies d'expression tout en dégageant une plénitude si naturellement sensuelle ?

En définitive, ce livre invite à envisager l'allaitement dans la perspective large d'une relation fondatrice entre deux humains ; un rapport qui donne lieu à un échange de stimulations sensorielles à la faveur du développement optimal de l'enfant et du bonheur ébaubi de sa mère. Notre culture a perdu le sens de la vie, a perdu de vue qu'aimer un bébé est un bonheur, un plaisir qui découle de notre nature animale, un état lié à la survie de l'espèce, un geste de la plus grande importance pour la santé et le bien-être de l'humanité.

Reconnaître l'existence de l'instinct maternel et souhaiter que les bébés obtiennent la réponse naturelle à leurs besoins, ce qui inclut l'allaitement, ne peut se faire en niant les obstacles qui s'interposent et qui limitent gravement les choix et les possibilités qui s'offrent aux femmes. C'est aussi revendiquer notre spécificité de femme, une démarche féministe de réappropriation des événements liés à notre maternité.

Les femmes qui ont permis la réalisation de cet ouvrage nous convient à ce que je suis tentée d'appeler un « miracle ». C'est peut-être excessif, mais dans le contexte de la perte culturelle qui nous frappe,

---

12. www.orgasmicbirth.com.

l'est-ce vraiment ? Ce « miracle » donc, c'est celui d'assister à l'éclosion de l'instinct latent, enfoui, caché sous des couches de mœurs inadéquates. Telle la fleur qui s'épanouit, le geste ancestral s'éveille sous une pluie d'hormones, dans son terreau de peau, d'yeux innocents et de gouttes de lait sur le bord des lèvres de bébés béatement satisfaits. Ainsi la femme se révèle à elle-même dans toute sa plénitude. Ainsi se déploie l'âme du bébé, là où il se doit, *Près du cœur.*

Lysane et son troisième enfant, Mathilde, à quelques minutes de vie

PREMIÈRE PARTIE

DÉCISIONS ET DÉCOUVERTES

Michelle Besner allaitant Enoc
Photo : Marilou André

Une chanson douce

Michelle Besner

« Une chanson douce que me chantait ma maman,
tout au creux de ses bras, je m'endormais doucement… »

Nous sommes là, ensemble, toi couché au creux de mes bras, la tête enfouie dans mon sein à téter doucement au rythme des craquements de la chaise qui nous berce et de ma voix qui te chante tout l'amour que j'ai pour toi. D'une main je caresse tes fins cheveux bruns et de l'autre je te tiens, rapprochant ton corps du mien, m'assurant de t'offrir toute ma chaleur. Mes yeux t'admirent, toi, le petit être qui a grandi en moi et qui m'a transformée en mère. Ta respiration fait bercer ta poitrine, tes yeux roulent sous tes paupières. Tu as l'air heureux, en paix, comblé. Rien au monde ne te préoccupe pendant que tu es ici, dans mes bras. Mon sein gorgé de lait dans ta bouche te nourrit d'un nectar d'amour fabriqué sur mesure juste pour toi avec toute la tendresse que j'éprouve en te regardant, te sentant, te touchant, t'écoutant… Ton ventre contre mon ventre, peau à peau, nous respirons en canon, je te nourris parce que je t'aime, tu me nourris par ta présence, par un sourire. En te regardant, je comprends qui je suis, tu donnes un tout nouveau sens à ma vie, je me sens utile, importante, voire essentielle et ça me remplit de gratitude et d'amour que je te redonne et dont tu te sers pour continuer à grandir.

Tes jambes dépassent un peu du coussin d'allaitement, la preuve que tu as grandi. À un an et demi, tu es devenu un vrai petit garçon, mais quand la tornade d'énergie que tu es s'est calmée, que tu as fini de courir et de grimper partout, de rendre vains tous les efforts que je mets pour garder notre maison propre et que tu t'approches de moi, me tendant les bras en me disant « maman », nous retournons dans notre bulle d'amour et de symbiose, celle qui nous a unis et qui continue à le faire, tu redeviens mon petit bébé d'amour. Pendant que je reprends mon souffle après avoir couru derrière toi toute la journée, toi, tu enfonces doucement ton nez dans mon sein et voilà tes yeux qui se remettent à rouler sous tes paupières et ton doux souffle qui berce ta poitrine… Et d'une douce voix, je me remets à te chanter :

« Une chanson douce que me chantait ma maman,
tout au creux de ses bras, je m'endormais doucement… »

Le bonheur magique

Isabelle Paiement

J'avais tellement lu sur l'allaitement, je voulais tellement. J'étais prête à tout. Sauf à tant de ravissement devant cet acte qui est loin d'être uniquement nourricier. Puis, Émile est né. Je me souviens de ses premières tétées, qui, à mes yeux, relevaient de la plus pure magie qui soit. Je surnommais mon p'tit homme « le champion du monde de l'allaitement », ou encore « mon Lance Armstrong à moi ». C'était en plein Tour de France. Il tétait avec passion, je le contemplais avec ravissement. Je le flattais, le caressais, l'embrassais, le trouvais tellement beau. J'étais réellement impressionnée par les capacités humaines d'alimentation, par ce que moi, je produisais, par cet attachement qui en résultait et par tout cet amour qui se mettait en place entre nous deux. Comme un fil magique qui nous reliait. Un deuxième cordon ombilical, en quelque sorte. Dès les premiers jours, j'ai commencé à lui chanter des chansons durant l'allaitement. Toujours les trois mêmes. Ces chansons nous ont suivis comme un mantra, et même maintenant qu'il a deux ans, il me demande parfois « chansons bébé ». Je comprends ce qu'il veut.

Bref, ce fut le début de la merveilleuse aventure qu'est l'allaitement. Au début, je tenais d'une main mon bébé avide de mon sein, et de l'autre mon guide. Cette sacro-sainte bible qui me montrait toutes ces postures auxquelles on devait s'astreindre, Émile et moi. Le football, la madone, la madone inversée. Je suivais tous les conseils que j'avais lus et relus depuis quelques mois déjà. J'expérimentais. Est-ce que mon bébé ouvre bien la bouche ? Est-ce qu'il prend toute l'aréole ? Est-ce que ça fait mal ? Pas normal ! Est-ce qu'il boit bien ? Pleure-t-il ? C'est que je n'ai pas détecté les signes de faim assez tôt.

On en est rapidement venu à une sorte de symbiose. Au diable les conseils ! J'avais la connaissance instinctive de 100 000 ans d'allaitement derrière moi. Émile en est venu à ne pas avoir besoin de pleurer pour téter. Quand il le voulait, il tétait. Nous rendant heureux, ensemble. Nous avons dormi toutes nos nuits ensemble, avec papa, pendant les premières semaines. Puis, tous les après-midi collés, collés, pendant plusieurs mois. Il s'endormait au sein, puis ouvrait les yeux quelques heures plus tard avec ravissement.

Quand Émile a eu six mois, j'ai pensé aux sacro-seins [*sic*] conseils : « au moins six mois de lait maternel ». Puis, je me suis mise à entendre les langues qui se déliaient : « Penses-tu arrêter bientôt ? » Arrêter ? ARRÊTER ? Je n'étais pas capable. Et Émile n'était pas prêt. Il n'avait jamais bu un biberon de sa vie ! De toute façon, quand les choses vont bien, c'est plus compliqué de s'arrêter. Alors j'ai continué pendant encore quelques mois.

Puis vers 11 mois, on a gardé uniquement les matins, et parfois le soir, quand Émile était trop agité ou avait trop chaud pour s'endormir seul (c'était l'été). Le lait a continué de couler encore longtemps. Et je me suis littéralement marché sur le cœur pour arrêter quand il a eu 13 mois. Un matin, il a préféré boire son gobelet de lait de (vulgaire) vache. Moi ? Moi ! Je me faisais doubler par du 3,25 % ? Je me suis rendue à l'évidence, Émile s'autosevrait. En douceur.

À vie, l'allaitement est ce que j'ai vécu de plus intense. Je suis par ailleurs certaine que les conséquences positives de l'allaitement dépassent largement le simple développement du cerveau. Toute cette proximité, cette chaleur, cet amour qui se transmet par le lait maternel, n'a, selon moi, aucun égal. Émile a été un bébé joyeux, calme, souriant. Est-ce un hasard si mon fils est encore aujourd'hui d'un calme incroyable, confiant, sûr de lui, affectueux ? Je ne crois pas au hasard. Je crois par contre aux vertus de l'allaitement, et à ce lien unique et magique qui se construit à l'ombre des seins...

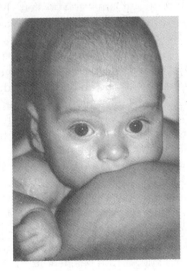

Émile
Photo : Martin Gagnon

Surprenante révélation

Dorothée Mercier

L'allaitement… mmmhhh… Je me demande si cela fait mal. Imagine si le bébé te mord! Ooouuuhhh… ça doit être terrible. Rien que d'y penser, cela me fait me recroqueviller sur moi-même! J'en ai des frissons! Et puis, tu fais comment quand ton bébé a faim en plein milieu du centre commercial ou de l'épicerie?! Pas pratique quand même! Je n'ose même pas penser à l'idée de sortir un sein en public… pppffff… Et les crevasses! T'as entendu parler des crevasses? Quelle horreur! J'ai entendu dire que l'amie d'une amie a fait des mastites aux seins… trois jours de fièvre! Après ça, elle a laissé tomber. Moi qui voyage souvent en avion, j'espère que cela ne posera pas de problème aux agents de sécurité étant donné les nouvelles normes en ce qui a trait au transport des liquides!!! Mais j'y pense, et si je n'avais pas de lait? Ou pas assez? Mon bébé crèverait de faim! Mes seins ne sont pas très gros… pas très petits non plus… oh, je n'ai pas à m'en faire, j'ai lu que la taille des seins n'avait pas d'impact sur la quantité de lait! Ouf! Mais comment savoir si bébé boit assez? Ça aurait été plus facile si la nature nous avait dotées de seins gradués quand même! Quelle angoisse, l'allaitement! C'est comme se diriger en pleine forêt sans boussole, on sait jamais où on s'en va!

Vive le Biberon! B comme dans le mot liBerté! Le biberon… ça prend de l'organisation quand même. Toujours calculer les millilitres et être sûre d'avoir des réserves. Ce n'est pas à minuit quand ton bébé a faim qu'il faut courir les pharmacies pour trouver de la formule en poudre! Et puis, dès que tu sors, tu dois avoir préparé tes biberons; ça doit être lourd dans le sac à couches! En plus, il faut toujours avoir un four à micro-ondes sous la main… et encore, il paraît que c'est dangereux… il faudra donc que j'investisse dans un chauffe-biberon! Par contre, cela me prend une prise électrique pour mon chauffe-biberon, et ça, il n'y en a pas toujours à portée de main! Mais ce qu'il y a de bien avec le biberon, c'est que papa peut lui donner à manger, ou quiconque voudra participer! Faites la queue pour nourrir bébé! Pendant ce temps-là, j'irai récupérer mes heures de sommeil manquantes!

Mais bon… il paraît que l'allaitement est ce qu'il y a de mieux pour le bébé. J'ai lu plein de choses là-dessus : il y a plein de trucs très bons pour lui dans ce lait-là! Dans ce cas, je ne sortirai pas pendant le premier mois pour être sûre de ne pas avoir à allaiter devant du monde ! Ensuite, ce sera le biberon... comme ça, il aura eu un peu du meilleur, et le reste du temps je pourrai vivre normalement ! À moins que je lui offre un allaitement mixte : un peu de sein, un peu de biberon... c'est pas mal, ça ! Oui... Je vais y réfléchir encore un peu, mais cela me semble un bon compromis !

Chéri ? Que penses-tu de... ?

Que de questions nous nous posons pendant ces neuf longs mois. Peser le pour et le contre, réfléchir sans cesse, partir à la recherche d'opinions, pour finalement se rendre en salle d'accouchement sans s'être encore décidée. Malgré tout cela, j'ai fini par arrêter mon choix sur l'allaitement exclusif jusqu'à six mois. Malgré tout ce que j'aimerais vous raconter de mon vécu et de mes émotions face à la grossesse, à l'accouchement et à ma nouvelle vie de mère, je vais m'en tenir au récit d'une grande histoire d'amour entre ma fille Rachel et moi qui fut, entre autres, amorcée par un geste vieux comme le monde : l'allaitement.

Tout d'abord, j'ai décidé d'allaiter pour la simple et bonne raison d'offrir la meilleure alimentation à ma fille. Je voulais lui fournir les meilleurs éléments nutritifs et les anticorps adaptés afin que son petit organisme combatte le mieux possible les agressions venant de l'extérieur. L'allaitement représentait la force physique... jusqu'à ce que la réalité me rattrape et me fasse prendre conscience de tous les bienfaits, autres que physiques, de l'allaitement. La chaleur de son corps collé au mien me rassure, son visage enfoui dans mon sein renforce mon sentiment d'unicité. JE suis la SEULE personne capable de lui procurer de tels plaisirs.

Le 13 juillet 2006, je mis ma fille au monde en quelques heures seulement. Après un accouchement, ma foi, fort facile, mon corps fut envahi par une déferlante vague d'émotions de tout genre. Prise entre la joie culminante de voir, de toucher, de sentir enfin ce que tout mon être désirait, et la prise de conscience que cet enfant n'était plus dans mon ventre, je restais figée et émerveillée devant tant de beauté. Mon bébé reposait enfin sur mon ventre, l'air bouffi et fatigué, se recroquevillant pour garder sa chaleur.

Quelques minutes après, l'infirmière me la prit le temps d'effectuer sa routine de vérification. Après le test d'Apgar, qui ne dura que quelques minutes, l'infirmière me ramena ma fille puis me la plaça immédiatement au sein afin de la stimuler et de faciliter ainsi la prise et la « mise en bouche ». À l'instant même où l'infirmière installait ma fille, je ressentis une appréhension quant à la douleur... je m'attendais à avoir mal. Il n'en fut rien! Certes, je ne peux dire que je ne ressentais aucune sensation : ses tétées me donnaient de légères contractions, et le bout du sein peu habitué à se faire tirailler comme cela semblait s'irriter quelque peu. Toutefois, je venais de mettre ma fille au monde et les quelques sensations inconfortables provoquées par l'allaitement étaient minimes par rapport aux contractions que je venais de subir. Cependant, malgré ces petits inconvénients vite disparus, je n'oublierai jamais cet instant unique et malheureusement révolu. Je tenais dans mes bras ma fille. La plus belle réalisation de toute ma vie était blottie en petite boule au creux de mes bras, accrochée à mon sein. Rachel me regardait intensément, me dévorant des yeux. Je n'avais pas la moindre idée si elle buvait, si elle tétait comme il fallait ou bien si mon sein fournissait assez de colostrum, mais qu'importait! Le film de ma vie s'était arrêté le temps d'une pause, tout était en suspens! Ce premier contact fut la suite d'une fusion extraordinaire que je vivais avec ma fille depuis neuf mois.

Quelques minutes plus tard, l'infirmière se présenta de nouveau afin de faire changer ma fille de sein. Et nous voici reparties pour vingt minutes de bonheur, de contemplation et de découvertes réciproques. Nous étions l'une contre l'autre, au chaud, à nous observer tout en conservant un lien immuable à travers l'allaitement. « Tu es ma fille, je suis ta mère et je t'offre ce qu'il y a de mieux : le lait que mon corps a préparé depuis plusieurs mois afin qu'il soit le mieux adapté à tes besoins de petite fille. Tu mérites bien cela après tant d'efforts pour venir nous rencontrer! Je t'aime déjà tellement! »

Les deux jours d'hospitalisation qui suivirent mon accouchement se passèrent très bien. Environ toutes les trois heures, une infirmière venait nous voir afin de vérifier si Rachel prenait le sein comme il fallait et surtout si elle avalait. Ce n'était pas évident de savoir si tout allait bien. En effet, je n'entendais pas ma fille déglutir et je devais placer mon doigt sur sa gorge afin de m'en assurer. Cela m'inquiétait un peu, mais les infirmières ont su me rassurer en me confirmant que ma fille semblait bien boire et qu'elle avait une bonne prise. Le colostrum est d'une texture épaisse et donc beaucoup moins liquide que le lait, ce qui fait que le bébé tète plusieurs fois avant de pouvoir avaler une gorgée. Il ne fallait donc pas m'étonner que mon bébé fasse tant d'efforts pour avaler si peu souvent. Environ trois ou quatre jours après la naissance de Rachel, le lait remplaça peu à peu le colostrum et l'allaitement prit place.

Les jours qui suivirent furent, malgré la fatigue, très agréables. Ma fille avait joint le milieu familial et notre nouvelle vie semblait de bon augure. L'allaitement se passait bien malgré les « seins d'acier » que j'avais à l'approche des tétées. Cela était inconfortable, mais pas douloureux. Ma fille prenait toujours bien le sein et chaque moment d'allaitement était une nouvelle rencontre, une véritable douceur.

Enfin, une semaine plus tard, nous recevions l'infirmière du CLSC (Centre local de services communautaires), Mme Dionne, pour sa visite de routine. Rachel et moi avons alors rencontré une femme exceptionnelle, charismatique et professionnelle. Après son « interrogatoire » sociomédical, Mme Dionne me montra une position d'allaitement originale. Cette position consistait à m'asseoir confortablement sur le canapé, à placer Rachel à côté de moi, mais face à moi. Rachel était ainsi presque en position assise et son dos était soutenu par un coussin. Cela me permettait alors d'avoir le dos droit, sans douleur. De plus, Mme Dionne m'expliqua que, pour éviter que les canaux lactifères se bouchent, le bébé devait boire un coup à l'horizontale, un coup à la verticale. Cela permettait alors de bien vider tous les canaux. Ces judicieux conseils me permirent de ne jamais avoir de problèmes, évitant ainsi l'arrêt de l'allaitement.

Après cette démonstration, Mme Dionne me conseilla d'éviter les tire-laits, ces derniers étant coûteux et peu agréables à l'utilisation. Elle m'apprit plutôt à tirer mon lait manuellement. Il me suffisait d'exercer une pression du poing sur le sein, vers le mamelon, pour guider le lait dans les canaux lactifères et ainsi contribuer au déblocage du lait dans ces canaux. Ensuite, penchée au-dessus d'un plat aux rebords suffisamment larges, je pouvais débuter l'extraction de mon lait. Tirer mon lait manuellement fut toujours suffisant et surtout indolore.

Cette nouvelle vie m'apportait bonheur et satisfaction. À chaque semaine, je prenais de l'assurance par rapport à l'allaitement, et ma maladresse s'effaçait peu à peu, jusqu'au jour où je fus confrontée à une situation embarrassante ! Je devais me rendre au centre commercial chez un photographe afin de faire faire une photo d'identité pour le passeport de ma fille. Rachel avait à ce moment-là un mois. Une fois arrivées chez le photographe, Rachel dormait d'un sommeil juste et profond. La commis m'indiqua alors qu'il faudrait lui donner le biberon afin de bien la réveiller ! Je décidai alors d'attendre gentiment sur un banc public que ma princesse se réveille et que l'heure de la prochaine tétée approche. Le temps passait, l'heure de la tétée était arrivée et mademoiselle dormait toujours. Ma mère me conseilla de tenter une mise au sein. Je n'étais pas du tout prête à nourrir ma fille en public. Je ne voulais pas le faire ! Je pris tout de même mon courage à deux mains, puis je plaçai maladroitement ma fille sous mon chandail pendant que ma mère, debout devant moi, tentait de cacher les 3 cm^2 de sein visible ! J'étais extrêmement mal à l'aise, je n'osais pas regarder les gens passer autour de moi et je trouvais que ma mère ne cachait pas grand-chose du haut de ses 50 kg ! Malgré tous ces efforts, Rachel refusa le sein en hurlant ! Moi qui voulais être discrète… c'était raté ! Finalement, la photo ne fut pas prise ce jour-là et je fondis en larmes dans les bras de ma mère. La fatigue et les montagnes russes d'hormones associées au stress que je venais de vivre me firent éclater ! Après réflexion, je n'aurais pas dû me forcer à mettre ma fille au sein. Je suis convaincue que Rachel ressentait mon angoisse et que ce fut une des raisons pour lesquelles elle refusa de boire.

Le mois suivant, forte de cette expérience qui me mit dans tous mes états, je décidai de participer au Défi allaitement 2006 visant à promouvoir l'allaitement en public et à passer outre aux préjugés et aux regards insolents de gens ignorants. Quelle belle matinée ! J'ai, ce matin-là, nourri ma fille en public devant des caméras et des appareils photo ! Je me sentais libre de mes choix et j'étais fière de faire partie de toutes ces mères qui peuvent offrir ce qu'il y a de meilleur à ce qu'elles ont de plus cher ! C'était si beau de voir toutes ces femmes nourrir leur bébé, faire ce geste avec tant de simplicité et de naturel ! Ces femmes rayonnaient dans leur féminité ! Elles étaient épanouies, en harmonie avec leur corps et en fusion avec leur bébé. Depuis ce jour, je n'eus plus aucune gêne à nourrir ma fille à l'extérieur de la maison. Je suis simplement une mère qui joue son rôle et qui se moque des pensées négatives d'autrui, car je reste persuadée et convaincue que ce que je fais est ce que je dois faire.

Pour quelles raisons devrions-nous être gênées d'allaiter nos enfants ? Devrions-nous rester enfermées par crainte de choquer un œil curieux qui « entrapercevrait » un bout de sein ? N'y a-t-il pas, dans nos sociétés, des femmes bien plus provocantes avec leurs décolletés plongeants ou leurs pantalons portés si bas que nous pouvons décrire en détail leurs sous-vêtements ? Je me refuse à croire qu'une femme qui allaite son enfant en public provoque autrui en exhibant ses seins ! De plus, qu'est-ce qu'un sein ? Ce sont nos sociétés qui ont fait des seins un attrait sexuel. La nature a créé notre poitrine pour nourrir nos enfants. Ils sont un outil de survie pour notre progéniture. Il est important de faire la part des choses et de ne pas tout mélanger. Une poitrine mise en valeur peut être très jolie et une femme qui allaite est très belle. L'allaitement reste un acte appartenant à la maternité, tout comme l'accouchement en fait partie. C'est un tout !

L'allaitement est pour moi source de joie, de tendresse et de communication. Lorsque j'allaite ma fille, la Terre cesse de tourner, les gens cessent d'exister, plus rien ne subsiste à part elle et moi. Un lien unique et incommensurable se tisse à chaque rencontre. Ses petits yeux bleus me fixent, sa main se balade sur mon visage, sur mon bras. Elle me touche, elle me sent, elle me fait exister en tant que mère et me confirme dans ce choix. Il y a tant d'amour ! Nous sommes, à cet instant précis, en totale fusion. Elle est moi, je suis elle. Nous formons une union d'amour qui nous régénère toutes les deux. L'allaitement me calme physiquement, m'apaise, me détend. Mon esprit s'évade et se noie dans tout cet amour partagé, je ne pense alors plus à rien, juste à elle.

Lorsque ma fille boit, elle émet toutes sortes de gémissements de plaisir et de satisfaction comme si elle n'avait pas mangé depuis des mois ! Sa respiration s'accélère au début, démontrant une excitation certaine, et ses yeux roulent de bonheur. Une fois les premières gorgées avalées, l'excitation laisse place à la relaxation : tout le corps de ce petit être se détend, les orteils s'écartent, les jambes deviennent molles, les doigts s'ouvrent aux caresses et les yeux se fixent sur moi. Nous entrons en communion !

L'allaitement me permet également de retrouver l'exclusivité que j'ai perdue en mettant ma fille au monde : la grossesse n'appartenait qu'à moi... l'allaitement n'appartient qu'à moi. Nulle autre personne au monde ne peut nourrir ma fille. Elle connaît mon lait, mon odeur, ma peau, et ne se tromperait pas entre mille autres femmes. L'allaitement me procure un bonheur tel que je ne saurais m'en passer.

Rachel a désormais huit mois et demi, et je l'allaite toujours. L'allaitement fait partie de mon quotidien et de mon épanouissement personnel. Je n'ai jamais eu de difficulté à allaiter. Vous voyez, c'est possible ! Il ne faut pas voir l'allaitement comme un obstacle à franchir, mais comme le prolongement de la grossesse et la continuité de la maternité. Ce n'est que du bonheur !

Je souhaiterais remercier en premier lieu toute l'équipe médicale du CHUL Centre mère-enfant de Québec. Grâce à elle, je garde un souvenir merveilleux de mon premier accouchement, qui fut accompagné de rires et de réconfort ! Merci de m'avoir accompagnée dans cette magnifique aventure et de m'avoir permis de vivre des moments uniques avec ma fille.

Enfin, merci à Mme Dionne, qui aura marqué ma vie de par sa force de caractère, son professionnalisme, son expérience et son humanisme. Je n'oublierai jamais le regard que vous avez porté sur ma fille au moment de l'examiner... c'était une histoire entre elle et vous.

Et si c'était l'Aventure de ma vie

Amélie Cournoyer

Lorsque j'étais enceinte de ma première fille, il y a quatre ans, je me demandais vraiment ce que l'allaitement allait m'apporter… Ce n'est pas quelque chose que j'avais vécu de près dans mon entourage et ma mère n'avait allaité que mon plus jeune frère pendant quelque temps. Bien entendu, on pouvait lire abondamment sur le sujet et les bienfaits reliés au lait maternel, mais au-delà de tout ça, qu'est-ce que ça m'apporterait à moi, comme femme et comme future mère ? Mon rapport avec mes seins était alors relié exclusivement à mon côté femme, signe de sensualité. Quelque chose d'intime, de privé, de sexuel, que je ne réserve qu'à l'homme qui partage ma vie.

Comme l'accouchement approchait, je me devais de prendre une décision, à savoir si j'allais allaiter ou non mon bébé à venir… Je n'ai jamais eu l'idée de ne pas l'allaiter du tout, mais l'envie et l'excitation n'étaient pas au rendez-vous. Je me parlais rationnellement en me disant qu'il faudrait bien que j'offre le meilleur à mon enfant… ce qui rendait l'expérience peu enlevante. Puis, ma mère m'a dit un jour : « Je vois bien qu'allaiter semble peu t'emballer malgré ton désir d'offrir le meilleur pour ta fille, je ne te demande qu'une chose, tente l'expérience, une seule fois s'il le faut, mais tu pourras dire que tu l'as fait ! Fais-moi cette promesse, car, pour moi, l'expérience a été un grand moment dans ma vie. »

Bon, elle trouvait encore les mots, celle-là, pour m'embarquer… et si je ne le faisais pas, et si je passais à côté d'une expérience hors de l'ordinaire, quelque chose d'unique, qu'il est impossible de retrouver ailleurs dans la vie ? Et si je passais à côté de la plus belle expérience de ma vie, moi la passionnée, la goûteuse de la vie, la curieuse, l'insatiable assoiffée de vivre, moi j'allais prendre ce risque ?

Puis est venu le grand moment, soit la naissance de ma fille Marianne en octobre 2003, et ce fut magique à tout point de vue. J'ai fait la Grande Rencontre de ma vie. Il était parfait, ce bébé tout mignon, en pleine santé et les yeux tout grands ouverts de curiosité devant la vie qui s'offrait à lui. Le temps des bisous, des pleurs et des félicitations, soit environ 20 minutes, l'infirmière m'invite alors à offrir le sein à mon bébé. Mon amoureux est là… Quelle perception aura-t-il de moi en me voyant nourrir mon enfant, avec ce sein, qui jusque-là était réservé à nos moments intimes ? Et ma mère est là aussi, attendrie par ce petit être qui vient de la propulser au rôle de grand-mère pour la première fois, elle attend le grand moment.

Ça y est, j'installe ma fille près de mon sein alors que je suis couchée sur le côté dans mon lit d'hôpital ; je suis un peu malhabile mais l'infirmière me guide doucement pour être confortable. Et voilà que ma fille, instinctivement et en grande conquérante qu'elle est, trouve et prend d'elle-même mon mamelon et commence à boire goulûment. « Ce n'est pas plus compliqué que ça ? » me dis-je. L'instant est parfait, la magie de l'attachement s'installe. Grâce à moi, mon enfant sera nourrie et grandira. Il n'y a que moi qui puisse lui offrir ce nectar précieux. Quelle valorisation ai-je alors ressentie !

Je dois dire que l'allaitement de Marianne a été particulièrement facile et le mérite appartient en grande partie à ma fille ; elle a su, dès les premiers moments, comment prendre le sein, pour le relâcher cinq minutes plus tard, bien rassasiée et pleinement heureuse. Il y a eu bien sûr la montée laiteuse vers le cinquième jour de vie, avec un léger engorgement, mais j'avais un bon livre sur l'allaitement, que j'ai pu consulter aux petites heures du matin et où j'ai puisé quelques trucs pour régler ce petit désagrément.

Puis les jours ont passé et la magie ne s'est pas dissipée. J'étais complètement sous le charme de cette mignonne petite fille et complètement remplie de tendresse durant les moments d'allaitement. La tenir blottie tout contre moi, l'entendre avaler ce précieux lait, caresser ses cheveux, l'apaiser, la sentir parfois s'endormir contre mon cœur, demeurent encore aujourd'hui les moments les plus tendres que j'ai pu partager avec ma grande fille bientôt âgée de quatre ans.

J'ai remercié ma mère pour m'avoir encouragée à me laisser aller dans cette grande expérience ; elle m'a permis de me sentir maman dans tout son sens. Et puis mon amoureux n'a pas cessé de me répéter combien j'étais belle lorsque je donnais le sein à ma fille. Il me disait : « Si tu voyais l'étincelle dans tes yeux, tout ton être rayonne, tu n'as jamais été aussi belle ! » Notre intimité a bien sûr été un peu ébranlée par des nuits entrecoupées et les préoccupations de nouveaux parents. Mes seins avaient alors une nouvelle fonction mais pouvaient jouer plusieurs rôles, chacun dans des moments bien précis. Ainsi, il a été possible de me sentir femme, désirable et bien dans mon corps lorsque mon copain et moi avons eu des moments de tendresse, et de me sentir maman pendant les boires de ma fille. Alors que Marianne était dans mon ventre, je me répétais souvent que jamais je ne pourrais me sentir plus proche de mon enfant, mais je me trompais. C'est en allaitant que j'ai ressenti la plus grande proximité, la plus tendre complicité avec ma fille.

Quelques années plus tard, me voici mère pour la deuxième fois, encore d'une jolie petite fille qui se prénomme Frédérique. Cette fois, pas de questionnement, pas d'hésitation ni de craintes, c'est clair pour moi et le reste de la famille qu'elle sera nourrie au sein. Cette fois-ci, je veux même tenter l'allaitement exclusif pour les six premiers mois de sa vie, car plusieurs études démontrent les bienfaits de l'introduction des aliments solides vers six mois, particulièrement en ce qui concerne les allergies. Comme son papa et moi-même avons des allergies, ainsi que sa sœur aînée, nous ne voulons prendre aucun risque.

La magie opère encore bien que l'allaitement soit différent. Frédérique est un ange de bébé, elle dort beaucoup et s'endort souvent au sein. Ce qui implique que je l'allaite plus souvent et me lève quelques fois dans la nuit. Puis elle a la peau particulièrement fragile, à tendance eczémateuse, je veux donc lui offrir la meilleure protection qui soit. Bon, il y a eu quelques difficultés, principalement reliées à un problème de champignons au niveau des mamelons, transmis probablement par ma fille. Quelques consultations médicales et une crème antibiotique plus tard, tout est revenu à la normale. Notre vie n'est plus la même depuis que notre plus grande est venue au monde, il y a de cela plus de trois ans. Notre quotidien est bien rempli avec la préparation des repas, les activités physiques, les bains et les soins aux enfants. Puis comme Frédérique est un bébé particulièrement calme et serein, elle passe de grands moments seule, dans sa balançoire, son tapis d'éveil ou encore à regarder sa sœur lui faire mille et une mimiques alors que je vaque à mes occupations. Puis lorsque discrètement elle me rappelle à l'ordre pour me dire qu'elle prendrait bien un peu de lait, j'arrête mes activités un peu à regret. Et chaque fois, je ressens la même chose. Je m'assois avec ma fille dans les bras, celle-ci me regarde remplie d'excitation à l'approche de ce moment délectable, puis nous nous installons et je la remercie.

Merci de me permettre de prendre une pause dans ma journée souvent trop remplie, merci de t'abandonner dans mes bras et de me faire sentir si indispensable, merci de me faire vivre ces moments inoubliables qui resteront à jamais dans ma mémoire et qui me rappelleront la jeune mère que j'aurai été.

À toutes les mères qui liront ce texte, j'ai envie de dire : essayez-le, au moins une fois, juste pour voir…

Fusion

Mélanie St-Cyr

Bien que physiquement épuisée, l'esprit, lui, reste vif et en alerte. Tous les sens sont en éveil. Le besoin de la toucher, la sentir, la regarder sans cesse, sans fin, comme pour s'assurer qu'elle est bien là, avec nous, enfin ! Ce petit être fragile et dépendant, mais en même temps si déterminé, s'est forgé un passage, un chemin, à la force de sa volonté pour traverser les barrières physiques nécessaires avant de pouvoir enfin voir le jour et les visages de ceux qu'il considère déjà comme les siens ! Cet ange aux yeux bleu nuit remplis d'innocence, de pureté et d'amour inconditionnel, couchée sur le ventre de sa mère, se repose. Elle l'a bien mérité. Elle savoure probablement autant que sa maman cette caresse de l'intérieur qui les unit. Ce contact, peau à peau, cet échange de chaleur vital, aussi important pour l'une que pour l'autre.

Mais le travail de la nature n'est pas encore terminé. Après plusieurs heures de travail intense, la petite trouve encore la force de remuer ciel et terre à la recherche d'un autre besoin vital : le sein de sa mère. D'instinct, elle se tortille, se cambre, gigote et enfin rampe jusqu'à son dû ! La douce enfant y est parvenue, elle s'y agrippe du bout des lèvres pour commencer. Elle apprend, elle essaie et s'y reprend. Elle ouvre bien grand la bouche et tourne la tête de gauche à droite. La mère ne peut s'empêcher de la regarder, fascinée, envoûtée. L'enfant ferme la bouche sur le sein de sa mère, qui accueille cette caresse comme un accomplissement de sa maternité ! Elle essaie de se calmer, de se détendre et d'apprécier ce premier moment privilégié avec son enfant. La petite boit et la mère pleure. Elle pleure de soulagement, d'admiration, tout simplement de bonheur. C'est le plus beau jour de sa vie et elle le partage avec cet être exceptionnel, unique, fascinant. Une réplique de l'amour de deux amants, une réplique en miniature de ses parents, mais avec sa propre volonté. La belle grogne de satisfaction, elle boit sa mère. Elle s'imprègne de son odeur, de son amour, de ses caresses. Elle fait plus que se nourrir, elle s'abreuve de la force physique de sa maman tout en découvrant, goutte après goutte, qu'elle est son enfant et qu'elles seront l'une à l'autre à jamais unies ! Ça la rassure et la réconforte.

La mère tient son bébé au creux de ses bras et apprend elle aussi. Elle se laisse guider par la bouche avide de sa petite et observe la tétée. Elle fait de son mieux et elle sait que cela suffira, la nature est bien faite, et elle se détend. La petite le ressent et ferme les yeux, son petit poing se pose sur le sein de sa mère et, à cet instant, la fusion de deux êtres se concrétise. Elles sont seules au monde. Tous ceux qui sont présents dans la pièce auront senti le courant, auront vu le nuage envelopper la mère et l'enfant, auront compris qu'elles sont à présent soudées l'une à l'autre, l'une pour l'autre. La main délicatement posée sur la joue de sa beauté, la mère ne peut que l'admirer. La succion se relâche doucement, la mère s'en étonne un peu, comme une bulle qui éclate, elle reprend conscience du monde qui l'entoure. Elle s'aperçoit de la main de son amoureux posée sur son épaule. Il les regarde toutes les deux, ému.

Il la regarde, elle, sa femme, son amour, son héroïne, et lui sourit. Il se penche et l'embrasse tendrement. Merci, lui chuchote-t-il à l'oreille. Ses yeux adorateurs se posent ensuite sur le visage de son ange repu, la joue reposant maintenant sur le sein de sa mère. Le tableau ne pourrait être plus beau. Il sait, il sent que sa vie vient de changer, que plus jamais il ne pourra se passer d'elle. Sa petite, sa protégée, son enfant. Il est si fier, ils ont traversé une mer d'émotions et d'obstacles avant de pouvoir se réunir tous ensemble, en famille. Il les a guidées, appuyées, encouragées et enfin, il peut lui aussi, se remplir de contentement en les regardant ainsi toutes les deux. Il est conscient du lien qui vient de se créer entre elles et il veut en faire autant ! Il prend doucement sa fille, elle n'est que douceur et délicatesse. Alourdie par la fatigue et le bon repas, elle se laisse glisser au creux de ses bras. Il s'assoit et la regarde. Il ne peut détourner le regard de ce visage parfait, de cet ange endormi. Elle est sienne, il le comprend. Ils sont eux aussi tout l'un pour l'autre, ils sont une famille unie les uns aux autres. Il ne peut retenir le flot d'émotions qui le submerge. Il n'a jamais rien vu de plus beau. Elles sont sa vie et ça le comble d'orgueil. Il lève les yeux et voit sa femme profondément endormie elle aussi, le sourire aux lèvres. C'est son tour, c'est maintenant à lui de faire son travail, de prendre soin d'elles.

La première fusion totale entre une mère et son enfant est magique. La deuxième est merveilleuse et les autres sont exceptionnelles. Au moment où j'écris ces lignes, il y en a eu plus de mille autres et toujours un intense sentiment d'amour pur et profond ainsi qu'une totale connexion se sont créés entre ma fille et moi. Comme un grand privilège qui m'a été accordé, j'ai su l'apprécier. Nous avons appris l'une de l'autre et avons bâti ensemble nos rythmes, nos coutumes, nos moments. Nous avons pris le temps de nous observer, de nous connaître. C'est les yeux dans les yeux que nous nous parlons sans voix, que nous nous aimons sans retenue. Sa main sur mon sein, la mienne sur sa joue, nous prenons du temps juste pour nous. Avec le temps, nous avons vu des changements, nous avons dû nous adapter, mais toujours nous avons apprécié nous retrouver seules au monde comme la première fois. Il n'y a rien de plus beau que de purs yeux bleus nous fixant avec reconnaissance. Ces petits trésors savent bien comment nous remercier d'avoir compris qu'il n'y a rien de mieux que notre lait pour les aider à grandir en santé !

Mélanie en fusion avec sa fille Anabelle

Suivre son instinct

Mylène Arsenault

Parler de mon expérience d'allaitement ne sera pas facile, je crois, car je peux affirmer sans trace d'incertitude qu'allaiter a changé ma vie et ma façon de la vivre avec mes enfants! Mes idées ont donc tendance à partir dans tous les sens tellement il y a de choses à dire. En effet, comment nommer ce bonheur, cette fierté, cette responsabilité, ces réflexions, ce cheminement?

Je suis devenue enceinte une première fois en 2001. Je voulais allaiter mon bébé, pour des raisons plus ou moins précises: ma mère nous avait allaités mon frère et moi, je ne me voyais pas donner un biberon, je voulais vivre l'expérience mais j'avais également peur que ça ne fonctionne pas. Je me souviens par contre de mon étonnement lorsqu'il y a eu peu de mains levées à la question «Qui prévoit allaiter?» dans mes cours prénataux... Peut-être commençais-je à me rendre compte, légèrement, que l'allaitement maternel n'allait pas de soi comme je le croyais!

Ma fille Raphaëlle est née en avril 2002. La mise au sein ne s'est pas faite très facilement; je me sentais gauche, comme si je ne savais pas comment faire. Ma petite dormait beaucoup, on tentait de la réveiller par tous les moyens pour lui faire prendre le sein, sans trop de succès. Je me souviens m'être sentie dépassée par les événements. C'était ça, allaiter? Mettre une débarbouillette d'eau froide sur mon bébé pour qu'elle s'éveille et consente à prendre le sein, mal? Je sais maintenant que nous ne suivions pas son cycle de sommeil et qu'elle était sous l'effet de l'épidurale, elle aussi. Disons simplement que le séjour à l'hôpital ne m'a pas donné la piqûre de l'allaitement: pour des raisons nébuleuses, on m'a installé un dispositif d'aide à l'allaitement et ma fille recevait de cette façon de la formule en poudre. Je suis repartie chez moi avec ça, mais j'avais la ferme intention de ne pas m'en resservir...

J'ai donc poursuivi cet allaitement qui a pris un certain temps avant de me dévoiler ses attraits... Pendant le premier mois, Raphaëlle prenait mal le sein sans que je m'en rende trop compte. J'éprouvais de la douleur à chaque fois, mais je croyais que «c'était comme ça». Un jour (tard!), je me suis mise à lire sur l'allaitement et je suis tombée sur un forum Internet où des femmes partageaient sur leur allaitement. J'y ai lu des choses me démontrant que je ne m'y prenais pas tout à fait de la bonne façon.

Une ou deux journées de remise en place du bébé au sein et voilà ! Enfin, je ressentais le plaisir et la simplicité de cette belle relation. Évidemment, j'ai eu des moments de doute et des questionnements, mais je peux affirmer que, dans l'ensemble, allaiter ma fille a été une expérience merveilleuse.

Nous avons souvent un chiffre en tête lorsqu'un premier allaitement se vit, une date d'échéance. La mienne a été repoussée plusieurs fois ! Étant enceinte, je me disais que j'allaiterais trois mois. Pourquoi ? Je ne sais pas trop, probablement que je n'étais pas sûre du résultat et je me disais que c'était un bon départ dans la vie de mon bébé. Ensuite, ç'a été six mois... Par contre, rendue à six mois d'allaitement, ma conception de la chose était autre et au lieu de penser *pourquoi continuer ?* je pensais plutôt *pourquoi arrêter ?* Tout allait bien, j'étais heureuse d'allaiter et je sentais que ma fille l'était aussi de se faire materner de cette façon toute naturelle. Peu après un an, malgré une fierté certaine d'avoir allaité tout ce temps, j'ai vécu une période de questionnements. Une amie avait cessé son allaitement peu de temps auparavant (nos filles ont six semaines de différence) et, à ce moment, je me sentais isolée. Je savais que ma façon de prendre soin de ma fille nous convenait et suivait un cheminement que je trouvais enrichissant, mais le sentiment d'être en dehors de la norme commençait à me peser. Par un heureux hasard, je suis tombée sur une annonce qui invitait les mères allaitantes à une réunion de la Ligue La Leche. J'y suis allée, et il a suffi d'une seule rencontre pour valider mon maternage et mes idées sur le sujet... Les femmes que j'y ai rencontrées m'ont inspirée et ont donné un second souffle à mon allaitement. La deuxième fois que j'y suis allée, mon idée était faite : je voulais faire comme elles, donner de l'information, des outils et surtout du soutien aux femmes qui allaitent ou veulent allaiter.

J'aimerais faire ici une petite parenthèse sur les pressions sociales que peuvent vivre les mères qui allaitent, encore plus, je crois, celles qui choisissent l'allaitement prolongé. J'ai trouvé cela difficile à vivre, et déroutant aussi. Par pressions sociales, j'entends surtout les commentaires formulés par l'entourage, toutes ces petites remarques telles que « tu vas le gâter », « tu n'as pas assez de lait, ton bébé a faim », etc. La liste est malheureusement longue ! L'allaitement maternel semble avoir le dos large. Ça m'a pris un certain temps avant de réaliser que, généralement, ces personnes ne sont pas mal intentionnées. Mal informées, plutôt ! Et il y a peut-être, parfois, un petit regret de ne pas avoir vécu cela avec ses propres enfants. Bref, j'ai réagi de toutes sortes de façons, de la persuasion à la frustration, de la tristesse à l'humour. Une pensée spéciale doit absolument aller à mon conjoint qui m'a toujours soutenue à 100 %, et

qui est aujourd'hui presque aussi connaissant que moi sur l'allaitement !
Merci, Christian, de m'avoir toujours fait confiance.

Parallèlement à cela, le désir d'un second enfant se formait dans nos
cœurs. Nous étions prêts à agrandir la famille, forts de notre première
expérience. Je crois que l'un de mes buts, en ayant des enfants, est de me
rapprocher un peu plus de l'instinctif... Sans vouloir entrer dans un
débat social, je me dis souvent en regardant autour de moi que nous
sommes un peu déconnectés du naturel, et pour moi l'allaitement de mes
enfants m'a permis d'y retourner. Mon bébé pleure ? Hop, au sein ! Il a
faim, soif, est fatigué, grognon ? Au sein ! Pas besoin de rien emporter
(ou presque) en visite, en promenade, pour une sortie.

Je suis donc redevenue enceinte une deuxième fois en 2004. Parlant
d'instinct, le mien me disait que ma fille n'était pas prête à laisser le sein,
ainsi j'ai poursuivi l'allaitement durant ma grossesse. J'avoue que je ne
l'ai pas crié sur tous les toits, car c'est un sujet délicat et même tabou
pour certains. Et si je fais un retour, pas si loin dans le temps, j'aurais probablement été choquée moi aussi d'entendre parler d'allaitement
d'enfant pendant la grossesse ! Comme quoi on chemine en tant que
parent. Je dois dire également que le fait d'avoir eu des exemples de femmes ayant vécu cette expérience m'a permis de l'envisager à mon tour...
J'ai bien eu quelques hésitations et questionnements au début, mais ça
n'a pas duré. Puis il y a eu l'inconfort qui survenait lorsque ma fille prenait le sein ; c'est un état que j'ai trouvé désagréable. Je voulais continuer
l'allaitement, je sentais que c'était encore important pour ma fille, mais je
ne pouvais m'empêcher d'être *agacée*. Nous nous sommes donc gardé
une tétée quotidienne, celle du soir pour l'endormir. Ce fut ainsi jusqu'à
la fin de la grossesse, et après.

Et puis Éloi est né. L'accouchement fut simple et rapide ; tout de suite
après sa naissance, il était calme et éveillé. Il a pris son premier boire
comme un champion ! Quelle fierté, surtout, compte tenu de mes premières tentatives avec mon premier enfant ! J'étais plus calme, plus confiante.
Plus de souci pour l'heure, le dodo, quel sein, etc. Je le suivais, lui, et
écoutais mon corps. Avec un deuxième enfant, le stress provient davantage de l'organisation familiale que de l'apprentissage de la vie avec un
bébé. À cet égard, je dois dire qu'encore une fois l'allaitement a été un
allié précieux ! Le fait d'allaiter mon nouveau-né me simplifiait la tâche
et mettre ma grande au sein le soir lui faisait sentir qu'elle n'avait pas perdu
sa place, en quelque sorte. Il y a bien eu quelques pointes de jalousie, bien
sûr, mais rien d'énorme.

Je me demande combien de temps cette situation aurait pu durer, n'eût été de l'épisode de muguet qui est survenu autour des huit mois de mon fils. J'avais une grande douleur dans un sein, donc j'ai demandé à Raphaëlle (qui avait plus de trois ans et demi) de cesser de téter jusqu'à ce que je sois guérie. Elle a accepté sans problèmes, et quelque temps après m'a demandé si j'étais guérie, sans demander le sein par contre. Elle me l'a redemandé deux ou trois fois par la suite, mais je sentais qu'elle était passée à autre chose. Et j'en ai eu la confirmation lorsque, plus tard encore, elle m'a dit : « Je ne me souviens plus ce que ça goûte, ton lait... Il va falloir que je demande à Éloi ! »

Éloi a maintenant deux ans et est toujours allaité. C'est une belle relation entre lui et moi, qui ne se terminera que lorsqu'il sera prêt à son tour. C'est un petit garçon un peu plus indépendant et explorateur, je chéris donc ces moments où il est tout collé contre moi... Je sens aussi une plus grande acceptation autour de moi, et je me contente aujourd'hui d'allaiter de la façon la plus naturelle qui soit, sans rien imposer ou défier. Je réalise que c'est souvent la meilleure attitude que je puisse adopter ! Ne rien forcer et ainsi, peut-être, offrir un bel exemple aux futurs parents...

Une passion dévorante

Catherine Gauthier

Goulue, assoiffée, elle empoignait le mamelon à pleines gencives, cette petite bouche de bébé naissant. Avides, les yeux s'animaient d'un éclat pénétrant dès que le *tété* se dénudait et s'offrait à elle. Et tel un animal mû par le seul instinct de survie, Nolwen se jetait sur sa proie avec une passion dévorante que rien ne semblait pouvoir contenir.

Le *tété*... car c'est bien de lui qu'il s'agit. Non pas du sein, ni de la poitrine, ni de la boule, ni du lolo. Car à l'île de la Réunion, ce département français d'outremer situé au large de la côte orientale de l'Afrique, où est né et a grandi Florent, le papa de Nolwen, c'est ainsi qu'on réfère à l'organe d'allaitement. C'est ainsi que pendant six mois à temps plein et trois mois matin et soir, bébé Nolwen boira du tété, au tété.

La décision d'allaiter ou non a-t-elle été difficile à prendre ? Non, il s'agissait d'une évidence, d'un choix qui s'est imposé de lui-même sans qu'il ait été nécessaire d'y réfléchir vraiment. Pour le papa de Nolwen et moi-même, il allait de soi que notre bébé allait bénéficier du meilleur lait qui soit, celui qui est fabriqué par la nature, par sa maman. Un lait qui contient déjà tous les nutriments essentiels à sa croissance et à son développement, avec en prime des anticorps pour l'aider à bâtir son système immunitaire. Pourquoi donc lui aurions-nous donné des substituts artificiels au goût douteux et au contenu imparfait, alors que le tété se fait si généreux après avoir patiemment mûri au cours des derniers mois de la grossesse ?

Florent et moi avions tout mis en œuvre pour assurer le succès de l'allaitement. N'ayant pas eu la chance de côtoyer de près des femmes qui allaitent, et sur les conseils de plusieurs personnes de notre entourage, nous avons jugé utile de suivre un cours sur l'allaitement pendant la grossesse. Pour nous, il s'agissait surtout d'en apprendre davantage sur les techniques et les positions qui sont censées éviter les gerçures et autres bobos aux tétés. Nous avons donc passé neuf heures en compagnie d'autres couples à en apprendre plus sur la physiologie de ce merveilleux organe, son fonctionnement, à écouter des femmes raconter leurs expériences. Des échanges intéressants, surprenants même parfois. En effet, c'est avec étonnement que nous avons appris que plusieurs futures mères doutent de leur capacité à allaiter. Dans notre esprit, ce devait être un geste naturel, évident, puisque le corps de la femme est justement conçu pour nourrir son bébé. Sauf cas exceptionnel, donner le sein à son bébé ne devrait-il pas être instinctif, automatique ? Nos ancêtres ont bien pourtant allaité leurs bébés depuis des dizaines de milliers d'années, à l'instar des autres mammifères. En écoutant les témoignages des femmes de la génération de ma mère, j'en déduis que la période des années 1960 et 1970, au cours de laquelle l'allaitement n'était absolument pas valorisé au Québec, a dû contribuer à miner la confiance des femmes dans leur corps, dans leur capacité à devenir mère et à combler les besoins de leur bébé. À cette époque, aucun effort n'était fait pour encourager les femmes à allaiter, tandis que préparations pour nourrissons et petits pots de purée étaient recommandés et considérés comme un bienfait de la modernité, comme un choix pratique. Un juste retour du balancier semble se produire aujourd'hui puisque le lait maternel est maintenant présenté comme la meilleure option pour la santé du bébé.

Dans le cas de Nolwen, ce n'est pas seulement sa maman et son papa qui ont participé à l'allaitement, mais également le reste de la famille, notamment le papy de Nolwen, mon père. Pour lui aussi c'était une expérience nouvelle. Étant le plus jeune d'une lignée de neuf enfants, il n'avait jamais vu ma grand-mère allaiter. Et même s'il avait eu des frères ou sœurs plus jeunes, il n'est pas dit que cette dernière eût allaité ouvertement devant le reste de ses enfants en cette période où on faisait grand cas de la pudeur et où les femmes enceintes cachaient encore leurs formes sous de vastes robes. Mon père n'a pas vu non plus sa femme allaiter, puisque ma mère n'a pas été en mesure de le faire après une grossesse et un accouchement difficiles qui m'ont amenée à passer quelque temps dans un incubateur. C'est donc avec ravissement et stupéfaction que le papy de Nolwen admirait avec quelle voracité elle se jetait sur le tété plusieurs fois par jour. De cette période, nous conservons notamment une superbe photo où se découpe la tête de Nolwen, toute petite à côté du tété géant qu'elle dévore, les petits poings serrés de chaque côté, totalement concentrée sur cette activité si vitale pour sa survie et sa croissance et de laquelle elle semblait tirer un infini bonheur.

De mon côté, je conserve le souvenir d'une période très agréable, au cours de laquelle j'ai vraiment pris conscience de l'utilité des tétés. Car ils ont toujours été là depuis l'adolescence. Petits et pointus tout d'abord, ronds et généreux par la suite, énormes et explosifs lors de la montée de lait. Jusqu'alors, ils n'avaient servi qu'à enjoliver la silhouette, à rendre seyants camisoles et pulls moulants. Sans Nolwen, la vie aurait pu passer sans que cette partie de mon corps ne serve à remplir son rôle biologique.

À l'aube de la vieillesse, ils se seraient affaissés lentement, tristes de n'avoir jamais accueilli de petites bouches affamées, de n'avoir pu activer leurs glandes lactées, de n'avoir point servi à leur plein potentiel. D'ornements féminins à organes nourriciers, mes tétés auront pleinement vécu et auront contribué à produire un délicieux liquide blanc et sucré, qui a si bien fait grandir bébé Nolwen. Et ce n'est pas fini, car ils se préparent actuellement à faire de même pour le petit frère ou la petite sœur de Nolwen qui naîtra sous peu.

D'un point de vue pratique maintenant, les tétées se sont avérées extrêmement libératrices. Avais-je envie d'aller chez des amis, au musée, en expédition de canot-camping avec bébé pour une semaine? Pas besoin de traîner une panoplie de biberons, le goupillon, la bouteille d'eau, la préparation en poudre et je ne sais quel autre accessoire encombrant. Pas besoin de laver le tout à l'eau bouillante pour tuer les germes. Bébé a faim? Il suffit de sortir le tété et hop! Le tour est joué. Les tétés se sont d'ailleurs révélés particulièrement utiles lors d'un voyage de trois semaines en sac à dos au Costa Rica lorsque Nolwen avait six mois. Dans un pays où l'eau courante n'est pas potable, nul besoin de s'inquiéter qu'elle tombe malade puisque, mis à part quelques petits pots de purée de haricots verts et de courge achetés sur place, elle ne prenait rien d'autre que mon lait. De plus, alors que Nolwen commençait à être plus lourde à porter dans son foulard ventral ou son sac à dos dorsal, nous avons beaucoup apprécié de ne pas avoir à transporter de biberons en plus des couches, des vêtements de pluie et des repas lors de nos excursions quotidiennes en randonnée pédestre. C'est ainsi que Nolwen a pu nous suivre et téter sur les plages du Pacifique, au sommet des volcans costariciens et encerclée par les feuilles géantes des forêts tropicales de Monteverde.

Une autre satisfaction associée à la tétée, c'est de pouvoir se dire que pendant plusieurs mois après la naissance, le bébé est une véritable extension du corps de la maman. En effet, juste après la fécondation, le zygote est constitué essentiellement du cytoplasme de l'ovule de sa mère et du matériel génétique provenant pour moitié de son père, pour moitié de sa mère. Mais tout au long de la grossesse, bien que le bébé constitue évidemment un être bien distinct, chaque molécule qui l'atteint et qui sert à construire son petit corps doit d'abord passer par le corps de sa mère. En effet, avant d'atteindre le système sanguin du bébé, les éléments nutritifs doivent d'abord être digérés et absorbés par sa mère. Les molécules d'oxygène doivent d'abord être inspirées par les poumons de cette dernière et être transportées dans son système sanguin. À la naissance, ce lien privilégié entre maman et bébé disparaît avec la coupure du cordon. Toutefois, avec l'allaitement, il peut se poursuivre pendant plusieurs mois, sous une forme différente. Le tété remplace le cordon. Lorsque l'allaitement est exclusif, jusqu'à ce que bébé boive sa première gorgée d'eau ou mange son premier aliment, il se nourrit d'un lait créé sur mesure par sa mère, et donc en quelque sorte du corps de sa mère. J'ai trouvé fascinant de regarder croître cette petite Nolwen, de la voir engranger les kilos et de me dire que ce merveilleux processus était entièrement soutenu par l'énergie et les matériaux qui ont été filtrés ou constitués par mon propre corps.

L'allaitement s'est achevé aussi naturellement qu'il avait commencé. Afin que Florent puisse prendre sa part du congé parental à la maison avec notre fille, nous avons commencé à introduire les biberons de formules pour nourrissons vers l'âge de sept mois pendant la journée, tandis que je retournais travailler. Le matin, au retour du travail et le soir, elle continuait de téter. Vers l'âge de neuf mois, les tétées de Nolwen ne duraient plus qu'une ou deux minutes et celle-ci ne démontrait plus du tout le même enthousiasme qu'auparavant. J'y ai donc mis fin sans qu'elle ne proteste. Mais bien que cette agréable période de nos vies soit maintenant chose du passé, je continue de lui chanter une chanson que j'ai composée et qui commence ainsi :

Je suis Miss Nolwen, je fais des rot-to-tos
Après avoir bu le lait de maman
Le lait de ma maman c'est mon préféré
Oh oui, Oh oui, Oh oui, Oh oui qu'il est bon
Je suis Miss Nolwen, je fais des rot-to-tos...

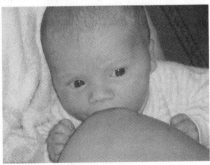

Nolwen

Faire confiance à la vie

Chantal Dubois

Au moment où j'écris ces lignes, mon fils Nathaniel a 17 mois.

Au départ, avant d'accoucher, je ne m'étais pas vraiment fait d'idée précise à savoir si j'allaiterais mon bébé et si je le ferais longtemps ou non. Avec toutes les histoires que j'avais entendues, je me demandais même si je le pourrais. Je connaissais des mères qui prônaient l'allaitement et pour qui cela avait bien été et d'autres à qui ce geste ne disait rien du tout. J'avais suivi un cours que mon médecin m'avait dit «indispensable pour réussir à allaiter» en ne me créant pas trop d'attentes. Avec le recul, je déplore que l'on parle davantage des difficultés que des bons côtés de l'allaitement. Je suis contente de ne pas avoir trop prêté oreille à ce discours pessimiste. Un peu comme pour l'accouchement, j'ai décidé de ne pas appréhender et de faire confiance à la vie. En fait, je réalise que je n'avais rien planifié du tout quant au moyen de nourrir mon enfant. Je me sentais un peu incompétente et préférais ne pas me poser trop de questions sur le sujet. À croire que je ne réalisais pas que mon bébé devrait tôt ou tard manger.

J'ai vécu un accouchement naturel qui s'est très bien passé. J'étais dans un état d'esprit d'abandon, m'en remettant complètement aux forces de la nature. C'est dans les mêmes dispositions que, dans la première heure et quart de vie de mon fils, je lui ai donné le sein. J'ai été littéralement saisie par la beauté et la précision de ce geste réflexe à la base même de la vie. Je le trouvais tellement habile… Allaiter a été pour moi une révélation.

Tout d'abord une révélation sur la force de la vie et sur comment elle est bien faite. Cela m'a redonné confiance en mon corps, duquel je me sentais quelque peu trahie, ayant eu recours à des méthodes de procréation assistée pour devenir enceinte. Je me sentais investie d'une grande confiance en moi et d'un pouvoir immense, celui de répondre parfaitement aux besoins de mon enfant.

J'ai connu des difficultés comme une montée de lait douloureuse, des périodes de fatigue extrême et des gerçures douloureuses. Dans ces moments, je ne pensais pas à cesser l'allaitement. J'étais comme engourdie par ma nouvelle vie de mère, qui prenait toute la place. Je sentais au fond de moi qu'après avoir donné la vie, allaiter, donner la nourriture la plus naturelle qui soit à mon enfant, ne pouvait qu'être ce qu'il y avait de mieux pour moi aussi. C'était ma mission. Dans les moments de découragement, car il y en a eu, mon dévouement total à mon bébé me réconfortait sur mes capacités à être mère. J'ai reçu beaucoup de soutien de mon conjoint et je lui en suis extrêmement reconnaissante. On entend souvent dire que c'est l'une des clés pour poursuivre l'allaitement longtemps et c'est vrai.

Je me sentais parfois prisonnière et stressée par ces appels répétés et rapprochés des tétées, mais ce sentiment s'estompait dès que débutait la tétée. Je vivais ces instants comme un cadeau, des moments privilégiés en harmonie totale avec mon enfant. J'avais l'impression qu'il comprenait mon message : tu vois, je suis là et je veux ce qu'il y a de mieux pour toi. Durant la tétée, le contact entre moi et mon bébé me donnait l'impression d'accomplir mon destin. Je donnais la vie, encore et encore. Après tout, la vie ne peut exister que par l'amour, pour la perpétuer, puis par la nourriture et les soins pour la maintenir. J'avais le sentiment d'offrir à mon bébé une déclaration d'amour d'une belle et grande simplicité.

Ce n'est que plus tard que j'ai commencé à m'informer davantage sur les bienfaits de l'allaitement tant pour la mère que pour l'enfant. Je savais qu'il y avait des avantages, mais en avoir la confirmation m'a encore plus encouragée à continuer. Beaucoup de bénéfices de l'allaitement sur la santé de l'enfant sont maintenant bien documentés et c'est pour moi une raison de plus pour le faire.

Voici un extrait de mon journal alors que Nathaniel avait sept mois. « L'allaitement est plus que jamais un contact privilégié avec mon petit bonhomme. Quand il me regarde du coin de l'œil ou qu'il boit, tout calme, les yeux fermés ou le regard fixe, la main sur mon sein, je fonds littéralement. Je me sens tellement unique et importante. Je sens que je lui apporte tant de réconfort et de sécurité... » Ces instants, les plus doux de ma vie, resteront gravés à jamais dans ma mémoire et dans mon cœur.

De retour au travail, alors que Nathaniel avait 12 mois et demi, la tétée du soir représentait pour moi des retrouvailles privilégiées. Cela a rendu la séparation moins difficile pour moi et je crois que pour lui aussi. Je revois encore son sourire et ses poings tout excités à mon approche, au moment du boire. Du vrai bonbon pour l'âme d'une mère qui se sent un peu coupable de faire garder son enfant toute la journée.

Je sentais depuis longtemps une pression de mon entourage qui n'était pas tellement sensibilisé aux avantages de l'allaitement. On me disait depuis plus de six mois « quand vas-tu arrêter ? », « tu nourris encore ! ». J'aurais voulu répondre : « Oui, je nourris encore, car mon bébé a encore besoin d'être nourri ! » Mon conjoint souhaitait également que nous recommencions les démarches pour avoir un autre bébé ; alors, petit à petit, j'ai commencé à songer à arrêter.

Après avoir allaité 12 mois à temps plein et jusqu'à 14 mois et demi le matin et le soir, j'ai espacé les tétées. J'ai longtemps reporté cette décision, je ne voulais pas arrêter. J'ai profité d'un petit nez congestionné qui faisait que mon fils avait de la difficulté à téter et qu'alors il se fâchait. Malgré cette décision un peu contrainte, je ne suis pas amère ni trop nostalgique. J'avais effectivement très peur d'arrêter d'allaiter, de vivre un deuil, une coupure. Je m'y suis donc préparée longtemps. J'ai bien savouré cette période de proximité privilégiée avec mon enfant et je sens que tous les deux nous en avons profité au maximum.

Oui, l'allaitement m'a changée. Il m'a enseigné que le dévouement et les sacrifices consentis en me rendant disponible à 100 % pour allaiter mon bébé ont une valeur immense. Je crois vraiment aux avantages de l'allaitement pour la santé physique et mentale de la mère et de l'enfant. Le geste d'allaiter est d'une grande simplicité mais d'une incroyable grandeur à la fois. J'aimerais que tous les bébés et toutes les mères connaissent ce doux geste et que leur entourage en saisisse l'importance et l'encourage.

Chantal participant avec Nathaniel au Défi allaitement
de Québec, en 2006

L'allaitement, un don de soi en évolution...

Marilène Gagné

Pour moi, l'allaitement est en soi une évolution, tout comme la maternité. L'allaitement de nos enfants nous permet de vivre des expériences si enrichissantes, mais aussi si différentes les unes des autres. Chaque enfant est unique et telle est l'expérience qui s'y rattache. Je suis maman de quatre beaux enfants ; ce sont mes trésors chéris qui ont tous été allaités, même que la petite dernière demande encore la tétée deux ou trois fois par jour. Mon aînée, Émilie, aura bientôt huit ans, ses deux frères, Antoine et Vincent, sont âgés de presque six et quatre ans, et la petite benjamine, Juliette, aura ses deux ans dans quelques mois. Vous pouvez remarquer qu'ils sont tous les quatre collés à deux ans d'intervalle. Mon tout premier allaitement a débuté à l'été 1999 et a pris quelque temps à s'installer parce que ma première fille ne voulait pas téter après la naissance. Au bout d'environ 36 heures de vie, elle a commencé à lécher tout doucement le sein ; nous ne l'avons pas bousculée, mais les infirmières commençaient à avoir hâte qu'elle tète !

L'allaitement s'est établi lentement avec le retour à la maison. Il y a eu des instants tantôt difficiles, tantôt plus faciles, il m'a fallu persévérer. J'ai eu beaucoup de soutien dans mon entourage et je tenais vraiment à essayer et à vivre pleinement cette nouvelle expérience. Je me souviens encore de ces doux matins en me réveillant à ses côtés, c'était si magique de la voir grossir et grandir si vite seulement grâce à mon lait. Cependant, vers quatre mois, j'ai commencé à sentir une certaine pression des grands-parents qui me disaient qu'il fallait commencer les solides et lui faire accepter un biberon. Comme j'étais peu expérimentée, je les ai écoutés, et le sevrage s'est fait trop vite à mon goût : à cinq mois, Émilie n'était plus allaitée. En ce temps-là, le congé de maternité n'étant que de six mois, je suis alors retournée au travail.

Enceinte de mon deuxième enfant, j'avais décidé que maintenant cette expérience m'appartiendrait et que personne ne me dirait quoi faire. L'allaitement a été si merveilleux dès le début : Antoine a pris sa toute première tétée à quelques minutes de vie à peine. C'est comme s'il savait exactement comment téter, il a fait ça comme un vrai pro dès le départ ! L'allaitement m'a permis de tisser un lien très étroit avec lui, nous étions en symbiose, lui et moi couchés l'un contre l'autre. Pendant

11 mois, il a bu de mon lait. J'aurais bien aimé qu'il continue, mais il s'est lentement sevré de lui-même, probablement parce que j'étais retournée travailler lorsqu'il était âgé de 9 mois, tout en gardant deux ou trois tétées par jour. Mais ma production diminuait graduellement et comme il s'est mis à marcher debout seul à 10 mois, je crois qu'il était sans doute prêt à vivre d'autres expériences.

Aujourd'hui, cinq années se sont écoulées et je le regarde caresser sa petite sœur quand elle tète et je vois dans ses yeux une admiration sans borne, car il sait qu'il a fait pareil lorsqu'il était tout petit. Ces précieux moments de bonheur sont pour toujours gravés dans le cœur d'une mère. Puis est venu au monde mon troisième enfant : un autre gros glouton qui a su dès le départ comment assouvir sa soif ! Vincent était et est encore comme un « gros nounours », il tétait goulûment tout en me flattant avec ses belles mains si potelées. À quatre mois, il avait déjà triplé son poids de naissance ! À presque quatre ans, il est encore plus grassouillet que les trois autres, il a gardé ses belles poignées d'amour et il est plus massif. Mais comme il a été allaité pendant 17 mois, il risque très peu de devenir obèse plus tard. Les gras contenus dans le lait maternel sont de bons gras essentiels qui entraînent une croissance très rapide les trois premiers mois. Vincent a poursuivi l'allaitement même si j'étais enceinte de ma dernière puce. J'étais retournée au travail lorsqu'il avait 13 mois, et j'avais conservé deux ou trois tétées par jour. Je me souviens de nos instants complices tous les deux collés ensemble, en se clignotant de « beaux yeux »… il me regardait de ses grands yeux couleur bleuet tout en tétant, puis s'endormait contre moi. Les moments de détente et de répit que me procurait l'allaitement étaient de plus en plus rares dans le brouhaha quotidien, mais tellement appréciés…

Enceinte de quatre mois, ma production lactée a soudainement chuté et comme il ne restait qu'une seule tétée par jour, le sevrage s'est fait tout en douceur et dans le respect. Dans les derniers jours avant que l'allaitement prenne fin, Vincent tétait et me regardait bizarrement parce qu'il n'y avait presque plus de débit de lait, il n'avalait plus en tétant. Il lâchait le sein et disait « pu lait maman », et il partait s'amuser, tout bonnement ; il n'a plus redemandé le sein, il ne faisait que le regarder et redisait « pu lait maman » ! Ça, c'est un beau sevrage ; agréable pour la maman et le bambin. Après la naissance de sa petite sœur Juliette, j'aurais bien aimé qu'il décide de recommencer à téter pour parfois me soulager de l'engorgement, mais il n'était pas intéressé, je n'ai donc pas insisté, il savait ce qu'il voulait et ce qu'il ne voulait pas.

L'allaitement de ma petite dernière est très différent des trois autres ; au cours des années, il y a eu une certaine évolution. Le regard des gens ne me dérange plus du tout, j'ai une confiance inébranlable en ma capacité de nourrir mon enfant. Je décide de ce qui est bon ou pas pour mes enfants, car je suis la meilleure personne qui soit pour prendre les décisions. Je ne veux pas oublier l'immense soutien que m'a procuré mon conjoint lors de tous mes allaitements, il a une part très importante dans ces expériences, il m'a souvent aidée, conseillée et consolée dans les moments difficiles. C'est si important d'avoir une personne qui nous épaule et qui nous fait confiance dans nos choix. Je sais que mon dernier allaitement prendra probablement fin au cours des prochains mois, je ne me suis pas fixé de date précise, je vais laisser ma petite Juliette décider du moment opportun pour le sevrage. Je suis retournée au travail depuis qu'elle a 15 mois et ma production semble bien s'y adapter.

L'allaitement est à présent le seul lien qu'il me reste avec la maternité, je ne me sens pas encore prête à l'abandonner. J'ai porté en moi quatre bébés, je les ai mis au monde, je leur ai donné le meilleur aliment qui soit pour qu'ils puissent être en santé et grandir, puis je vais continuer de les nourrir pendant toute ma vie de cet amour.

Nourrir un enfant ce n'est pas seulement lui offrir le sein ; c'est aussi le caresser, l'embrasser, le cajoler, le chatouiller, le porter, le bercer, lui montrer à chanter et à marcher, bref, partager avec lui toutes nos connaissances et nos valeurs. Tel est notre rôle en tant que parents, je crois. Les enfants ont besoin d'amour et d'encadrement ; ce n'est pas compliqué, mais c'est un travail continuel de tous les jours. Je vois mes enfants grandir et se développer si rapidement, mais voici ce que je trouve merveilleux : ce temps si précieux que je leur ai accordé en les allaitant lorsqu'ils étaient petits, ce temps m'est redonné chaque fois que l'un d'eux vient se coller tout contre moi. Lorsqu'ils m'embrassent ou me disent «je t'aime, maman», c'est comme un juste retour des choses. Ce regard si intense et chaleureux que me porte ma petite et mignonne Juliette lorsqu'elle boit au sein est comme une flèche qui me touche droit au cœur. Il faut la voir cligner des yeux et répondre oui ou non de la tête pour répondre à mes questions tout en continuant de téter. Elle est même capable de fredonner des notes de musique pendant les tétées. Lorsqu'elle s'endort tranquillement au creux de mes bras avec le sein en bouche, je me dis que la vie est faite de petits miracles. Je me rends compte que cette relation qu'apporte l'allaitement est précieuse et importante autant pour elle que pour moi. L'allaitement est un don de soi, un cadeau de toute une vie que l'on se fait et que l'on fait à nos enfants.

La chance que j'ai d'être femme

Caroline Mayrand

Quand on me demandait, alors que j'étais enceinte, si j'allais essayer d'allaiter, ma réponse était toujours la même et c'était clair, non ! Je n'allais pas essayer. J'allais le faire. Je ne me suis jamais posé la question, je n'en ai même jamais parlé à mon conjoint. Fort heureusement, papa était aussi catégorique, hors de question que ses enfants reçoivent moins que le meilleur. La seule question qui restait sans réponse était : Combien de temps ? Mais la réponse n'était pas nécessaire, elle viendrait plus tard. Je ne voyais pas vraiment comment poser la bouche de mon bébé sur mon mamelon pouvait être quelque chose d'exaltant. Mais je voulais le faire pour des raisons de santé, de bénéfices, bref, pour des raisons mathématiques. J'ai lu un peu, mais je me sentais bien épaulée par ma sage-femme. Aujourd'hui, je connais toute la portée de ma décision et je suis soulagée d'avoir pris la bonne. Au fond, quand on suit la nature, peut-on réellement se tromper ?

Nous sommes le 26 juillet, il est 19 h 30. Je suis dans la chambre bleue de la maison de naissance du Lac Saint-Louis, sur le grand lit, bien entourée. L'accouchement se termine, après près de 20 heures, une nuit blanche et beaucoup d'efforts pour aider ma puce que je vais rencontrer bientôt. Je tremble, tout est flou. La tête sort, les épaules suivent et finalement le reste du corps. Ma sage-femme prend ma fille et la dépose sur moi, je la découvre enfin. Aussitôt, l'autre sage-femme présente l'éponge et à l'aide de la poire lui enlève les sécrétions. J'avoue être un peu surprise, ces gestes détonnent tellement avec la douceur qui a été la ligne directrice du reste de l'accouchement. Ma fille est verdâtre, elle a avalé du méconium, elle en est couverte.

Malgré tout, elle va très bien ; sans pleurer, elle observe son arrivée, avec ses grands yeux qui resteront dans ma mémoire à tout jamais. Tout le monde s'en va, nous sommes maintenant seuls, une nouvelle famille qui se découvre.

Je suis sous le choc, elle est là ! Elle ne tète pas, bien que je sois en peau à peau avec elle. Je sais qu'elle n'a pas besoin de boire, puisqu'elle a été alimentée par le cordon jusque-là. Je ne m'inquiète pas, je suis un peu ébranlée par sa naissance.

Ma sage-femme revient faire les examens, puis nous essayons plusieurs mises au sein. Mon accompagnante tente d'aider elle aussi et, enfin, l'aide natale. Charlie ouvre grand la bouche, mais ne tète pas. Elle a le hoquet.

– Elle est pleine! me dit ma sage-femme.

On se couche, elle dort paisiblement avec nous, malgré quelques haut-le-cœur dus à ses sécrétions. Le lendemain matin, l'aide natale revient.

– Est-ce qu'elle boit?

– Non, toujours pas, elle ne veut pas téter.

– Viens, on va essayer d'autres positions.

L'aide natale me guide quelque temps, sans succès, et ma sage-femme revient nous voir. Nous essayons encore des mises au sein. Elle ouvre sa bouche, la pose sur mon sein, mais… rien. Elle refuse toujours de téter. Ma sage-femme me dit comment surveiller son hydratation et me propose de la laisser à la lumière le plus possible tant qu'elle ne tète pas, pour éviter la fameuse jaunisse.

Son état n'est pas inquiétant, nous retournons à la maison. Je suis toujours sous le choc. Je sais que c'est normal, qu'apprivoiser un bébé peut prendre du temps et que l'amour inconditionnel ne vient pas toujours tout seul. Mais je me sens vide, je ne me sens pas mère.

En début de soirée, ma sage-femme nous appelle. Tète-t-elle? Non, toujours pas. Je commence à m'inquiéter. Elle doit boire d'ici le matin, sinon, il va falloir supplémenter. Non, non, pas question, cette idée me dérange, je veux y arriver, je vais y arriver. Je suis une femme, j'ai du lait, il est hors de question que ma fille reçoive autre chose! J'essaie de tirer mon lait, sans résultat, j'essaie de lui faire téter mon petit doigt, ce qu'elle refuse aussi de faire. Les heures passent. Mon inquiétude augmente.

Il est minuit. Je suis dans ma chambre, avec Charlie et papa. C'est papa qui aura alors la meilleure idée. « Reste avec elle, parle-lui, garde-la collée sur tes seins, on va y passer toute la nuit s'il le faut. »

Nous sommes le 28 juillet, il est presque 3 h du matin. Charlie a maintenant 30 heures de vie et voilà, elle prend le sein, toute seule, tout naturellement!

– Elle tète, mon amour, elle tète, elle boit, enfin! Elle boit vraiment!

– Tu es sûre? demande papa, incrédule.

– Oui, oui, oui!

Et là, le choc passe, tout débloque en moi. Je deviens mère. Ma fille reçoit mon lait, ma fille reçoit mon amour. Cette tétée va rester en moi, gravée. Autant ma rencontre avec elle est floue, autant notre premier allaitement est incroyablement limpide. J'ai encore la sensation, sur mon sein, du moment tant attendu, du moment espéré. Et je vois aussi papa qui, les yeux pleins d'eau, me lance en un soupir : « Tu es chanceuse. » Mon amoureux, qui n'a rien d'un homme rose souhaitant vivre la maternité à la place de la femme, ressent de sa place la puissance de cette liaison et ne peut s'empêcher d'être un brin jaloux. Son regard à ce moment-là, je le chérirai toujours, il signifie la chance que j'ai d'être femme.

Quand ma sage-femme me rappelle pour m'envoyer une aide natale à la maison, je suis si heureuse de lui dire que ce n'est pas nécessaire ! Elle boit, son teint est beau, elle a fait pipi, j'ai un peu mal, mais je peux attendre sa visite, c'est le paradis. Je réalise soudainement, debout au milieu de mon salon, ce qu'il y a d'exaltant à mettre la bouche de mon bébé sur mon mamelon et je comprends aussi à ce moment pourquoi je ne saisissais pas cela quand j'étais enceinte ; c'est simple, ça ne s'explique pas.

Dix-neuf mois plus tard, ma puce est toujours allaitée. J'attends notre deuxième enfant et je souhaite de tout cœur les allaiter en tandem. L'amour de maman ne se divise pas, il se multiplie, et son lait aussi.

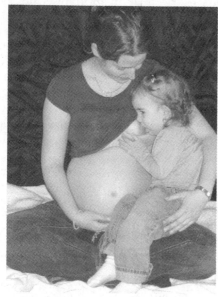

Caroline avec sa fille Charlie
Photo : Andrée-Anne Cyr

T'observer, te détailler, te sentir

Caroline Dufresne

Quand je parle d'allaitement et de mes débuts en la matière, je dis toujours la même chose, car c'est ce que j'aurais aimé savoir. L'allaitement est un apprentissage, autant pour la mère que pour le bébé. Du moins, c'est ce qui s'est passé entre Mathilde et moi, au début. Mathilde est née à Chicoutimi le 26 juillet 2006. Ce fut un premier accouchement naturel et assez rapide. Cette rapidité est probablement à l'origine de ma persévérance en matière d'allaitement. Car tout ne s'est pas fait de façon spontanée. Il a fallu que nous travaillions très fort toutes les deux. Voici donc un récit d'allaitement rédigé pour elle, ce que j'aimerais lui dire un jour en parlant d'allaitement.

Avant d'accoucher, je n'avais jamais réfléchi au fait que l'allaitement pourrait être compliqué, je n'avais pas envisagé une autre façon de te nourrir. Pour moi, l'allaitement va de soi, c'est mon côté animal. Je suis capable de produire du lait, c'est donc forcément ce qu'il y a de mieux adapté pour toi. Lorsque je t'ai mise au sein pour la première fois, j'ai réalisé avec Nancy, mon accompagnante, que j'ai les mamelons plats. Maintenant que j'y repense, je l'ai toujours su ! Je n'y avais tout simplement pas réfléchi en lien avec l'allaitement. Je nous revois, dans la salle d'accouchement, en train d'essayer de te faire attraper le sein. Et pour y arriver, d'essayer de faire sortir mes mamelons par tous les moyens : stimulation avec les doigts, glace, seringue coupée... Rien ne fonctionnait. Pendant que je travaillais pour faire sortir les mamelons, tu t'endormais. Parfois, tu prenais le sein dans ta bouche, pour l'échapper presque aussitôt. Tu te tétais alors la lèvre inférieure, la bouche en cœur, la lèvre du bas soudée à la gencive supérieure.

Durant mon séjour à l'hôpital, tu as bu au sein une fois. J'ai finalement tiré mon colostrum avec une seringue coupée et je te l'ai donné avec un petit gobelet. Ce n'était pas facile. Le colostrum étant un liquide épais, j'arrivais à en tirer environ un ou deux millilitres à la fois. De plus, nous n'étions pas chez nous, ce qui ne nous aidait pas. Hervé, ton père, «dormait» dans un fauteuil et il faisait excessivement chaud dans la chambre d'hôpital. Bref, tous les ingrédients pour faire perdre patience et confiance. La deuxième nuit, une infirmière bien intentionnée insistait très fort pour te donner un biberon. C'était hors de question. Malgré la fatigue et l'envie de pleurer et de me décourager, je n'ai pas cédé et j'en ai été très contente par la suite. Mais j'ai dû résister... C'est probablement à ce moment que le fait d'avoir eu un accouchement rapide a le plus joué en ma faveur et m'a empêchée de tout lâcher.

Durant mon séjour à l'hôpital, j'ai parlé avec plusieurs femmes, avec plusieurs personnes-ressources en allaitement. Le groupe Nourri-Source et les Mères veilleuses, entre autres. Nancy, mon accompagnante, a également été une ressource très précieuse. Toutes ces femmes m'encourageaient à persévérer. D'ailleurs, j'ai eu recours à une marraine d'allaitement durant les premiers mois. Elle m'a beaucoup aidée, par son écoute, ses conseils et le partage de sa propre expérience. J'ai réalisé à quel point nous ne discutons pas beaucoup d'allaitement entre mère et fille. Il y a très peu de transmission de ce savoir entre les générations. Comme plusieurs savoirs féminins, d'ailleurs... Mais encore plus en ce qui a trait à l'allaitement, puisque ça n'a plus fait partie de nos mœurs durant quelques dizaines d'années. Mais revenons à ce récit...

Quand nous sommes retournés chez nous, j'ai continué à stimuler mes seins avec un tire-lait. On m'avait dit que tu prendrais plus facilement le sein lorsqu'il y aurait du lait et pas seulement du colostrum. La montée laiteuse est arrivée le jour de notre retour à la maison, 48 heures après ta naissance. Effectivement, à partir de ce moment, tu as pris le sein. Inutile de dire que c'était une victoire, un party dans ma tête chaque fois que tu buvais! Par contre, ce fut long avant d'être totalement au point; au début, il fallait s'y reprendre plusieurs fois avant que le mamelon sorte bien et que tu le prennes dans ta bouche. Ça pouvait prendre 20 minutes avant que tu boives. Souvent, tu recommençais à téter ta lèvre. Et j'ai dû faire en sorte que tu perdes ce réflexe et tu acquières celui de prendre et de garder le sein à la place. Disons que ça nous a pris à peu près deux mois avant d'être vraiment bonnes, pour que tu prennes le sein du premier coup. À partir de ce moment, je me suis dit que l'allaitement était réellement agréable et plein d'avantages. Depuis le début, tu as toujours bu peu à la fois et souvent.

L'avantage d'avoir tiré le colostrum avec une seringue était que je connaissais la bonne sensation pour la prise du sein. Ce qui fait que je n'ai eu ni gerçures ni crevasses.

Tu as reçu un allaitement strict jusqu'à six mois environ. Depuis, tu prends des biberons de temps à autre. Tu as maintenant huit mois et je t'allaite toujours. C'est quelque chose qui me rend très fière, même si ça prend beaucoup d'espace dans ma vie et que ça en laisse moins pour mon couple. Hervé a toujours été là pour moi (et pour toi) et nous croyons sincèrement que l'allaitement te donne la meilleure nourriture qui soit : pour ton corps et pour ton âme.

Nous nous sommes beaucoup promenés à travers le Québec depuis ta naissance. De la Basse-Côte-Nord à l'Outaouais, en passant par les Cantons-de-l'Est, nous sommes aussi beaucoup sortis chez nous, au Saguenay. Je t'ai allaitée (et t'allaite encore !) dans une multitude d'endroits et de positions. Assise, couchée, debout, en marchant, dans la voiture, dans des sentiers pédestres, sur un bateau, près du fjord, en forêt, au centre commercial, au restaurant...

Quand je pense au moment où je devrai te sevrer, j'ai un serrement au cœur. Je crois que je me sentirai plus vide le jour où mes seins le seront de leur lait que le jour où tu as quitté mon ventre. C'est l'allaitement qui me donne pleinement la sensation d'être une mère. C'est, jusqu'à maintenant, pour moi, la plus forte expression de la maternité. Bien sûr, je resterai une mère quand je ne t'allaiterai plus, je vivrai la maternité autrement. Mais je devrai quand même vivre une forme de deuil, une perte.

En attendant, j'en profite pour t'observer, te détailler, te sentir et remarquer ce qui change chez toi. Tu changes si vite. M'étendre à tes côtés le soir pour t'allaiter est un moment de grâce. Une chaleur et un confort extraordinaires au cœur de notre hiver. J'aime quand on est blotties l'une contre l'autre et que je sens tes petites mains qui pétrissent comme font les chatons. J'aime ton odeur et les petits sons que tu émets à chaque gorgée.

J'ai rencontré à certains moments des gens qui étaient mal à l'aise avec l'allaitement. J'ai même vu des hommes sortir de leur maison pour ne pas risquer de voir un petit bout de la peau de mon sein ! Mais pour moi, rien ne peut ébranler ma confiance en ce qui a trait à l'allaitement. La confiance que je pose le meilleur geste pour toi. En même temps, il me semble que je réalise quelque chose de grand, d'utile au monde. Même si ça devient presque banal et routinier au fil du temps. Au-delà de la relation nourricière, j'ai le sentiment de te transmettre un peu de ma confiance en ce pouvoir féminin extraordinaire. Les femmes ont tout ce qu'il faut en elles pour mettre un enfant au monde et pour le nourrir durant la première étape de sa vie.

Je reprends ce texte quelques mois plus tard, à la recherche d'une conclusion. Je t'aurai allaitée durant presque 10 mois. Quand j'ai recommencé à travailler, c'est drôle, on aurait dit que tu ne voulais plus prendre le sein. Je n'ai rien forcé, et le sevrage s'est fait comme ça. Tout en douceur, un peu tout seul. C'était sûrement la meilleure façon pour nous de conclure cette aventure.

J'espère que, lorsque tu liras ceci, tu auras le goût d'en savoir plus. Et j'espère sincèrement arriver à te transmettre cette envie d'allaiter tes enfants à ton tour, si tu en as un jour. Pour que jamais ce savoir ne se perde et qu'il se transmette longtemps à ta suite.

Un regard nouveau, des sensations nouvelles

Carmen Dufresne[1]

C'est avec plaisir que je prends le temps de rédiger mon témoignage concernant l'allaitement. À l'âge de 40 ans, je deviens enceinte pour la cinquième fois. C'est en 1977 et à ce moment-là, mon dernier garçon a 16 ans. Je dois préciser que mes quatre premiers enfants, trois garçons et une fille, sont nés entre 1957 et 1962. À cette époque, et même encore au milieu des années 1970, les femmes qui allaitent sont très rares.

Donc, j'ai 40 ans en 1977... Mon médecin m'offre l'avortement, mais je refuse. Quelque part en moi, j'ai toujours pensé qu'il serait possible qu'un cinquième enfant se présente et je veux garder ce bébé.

Au quatrième mois de la grossesse, ma fille, alors âgée de 17 ans, décède de l'épilepsie. Inutile de vous dire l'immensité de ma peine et les sentiments contradictoires qui m'habitent durant cette période. La tristesse et la culpabilité, le sentiment de perte et celui de la vie qui s'en vient... Le besoin d'exprimer cette peine et la peur qu'elle affecte l'enfant en moi.

Bref, la grossesse continue et tout va bien de ce côté. Une amie à moi, qui est l'épouse de mon chiro, a eu deux enfants qu'elle a allaités. Elle me parle souvent des bienfaits de l'allaitement, elle m'en parle assez, finalement, que je décide d'allaiter ce dernier enfant. Nous sommes rendus en 1978 et je donne naissance à une superbe fille ; je suis comblée ! Les sept mois d'allaitement furent la plus belle expérience de toute ma vie. Ce fut difficile, car j'avais souvent les mamelons gercés. J'appelais alors mon amie, qui me donnait des conseils pour apaiser cette souffrance et qui m'encourageait à ne pas lâcher. Une sorte de marraine d'allaitement avant l'heure ! Quant à mon mari, il était entièrement d'accord. Ma famille, elle, peut-être un peu moins. Mes sœurs et une amie me disaient souvent que j'avais moins de temps pour moi en allaitant pendant si longtemps. Elles me disaient aussi : « Tu ne peux pas sortir quand tu veux. » C'est comme si elles me voyaient prisonnière de l'allaitement. Je leur répondais que c'était à moi de décider quand je ferais le sevrage.

---

1. Carmen Dufresne est la mère de Caroline Dufresne (témoignage précédent).

Le sevrage s'est très bien passé. Ma fille ne tolérait pas le lait de vache au début, j'ai alors opté pour le lait de soya, qu'elle aimait beaucoup.

Ce sont pour moi des moments inoubliables. Pendant que j'allaitais, je regardais ce petit visage tout rond qui me fixait, parfois en faisant un petit sourire. Ça me touchait profondément. C'était douloureux presque à chaque fois que je donnais le sein, mais à cause de ce contact avec ma fille, je ne pouvais pas arrêter. J'étais très émue. Prendre cet enfant si proche plusieurs fois par jour (et par nuit!) m'apportait de la joie et du réconfort. Ces émotions m'offraient des sensations nouvelles que je n'avais pas connues avec mes autres enfants, c'est-à-dire le calme et la détente. Le fait d'allaiter m'a également permis de poser un regard nouveau sur ma façon de vivre et de penser. D'un autre côté, j'étais très fière de moi, d'avoir eu la ténacité d'allaiter durant sept mois, je sentais que j'offrais quelque chose de plus pour la santé de cet enfant. Finalement, je dirais que l'allaitement m'a permis de développer davantage la patience, la tendresse et la tolérance envers les autres. Du fait d'arrêter, de prendre le temps, celui que l'enfant décide de prendre pour boire. Un peu comme une perte de contrôle sur ma gestion du temps.

Aujourd'hui, ma fille a 28 ans. Nous sommes très proches l'une de l'autre. Nous avons une belle relation et je l'aime beaucoup. J'aime mes trois fils, mais la relation avec eux est différente. Je suis convaincue que le merveilleux amour que je vis avec ma fille, et par ricochet avec ma petite-fille, a un lien avec l'allaitement. Car ma fille a donné naissance à une belle petite en juillet 2006, qu'elle a allaitée pendant 10 mois. Je dirais que même le lien qui m'unit à cette petite-fille est différent de celui que j'ai avec mes autres petits-enfants. Il est vrai qu'on n'est pas à 70 ans la même grand-mère qu'à 41 ans. Car mes trois premiers petits-enfants ont en fait l'âge de ma fille. Mais ça, c'est une autre histoire!

En terminant, je dirais qu'il n'y a pas d'âge pour allaiter et que c'est le plus beau cadeau qu'une mère peut se faire. À elle et à son enfant.

Allaiter est une façon de vivre

Ingrid Bayot

*Ingrid Bayot est formatrice en allaitement maternel, physiologie des adaptations néona-
tales, rythmes et chronobiologie du nouveau-né et de l'enfant à l'Institut de prévention et
de santé en néonatalogie (IPSN) - Formations Co-Naître®. Infirmière et sage-femme
diplômée de Belgique, elle est également titulaire d'un diplôme en lactation humaine de la
Faculté de médecine de l'Université Joseph-Fourier de Grenoble. Depuis 2001, elle est
chargée de cours au programme de baccalauréat en pratique sage-femme de l'Université
du Québec à Trois-Rivières. Présidente d'Infact Québec, elle est aussi auteure du livre*
Parents futés, bébé ravi *(Robert Jauze, 2004), disponible sur le site www.ingridbayot.ca.*

Aucune fonction du corps humain ne peut se réduire à sa biologie,
d'autant plus si cette fonction se vit à deux ou à plusieurs comme, par
exemple, la nutrition, la sexualité ou l'allaitement. La physiologie à elle
seule ne rend pas compte des émotions, des représentations et des
croyances qui se jouent autour de ces expériences.

Or, la manière de vivre une fonction, tout comme le sens qu'on lui
donne, est fortement influencée par les représentations et les croyances
que véhicule une culture donnée, comme celles qui habitent l'individu
concerné. Construire un cadre de références et donner du sens à nos
actes est une des spécificités de notre espèce.

Les humains se nourrissent, font l'amour et allaitent depuis des millénaires sans tout savoir du système digestif ou reproductif. Mais nos systèmes de représentations et de croyances, qui se sont modifiés et remodifiés
au fil des siècles, ont été capables de donner un cadre et du sens à nos
expériences vitales. En retour, nos systèmes ont dicté les modalités pratiques des expériences de façon à maintenir un niveau de cohérence acceptable entre ce qui est cru et ce qui est vécu[1]. Un cadre de références stable
produit de la permanence, pour le meilleur (transmissions facilitées) ou
pour le pire (rigidité, peu de créativité). D'où le ton souvent autoritaire des
directives qui encadrent le maternage (ou l'alimentation, ou la sexualité)
dans les sociétés traditionnelles... et, tout compte fait, dans notre société

---

1. Les croyances sont autoréalisatrices. Alors, nous qui avons la liberté de les trier, autant
   bien les choisir...

actuelle aussi, bien souvent. Reste à voir si nos systèmes de représentations/croyances autour du bébé ou de la maternité et de la paternité nous apportent de la cohérence, du mieux-être et du sens.

Nos savoirs rationnels sur la biologie du lait satisfont nos légitimes curiosités et nous sortent au passage de quelques croyances peu intéressantes[2]. Mais ils ne nous aident pas forcément à mieux nous alimenter, à mieux aimer ou à mieux allaiter, dans le sens du mieux-être, du plus-être. L'allaitement est souvent considéré et nommé comme un mode d'alimentation, le meilleur sur le plan biologique, ce qui est désormais largement démontré et tant mieux ; ces connaissances ont mis à terre la représentation/croyance que le corps féminin est fragile et peu fiable, ou que les formules industrielles valent autant, sinon plus, que le lait maternel. Mais dans les faits, dans le quotidien, l'allaitement est d'abord et surtout une façon de vivre, une façon d'être avec soi-même, son bébé, son couple, sa communauté. Et dans les faits, son « retour » après plusieurs générations d'oubli (ou presque) ne peut se réaliser qu'en réintégrant les différents aspects de cette façon de vivre, donc des représentations et des croyances facilitantes, elles aussi plus ou moins oubliées.

De multiples facteurs non biologiques induisent – ou non – la décision d'allaiter son bébé et, surtout, favorisent – ou non – la durée cette relation très intime. En effet, la production de lait dépend de la demande du bébé : ça, c'est de la biologie. La suite, c'est de la culture. Car la réponse à la demande du bébé est tributaire de l'observation des signaux du bébé. Cette observation dépend du degré de proximité et d'attachement qui, lui, dépend de la disponibilité des parents. Cette disponibilité résulte à la fois des représentations qu'ont ces parents d'eux-mêmes dans leur nouvel état et du soutien que leur apporte leur communauté. Mais ce soutien dépend des représentations collectives, de la culture et des valeurs ambiantes (ces interdépendances sont présentées dans le schéma ci-contre).

Qu'en est-il chez nous, dans les pays occidentaux industrialisés ?

Notre système de représentations et de croyances autour du bébé, du maternage et du paternage est complexe, disparate et désarticulé. Les

---

2. Par exemple, dans les hôpitaux occidentaux, au cours des années 1950, on croyait que les bébés devaient se purifier après la naissance et on les laissait à jeun pendant deux jours : il a été démontré que c'était dangereux. Après, on croyait que tous les bébés risquaient l'hypoglycémie et tous furent systématiquement supplémentés à l'eau glucosée : il a été démontré que l'eau glucosée déstabilise la glycémie et sabote l'équilibre énergétique du nouveau-né.

Approche globale et relationnelle de l'allaitement maternel

L'ALLAITEMENT

L'allaitement maternel : anatomie, physiologie, hormones, biologie du lait, pratique de la tétée, émotions et sensorialité.

La **clef** pour démarrer et entretenir la lactation : l'allaitement « **à la demande** »

LES RYTHMES

Les rythmes des éveils et du sommeil du nouveau-né et leur évolution. Les éveils et les compétences du tout-petit : les compétences relationnelles et alimentaires. Les éveils du tout-petit et les prises alimentaires. L'évolution de l'allaitement « à l'éveil » vers l'allaitement « à l'amiable ».

La **clef** pour **observer** le bébé : **la proximité**

L'ADAPTATION

L'attachement, le lien, la proximité avec le père et la mère : la transition sensorielle entre les milieux intra et extra-utérin. Les équilibres sensoriel et émotionnel du tout-petit. Leurs conséquences : une adaptation néonatale facilitée sur le plan hydrique, thermique et énergétique et une prévention de l'ictère et des pertes de poids.

La **clef** pour la **disponibilité** des parents : le **réseau** de soutien

LE RÉSEAU

Le réseau dans les sociétés tribales : automatique, féminin et ritualisé. Le passage aux sociétés industrielles avec l'isolement des individus, l'urbanisation, les familles nucélaires, mais davantage de possibilités d'autodétermination de l'individu. La nécessité de sensibiliser les futurs parents à l'importance de la création d'un réseau de soutien autour d'eux pour avoir de l'aide (ménage, repas, accompagnement) lors des premier temps, très exigeants, avec un bébé humain aux grands besoins.

Ce schéma illustre l'article « Pour une vision globale de l'allaitement maternel » par Ingrid Bayot, formatrice IPSM, Formations Co-naître. Cet article est disponible sur le site Internet de l'Institut Co-naître : www.co-naitre.net
Document produit par l'ADRLSSSSE-DSPE en collaboration avec l'IPSN Formations Co-naître. La reproduction est exclusivement réservée à l'ADRLSSSSE-DSPE et à l'IPSN Formations Co-naître".

discours et les pratiques véhiculés par les proches ou par les professionnels de la santé, ou déjà intériorisés par la mère elle-même, sont très variés, peu cohérents et non facilitants. On peut entendre tout et son contraire.

Prenons l'exemple de l'allaitement à la demande, la recommandation de suivre la demande du bébé plutôt qu'un horaire strict. La consigne est en soi assez logique – et, tout compte fait, aussi ancienne que le règne des mammifères –, mais elle est en général mal comprise et ingérable. Pourquoi ?

Tout d'abord, les bébés sont souvent placés dans un endroit éloigné de leurs parents, car on croit qu'il doit en être ainsi, que c'est mieux pour eux, qu'ils doivent s'habituer à être seuls, etc. D'ailleurs, la quasi-totalité du matériel de puériculture disponible sur le marché normalise et banalise cette mise à distance. Or, l'éloignement ne facilite pas l'observation des signaux fins des bébés (autres que les pleurs, donc). Aussi, beaucoup de soignants et de parents sont persuadés que le bébé se réveille parce qu'il ressent une douloureuse sensation de faim. Cette croyance est probablement vieille comme l'humanité et n'a jamais posé de problème tant que le bébé était proche, et tant que le sein était présenté chaque fois qu'il s'éveillait, sans restriction de fréquence ni de durée. Dans notre culture, nous nous sommes diablement rendu la vie bien compliquée. En effet, depuis quelques décennies, l'accès au sein s'est calqué sur l'accès au biberon, avec des règlements stricts à propos de l'horaire et de la durée des tétées. Le stress et les pleurs des bébés sont devenus tellement habituels, tellement « normaux » qu'il s'est créé une association entre la faim et la douleur : « un bébé qui a faim est souffrant, et il l'exprime en pleurant ». Dès lors, l'allaitement à la demande est interprété comme « allaitement aux pleurs » ; l'on attend que le bébé crie pour être sûr qu'il a vraiment faim.

De plus, on attend du nouveau-né qu'il différencie bien ses appels : il y aurait un type de pleurs pour manger, un autre pour sucer, un autre encore pour les coliques ou pour être « seulement » pris dans les bras, etc. « Attention ! il ne pleure pas que de faim », pas question de le mettre au sein « pour rien » : il risquerait de prendre de « mauvaises habitudes ». Aux parents de se débrouiller pour décoder le signal, et ce, dès la naissance. Bonne chance ! Et ce n'est pas tout ; il y aurait aussi des bébés difficiles, ceux qui font des caprices, ceux qui cherchent à « tester » les adultes ! Gare aux enfants rois !

Enfin, pour ne rien arranger, l'allaitement maternel est tenu pour responsable de toutes les « irrégularités » du bébé : Il se réveille souvent ? Il ne fait pas ses nuits ? Il les faisait, mais ne les fait plus ? Il est plus nerveux aujourd'hui ? Il demande plus souvent certains jours, certaines heures ? C'est la faute au lait de maman : trop, trop peu, trop riche, trop pauvre, contaminé, donné trop souvent, pas assez souvent, etc.

Avec des représentations/croyances aussi embrouillées, il n'est pas étonnant que les conseils aux parents le soient aussi. Tantôt, l'on recommande aux mères d'en faire toujours plus, de répondre vite, mais sans préciser l'âge du bébé : « Il a besoin de toi 24 heures sur 24 », « Il ne faut jamais laisser pleurer un bébé », « Tu dois dormir avec lui, sinon il sera insécurisé », etc. Tantôt, l'on prône une puériculture sévère, distante : « Laisse-le pleurer, il fait ses poumons », « Il a mangé il y a une heure, il fait donc un caprice », « Tu le prends beaucoup trop dans tes bras, tu vas le rendre exigeant », etc.

Bien sûr, on peut prendre du recul, rester lucide, faire la part des choses, mais pour une mère qui allaite, l'enjeu – le bien-être de son bébé – est si grand qu'elle est particulièrement vulnérable à toutes ces contradictions : « Que faire pour bien faire ? Je lui réponds tout de suite ou plus tard ? J'en fais trop ou pas assez ? Est-ce que je lui donne trop souvent le sein ? Il risque d'avoir des coliques… Peut-être que je ne le nourris pas assez souvent ? Je risque de ne plus avoir assez de lait… » Et quoi qu'elle fasse ou ne fasse pas, elle risque de se sentir inadéquate et coupable.

Tâchons d'y voir clair. Ce qui suit n'est ni un arbitrage ni une série de recettes. Il y a beaucoup de manières de bien faire, bien des façons d'être une mère, un père « suffisamment bons ». Mais l'allaitement maternel fait encore trop souvent les frais d'un manque de préparation et de représentations réalistes de la vie avec un tout-petit.

Dès lors, quelques repères peuvent aider les nouveaux parents à traverser au mieux les grands chahuts émotionnels et logistiques qui accompagnent immanquablement l'arrivée de leur rejeton chéri. Les repères ne sont pas des recettes, ils sont des outils pour improviser le mieux possible, s'adapter, s'ajuster, innover, avancer… vivre en somme.

Repère 1 : La première nourriture du bébé est la relation.

Des recherches récentes ont confirmé que le bébé est capable de perception et de communication. Ses facultés sensorielles se mettent en place bien avant la naissance. De sa « bulle », il apprend déjà à percevoir son entourage et même à émettre certains signaux. Dès la naissance, cet étonnant petit bonhomme (ou cette étonnante demoiselle) est prêt (ou prête) à rencontrer sa maman aussi bien que son papa, et pas seulement au moment des repas. Faisons brièvement l'inventaire des compétences du nouvel arrivant.

Le **toucher** est un sens très développé, car il a été beaucoup stimulé durant la grossesse : les « bavardages » tactiles avec sa mère ou son père, les mouvements de sa mère, le doux bercement de sa respiration, les pulsations du cordon ombilical, etc., sont autant de contacts que le bébé emmagasine et reconnaît. Après sa naissance, il apprécie le contact peau à peau, le câlin contre une poitrine maternelle ou paternelle qui le berce au rythme d'une respiration, la chaleur d'une main bienveillante, la sensation de l'eau durant le bain…

Le **sens kinesthésique** est également très développé. Il s'agit de la perception du mouvement et de la situation du corps dans l'espace. Par exemple, dans une voiture, nous sentons si elle se déplace ou si elle freine. Le bébé apprécie beaucoup les bercements et les jeux kinesthésiques : pressions, sautillements, promenades… Progressivement, il appréciera et sollicitera des sensations plus fortes… pour le plus grand plaisir de son papa !

L'**audition** : l'audition tympanique est fonctionnelle aux environs du septième mois. Le fœtus entend « en direct » la voix de sa mère et ses bruits intracorporels, et, amortis, les sons extérieurs, dont une voix privilégiée : celle de son papa. Le bébé est capable de reconnaître les voix, les mélodies et les bruits familiers. La voix parlée ou chantée de son père ou de sa mère est un repère précieux et… si agréable.

Le **goût** et l'**odorat** sont deux sens très proches et, dans la vie fœtale, ils vont de pair. Des cellules spécialisées permettent au bébé de sentir les odeurs du liquide amniotique durant ses mouvements respiratoires (il ne respire pas encore, mais s'exerce déjà au mouvement). En goûtant et en sentant le liquide où il baigne, il se « met au courant » des odeurs de sa mère, ainsi que de ses habitudes alimentaires. L'odeur de sa mère et celle de son lait lui sont donc déjà familières. Et celle de son père ? Des chercheurs ont découvert que certaines molécules odoriférantes paternelles se retrouvaient dans le liquide amniotique. Comment cela se passe-t-il ? Dans un couple qui s'aime, la proximité et les échanges amoureux amènent notamment à apprécier l'odeur corporelle de l'autre. Une femme enceinte qui respire quelques « bonnes bouffées » de son homme inhale des molécules qui passeront dans sa circulation sanguine, puis dans le liquide amniotique, informant ainsi son bébé des caractéristiques olfactives de l'homme de sa vie[3]. Pour le nouveau-né, la promenade-

---

3. Cité dans le livre de Boris Cyrulnik, *Sous le signe du lien*, Paris, Hachette, 1997.

tendresse visage enfoui dans le cou paternel est un des moyens de les redécouvrir.

La **vue** est peu stimulée durant la vie intra-utérine. On suppose que le fœtus perçoit très faiblement les fortes luminosités extérieures. Néanmoins, le nouveau-né est capable de focaliser son regard pendant quelques minutes à une distance de 20 centimètres environ. Si l'adulte place son visage à cette distance du sien, le bébé fixera ses yeux. Les premiers échanges de mimiques et de sourires commencent ainsi, avec toutes les émotions qui les accompagnent...

Donc, durant sa vie intra-utérine, le bébé a expérimenté et « enregistré » des sensations et est déjà entré en communication à sa manière avec son entourage. Après le grand déménagement que constitue sa naissance, il a un besoin vital de retrouvailles, de proximité physique et affective. Nourrir le bébé de présence, de chaleur, d'affection, de gestes tendres est l'affaire de la mère et du père, du moins dans nos sociétés où l'accueil d'un enfant est en général un projet de couple[4] et où l'on attend du père qu'il s'implique dès la grossesse.

En début d'allaitement, la mère offre les nourritures affectives en même temps que les tétées. Le nouveau-né ne fait pas encore la différence entre ses besoins affectifs et alimentaires : pour lui, c'est un tout indissociable. Au sein, il reçoit tout à la fois : le lait, la chaleur, l'odeur et la voix de sa maman. C'est parce que le sein est une « superproximité » qu'il y retourne si volontiers. Manger, c'est d'abord être en relation et avoir du plaisir.

Avec le père, le *nurturing* (« nourrissage ») est différent puisque d'emblée indépendant de l'alimentation. De plus, toutes les sensations qu'il procure au bébé – voix, odeurs, texture de peau, manière de porter et de se mouvoir – sont différentes de celles de la mère. Le père du bébé allaité, loin d'être « hors jeu », peut offrir trois cadeaux inestimables à son enfant. Il lui montre que le monde est composé d'êtres différents mais également bienveillants, donc il lui montre que la différence est une richesse et non une menace, ce qui prépare son ouverture d'esprit. Et avec le temps, il lui apprendra que l'amour ne passe pas obligatoirement par l'acte alimentaire ; il lui permettra aussi de réaliser qu'il est une

---

4. Il n'en a pas été ainsi toujours ni partout. L'enfant peut être le projet d'un clan, d'une communauté, du groupe des femmes, d'un système familial... Il suffit de voyager ou d'observer des personnes provenant d'autres cultures pour s'en rendre compte. Une seule constante cependant : la femme porte rarement le projet toute seule.

individualité distincte de maman chérie, puisqu'il peut exister en relation avec une autre personne qu'elle.

L'attachement et la période de proximité intensive des premiers mois contribuent à construire un sentiment de compétence chez le père et la mère. Le maternage et le paternage construisent la sécurité affective de base du bébé, préparent le terrain d'une éducation progressive : ouverture, découvertes, confiance, apprentissage de la vie en communauté, règles et limites. L'attachement permet l'autonomie progressive. La proximité bien vécue prépare des éloignements positifs.

Le bébé est encore au stade de la dépendance première et il a besoin de vivre cette étape pour évoluer ensuite vers l'autonomie. La proximité fusionnelle du début va se muter en proximité occasionnelle. L'exploration, la curiosité, la sociabilité s'acquièrent d'ailleurs bien mieux si l'enfant conserve la possibilité de retours cycliques aux sécurités affectives ou sensorielles connues. Observez des petits enfants qui jouent avec d'autres ; de temps en temps, ils retournent vers leur mère pour « refaire le plein », puis ils s'en retournent jouer, régénérés par ce contact rassurant.

Combien de temps dure le besoin de proximité ?

Toute la vie…

Notre évolution psychique n'est pas une ligne droite qui irait d'une dépendance inconvenante vers une glorieuse indépendance, héroïque et solitaire. Tous, et quel que soit notre âge, nous fonctionnons par cycle : nous allons de l'avant, pleins d'audace et d'enthousiasme, puis nous nous replions,.nous avons besoin d'une pause.

Le cycle élan/repli est indispensable à l'équilibre psychique, même si ses modalités diffèrent avec l'âge. Plus les adultes sont en paix avec leurs besoins de ressourcement, plus ils sont à l'aise avec ceux des bébés, des bambins et des petits enfants.

D'ailleurs que faisons-nous quand nous avons besoin de souffler après un coup dur ? Nous nous « maternons » : bain chaud, petites douceurs, repas sympa, soirée télé, câlins… En somme, tout ce qui nous replonge dans une béatitude première, dans du connu, du paisible, du confortable, du convivial.

Nos besoins de repli, de tendresse, de convivialité sont plus importants dans les périodes de grands changements. Ce qui nous amène à parler des besoins des nouveaux parents.

Repère 2 : Les nouveaux parents ont besoin de soutien.

Offrir au bébé un environnement humain de qualité, le nourrir de présence et d'interactions, l'allaiter jour et nuit à des moments irréguliers et imprévisibles (au début), pose immanquablement la question de la disponibilité et des limites parentales. Pour être ainsi présent à son tout-petit, dépasser ses limites habituelles, de quoi une mère, un père ont-ils besoin ?

Bien des cultures qui nous ont précédés avaient trouvé une réponse très simple : prendre en charge toutes les autres tâches de la mère, soit les soins aux autres enfants, l'entretien de la maison, la préparation des repas, les travaux aux champs et autres corvées. Même dans les sociétés où les femmes travaillent très dur, la période postnatale reste une parenthèse où la mère demeure active, mais où la communauté allège sa tâche et n'exerce pas de pression pour la reprise des tâches habituelles. Ce n'est qu'en cas de dérégulation sociale majeure – guerres, déportations, installation d'une économie de marché, exode rural et autres catastrophes sociologiques – que cet accompagnement s'effrite. Dès que l'insuffisance de réseau d'entraide s'installe sur le long terme, les taux d'allaitement et leur durée diminuent.

Dans nos pays, le réseau d'entraide assuré autrefois par le clan, la famille ou le village n'est plus automatique ni systématiquement organisé. Or les besoins des bébés sont toujours les mêmes. De tout temps, accueillir un bébé a été un engagement total, un des plus généreux et des plus exigeants que puisse prendre un adulte en âge de procréer. Les premiers jours, semaines, mois sont merveilleux et exténuants, tantôt fabuleux, tantôt difficiles. Les besoins du bébé sont les mêmes depuis la nuit des temps. Ce qui a changé, c'est que les futurs parents sont persuadés qu'ils doivent se débrouiller seuls (la mère toute seule, parfois), surtout pour un premier enfant. L'affluence des visites à la maternité démontre pourtant que l'énergie sociale autour du bébé est bien présente, mais comment pourrait-on mieux l'utiliser ?

L'allaitement serait le premier bénéficiaire d'une meilleure organisation du post-partum. Trop de mères allaitantes lâchent par épuisement, se plaignent que leur bébé appelle n'importe quand, pleure sans que l'on comprenne pourquoi et chamboule toute leur vie au-delà de tout ce qu'elles auraient pu imaginer. Eh bien, c'est vrai ! Les mères qui donnent le biberon disent la même chose.

Alors, allaitement ou non, les futurs parents ont tout à gagner à mettre en place un réseau de soutien. Quelles formes prendra-t-il ? Que demander à l'entourage et comment ? La dispersion des familles, les relations très variables entre ses membres, les possibilités de communication qu'offrent les intérêts communs, les activités sportives ou de loisirs, ou encore Internet, font que l'on ne doit plus compter uniquement sur les solutions habituelles. La grand-mère est parfois disponible et agréable à vivre, parfois non. Le conjoint est en général motivé et coopérant, mais des fois non. Il n'y a pas de règles générales. Place donc à la créativité, à l'initiative. Pourquoi ne pas demander des services, des petits coups de main, des repas tout préparés, aux proches, aux collègues ou aux amis ? Un congélateur plein de repas tout préparés représente des heures de disponibilité supplémentaires pour soi-même et pour son bébé.

Repère 3 : Au départ, ce sont les éveils spontanés du bébé qui déterminent la fréquence des tétées au sein[5].

Une fois les besoins des bébés et des nouveaux parents mieux cernés, voyons maintenant comment s'articulent les éveils du bébé, sa demande « d'amour et de lait », la réponse affective des parents, la fréquence des tétées : questions qui, nous l'avons vu au début, sont sujettes à bien des discours et des conseils contradictoires.

Voyons d'abord pourquoi le bébé s'éveille, autrement dit, pourquoi son cerveau passe en « mode éveil ».

Durant la vie intra-utérine, le bébé se réveille *spontanément*, car son cerveau, comme tout organe, a un cycle d'activités spontanées qui produit l'alternance éveil/sommeil. Plus le fœtus se rapproche du terme, plus ses phases d'éveil sont longues. C'est donc la maturité de son cerveau qui détermine ses éveils, et non pas le degré de remplissage ou de vidange de son estomac, puisque le bébé est nourri en permanence par voie ombilicale. Dans les dernières semaines de grossesse, les phases d'éveil augmentent en fréquence et en durée. Lorsqu'elles touchent leur ventre, les futures mères sentent que leur bébé répond bien à ces stimulations. L'éveil s'accompagne donc de compétences pour entrer en relation : réceptivité et réactions particulières aux stimuli. Les échographies ont révélé que, dès la 16e semaine de vie intra-utérine, les fœtus tètent leur pouce (ou leurs doigts) ; plus ils approchent du terme, plus l'activité de succion et de déglutition est fréquente, ludique, coordonnée.

---

5. Tout le contenu de cet article concerne les bébés à terme, de poids normal et en bonne santé.

Donc, l'éveil s'accompagne de compétences pour téter et déglutir, qui lui serviront plus tard à s'alimenter.

Après la naissance, le bébé continue sa maturation neurologique, continue de s'éveiller spontanément de manière encore très irrégulière[6] et imprévisible puisque son cerveau est encore immature. Il « enregistre » de nouvelles expériences, teste ses compétences relationnelles et alimentaires dans son nouveau contexte extra-utérin. Alors qu'il était nourri en permanence et passivement, il découvre la tétée active et l'alimentation non continue. Les bébés à terme possèdent des réserves énergétiques pour supporter les apports discontinus[7], donc des écarts entre les apports énergétiques.

Bien des parents et des soignants sont persuadés que les bébés se réveillent parce qu'ils sont « en manque douloureux », surtout s'ils s'éveillent fréquemment et sans régularité. Or, les éveils sont spontanés et le manque d'énergie rend plutôt les bébés somnolents. Bien des parents et des soignants sont persuadés qu'il faut régulariser le bébé en lui imposant un horaire de tétée ou, tout au moins, un écart minimum entre deux prises alimentaires. Or, c'est la maturation de son cerveau qui rendra le bébé plus régulier et plus prévisible.

Répétons-le : le bébé se réveille spontanément parce que son cerveau est fait pour passer en « mode éveil ». Heureusement, non ? Des éveils fréquents, un bébé qui cherche la présence, les bras, le sein, sont tous des signes que ce bébé va bien, qu'il a suffisamment d'énergie pour s'éveiller, s'activer, entrer en relation, s'alimenter. Si sa mère lui présente le sein, il se placera et tétera bien, car il est prêt à le faire et il en a la force.

Non, il ne souffre pas ! Mais…

• si l'on attend qu'il pleure pour le nourrir (« il faut être sûr qu'il a vraiment faim », dit-on encore),

• ou si on le fait attendre pour le « régulariser » (« il faut étirer le bébé », dit-on encore),

• ou si l'on ne réagit que lorsqu'il pleure fort parce qu'il est placé à l'écart et que c'est la seule manière pour lui d'attirer l'attention (« pleurer est sa seule façon de s'exprimer », peut-on encore lire, puisque ces personnes ont sans doute vécu avec des bébés éloignés d'elles),

---

6. Ce sont les « éveils groupés » : on les observe surtout en fin de nuit et entre 17 h et 22 h. Ce sont des moments de la journée où le bébé se réveille plus souvent, demande plus de contact et va plus souvent au sein.

7. Les bébés prématurés ou de petit poids ont moins ou très peu de réserves énergétiques, c'est pourquoi l'on doit contrôler leurs prises alimentaires plus étroitement.

... alors là, oui, il est en état de stress chronique. Il doit hurler plusieurs fois par jour pour obtenir ce dont il a absolument besoin. La détresse d'un bébé tout seul est souffrante, surtout si on le laisse pleurer longtemps (« Il fait ses poumons », disait-on).

De plus, le bébé qui pleure est très agité, il fait des mouvements brusques des bras et des jambes. Il est peu ou pas réceptif ; il peut percevoir le réconfort que lui donne son entourage, mais plus il a pleuré longtemps, plus il est difficile à calmer. Au sein, il est non coordonné ; sa langue est soit au palais, soit en retrait ; il n'est pas capable de se positionner correctement. Pourquoi se compliquer la vie ?

Notre culture place le bébé en état de stress (isolement) et d'incompétence (horaires). Les conseils, recettes et modes d'emploi divers qui s'ensuivent sont donc biaisés, variables et incohérents.

Revenons à la simplicité. Plutôt que de se demander si le bébé a faim, vraiment faim, trop faim ou pas faim, ou s'il fait un caprice, ou si c'est l'heure ou pas l'heure (etc.), il est mille fois plus facile :

- de le placer en **proximité** pour voir et entendre les signaux fins qu'il fait pour appeler la présence et le sein ;
- et repérer **quand il est prêt** à aller au sein, sans attendre qu'il pleure, et d'avoir ou de se construire un bon réseau de soutien (voir le repère 2).

Allaiter « à l'éveil », c'est donc observer son bébé, ce bébé-là et pas un autre, et reconnaître ses compétences à entrer en relation et à se nourrir au sein.

Comment voir s'il est prêt ou comment repérer l'éveil attentif ou l'éveil agité ?

Les compétences relationnelles et alimentaires s'expriment de manière variable selon le type d'éveil.

- En éveil somnolent, le bébé commence à s'éveiller (ou est en train de se rendormir), son regard est non dirigé, non attentif. Il perçoit vaguement son environnement, il peut se sentir plus ou moins confortable. Il est peu réceptif et réagit peu aux stimuli. Les réflexes de succion et de déglutition sont présents s'ils sont stimulés, mais le bébé ne cherche pas le sein et n'ouvre pas bien la bouche. Le bébé est non coopérant ; la tétée serait inefficace, surtout en début d'allaitement quand il doit apprendre à se nourrir au sein.
- En éveil calme attentif, le bébé est tonique, bien coordonné, calme, attentif. Il cherche la présence et le contact, il est communicatif par ses

regards et ses gestes, il observe les mimiques de l'adulte, capte le regard. C'est un très bon moment pour lui présenter le sein, car il est coopérant et coordonné ; il cherche activement le sein, bouche ouverte, se place bien et sa succion est vigoureuse.

- En éveil agité, le bébé est très tonique, il remue beaucoup, ses mouvements sont souvent brusques. Il cherche fébrilement le contact, s'impatiente vite, émet des petits cris, pleure un peu. Il cherche activement le sein, mais il met les mains devant sa bouche, il agite les jambes, il prend le sein, le lâche, le reprend. Le bébé est coopérant, mais remuant. C'est un bon moment pour présenter le sein, mais il faudra un peu de patience...

- Réveiller le bébé qui dort « parce que c'est l'heure » ne donne pas des résultats très intéressants sur le plan de la relation et des compétences à téter au sein, au contraire. Le bébé peut rester somnolent ou irritable. Ces interventions perturbent son sommeil et son équilibre.

Deux bémols à ces constatations :

- Certains bébés au tempérament intense pleurent vite, mais se calment vite dès qu'ils sont en bonne compagnie. Ils sont très démonstratifs quand ils sont heureux et quand ils sont fâchés ; ils chahutent beaucoup mais vont très bien. Ce sont des bébés qui dorment peu mais bien, sont en pleine santé, ont besoin de beaucoup de stimulations et de présence. Prévoir un superréseau de soutien !

- Certains bébés sont irritables. Quoi que leurs parents fassent, ils sont grincheux, agacés, dorment peu et mal, pleurent beaucoup, s'éveillent difficilement, demandent le sein, tètent trois coups puis s'en détournent, puis le réclament, puis le lâchent... le casse-tête ! Quelque chose les dérange, mais quoi ? En parler avec son médecin pour dépister un éventuel problème médical, envisager une consultation en chiropractie ou en ostéopathie pour dépister d'autres types de troubles, sont autant de pistes à suivre pour soulager ces bébés... et leurs parents. L'allaitement n'est pas la cause du problème, mais vu que ces bébés irritables ne peuvent téter ni correctement ni longtemps, ils n'entretiennent pas bien la lactation. Du coup, un manque de lait secondaire peut venir aggraver le tableau. Mais ne confondons pas la cause et l'effet. Prévoir un mégaréseau de soutien (voir le repère 2) !

Repère 4 : La demande du bébé et la fréquence des tétées évoluent beaucoup au cours de la première année.

Suivons maintenant l'évolution du bébé, étape par étape. En effet, les nouveau-nés sont en pleine période d'adaptation et de dépendance, et ils ont besoin de réponses rapides à leurs demandes, sans devoir pleurer. Il est cependant intéressant de replacer cette période fusionnelle dans une perspective à plus long terme, afin d'éviter qu'une attitude valable pour un temps ne devienne une recette obligatoire à long terme. Un nourrisson de quelques jours et un bébé de quelques mois ont des compétences, des manifestations et des besoins très différents.

Les trois premiers jours sont assez particuliers. La majorité des bébés présentent trois périodes très contrastées et bien repérables :

- Les deux heures qui suivent la naissance, lorsque l'accouchement s'est passé normalement, le bébé qui a participé activement à sa naissance est souvent très vigilant, actif, tonique. La mère de son côté est imprégnée par les hormones[8] de l'accouchement qui la rendent souvent assez relax, euphorique, très réceptive à son nouveau-né. Cette période est une belle opportunité pour une rencontre et une première tétée.
- Durant les 12 à 24 heures suivantes, c'est la récupération. Le bébé s'endort paisiblement, il dort beaucoup, s'éveille très peu et peu de temps. Il présente souvent un premier épisode de récupération de 6 à 8 heures d'affilée. Malheureusement, le personnel soignant ou les parents croient parfois qu'il faut réveiller le bébé pour le mettre au sein, de crainte qu'il manque d'énergie. C'est ainsi qu'on se retrouve avec un bébé qui dort au sein, qui ne tète pas ou qui suçote sans conviction. Les premières « bagarres au sein », les premiers suppléments datent souvent de ces moments-là. Dommage, car si l'accouchement a été normal, si le bébé est né à terme, s'il a bien tété en début de vie et s'il dort contre sa mère ou son père (donc, dans sa chaleur), il est inutile de le réveiller. Ce bébé ne dépense presque pas d'énergie, il ne peut donc en manquer. On propose parfois aux mères, pour qu'elles puissent se reposer, de confier leur bébé. Or, il est très rare qu'une nouvelle accouchée parvienne à dormir immédiatement ; très fatiguée physiquement, elle est néanmoins dans un état de surstimulation qui ne s'apaisera que peu à peu. C'est le moment où elle revoit mentalement son accouchement, « digère » ses souvenirs. La présence du bébé

---

8. Si le sujet vous intéresse, lire le livre de Michel Odent, *L'amour scientifié*, Saint-Julien-en-Genevois, Jouvence, 2001.

tout contre elle peut l'aider à « réparer » certains moments pénibles. Si elle en est séparée, elle ne se reposera pas mieux. Quand elle finira par s'endormir, ce sera profondément et ce sommeil devra être respecté, et non entrecoupé par les soins ou les visites mondaines. Pourrait-on imaginer que les proches – conjoint, amies, grands-mères – se relaient pour veiller sur la nouvelle accouchée, protéger son sommeil et offrir des bras accueillants supplémentaires au tout-petit ? Et permettent au nouveau-né de rester dans la chambre, en toute sécurité ?

- La fameuse deuxième nuit, très animée, démarre souvent en fin d'après-midi ; elle se prolongera, c'est classique, durant une bonne partie de la nuit. Le bébé s'éveille fréquemment, en éveil agité le plus souvent, fait plusieurs tétées rapprochées, puis dort un peu, puis redemande plusieurs fois le sein. Assez déroutant si l'on n'est pas prévenue ! Cette période intensive ne durera qu'une ou deux nuits. En tétant très souvent, le bébé fait vraiment démarrer la lactation, car c'est la demande de lait qui fait produire le lait. Les tétées fréquentes évitent également que s'installe un engorgement.

On voit combien il est important que la mère puisse se reposer entre la naissance de son bébé et cet épisode exigeant du démarrage de sa lactation. À nouveau, le réseau de soutien est primordial ; le rôle des proches est de se relayer pour la soutenir, l'entourer, protéger son sommeil, puis l'aider à passer ces nuits-là en l'encourageant, en l'aidant à bercer et cajoler son bébé. Le père est bien sûr une ressource de première ligne, mais il n'est pas un surhomme. Lui aussi a besoin de récupérer, d'intégrer les évènements. Alors, pensons réseau.

Les premières semaines de vie : l'allaitement « à l'éveil »

Poussés par leur instinct et leurs compétences relationnelles et alimentaires, les bébés ont découvert toutes sortes de sensations en tétant au sein, et en goûtant et déglutissant le lait maternel. Si ces expériences ont été agréables, le plaisir reçu leur donne envie de recommencer. Le cycle désir/plaisir est enclenché. Il durera (normalement) toute la vie.

Le rythme des éveils, donc des tétées, reste encore irrégulier, imprévisible, de jour comme de nuit. Les bébés ont tendance à se réveiller plus souvent entre 17 h et 22 h. Il y aura donc plus de tétées dans cette période-là de la journée.

Le tempérament des bébés s'exprime rapidement : les parents ont tôt fait de constater si leur bébé est un intense aux grands besoins de contact et de tétées, ou un bébé dormeur et discret, ou encore un des nombreux intermédiaires possibles. Ce n'est pas le lait ni la fréquence des tétées qui déterminent le tempérament. Par contre, celui-ci influencera fortement le nombre et la vigueur des éveils, des interactions avec l'environnement et des tétées. Même dans une famille, il n'y a jamais deux histoires d'allaitement identiques.

N'oublions pas que le tout-petit n'est pas encore capable de différencier ses besoins ni ses appels[9]. Il se réveille et il demande tout en même temps : la présence, la chaleur, les sensations rassurantes qui lui rappellent la vie intra-utérine ; et le sein, nous l'avons vu, est la « superproximité »…

Après quelques semaines...

Les périodes d'éveil s'allongent et dépassent le temps d'une tétée. De plus, le bébé connaît mieux son environnement et sait ce qu'il peut attendre de sa mère et des personnes qui l'entourent. Il différencie progressivement les relations affectives/sociales des relations affectives/alimentaires. Sa demande devient à la fois plus variée et plus précise. Tantôt il se satisfait des bras, tantôt il a besoin d'observer, de s'occuper, d'interagir ou de jouer, tantôt il montre très explicitement par des gestes et des mimiques qu'il désire le sein. Il devient alors pertinent de parler d'allaitement à la demande.

Il n'y a pas de moment précis pour que s'installe l'allaitement à la demande, mais un bébé né à 40 semaines accomplies a des chances d'y arriver plus vite ; tandis que celui qui est né à 37 semaines prendra un peu plus de temps. Les parents attentifs aux signes fins du bébé lui donnent plus d'occasions de s'exprimer par des gestes et des mimiques.

Quand une mère se rend compte que son bébé devient capable d'exprimer une demande « spécifique au sein », elle peut encourager cette compétence en laissant le bébé s'exprimer *avant* de lui proposer le sein. Elle sort de l'allaitement « à l'éveil » des premières semaines pour offrir à son bébé cet espace de communication nouvelle.

Après quelques mois...

Un poupon à qui l'on a répondu rapidement dans ses premiers mois se construit une sécurité affective de base qui va le rendre de plus en plus apte à gérer la frustration. Un bébé plus âgé est capable d'imaginer une

---

9. Sauf la douleur, qui est un stress majeur et occasionne des pleurs aigus.

réponse complète (par exemple, la tétée) à partir d'une réponse partielle (comme la voix de sa maman qui lui dit qu'elle arrive). Cette opération mentale, qui suppose tout un développement cérébral, permet de «remplacer» momentanément l'objet désiré *réel* par cet objet *imaginé* : c'est le tout début de l'imagination, de la pensée. Plus le bébé a une base de sécurité solide, plus il sera à même de faire face à la frustration, composante inhérente de la vie :

- à condition qu'elle se produise à un dosage et à un moment qui permettent au bébé de la «gérer intérieurement», sans tomber dans la désorganisation ;
- à condition que cette période d'attente soit «habitée affectivement», que le bébé ne se sente pas isolé ;
- à condition qu'elle ne dépasse pas les capacités d'autorégulation interne du bébé.

Le cerveau du bébé se construit ainsi et, peu à peu, le bébé gagne des aptitudes nouvelles, de l'assurance pour explorer son environnement, il construit son identité, il acquiert de l'autonomie et commence à défusionner de sa mère.

Dans ce contexte, l'allaitement à la demande devient l'**allaitement à l'amiable**.

Constatant les compétences de plus en plus développées de son bébé, c'est tout naturellement que la mère s'autorise à mettre ses propres limites.

Plus tard encore, après le premier anniversaire, le bambin apprend progressivement à manger en même temps que les membres de sa famille ou de son groupe. L'uniformisation relative des horaires de repas permet la vie en société et ce temps très social que sont (en principe) les repas pris en commun.

Allaitement à l'éveil, à la demande, à l'amiable, puis acquisition progressive et par conditionnement des rythmes sociaux : le processus éducatif s'inscrit sur une longue période, en suivant les capacités de compréhension et d'adaptation de l'enfant.

Cette vision évolutive de l'allaitement présente quelques intérêts majeurs :

- suivre et encourager les compétences de l'enfant ;
- donner de l'oxygène à la relation mère-enfant ;
- nous délivrer de l'obsession d'imposer au bébé de «bonnes habitudes» dès la naissance ;

- cesser de voir l'allaitement comme un piège pour les mères : la dépendance des premiers temps prépare l'indépendance qui va s'installer ensuite.

L'allaitement est une manière de vivre avec son enfant et ne se vit donc pas de la même manière selon que l'enfant a deux semaines, deux mois, deux ans... Il ne reste pas un tout-petit parce qu'il est allaité. L'allaitement évolue avec lui, tout comme ses relations avec sa mère.

Certaines de ces représentations/croyances autour du bébé ont été évaluées cliniquement, et leurs bienfaits, scientifiquement prouvés, comme le peau-à-peau, le portage et la proximité, ou encore l'allaitement à l'éveil. D'autres relèvent du bon sens : un réseau de soutien, l'aide des proches, la convivialité. Les encouragements sont des atouts majeurs dans toutes les circonstances de la vie, après tout.

Et l'enjeu est de taille, et pas seulement sur le plan de la santé du bébé. Dans le bouleversement intégral que constitue l'arrivée d'un bébé, les mères qui allaitent ont plusieurs atouts en main :
- le meilleur des laits est toujours prêt, à bonne température et à portée de la main ;
- à 3 h du matin, quand on n'a envie ni de se lever ni de se réveiller pour de bon, cela fait toute la différence ;
- la nuit, le réendormissement est facilité par les hormones délivrées durant la tétée ;
- ces mêmes hormones font baigner les mères dans une douce euphorie planante, qui motive à continuer et qui aide à supporter les épisodes moins rigolos du genre « soirées terribles » ;
- avec l'habitude, il est possible d'allaiter d'une seule main, et de lire, téléphoner, clavarder, remuer la sauce ou manier la télécommande de l'autre ; essayez avec un bib...
- statistiquement, les bébés allaités sont en meilleure santé, donc économie de temps et de stress ;
- quand on s'éloigne du progrès (randonnée) ou quand le progrès nous lâche (panne d'électricité), l'allaitement apparaît alors dans toute sa lumineuse facilité.

Et les femmes heureuses d'allaiter instaurent dans notre culture la représentation/croyance que l'allaitement, c'est la liberté, la fierté et la simplicité.

DEUXIÈME PARTIE

INTENSITÉ ET ENGAGEMENT

Nicole Pino, allaitant son fils Éli-Simon pour la première fois
Photo : François Michaud

La longue route d'une amie des bébés

Micheline Beaudry

Professeure de nutrition publique à l'Université Laval depuis 1989 et membre fondatrice du GENUP (Groupe d'études en nutrition publique), Micheline Beaudry a dirigé le Bureau de nutrition au siège social de l'UNICEF (New York) en 1995 et 1996. Auparavant professeure à l'Université de Moncton (1980-1989) et conseillère pour l'éducation en nutrition à l'Organisation panaméricaine de la santé (1975-1979), elle est active dans plusieurs organismes scientifiques et professionnels en nutrition, santé et développement. Elle est également l'auteure de plusieurs publications et communications scientifiques et la coauteure de Biologie de l'allaitement – Le sein, le lait, le geste *(Presses de l'Université du Québec, 2006).*

Au Québec, en 2005-2006, 85 % des femmes ont allaité à la naissance. La grande majorité d'entre elles auraient donc compris l'importance de l'allaitement et souhaiteraient allaiter leur bébé. Toutefois, à la sortie de l'hôpital – environ deux jours plus tard et alors qu'elles étaient sous la gouverne des professionnels de la santé – seules 52 % allaitaient exclusivement. Force est de constater que plusieurs ne réussissent pas leur allaitement. De plus, alors que leur enfant avait six mois, seules 47 % allaitaient toujours. Trop souvent, elles n'ont pas reçu le soutien qui doit accompagner la promotion de l'allaitement et elles vivent des frustrations bien réelles quoique non nécessaires. Par ailleurs, allaiter selon les recommandations en vigueur – allaitement exclusif pendant environ six mois suivi d'un allaitement complété adéquatement jusqu'à l'âge de deux ans et au-delà – demeure encore trop souvent un objet de curiosité, quand ce n'est pas de critique. La culture du biberon continue de prédominer dans notre société même si une culture de l'allaitement s'installe graduellement.

Dans le texte qui suit, je témoignerai de mon expérience personnelle de l'allaitement et du long chemin que j'ai parcouru avant d'en venir à y consacrer une partie importante de ma carrière. En parallèle, je résumerai comment j'ai graduellement intégré à mes préoccupations «épidémiologiques» la reconnaissance croissante de la nécessité de définir des politiques publiques qui permettent de modifier de façon durable l'environnement des jeunes familles par rapport à l'allaitement et non seulement de modifier leurs «connaissances» ou celles des professionnels de la santé. Il nous faut passer d'une préoccupation individuelle pour l'allaitement à une préoccupation de société, de sa promotion à son soutien et à sa protection. Et cela, autant pour faciliter sa pratique selon les recommandations en vigueur que pour faire en sorte que les mères et leur famille en aient une expérience positive et pour que l'ensemble de la société puisse aussi en bénéficier. Il m'a fallu plusieurs décennies pour décoder les messages contradictoires que nous offrait la société en regard de l'allaitement. Nos apprentissages longs et parfois pénibles devraient pouvoir profiter aux générations futures.

Commençons par le commencement. Je suis l'aînée de quatre enfants, j'ai été la seule à être allaitée, et ce, pendant environ huit mois, et en suivant bien l'horaire prescrit par le médecin. Maman mettait même son réveil pour me réveiller au besoin. Elle n'a jamais mentionné aucune difficulté d'allaitement et j'étais réputée un bébé en santé. Presque une chance d'avoir été allaitée à cette époque, et si longtemps. Quant au moment de l'introduction de l'eau ou d'autres aliments, je n'en ai aucune idée. Ce que je sais, c'est qu'après les premiers mois d'allaitement maman demanda à son médecin une prescription pour une «formule». Il lui répondit qu'elle devait continuer à m'allaiter si elle voulait qu'il continue à la suivre. Nous étions à Sorel. Elle a poursuivi mais, lorsque j'avais près de huit mois, à l'occasion d'une visite chez mes grands-parents paternels à Ottawa, maman en a profité pour consulter un autre médecin, lequel a répondu à ses attentes et lui a donné la prescription souhaitée. Ce n'est que bien plus tard que j'ai su tout cela, après la naissance de mon fils. Je ne me souviens pas d'avoir entendu parler d'allaitement dans mon enfance ou même avant mes études en nutrition à l'Université de Montréal au début des années 1960. Deux sources d'information demeurent ensuite dans mes souvenirs conscients : les cours à l'université et un travail d'été dans un grand hôpital de Montréal.

Jeune adulte

C'est dans les cours de nutrition que le sujet a d'abord été abordé, et ce, en examinant à tour de rôle les caractéristiques des besoins nutritionnels chez divers groupes de la population : garçons et filles de divers groupes d'âge, adolescents de chaque sexe, femmes et hommes adultes, femmes enceintes et femmes allaitantes. Dans mes souvenirs, les besoins de la femme qui allaite étaient toujours sur la dernière ligne des tableaux résumés des besoins nutritionnels. Mon interprétation était qu'on les étudiait au cas où un jour on rencontrerait une femme qui allaite, mais sans s'y attarder vraiment. Je ne me souviens pas d'avoir entendu parler du bébé allaité, ni de m'en être préoccupée. Durant toutes mes études, j'ai aussi fait beaucoup de gardiennage d'enfants. J'ai donné plusieurs biberons, mais je n'ai jamais vu de bébé allaité ni n'en ai entendu parler.

À l'été suivant ma troisième année d'université, j'ai travaillé comme aide-infirmière à la pouponnière d'un grand hôpital de Montréal. Il comptait plus d'une centaine de lits de maternité et quatre pouponnières : 1) la grande pouponnière avait une capacité de plus de 80 nourrissons ; 2) celle des poupons malades – généralement des dermatites ou infections –, une capacité de 15 à 20 ; 3) celle des prématurés, près de 10 ; 4) et celle des bébés dits «contaminés», c'est-à-dire allaités, également près de 10. Ces derniers étaient considérés contaminés, car ils sortaient de la pouponnière plusieurs fois par jour, à horaire fixe, pour être allaités par leur mère. Seules les infirmières étaient autorisées à les y conduire. Elles devaient revêtir un surtout blanc par-dessus leur uniforme, lequel était retiré dès leur retour à la porte de la pouponnière. Parfois, seuls un ou deux bébés l'occupaient. À d'autres moments, elle était remplie ou presque. Outre le fait que cette pouponnière existait, il n'était question d'allaitement que par quelques commentaires du personnel, souvent exaspérés et généralement au sujet des mères de bébés allaités. Par exemple, à l'arrivée d'un nouveau bébé allaité : «Une autre qui n'a pas encore réalisé qu'elle n'est plus en Gaspésie», ou encore, au sujet de cette mère qui avait allaité son bébé en présence de son cousin prêtre : «Comment a-t-elle pu oser ?». Ce fut mon expérience de l'allaitement pendant ce contact intensif avec les nouveau-nés. Je n'avais encore jamais vu une femme allaiter son bébé (encore moins son bambin) et ne me posais même pas de questions à ce sujet. Ces réactions à l'allaitement me semblaient normales.

La plupart des bébés recevaient un biberon, d'abord de l'eau sucrée dans les premières heures, puis une «formule», généralement à base de lait concentré, selon un horaire régulier. Pour donner le biberon, pas question de prendre un bébé dans ses bras. Un petit agneau en caoutchouc avec un élastique dans le dos servait de soutien à chaque biberon. D'ailleurs, au cours des cinq jours qu'elles passaient en moyenne à l'hôpital, les mères ne touchaient jamais leur bébé et nous n'avions pas non plus le droit de le prendre, sauf pour les soins essentiels (bain, pesée, etc.). Les mères (et les familles) pouvaient venir voir leur bébé à travers la fenêtre de la pouponnière à certaines heures. Certains bébés pleuraient beaucoup, d'autres presque jamais. Déjà, nous avions l'impression de deviner le caractère de chacun. Mais le traitement était égal pour tous, y compris l'horaire.

L'été s'est terminé, je suis retournée à l'université et j'ai un peu oublié cet épisode. Après mon baccalauréat, j'ai fait un internat en diététique de 12 mois au Vancouver General Hospital, alors le plus grand hôpital général au Canada avec 2000 lits. Le pavillon de la maternité y avait son propre édifice de plusieurs étages. Je n'y ai jamais vu de bébé allaité et n'en ai pas entendu parler. J'ai par contre effectué un stage de quelques semaines dans la salle des « formules », où j'ai bien appris comment se préparaient celles prescrites aux quelques centaines de nouveau-nés qui séjournaient dans le pavillon. Les préparations commerciales étaient très peu utilisées. Plusieurs médecins avaient leur propre « recette », généralement à base de lait concentré, plus ou moins dilué avec de l'eau et auquel on ajoutait diverses quantités de sirop de maïs, le tout préparé dans une grande stérilité.

De retour à Montréal, j'ai enseigné la nutrition aux étudiantes infirmières d'un de nos hôpitaux universitaires durant quelques années. Même si l'hôpital comprenait une maternité, je n'y ai jamais parlé d'allaitement ni vu une femme qui allaitait. Je ne m'en préoccupais pas non plus. Ce n'était tout simplement pas un sujet de discussion ou de préoccupation. Je baignais toujours dans la culture du biberon de l'époque au Canada.

Ouverture sur le monde

Puis j'ai commencé une nouvelle vie à 24 ans en retournant aux études pour faire une maîtrise en nutrition internationale – sur les problèmes de nutrition des pays sous-développés – à l'Université Cornell. C'est d'abord sur le terrain, au cours de la réalisation de mon projet de recherche de maîtrise à l'île Saint-Vincent dans les Caraïbes que j'ai vu mes premiers bébés allaités, et j'en ai vu plusieurs. En fait, pratiquement tous les bébés étaient allaités, et ce, au-delà de la première année. Voir une femme donner le sein en public était tout à fait normal. Ce qui était spécial pour ces mères, c'était de donner un biberon. Le meilleur cadeau que le père pouvait faire à son enfant – à leur avis – était de lui acheter du lait en poudre. On croyait bien faire. Non seulement l'allaitement était rarement exclusif, mais, de plus, les conditions à la fois économiques et d'hygiène ne favorisaient pas une utilisation adéquate des substituts du lait maternel. Les biberons tombaient souvent sur le plancher de terre battue, parfois au milieu des animaux de la famille, puis étaient redonnés au petit. Sans compter les problèmes d'hygiène des biberons eux-mêmes alors que l'eau et le combustible n'étaient pas toujours disponibles en quantité suffisante, ou encore les problèmes de dilution étant donné le coût élevé des produits de remplacement. Les diarrhées et la malnutrition étaient donc fréquentes malgré l'allaitement généralisé. Ce fut le début de ma prise de conscience de l'importance critique de l'allaitement pour la santé et le développement des enfants.

À partir de mon projet de maîtrise, j'ai compris que je commençais à peine à étudier les véritables problèmes de nutrition dans ces pays. J'ai donc poursuivi au doctorat. Pendant cette période, j'ai eu la chance de connaître quelques-uns des pionniers de l'allaitement dans le tiers-monde, dont Cicely Williams, Derrick Jelliffe et Patrice, son épouse infirmière, et Michael Latham. Ce dernier fut d'ailleurs mon directeur de recherche. Leurs travaux, et toutes mes expériences depuis, n'ont fait que me convaincre davantage de l'importance de l'allaitement pour résoudre les problèmes, au Sud d'abord et ensuite chez nous. En effet, au début, je devais voir l'allaitement comme important pour « eux » ; du moins, je ne me sentais pas personnellement touchée, jusqu'au jour où, travaillant en Amérique latine à l'étude de faisabilité pour mon projet de doctorat, j'ai collaboré quelques jours avec une nutritionniste brésilienne qui œuvrait à l'Institut de nutrition de Colombie. Elle était enceinte de neuf mois et accoucha quelques jours plus tard. C'était une professionnelle chevronnée et élégante. Je la visitai chez elle peu après la naissance et, à ma grande surprise, elle allaita devant moi de façon très naturelle. Comment ai-je eu l'air de réagir ? Je l'ignore, mais je sais que j'étais très surprise et probablement mal à l'aise. Cette image m'est toujours restée et m'amena à me questionner sur le plan personnel.

Au cours de cette période, j'ai vu des femmes qui allaitaient partout, et souvent dans des conditions de vie très pénibles, que ce soit au Guatemala, en Colombie ou en Haïti, autant dans la capitale que dans les régions plus reculées. Il n'y avait rien de plus normal, en fait, tellement normal que personne ne commentait ce geste. Je travaillais surtout dans des centres de récupération nutritionnelle pour des jeunes enfants malnutris. Ces enfants n'avaient pas été allaités ou ne l'avaient été que quelques mois ou quelques semaines, et recevaient une alimentation de remplacement et/ou de complément tout à fait inadéquate. Le manque d'allaitement de ces enfants était peu reconnu. Presque tous avaient été allaités au moins au début, on estimait donc que tous les bébés étaient allaités. C'était « normal », et la notion d'allaitement exclusif était peu développée. J'ai tellement vu cette « normalité » de l'allaitement qu'il était de plus en plus clair pour moi que j'allaiterais lorsque mon tour viendrait. De retour à l'Université Cornell après mon travail de terrain, j'ai retrouvé une bonne amie nutritionniste qui travaillait à la Division de nutrition. Elle allaitait son premier bébé sans aucun problème, ce qui me renforça dans mes nouvelles convictions. Je ne me posais aucune question sur ma capacité à allaiter puisque toutes ces femmes, dont la majorité vivait dans des conditions bien plus difficiles que les miennes, réussissaient à le faire. Je sentais toutefois que c'était mon affaire.

Allaiter mon fils

Quelques années plus tard, de retour au Canada et enceinte de plusieurs mois, quand j'ai mentionné, de façon tout à fait spontanée au cours d'une conversation, que j'allaiterais, quelqu'un de très près de moi m'a demandé : « Es-tu bien certaine que tu veux faire cela ? Tu devrais bien y réfléchir avant ! » Son épouse n'avait pas allaité son fils. J'ai compris que c'était un sujet délicat. J'ai tout de même allaité mon fils dès les premières heures après sa naissance, mais selon l'horaire prescrit ! Jamais je n'ai entendu parler d'allaitement par les professionnels de la santé avant ou après mon accouchement. Le pédiatre – réputé le meilleur à Québec – a prescrit un supplément de vitamines à mon fils puisqu'il était allaité. Je lui ai gentiment signifié que je m'occuperais de sa nutrition. Il m'a rabrouée en des termes que je ne répéterai pas. À cette époque, seule la Ligue La Leche (LLL) existait pour soutenir les mères et elle prônait la maternité à temps plein. Jamais je n'oublierai la photo, dans un livre de LLL, montrant la mère qui apporte les pantoufles et le journal à son mari installé dans son fauteuil au retour du travail. C'était très loin de ma perception de mon rôle dans la famille. J'étais déjà professeure à l'Université Laval et je n'avais pas envie de me faire reprocher de travailler, je n'ai donc jamais osé les consulter. Une assistante de recherche qui avait elle-même allaité ses enfants m'a donné quelques judicieux conseils. Autrement, je n'en parlais pas au travail bien que je sois dans un département de nutrition. Mon congé de maternité s'était limité à mon mois de vacances, rien d'autre, mais mon horaire était assez flexible et je pouvais parfois emmener Patrice avec moi. J'avais aussi une excellente garderie. Dans mon milieu, on continuait cependant à me signaler que l'allaitement, c'était non seulement personnel mais aussi privé. À titre d'exemple, après avoir visité une maison à vendre, nous étions assis au salon avec les propriétaires. Mon fils a émis quelques signes d'impatience, et la propriétaire m'a invitée à aller chercher son biberon dans la voiture. Quand j'ai répondu que je l'allaitais, elle m'a offert d'aller dans la salle de bain !

J'en suis restée estomaquée et je n'ai pas osé allaiter sur place. J'ai plutôt attendu d'être dans la voiture, quelques minutes plus tard.

J'ai allaité exclusivement pendant deux mois et j'aurais bien aimé poursuivre. Outre quelques problèmes de gerçures et beaucoup de pleurs de mon fils entre la troisième et la quatrième heure après la plupart des boires, ce fut une très belle expérience. Je sais aujourd'hui que ces problèmes étaient dus à l'horaire prescrit que je respectais! Par ailleurs, au cours de ces quelques mois, combien de fois me suis-je trouvée chanceuse parce qu'au moins je n'avais pas de biberons à préparer! Comment faisaient les nouvelles mères qui devaient stériliser et préparer des biberons en plus de tout ce qu'exige un nouveau-né? Je n'ai jamais compris la réaction de celles qui disent que c'est trop fatigant d'allaiter (peut-être est-ce dû à un lavage de cerveau ...). Par contre, j'ai ressenti comme un exploit le fait de poursuivre l'allaitement de façon exclusive jusqu'à deux mois. Combien de fois m'a-t-on dit: «Tu ne lui as pas encore donné d'eau, ou de jus ou....?», ou «Il en a besoin...» C'était en 1973. Les taux d'allaitement à la naissance au Canada étaient alors presque à leur plus faible niveau dans l'histoire. Outre cette assistante de recherche, personne autour de moi n'avait allaité, sauf ma mère, qui en parlait à peine. Sous la pression continue, j'ai commencé vers deux mois à introduire d'abord une préparation commerciale, puis des céréales et des légumes. Je me suis ensuite préparée à sevrer mon fils pour le laisser avec mon conjoint durant deux semaines, car j'avais accepté de faire une consultation en Haïti (non, je ne le ferais pas aujourd'hui). J'allais aider à mettre en place un programme de formation pour des techniciennes en nutrition, programme que j'avais aidé à planifier l'année précédente. Ces diplômées devaient pouvoir encourager une meilleure nutrition, dont l'allaitement, pour les enfants d'Haïti. J'avais conclu que mon fils était, en comparaison, entre bonnes mains (son père et une préparation commerciale) et que j'allais contribuer à améliorer la vie de plusieurs autres enfants en Haïti! Oui, je l'ai beaucoup regretté quelques années plus tard, surtout lorsque j'ai appris que j'aurais pu maintenir l'allaitement pendant mon absence et le reprendre à mon retour. Je n'en avais aucune idée! On n'étudiait pas l'allaitement et bien que j'aie lu tout ce que je trouvais sur le sujet, je n'ai jamais vu cette information. Tout au long de cette période, ni le gynécologue, ni le pédiatre, ni les infirmières que j'ai rencontrées ne voyaient l'allaitement de façon positive. On semblait plutôt dire « encore une de celles-là ».

Premières interventions professionnelles en faveur de l'allaitement

J'étais toutefois de plus en plus convaincue de l'importance non seulement d'une bonne nutrition mais aussi de l'allaitement. J'ai continué à œuvrer dans cette direction, ce qui m'amena à l'Organisation mondiale de la santé, à son bureau régional pour les Amériques, à Washington. Conseillère pour la formation en nutrition des professionnels de la santé (médecins, infirmières et nutritionnistes), j'étais appelée à me rendre dans tous les pays de la région. J'ai effectué plusieurs visites sur le terrain avec notre personnel et nos partenaires locaux, pour mieux saisir les besoins de la population et des milieux de travail. Je me souviens vivement, par exemple, d'un grand hôpital de la sécurité sociale de plus de 800 lits où les nouveau-nés étaient gardés en pouponnières et où la majorité recevaient des biberons, car ils ne pouvaient être amenés à leur mère qu'à horaire fixe quelques fois par jour. Le personnel ne pouvait concevoir de laisser les bébés avec leur mère et n'avait pas le temps de « distribuer » les bébés plus souvent. Par contre, un système fort élaboré était en place pour préparer tous ces biberons dans des conditions bien stériles. Le conseiller en nutrition de l'OMS en poste au pays qui nous accompagnait, un médecin spécialisé en nutrition, considérait cette situation normale et ne s'en était jamais préoccupé. C'était la norme ! L'histoire se répétait d'un pays à l'autre, d'un hôpital à l'autre. C'était le milieu des années 1970.

Tout comme le modèle du biberon généralisé fourni par les services de maternité, de telles conditions étaient loin d'être favorables à l'établissement de l'allaitement. Pas surprenant que plusieurs mères croyaient « ne pas avoir suffisamment de lait » ou sentaient le besoin de compléter l'allaitement par un biberon. Par ailleurs, les conditions de vie (hygiène et économie) de la plupart des familles rendaient quasiment impossible une alimentation suffisante et sécuritaire avec des substituts du lait maternel, sans compter les limites des substituts eux-mêmes. Les départements de pédiatrie des hôpitaux étaient remplis d'enfants malnutris qui n'avaient pas été allaités ou pas suffisamment. Tant avec nos partenaires nationaux qu'avec plusieurs de mes collègues à l'OMS, je me retrouvais donc souvent à commenter l'importance de l'allaitement, sa présence (ou non) dans les programmes d'intervention et dans les programmes de formation et d'éducation continue des professionnels. Combien de fois m'a-t-on répliqué que je pouvais bien dire cela puisqu'il s'agissait de pays « pauvres », mais que dans mon propre pays on donnait le biberon, nos bébés étaient en pouponnières dans les hôpitaux, etc.

Plusieurs professionnels chevronnés souhaitaient même que nous travaillions plutôt à donner le droit à tous de recevoir de tels avantages. Puisqu'au lieu d'allaiter nos enfants nous leur donnions des substituts du lait maternel, et que malgré tout ils semblaient en meilleure santé que les enfants des pays défavorisés, pourquoi ces derniers n'auraient-ils pas eux aussi le droit d'en utiliser ? Dans plusieurs pays, on avait même établi des bénéfices pour les citoyens « assurés » qui, dès la naissance d'un nouveau bébé, recevaient une ration de lait en poudre.

Et dans la population, le modèle se traduisait souvent en « puisque c'est si bon, même si je n'en donne qu'une petite quantité à mon enfant, même diluée, ça devrait lui faire du bien » ou encore « si je n'ai pas beaucoup d'argent, j'allaite mais je donne aussi des substituts à la mesure de mes moyens » ! Voilà un raisonnement « raisonnable » à première vue, que font sans doute encore beaucoup de mères un peu partout.

De la part des professionnels de la santé, c'était plus surprenant jusqu'à ce qu'il soit clair qu'à l'instar des professionnels de la santé chez nous, la plupart ne recevaient pratiquement pas de formation sur l'allaitement, tandis qu'ils étaient largement sollicités par les fabricants et distributeurs de préparations commerciales pour nourrissons. Ces derniers leur fournissaient beaucoup d'information attrayante sur leurs produits, des échantillons gratuits et de la formation continue dans des conditions alléchantes. Naturellement, ils vantaient surtout les mérites des préparations commerciales et traitaient fort peu de l'allaitement. Les quelques porte-parole de l'allaitement étaient loin d'avoir des ressources comparables, et peu de professionnels de la santé étaient conscients de leurs efforts. Dans ce contexte, leur réaction était jusqu'à un certain point compréhensible. À force de me le faire répéter, j'ai compris la puissance des modèles qu'offraient nos sociétés industrialisées en comparaison avec les messages de santé publique que nous étions plusieurs à tenter de véhiculer.

Le Code international de commercialisation des substituts du lait maternel

Au cours de cette période, un mouvement plus global en faveur de la protection et du soutien à l'allaitement (au-delà de sa promotion) se dessinait. Alors que mon expérience s'était développée surtout sur le plan épidémiologique (importance de l'allaitement pour la santé et souvent la survie des enfants), plusieurs autres femmes au Canada et ailleurs – sans doute plus près de leur expérience personnelle que je ne l'étais – s'intéressaient plutôt à l'aspect psychosocial de l'allaitement, ses liens avec leur sentiment de compétence maternelle et la relation qui se développe avec l'enfant au cours d'un allaitement réussi. Bon nombre de ces femmes se sentaient agressées par les publicités croissantes des années 1960 et 1970 au sujet des préparations commerciales qui tendaient à minimiser l'importance de l'allaitement et ainsi à minimiser leur rôle. À leur façon, elles se sont organisées pour lutter contre cette invasion des préparations commerciales.

Ces deux mouvements, que j'appellerai épidémiologique et social, ont fait équipe dans plusieurs pays et à l'échelle internationale pour travailler avec des représentants des gouvernements, des organisations non gouvernementales, des associations professionnelles, des scientifiques et même des fabricants d'aliments pour nourrissons. Leurs travaux ont mené à l'élaboration des premières versions du *Code international de commercialisation des substituts du lait maternel* et, après une dizaine d'années de discussions, d'intenses négociations à travers le monde et maintes révisions, à son approbation dans sa version actuelle par l'Assemblée mondiale de la santé. C'est en 1981 que le Code fut approuvé par 118 pays, dont le Canada, 1 contre et 3 abstentions. Il s'agit d'une recommandation et non d'un règlement. Jusqu'à aujourd'hui, les substituts du lait maternel sont les seuls aliments dans le monde régis par un tel Code. La tendre enfance est de plus le seul moment dans la vie où l'on dépend d'un seul aliment – le lait maternel. Aussi, si le Code a pu émerger, c'est qu'il fut reconnu que la commercialisation des substituts du lait maternel exigeait un régime spécial, les pratiques commerciales usuelles ne convenant pas pour de tels produits. Étant donné la vulnérabilité des nourrissons au cours des premiers mois de leur vie ainsi que les risques entraînés par des pratiques d'alimentation inadéquates, dont l'utilisation non nécessaire et incorrecte des substituts du lait maternel, le Code a donc pour but « de contribuer à procurer aux nourrissons une nutrition sûre et adéquate en protégeant et en encourageant l'allaitement au sein et en assurant une utilisation correcte des substituts du lait maternel, quand ceux-ci sont nécessaires, sur la base d'une information adéquate et au moyen d'une commercialisation et d'une distribution appropriées ». Aussi, malgré ce qui semble souvent véhiculé dans certains milieux, le Code n'est pas « contre » les substituts du lait maternel ; il encadre plutôt leur commercialisation.

L'approbation du Code marqua un point tournant dans les efforts pour aller au-delà de la promotion de l'allaitement et tenter de créer un environnement qui lui soit plus favorable. Il s'agissait probablement de la première politique publique de notre ère en faveur de l'allaitement. Au Canada cependant, le Code est demeuré une belle recommandation peu suivie. Assurer son respect demeure d'ailleurs un de nos principaux défis pour créer un environnement favorable à l'allaitement dans notre société. À Santé Canada, on a longtemps répété qu'il serait mis en pratique lorsque l'éducation sur le sujet aurait fait son chemin, sans toutefois favoriser cette éducation. Alors que dans les pays scandinaves, par exemple, les autorités de la santé ont su saisir ce moment historique pour favoriser la santé et le développement des jeunes enfants et ainsi de la société. J'y reviendrai.

C'est pendant cette période effervescente autour de l'approbation du Code que je suis revenue au Canada au début des années 1980, cette fois à l'Université de Moncton au Nouveau-Brunswick. Je voulais entre autres contribuer à changer les modèles d'alimentation des nourrissons que notre société offrait au monde. J'ai d'abord tenté de m'immiscer dans les milieux de l'allaitement au Nouveau-Brunswick et au Canada. Ils étaient peu nombreux et se limitaient surtout à « informer ». La réponse type dans nos milieux de santé à ma préoccupation pour l'allaitement était qu'« ici c'est différent, car nous avons de bonnes conditions d'hygiène, de l'eau propre et des mères instruites ; dans de telles conditions, allaiter ou non c'est une question de choix ». Les données probantes sur les risques du non-allaitement dans nos sociétés « bien nanties » demeuraient limitées. Bien que les résultats de plusieurs études nous incitaient à croire à la supériorité de l'allaitement, même dans nos sociétés, il s'agissait surtout d'études d'observation sur de petits groupes et souvent dans des conditions peu représentatives de l'ensemble de la population. Difficile de répondre « scientifiquement » aux autorités en place.

L'Initiative des hôpitaux amis des bébés

Cette réaction à laquelle j'étais confrontée était semblable à celles rencontrées par ceux et celles qui tentaient de faire respecter le Code à travers le monde. Les professionnels de la santé, souvent inconsciemment et quoique se disant généralement favorables à l'allaitement, étaient parmi les plus grands défenseurs de la pénétration, dans les établissements de santé par exemple, des préparations commerciales pour nourrissons. Habituellement très peu formés au sujet de l'allaitement, ils avaient facilement intégré ces préparations à la « nouvelle » pratique en maternité qui s'est développée avec la médicalisation des accouchements. Or plusieurs de ces pratiques minent la confiance des mères en leur capacité à allaiter, ou même à prendre soin de leur enfant, tout en créant un environnement plus favorable à la prise en charge du bébé par le personnel de l'établissement plutôt que par la mère. Comment la mère peut-elle savoir que le bébé a faim s'il est installé à la pouponnière ? Comment sa production de lait peut-elle répondre aux besoins du bébé quand il ne voit sa mère qu'à heures fixes ? Comment éviter l'engorgement chez la mère si le bébé est gardé en pouponnière la nuit pour qu'elle se « repose » et qu'on lui administre plutôt un biberon ? Dans un tel contexte, la grande majorité des mères vivront des difficultés d'allaitement plus ou moins grandes et plusieurs ne pourront s'en remettre. C'est pour tenter de remédier à cela que l'OMS et l'UNICEF ont émis, en 1989, une déclaration conjointe sur le rôle spécial des services liés à la maternité énonçant les « 10 conditions pour le succès de l'allaitement ». Ils voulaient inciter les professionnels de la santé à mettre ces conditions en place dans tous les établissements de santé liés à la maternité. La formation de ces professionnels demeurait un important obstacle. C'est pourquoi l'OMS et l'UNICEF ont d'abord ciblé les hôpitaux universitaires lorsqu'ils ont lancé l'Initiative des hôpitaux amis des bébés (IHAB) en 1991. Ils cherchaient à influencer la formation des principaux professionnels et chefs de file dans chaque pays.

Les conséquences du non-allaitement dans les sociétés industrialisées

De mon côté, je m'étais dirigée vers la planification d'une étude que nous avons réalisée au cours des années 1980 chez près de 800 mères représentatives des primipares dans la province (avec naissance simple et normale) et chez leur nourrisson évalué à l'âge de six mois. Les résultats publiés en 1995 ont été parmi les premiers à montrer de façon concluante que même dans nos sociétés, et à l'échelle de la population, les nourrissons allaités avaient moins d'infections gastro-intestinales, d'infections respiratoires et d'otites que ceux qui recevaient des substituts du lait maternel. Ils étaient aussi moins souvent hospitalisés pour des maladies respiratoires. Presque simultanément, des résultats semblables provenant de Californie étaient publiés, et depuis la littérature sur le sujet explose dans nos sociétés.

Aussi, depuis la fin des années 1990, devant une telle montée de données probantes, partout les recommandations en faveur de l'allaitement se sont consolidées. Alors que l'Organisation mondiale de la santé avait toujours recommandé l'allaitement, trop souvent cette recommandation était interprétée comme importante surtout pour les « pauvres ». Mais lorsque l'Académie américaine de pédiatrie a clairement énoncé en 1997 que l'allaitement était le mode d'alimentation optimal des nourrissons et que c'était la norme avec laquelle tous les autres modes d'alimentation devaient être comparés, que ce soit sur le plan de la santé ou du développement de l'enfant ou de tout autre résultat, elle a en quelque sorte redonné à l'allaitement ses lettres de noblesse en Amérique du Nord. Ces recommandations ont été réitérées et renforcées depuis, à la fois par l'AAP elle-même et par l'OMS de même que par Santé Canada. Rares sont ceux qui oseraient les remettre en question aujourd'hui. La situation est telle que l'on parle maintenant des conséquences du non-allaitement plutôt que des bienfaits de l'allaitement. En effet, il n'y a pas d'avantages à suivre la norme, il y a plutôt des désavantages à ne pas la suivre. Plusieurs y associent même diverses maladies chroniques.

Les politiques publiques pour faciliter l'allaitement

Cependant, le défi reste toujours le même : mettre en pratique ces recommandations. Et force est d'admettre que mon expérience personnelle avec l'allaitement n'est pas un modèle. J'ai progressé d'une ignorance quasi totale du sujet à une sensibilisation personnelle puissante grâce aux multiples modèles de divers milieux que, jeune adulte, j'ai eu la chance de côtoyer, et peut-être aussi grâce au fait que j'avais été allaitée. Certains psychologues parlent en effet d'*imprinting* pour décrire la sensibilité accrue qui résulterait du fait d'avoir été soi-même allaitée. C'est sans doute à cause de la force et de la multiplicité de ces modèles, dont le message était renforcé par mes connaissances scientifiques qui se développaient en parallèle, que j'ai réussi à allaiter malgré un environnement que l'on qualifierait aujourd'hui de très défavorable. On conviendra qu'il s'agit d'une situation peu reproductible.

Tout au long de mon cheminement, j'ai toutefois appris à quel point l'environnement, tant physique que social, auquel on est exposé influence nos comportements de façon importante, généralement inconsciente et bien au-delà de l'information individuelle. Oui, l'information et la sensibilisation sont utiles pour promouvoir l'allaitement (ou tout autre comportement). Cependant, pour aider les femmes à le poursuivre, à *réussir* leur allaitement et à en avoir une expérience positive, il faut faire en sorte qu'elles et leur famille puissent évoluer dans des environnements qui leur soient favorables.

À titre d'exemple en apparence banal, une jeune mère s'est récemment rendue au comptoir du gouvernement du Canada pour demander le numéro d'assurance sociale de son fils. Pendant l'attente, junior a eu faim et maman s'est installée pour l'allaiter. La préposée s'est empressée de l'inciter vivement à cesser ou à quitter les lieux... Une telle réaction est inacceptable et demeure malheureusement encore trop souvent la règle. Elle suggère que les femmes doivent devenir des recluses si elles souhaitent allaiter selon les recommandations en vigueur. Pourtant, si l'allaitement est vraiment « la norme d'alimentation » des jeunes enfants, n'est-ce pas plutôt le biberon qui devrait nous sembler « étrange » ? Et le coût d'un tel changement dans l'environnement est relativement minime. Il s'agit d'en convaincre les décideurs dans chaque milieu. Des chercheurs ont estimé qu'en 1998, par exemple, le Québec aurait pu épargner au moins cinq millions de dollars en coûts d'utilisation des soins de santé associés aux maladies respiratoires, aux otites moyennes et aux gastroentérites si 60 % de ces enfants avaient été allaités exclusivement pendant les trois premiers mois (on en recommande six). Cette estimation ne tient pas compte des coûts associés aux autres conséquences éventuelles du non-allaitement, dont la souffrance de l'enfant et des parents, en plus de l'absentéisme de ces derniers au travail. Les décideurs de tous les milieux susceptibles de recevoir des jeunes parents – et non seulement des établissements de santé – ne devraient-ils pas avoir, en regard de l'allaitement, une politique bien définie et bien comprise de tous leurs employés ?

L'Initiative des amis des bébés

C'est pour créer des environnements qui facilitent l'allaitement que l'Initiative des amis des bébés (IAB) a été lancée au Canada en 1998. Cette initiative s'inspire de l'IHAB lancée par l'OMS et l'UNICEF, et elle vise à souligner le fait que les soins et le soutien offerts aux mères qui allaitent et à leur bébé doivent se poursuivre en dehors du contexte hospitalier. Elle se veut à la fois un guide et un incitatif pour y arriver, une sorte de contrôle de la qualité pour l'allaitement et pour le bien-être des dyades mère-enfant. Un établissement ou un milieu de vie qui peut montrer, par exemple, qu'il respecte le Code et les 10 conditions pour le succès de l'allaitement, ou celles pertinentes au milieu, pourra être certifié « ami des bébés ». Tel que le souligne le Comité canadien pour l'allaitement, dans une communauté amie des bébés, les femmes sont soutenues et encouragées dans leur désir d'allaiter, elles ont accès aux congés de maternité et autres avantages sociaux associés auxquels elles ont droit, et la promotion commerciale des substituts du lait maternel et la culture du biberon sont remises en question. Dans un environnement ami des bébés, les conditions de travail des femmes reflètent l'importance du rôle de la mère dans la santé et le développement de la famille et de la communauté. C'est un environnement qui reconnaît la valeur du temps et de l'énergie investis dans l'allaitement et les autres responsabilités familiales comme une contribution essentielle et vitale pour la famille, la communauté et la société.

Le Québec en a fait une priorité en émettant ses lignes directrices en matière d'allaitement en 2001. C'est d'ailleurs au Québec que se trouve aujourd'hui le plus grand nombre d'établissements certifiés amis des bébés au Canada : quatre hôpitaux, deux maisons de naissance et sept centres locaux de services communautaires (CLSC), et probablement au Québec aussi que les taux d'allaitement ont le plus progressé depuis la fin des années 1990. Les professionnels de la santé dans ces établissements « amis des bébés » se sont convertis en ardents défenseurs du soutien et de la protection de l'allaitement, et non seulement de sa promotion. Il faut maintenant étendre l'expérience à l'échelle de la société.

L'expérience des pays scandinaves

Si cette Initiative des amis des bébés est relativement nouvelle au Québec et au Canada, dans les pays scandinaves, par contre, elle a été instaurée il y a plus d'une vingtaine d'années. Ces pays qui nous ressemblent sur plusieurs points ont connu un creux dans les taux d'allaitement semblable au nôtre à la fin des années 1960 et au début des années 1970. Pourtant, aujourd'hui, plus de 98 % des bébés en Norvège et en Suède sont allaités à la naissance et environ 80 % le sont toujours à six mois. Pratiquement tous leurs services de maternité sont certifiés amis des bébés, un concept qu'ils ont étendu à l'ensemble des milieux de vie des jeunes parents. En 1981, les autorités de la santé en Norvège et en Suède ont saisi le moment historique de l'approbation du *Code international de commercialisation des substituts du lait maternel* par l'Organisation mondiale de la santé, pour négocier une entente avec les compagnies qui produisent et distribuent des substituts du lait maternel en vue du respect du Code. Les autorités de la santé en Norvège ont de plus négocié une deuxième entente avec les professionnels de la santé concernant leur responsabilité par rapport au respect du Code et, au début des années 1990, dès son lancement par l'OMS et l'UNICEF, elles ont financé une campagne nationale pour l'IHAB, incluant des formations pour les professionnels de la santé. En Suède, un comité national composé de pédiatres, de sages-femmes, d'infirmières, de représentantes des associations féminines et de femmes allaitantes a été formé pour mettre en œuvre l'IHAB. Il bénéficie de l'appui d'un comité consultatif regroupant des experts en allaitement, en santé maternelle et infantile, et en recherche ainsi que des représentantes des femmes allaitantes.

Dans ces pays, les mêmes personnes qui organisaient les groupes d'entraide en allaitement dans les années 1960 et 1970 étaient à la tête du mouvement féministe. Elles ont entre autres œuvré pour faciliter la conciliation des rôles productifs et reproductifs de la femme et favoriser la famille. En Suède, par exemple, depuis 1974 le congé parental était de 450 jours rémunérés ; il fut allongé à 480 en 2000, dont 60 jours réservés à la mère et 60 au père. Ce congé peut de plus être étalé jusqu'au huitième anniversaire de l'enfant. En Norvège, depuis 1992, il est de 52 semaines rémunérées. Ces diverses politiques publiques ont mené à des conditions favorables à l'allaitement et à la famille à l'échelle de la société, rendant possible la poursuite de l'allaitement.

Le Québec, le Canada, la planète

À l'échelle planétaire, l'IHAB s'est graduellement répandue à partir des 12 pays choisis à l'origine. Plus de 19 600 services de maternité sont aujourd'hui certifiés dans 152 pays, dont 7 au Canada (la majorité au Québec). L'atmosphère dans ces maternités est totalement différente et favorable non seulement à l'allaitement mais aussi, et surtout, à la dyade mère-enfant, quel que soit le mode d'alimentation décidé par la mère. Les retombées de ces changements sont maintenant bien documentées et témoignent de leur pertinence.

Certes, au Canada, l'implantation de l'IAB accuse un retard. Toutefois, le congé parental est passé de six mois à un an en 2001, ce qui constitue une importante politique publique favorable à l'allaitement et qui a déjà eu des retombées sur la durée de celui-ci à travers le pays. Autre décision importante pour les familles du Québec : jusqu'à cinq semaines de ce congé peuvent être prises par les pères. Malgré notre retard à l'échelle planétaire, le Québec fait figure de chef de file au Canada avec une douzaine d'établissements certifiés amis des bébés, dont quatre services de maternité. Il reste cependant un long chemin à parcourir et plusieurs défis à relever pour que l'ensemble de la société soit « amie des bébés ». Il nous faudra imaginer de nouvelles pratiques, par exemple, comment rendre plus accessibles à toutes les mères qui en auraient besoin les services d'une consultante certifiée en lactation, comment s'assurer que toutes les mères soient visitées à plus d'une reprise à leur sortie de l'hôpital par du personnel qualifié en allaitement, comment rendre acceptable en milieu de travail la portion du congé pris par les pères, etc. La plupart des mères et des parents souhaitent déjà allaiter leur enfant. Il s'agit maintenant de convaincre les décideurs dans les divers milieux où évoluent les jeunes parents.

Depuis une quinzaine d'années, c'est la principale direction que j'ai tenté d'appuyer par mes travaux. Entre autres, j'y ai orienté ceux de plusieurs étudiants diplômés ; pendant deux ans, j'ai dirigé le bureau de nutrition du siège social de l'UNICEF à New York, dont un des mandats est celui de l'allaitement, et j'ai publié récemment, avec mes collègues Sylvie Chiasson et Julie Lauzière, *Biologie de l'allaitement – Le sein, le lait, le geste*. Cet ouvrage vise surtout les professionnels de la santé, car jusqu'à aujourd'hui, force est de constater qu'à quelques exceptions près, et un peu partout au Québec et au Canada, les pratiques dans les établissements de santé demeurent la principale entrave à l'allaitement. C'est généralement dans ces milieux que l'allaitement s'amorce. Or s'il n'est pas amorcé ou mal amorcé, il sera difficile de le poursuivre. Pourtant, encore aujourd'hui, rares sont les programmes de formation en médecine, en sciences infirmières ou en nutrition qui comprennent une formation adéquate sur le sujet, soit une formation semblable à celle que recommandent l'OMS et l'UNICEF. C'est pour y remédier en partie, d'ici à ce que les programmes de formation changent, que nous avons écrit ce livre. Si nos professionnels comprennent mieux comment leurs pratiques peuvent faciliter ou non l'allaitement, ils pourront non seulement les modifier, mais aussi appuyer les changements requis dans divers milieux pour mieux encadrer ces nouvelles pratiques.

Pendant toutes ces années, j'ai rencontré plusieurs défenseurs de l'allaitement, qu'il s'agisse de chercheurs, de professionnels sur le terrain – tant dans les établissements publics de santé que dans d'autres milieux, gouvernementaux ou non –, de tous ceux et celles qui œuvrent dans les groupes d'entraide en allaitement ou encore de décideurs politiques. Le travail de plus en plus concerté qu'ils accomplissent en faveur de l'allaitement doit être mieux soutenu à tous les niveaux. Il contribue à favoriser l'allaitement, mais aussi le mieux-être des enfants et des familles d'ici et d'ailleurs en changeant peu à peu les modèles qu'offre notre société au reste du monde. Sachant que l'allaitement pratiqué de façon optimale pendant au moins les six premiers mois pourrait sauver chaque année la vie d'au moins 1,3 million d'enfants sur la planète, sans compter ses multiples retombées – entre autres, sur la santé et le développement –, il s'agit d'une contribution fort importante à une citoyenneté plus large.

Allaiter au rythme de nos enfants

Geneviève Codère

Je crois avoir toujours su que j'allaiterais. Ce n'était pas une obsession ni un désir ardent, seulement une évidence. C'est donc sans surprise que j'ai mis ma fille au sein, quelques minutes après sa venue au monde. Dès le départ, j'ai réalisé que son allaitement me mettrait à rude épreuve et demanderait beaucoup d'altruisme.

Éliane s'endormait aussitôt qu'elle avait mon sein en bouche. À l'hôpital, nous avons même séjourné une nuit supplémentaire afin de mieux maîtriser son alimentation. Pour la garder éveillée, nous avons eu recours aux débarbouillettes d'eau froide, aux tapotements et au déshabillage, afin de nous assurer qu'elle boive suffisamment. À l'hôpital nous avons reçu beaucoup de soutien et de conseils, mais je me laissais guider par les infirmières, non par mon instinct. Il a fallu le retour à la maison pour que je prenne confiance en moi et m'accorde le droit à l'erreur, afin de bien comprendre les besoins et préférences de mon enfant. En vérité, je crois qu'il m'a fallu l'arrivée d'un deuxième enfant pour mieux comprendre les comportements de ma fille.

À l'époque, je m'amusais à estomaquer mes amies en disant que, contrairement à elles qui allaitaient pendant 15 minutes toutes les deux heures, moi je donnais le sein pendant deux heures pour ensuite avoir 15 minutes de pause, tout juste le temps d'aller aux toilettes et au garde-manger refaire le plein de noix et de graines ! Ma fille tolérait probablement mal les produits laitiers que je consommais. Elle pleurait toujours si elle n'était pas au sein, et aussitôt « branchée » tout allait bien. Elle dormait tout en *tétouillant* de temps en temps. J'ai eu bien des gerçures et j'ai employé toutes les positions possibles d'allaitement dans le but d'alléger mes douleurs.

Malgré ces inconforts, il ne m'est jamais venu à l'idée de cesser l'allaitement. Je suis plutôt devenue experte dans l'art de tout faire avec un bébé branché. Je pouvais lire, écrire, aller aux toilettes et cuisiner. En découvrant les bénéfices d'un porte-bébé, qui me permettait d'allaiter discrètement et d'avoir les mains libres, j'ai pu me remettre aux joies du magasinage, du cinéma ou des soirées entre amis (comprendre ici ceux qui n'ont pas d'enfants et fêtent comme au temps où nous étions étudiants). Grâce à l'allaitement, je me sentais libre de faire tout ce qui me plaisait, même si plusieurs étaient découragés pour moi.

Pour plus de confort, Éliane a dormi dans le lit familial pendant sa première année. Cette cohabitation m'a permis d'apprendre à offrir le sein à moitié endormie et à retomber dans les bras de Morphée aussitôt mon enfant branchée.

Quand je suis retournée au travail, Éliane avait tout juste sept mois. Jusqu'alors, je l'allaitais à la demande, qui était élevée, je dois l'avouer. Je lui ai trouvé un service de garde près du bureau et j'ai pu continuer l'allaitement aux quatre heures et passer mes midis auprès d'elle. Éliane avait 13 mois lors de mon premier voyage d'affaires d'une semaine. Nous avions déjà constaté que mon lait goûtait très mauvais une fois décongelé, il semble qu'il lui manquait un enzyme. Éliane buvait donc des laits végétaux pendant mon absence et m'accueillait à mon retour avec une seule idée en tête, celle de retrouver mon sein. C'était alors buffet à volonté !

Éliane a grandi et mon envie d'avoir un autre enfant aussi. Elle avait 17 mois quand je suis devenue enceinte à nouveau. J'ai choisi de poursuivre l'allaitement tout en sachant qu'il risquait de cesser avec les changements de goût et de débit du lait pendant la grossesse.

Ma fille est une vraie *téteuse*. Ni le manque de lait, ni le goût différent de celui-ci, ni d'ailleurs mes fréquentes absences pour le travail ne l'ont arrêtée. J'ai eu une superbe grossesse et on a trouvé de nouvelles positions pour être aussi confortables que possible l'une comme l'autre au moment de l'allaitement. Je voyais qu'il était important pour elle de poursuivre et je l'ai respectée dans ce désir. Bien sûr, il m'est arrivé de ne plus avoir envie de l'allaiter, de vouloir simplement relaxer en revenant du boulot, de ne plus vouloir l'entendre demander le sein alors que je discute avec sa gardienne, mais son besoin était plus fort que ma volonté d'avoir la paix.

Lou est né à la maison par une belle nuit printanière. Éliane a vu son frère naître et a vite tissé de forts liens avec lui. C'est avec Lou que j'ai expérimenté un allaitement facile. Il faut dire que j'avais coupé les produits laitiers avant même sa naissance. Dès son arrivée, il a pris le sein comme un pro. Il tétait vigoureusement et jusqu'à satiété. Il me laissait de bonnes périodes de repos entre les boires et ça me permettait d'apprécier davantage les moments où il était collé à mon sein.

De son côté, Éliane a vite appris à laisser son frère boire en premier, à attendre son tour. Il m'arrive parfois d'allaiter les deux en même temps.

Mon plus grand plaisir est de voir Éliane jouer dans les cheveux de Lou pendant qu'il la regarde, le tout en ayant les deux la bouche pleine.

Moins d'un mois après la naissance de mon fils, j'ai décidé d'imposer un horaire de boires à Éliane. Je sentais que je passais mes journées à lui refuser le sein parce que ce n'était pas le bon moment pour son frère ou parce que j'étais fatiguée. Nous avons donc convenu qu'elle pourrait boire le matin au réveil, pour sa sieste et pour son dodo du soir. Ces moments étaient les siens, les nôtres. Cet horaire me permettait de m'assurer que Lou puisse bien boire avant que je m'occupe d'elle.

Il m'arrive parfois de désirer cesser l'allaitement d'Éliane, de penser que ce ne sont que des caprices, qu'elle peut boire n'importe quoi d'autre. Il suffit qu'elle soit malade un peu pour que je sente ma fibre maternelle vibrer et que je me réjouisse de pouvoir lui offrir les meilleurs anticorps du marché.

Au moment où j'écris ces lignes, Éliane a trois ans, Lou presque un an, et je les allaite toujours tout autant. Je ne vois pas le jour où ma fille refusera le sein mais je la laisse aller à son rythme. Je ne serais même pas surprise que Lou cesse l'allaitement avant elle !

La place du père dans tout ça ? Elle est immense. J'ai la chance d'avoir un conjoint qui croit en moi, en mes instincts, en la nature et en nos enfants. Alex m'a toujours soutenue et encouragée. Non seulement il a été présent pour apporter les nombreux verres d'eau et les collations pendant que j'allaitais, mais il m'a encouragée dans les moments où je n'en pouvais plus, il a couru pour obtenir les meilleures crèmes contre les gerçures, m'a aidée à tirer du lait, m'a offert des moments de détente et m'a défendue les maintes fois où je me suis sentie jugée par les autres. Jamais nous n'aurions cru allaiter aussi longtemps un enfant, encore moins en allaiter deux à la fois. Au fil des jours, on s'est rendu compte que le temps passe vite et que l'allaitement se poursuit. Tant et aussi longtemps que je me sentirai en pleine forme physique et mentale pour allaiter mes deux enfants, et qu'ils le désireront, je poursuivrai.

L'allaitement, quel voyage !

Valérie Clermont-Girard

Lorsque j'étais enceinte, ce qui me semblait le plus important était de nourrir mon enfant de mon sein, dès ses premières secondes de vie. Ce n'était pas seulement un désir, mais aussi un besoin, une nécessité que je ressentais très fortement du plus profond de mon être. Mon instinct... voilà ce qui me parlait ! Cependant, je ne me doutais pas de toute l'ampleur que l'allaitement allait prendre dans ma vie ! Quel voyage je venais d'entreprendre lorsque j'ai pris, pour la première fois, Amyela peau à peau contre moi et qu'elle s'est tout naturellement mise à téter... Quel sentiment d'amour m'a envahie à cet instant inoubliable ! J'étais complètement charmée et étrangement prête à tout donner... Une grande aventure venait de débuter...

J'ai en souvenir ces premières nuits où je me faisais réveiller par mon bébé qui gigotait, qui avait soif. Je me levais alors difficilement pour m'installer le plus confortablement possible, ce qui me prenait un certain temps au début (je n'arrivais malheureusement pas encore à le faire couchée !) : les oreillers, le précieux coussin d'allaitement, la collation tout près (que mon amoureux m'avait soigneusement préparée) et mon bébé nu dans mes bras. Je luttais contre le sommeil que tout mon être réclamait... mais il y avait quelque chose de plus fort qui me gardait réveillée... Un enfant, mon enfant avait besoin de moi, à ce moment. C'est sans aucun doute l'amour qui me donnait le courage de rester auprès d'elle, mon sein à sa bouche, peu importe l'heure qu'il était ou le temps que cela prenait. (De toute façon, je ne voyais plus la différence entre le jour et la nuit !) L'amour, mais aussi toutes les richesses que cet unique partage m'apportait et m'apporte encore aujourd'hui.

Par contre, je ne peux dire que c'était toujours facile... Oui, j'ai eu mal aux bras, aux épaules et au cou parce que j'oubliais de bien respirer et de me détendre, ou parce que je ne me plaçais pas bien. Oui, j'ai fait une mastite accompagnée de forte fièvre et eu quelques gerçures. Oui, j'ai parfois dit « Ah non ! déjà ! », lorsque je venais juste de m'endormir et qu'elle se réveillait encore pour boire. Oui, il y a eu des périodes où elle refusait le sein, où je ne savais plus dans quelle position l'allaiter (j'avais trop de lait et un réflexe d'éjection puissant).

Cependant, j'ai rapidement pris conscience que l'allaitement m'était une chance extraordinaire de grandir. À chaque jour, j'avais l'impression de repousser mes limites. Je devenais de plus en plus patiente. Je réussissais tranquillement à lâcher prise et à m'abandonner complètement au moment présent, à ce nouveau mode de vie que j'adoptais. Je parvenais peu à peu à voir l'essentiel, autant dans les tâches ménagères à accomplir que dans mes paroles ou mes pensées. J'arrivais enfin à jouir de ce doux moment avec ma fille, au point où j'avais parfois envie de la réveiller pour l'allaiter encore ! Par contre, je réalisais à quel point l'allaitement devenait une sorte de dévotion envers Amyela… M'oublier et rester complètement disponible pour elle, en tout temps, peu importe mon occupation. J'essayais d'accueillir les journées une à la fois, simplement et positivement sans appréhender…

Les difficultés des premiers mois passées, donner le sein à mon enfant est devenu une source de grand bonheur. Voilà déjà ce geste posé des milliers de fois ! Incroyable ! Et je suis loin d'en être tannée ! Au contraire, c'est maintenant un instant de répit, de détente, un soulagement même ! Au point où parfois, c'est la seule chose qui puisse m'endormir le soir ! Avec le temps, l'allaitement nous a donné la chance de développer une belle complicité et un lien d'attachement très fort. Je me sens plus près d'elle à chaque fois, comme si cet échange nous rapprochait toujours un peu plus. Aujourd'hui, lorsque ce précieux moment de la journée se présente, j'en profite pour revenir à l'intérieur de moi, pour prendre conscience de ce qui m'habite et retrouver le calme. Je ferme les yeux, et je ressens sa douce présence contre moi, sa chaleur… Je lui offre mes paroles d'amour et je chante… Je ne me souviens pas d'avoir ressenti pareille plénitude ! Quel privilège !

Je suis bien sûr parvenue à découvrir quelques petits trucs pour me faciliter la vie. J'ai tout d'abord cessé de regarder le cadran ! Oui, car j'angoissais légèrement lorsque je me rendais compte que j'étais assise au même endroit depuis deux heures… J'essayais aussi de rester le plus souvent possible peau à peau avec mon bébé ; elle se mettait à chercher mon sein presque automatiquement ! Puis, un peu plus tard, j'ai réalisé à quel point le portage simplifiait le tout ! Je pouvais alors allaiter Amyela n'importe où sans me fatiguer les bras, et ce, même en marchant ! Mais, sans l'irremplaçable présence de mon amoureux, mon expérience n'aurait pas été aussi agréable. Quel précieux soutien il m'a offert ! Ses mots d'encouragement, ses délicieux mets (il me nourrissait pendant que j'allaitais !) et surtout sa confiance en moi et en mon instinct de mère m'ont redonné courage dans les périodes difficiles. Il venait placer quelques coussins pour que je sois plus confortable, déposait de la nourriture à mon chevet, un petit mot d'amour... J'ai vraiment senti qu'il participait, qu'il avait sa place, son rôle en tant que père dans notre grand voyage d'allaitement! Merci!

Ma fille a maintenant 11 mois. Je l'allaite toujours avec joie, pour quelques années j'espère!

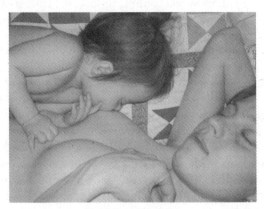

Valérie et Amyela

Lait de vie

Villes et campagnes sommeillent
Avec la chouette, je veille.
Je la regarde dormir,
Tout près de mon instinct...
« N'ouvre pas les yeux »
Mon lait coule déjà dans sa petite bouche...
Comme la nuit permet à la lune de briller,
Elle nous laisse nous rapprocher, nous reconnaître
Encore un peu plus...
Oasis de paix
Bonheur
Je songe....
Elles m'accompagnent,
Toutes ces mères du monde,
Qui d'un geste pur et naturel
S'arrêtent un instant,
Offrant cet AMOUR,
Ce LAIT de VIE à leur tendre enfant!

Moments de sérénité et d'amour

Nicole Pino

Mon histoire d'allaitement est toute simple. C'est celle d'une mère qui a mis au monde trois beaux garçons de façon naturelle... et qui les a allaités tout aussi naturellement.

Lorsque j'étais petite, je me souviens que ma mère me disait toujours que j'avais une bien meilleure santé que ma grande sœur parce que, contrairement à elle, j'avais été allaitée. J'ai donc grandi avec la conviction qu'un bébé doit être allaité. Étant anthropologue et m'intéressant aussi à la primatologie, l'allaitement m'apparaissait comme l'évidence même.

Lorsque je suis devenue enceinte de mon premier garçon, mon médecin m'a demandé si je comptais allaiter. Cette question m'apparut absurde sur le coup. « Bien sûr ! Ça existe des gens qui ne veulent pas allaiter ? » Et au cours de la grossesse, je lisais tous ces textes qui vantaient les vertus de l'allaitement et j'ai compris qu'allaiter son bébé n'allait pas de soi pour tout le monde et que plusieurs personnes rencontraient des difficultés. J'ai donc décidé d'avoir une marraine d'allaitement pour assurer la réussite de mon allaitement.

Mon petit Christophe est né. Le plus beau bébé de l'histoire de l'humanité ! Les débuts de l'allaitement n'ont effectivement pas été si évidents. À l'hôpital, on m'a dit que je n'avais pas assez de lait et on a donné des préparations à mon bébé. On nous réveillait sans cesse pour que je mette Christophe au sein. Je pleurais. Je me sentais incompétente et j'avais peur de retourner à la maison.

Sitôt sortie de l'hôpital, j'ai eu ma montée laiteuse pour la plus grande joie de bébé. Les premiers jours, les mamelons me faisaient mal. Christophe était souvent au sein et je me demandais si c'était normal. C'est là que ma marraine d'allaitement fut utile. Elle m'a rassurée.

Par la suite, je n'appréciais pas trop l'allaitement. J'avais l'impression que je passais mon temps à allaiter et la sensation me paraissait désagréable. Mais puisque l'allaitement était important, il n'était pas question d'abandonner pour autant.

Puis finalement, j'y ai pris goût. Rapidement, ces moments « obligatoires » sont devenus des moments privilégiés. J'adorais sentir mon bébé blotti contre moi, sentir son parfum exquis, voir son bonheur et son amour. Christophe adorait manifestement ces moments. Quels beaux moments de partage, d'amour, d'affection! Nous nous nourrissions l'un l'autre.

L'allaitement de nuit aussi était délicieux. Je sentais gigoter mon petit de temps en temps, fouissant son visage si mignon contre moi pour trouver le sein. Nous nous endormions toujours comme ça. Nous dormions comme de vrais bébés!

L'allaitement s'est donc poursuivi naturellement. Mon bébé se développait à merveille, était facile et rieur. J'ai décidé que je laisserais Christophe se sevrer par lui-même, ne voyant aucun intérêt à mettre fin à ces moments. Il avait un an et demi lorsqu'il délaissa le sein.

Par la suite, je suis moi aussi devenue marraine d'allaitement, car je voulais vraiment aider les mères à vivre une aussi belle expérience que la mienne. Lors de ma deuxième grossesse, j'avais hâte d'allaiter et j'avais l'intention d'allaiter plus longtemps, si possible. Je possédais maintenant de nombreux outils et j'avais une confiance inébranlable en ma capacité de vivre un allaitement merveilleux.

Gaël est alors né. Encore le plus beau bébé du monde! Dès sa naissance, il a lui-même rampé sur mon ventre jusqu'au sein et il a happé mon mamelon avec une force et une détermination impressionnantes. Sa naissance était bien à son image: vigoureux, déterminé et absolument adorable. Toutefois, il avait de la difficulté à bien prendre le sein au début et j'ai aussi eu de la douleur aux mamelons pendant quelques jours.

Gaël était un bébé aux besoins intenses. Je le portais donc constamment et je devais l'allaiter à tout moment. Après un certain temps, j'ai commencé à m'inquiéter... Mon bébé buvait au sein environ aux demi-heures pendant quelques secondes seulement. Buvait-il assez? J'ai alors essayé de le faire boire plus longtemps chaque fois, mais rien à faire! Monsieur voulait son repas bouchée par bouchée, point final! J'ai alors lâché prise et je me suis dit que l'allaitement à la demande, eh bien, c'est l'allaitement à la demande après tout!

Une fois que j'ai accepté que Gaël allait boire de cette façon, j'ai réalisé que c'était bien plus facile ainsi finalement! Mais bien sûr, un bébé qui ne tète que quelques secondes à la fois, c'est pratiquement comme ne pas allaiter! Peu importe ce que je faisais, je n'avais rien à interrompre. Je devais simplement rendre mon sein accessible quelques secondes et le tour était joué. Alors, lorsque j'étais au parc, à l'épicerie, en train de manger, etc., je pouvais poursuivre mes activités.

Le plaisir d'allaiter était donc différent de ma première expérience. Tandis que le premier tétait pendant un minimum de 20 minutes chaque fois, me demandant de m'arrêter et de vivre le moment, l'allaitement de

Gaël se faisait dans une continuité quasi-parfaite avec la gestation. Ainsi, je portais mon bébé constamment, je dormais avec lui et celui-ci se nourrissait à volonté, telle une poursuite de la grossesse. Je nous sentais dans une délicieuse fusion qui m'apparaissait si saine et naturelle !

Et puis je suis devenue enceinte de mon troisième garçon alors que j'allaitais toujours Gaël jour et nuit. J'avais toujours l'intention de poursuivre l'allaitement jusqu'au sevrage naturel, alors je pensais bien allaiter mes enfants en tandem.

Mais voilà que mes mamelons sont devenus très sensibles et que ma production lactée s'est mise à diminuer radicalement. L'allaitement de nuit était devenu très désagréable, m'empêchant de dormir. Je devais trouver une solution. J'ai alors sevré Gaël la nuit, tout en l'allaitant le plus possible le jour. Le sevrage nocturne fut ardu, mais une fois accompli, mon petit Gaël dormait comme un ange, blotti maintenant contre son grand frère.

Après quelques mois de grossesse, je ne produisais plus de lait. Je continuais tout de même à offrir le sein dans l'espoir d'un allaitement en tandem. Il faut croire que Gaël n'y voyait plus d'intérêt et il s'est alors sevré lorsqu'il avait un an et demi et que j'en étais à sept mois de grossesse.

Peu de temps après, j'ai donné naissance à mon troisième fils, Éli-Simon. Quelle chance ! Encore le bébé le plus éblouissant du monde ! Éli-Simon est né avec une telle douceur… et a amorcé l'allaitement avec autant de douceur. Je n'ai eu aucune difficulté avec lui, aussi minime soit-elle. Il a tout de suite bien pris le sein et fait de belles longues nuits à mes côtés.

Ma vie étant mouvementée et bien remplie avec mes enfants, l'allaitement est maintenant un moment d'arrêt et de détente. Lorsque j'allaite, eh bien, j'en profite pour me consacrer entièrement à ma petite merveille… ce qui n'est pas toujours facile avec les autres petits bourdons coquins que sont ses frères ! Je saisis donc ces moments pour le caresser, le humer, m'imprégner de lui. Quel bonheur de le sentir s'assoupir contre moi. J'adore ces moments de sérénité et d'amour. Nous sommes si bien ensemble !

Mon petit Éli-Simon a présentement six mois. Il est toujours exclusivement allaité, porté, co-dodoté… et il le sera jusqu'à ce qu'il en décide autrement. Mes expériences d'allaitement sont à la fois banales et divines. Elles s'inscrivent dans le quotidien, en continuité avec la grossesse et la naissance, rendant le quotidien sublime, voire euphorique. Pour moi, la maternité, c'est ça. Avoir des enfants et les materner, c'est le plus beau cadeau de la vie qu'on puisse mutuellement se faire… et c'est si naturel !

L'éveil du cœur d'une mère

Carolyne Belso

Mon mari et moi avons commencé à nous fréquenter lorsque j'avais 17 ans et nous nous sommes mariés quatre ans plus tard. J'avais décidé depuis longtemps que l'âge idéal pour avoir mon premier enfant était 24 ans, puisque j'ai toujours trouvé que ma mère était trop vieille – elle m'avait eue à 28 ans. Donc, l'été de mes 23 ans, nous avons cessé toute forme de contraception. Six mois plus tard, n'ayant pas eu de succès, nous sommes allés voir des spécialistes au cas où il y aurait un problème. On n'avait rien trouvé d'anormal chez moi, mais à notre grande surprise et déception, les résultats de mon mari étaient graves : aucun spermatozoïde mature trouvé après deux spermogrammes et une biopsie. Nous devions donc faire le deuil d'un enfant biologique issu de nous deux, mais mon conjoint a pris la nouvelle beaucoup mieux que moi. La même journée, il m'a confirmé que n'importe quel enfant qui viendrait de moi serait le sien aussi.

L'épreuve psychologique qui a suivi nous a renforcés comme couple, mais elle aurait bien pu nous détruire. J'ai subi des inséminations artificielles avec du sperme de donneur mois après mois, après mois. Les échecs se multipliaient et les interventions devenaient de plus en plus complexes, douloureuses et dispendieuses. Deux ans plus tard, je me rappelle avoir écrit à une amie comment je trouvais cela déplorable que faire un bébé ne puisse pas être gratuit et plaisant et, par la suite, avoir soudainement réalisé que j'avais oublié que c'était supposé l'être ! Finalement, on nous a conseillé d'essayer un cycle de fertilisation *in vitro* afin d'augmenter nos chances de succès.

L'échec de notre essai *in vitro* en janvier 2001, après tant de temps, d'argent et surtout d'espoirs, fut vraiment brutal. Nous nous sentions démolis. Nous avons donc eu de sérieuses discussions au sujet de l'avenir de notre famille. Après deux mois de deuil et de prières, nous en sommes venus à la conclusion que nous allions avoir une famille un jour, peu importe la façon dont elle se réaliserait. Nous avons donc mis nos noms sur la liste d'attente pour l'adoption régulière au Centre jeunesse de Montréal en mars. On nous a dit que l'attente pourrait être de six à huit ans.

Finalement, quelques mois plus tard, nous avons décidé de réessayer une dernière fois un cycle *in vitro* à une nouvelle clinique de fertilité en janvier 2002. Malgré des résultats de fertilisation moins qu'optimaux, le succès ne nous a pas échappé cette fois ! Je n'ai jamais été aussi heureuse que pendant ma grossesse. Notre petite Jessica, si attendue, est née en octobre – et moi, telle une farce de l'Univers, j'avais 29 ans...

J'aurais bien mérité que l'allaitement soit facile, mais il s'est révélé un défi lui aussi. J'avais déjà eu des doutes sur mes capacités pendant le dernier trimestre de ma grossesse, lorsque j'ai réalisé qu'il n'y avait eu aucun changement à mes petits seins AA. Dès les 24 premières heures après la naissance du bébé, mes mamelons étaient rouge vif et douloureux. Bien que le personnel hospitalier m'ait dit « ça va bien », les choses ont continué de se dégrader à notre retour à la maison.

Jessica avait deux semaines lors de mon premier rendez-vous à la clinique d'allaitement. Elle n'avait presque pas pris de poids depuis son congé de l'hôpital, j'avais eu trois visites d'infirmières du CLSC sans amélioration, j'avais les mamelons craqués et saignants, je pleurais pendant tous les boires et j'avais dû supplémenter mon bébé les deux derniers jours par manque de lait. Suivant les conseils d'une infirmière, j'avais commencé à boire des infusions (chardon bénit et fenugrec) 48 heures avant le rendez-vous. Malgré tout cela, y compris les demandes émotionnelles de mon mari et de ma mère d'abandonner l'allaitement puisque c'était si difficile, j'étais déterminée à le poursuivre le plus longtemps possible. Après tout, ma fille était peut-être mon dernier bébé.

Ma visite avec la consultante fut magique. Ses doigts savants ont pu sortir de mes seins un jet de lait puissant. D'où venait-il ? Après avoir vu comment j'allaitais et fait couper le petit frein de langue de ma fille par un médecin, elle m'a doucement conseillée, et, en un tournemain, Jessica tétait *très* bien et je n'avais presque plus mal, malgré mes pauvres mamelons blessés. Mon expérience comme maman m'avait tant déçue depuis le début, mais ma relation avec ma fille a pu s'épanouir grâce au succès de l'allaitement.

Un peu plus de deux ans plus tard, Jessica a maîtrisé le petit pot. J'ai donc décidé qu'il était peut-être temps de la sevrer définitivement. De 12 à 18 mois, j'avais allaité matin et soir, puis seulement le soir depuis ses 18 mois. Ce dernier boire était un doux moment privilégié pour nous, où nous étions seules au monde, tranquilles dans sa chambre avec une faible lumière et de la musique douce. On relaxait toutes les deux, appréciant la chaleur l'une de l'autre, même si ce n'était que pour 10 minutes. J'ai choisi comme occasion de mettre fin à l'allaitement le moment où mon mari et moi devions partir pour une fin de semaine. Je n'ai pas recommencé l'allaitement après mon retour. C'était en février 2005 et Jessica avait 27 mois.

Pendant ce temps et à notre grande surprise, le Centre jeunesse de Montréal nous avait contactés pour continuer notre projet d'adoption. Notre évaluation (nécessaire pour que le Centre détermine si nous pouvions être une bonne famille d'adoption) a été remise deux fois en six mois. Sachant que le procédé était généralement long et que nous étions comblés par Jessica, nous étions patients. Lorsque la travailleuse sociale nous a parlé d'une nouvelle date de rencontre pour l'évaluation en mars 2005, nous retenions notre souffle. Finalement, notre évaluation a commencé le 12 avril 2005. Malgré le fait que la travailleuse sociale nous ait dit que les choses pouvaient aller vite une fois le processus terminé, nous savions que rien n'était garanti. Nous présumions que l'évaluation prendrait un mois et que nous pourrions peut-être accueillir un bébé dans six mois.

Moins de deux semaines après le début de l'évaluation, la travailleuse sociale a organisé une dernière rencontre. Cette fois, la visite aurait lieu chez nous. Elle aurait donc l'occasion de voir la maison de ses propres yeux et de rencontrer Jessica. Lors de cette visite, j'ai mentionné mon désir d'allaiter notre nouveau bébé. Elle nous a informés que ce n'était pas convenable d'allaiter un bébé adopté puisque la mère a 30 jours pour revenir sur sa décision et reprendre l'enfant. Elle nous a dit qu'il y avait le risque de devoir sevrer le bébé au retour de la mère et que les mères ne confieraient pas leur bébé en adoption si elles pensaient que les mères adoptantes allaient les allaiter. Elle m'a donc demandé, les yeux dans les yeux, si je pouvais accepter un enfant sans l'allaiter, et j'ai donné la seule réponse qu'elle voulait entendre : « oui ».

En discutant du genre de situations avec lesquelles nous serions à l'aise, elle nous a parlé d'un cas en particulier. Mon mari et moi trouvions la situation raisonnable et avons répondu que oui, nous l'accepterions. La travailleuse sociale nous a alors annoncé qu'elle parlait du cas d'un petit garçon né la semaine précédente. Elle nous demanda si nous serions prêts à l'accueillir…

QUOI ? ? ? Avions-nous bien compris ? L'évaluation positive de la travailleuse sociale garantissait notre acceptation au Centre jeunesse et voilà qu'un bébé était déjà disponible. Mon mari bouillonnait de joie et disait oui, oui, oui, mais moi, j'étais en état de choc et mon cerveau ne pouvait pas suivre les évènements. La travailleuse sociale est repartie avec un oui provisoire – il fallait lui confirmer si nous voulions bel et bien ce bébé au cours de la soirée. Nous avons pris une longue marche avec

Jessica et nous lui a demandé : « Jessica, voudrais-tu un petit frère dans quelques jours ? » Elle a réfléchi un moment et, tout doucement avec un mignon sourire, elle a dit oui. Mon sang-froid me revenant lentement, j'ai appelé le soir même pour dire que nous avions très hâte de rencontrer notre petit garçon.

Les choses n'étant pas toujours simples, il a fallu attendre cinq jours pour avoir l'autorisation d'aller chercher notre nouveau bébé. Un mercredi matin à 9 h , à la fin avril, nous étions dans une salle d'attente de l'hôpital Maisonneuve-Rosemont, juste à côté de la pouponnière, avec un siège d'auto vide. J'avais passé les derniers jours à réaménager la maison pour un nouveau bébé et à recueillir des vêtements et des accessoires usagés et neufs (incluant des biberons). L'effet de choc ne m'avait pas complètement quittée : il m'était impossible de me rappeler mon code postal pendant toute cette période ! En entrant dans la pouponnière, la salle était meublée d'incubateurs à gauche et à droite. Sans trop savoir où l'on nous emmenait, j'ai remarqué une infirmière, au fond de la pièce, qui tenait un tout petit bébé presque debout devant elle. J'avais oublié comme ils étaient petits… Tout à coup, j'ai réalisé que je voyais mon garçon pour la première fois.

Une grosse boule de je ne sais quoi s'est enflée dans ma poitrine et les larmes sont arrivées en sanglots. Je me suis présentée à cette petite personne à moitié aveugle avec mes yeux larmoyants et bouche bée (littéralement, ma main couvrant ma bouche). L'infirmière avait découvert le bébé pour qu'on puisse mieux le voir, mais, vêtu simplement d'une couche, il avait évidemment froid. Notre premier devoir était de l'habiller dans les vêtements que nous lui avions apportés. Ensuite, nous avons passé trois heures à le bercer et à le nourrir dans le seul endroit qu'il avait connu, tout en demandant au personnel tout ce qu'il savait de ce petit bonhomme de 15 jours. Ce bébé « vigoureux » qu'on nous avait promis a été un véritable agneau pendant cette première rencontre et les semaines suivantes. N'ayant jamais été pris dans les bras de quelqu'un pendant trois heures consécutives, il semblait très heureux de ce contact.

Le premier mois a été très étrange pour moi. Notre nouveau bébé, que nous avions décidé d'appeler Xavier, était très bien avec nous, ainsi qu'avec tous les autres membres de nos familles et nos amis. Il buvait trois onces de formule aux trois heures, et mon mari était si fier de finalement pouvoir participer à cette tâche – après que je lui aie catégoriquement refusé les biberons avec Jessica — que même la nuit il prenait son tour pour donner le biberon. Effectivement, tous nos visiteurs se gâtaient en donnant le fameux biberon. N'ayant pas donné naissance et dormant au moins six heures d'affilée par nuit, je me sentais physiquement très bien. Mais intérieurement, je me sentais coupable de ne pas être plus attachée à notre nouveau-né.

Notre situation était spéciale pour un cas d'adoption, puisque la mère n'avait pas encore signé les papiers d'adoption lorsqu'on nous avait parlé du bébé et que celui-ci était à la pouponnière depuis plus d'une semaine, notre dossier avait été transféré d'urgence au programme d'accueil en vue d'une adoption. Après quatre semaines, la mère de Xavier est venue nous rencontrer et signer les papiers d'adoption. Ce fut une belle rencontre, empreinte d'émotions et de tendresse mutuelle. Après la rencontre, il m'était clair, pour plusieurs raisons, que ce bébé ne nous quitterait pas et que nous étions sa réelle famille. Le jour suivant, j'ai mis Xavier au sein...

Les premiers essais étaient maladroits et vains. Xavier était habitué à une grosse tétine en plastique pleine de formule artificielle, pas à des petits mamelons tout mous et complètement vides. J'ai donc passé deux jours à lui faire sucer des lingettes, couvertures, n'importe quoi qui était mou. Finalement, après un bon boire et avant qu'il ne soit complètement endormi, j'ai réussi à lui mettre le sein bien dans la bouche et il a tété pendant 10 minutes. J'étais donc convaincue que je pourrais réussir à l'allaiter.

Je suis aussitôt allée chercher du fenugrec et du chardon bénit et, grâce au CLSC, j'ai pu avoir un rendez-vous assez rapidement avec mon ancienne consultante en lactation à la clinique d'allaitement. Je suis aussi allée chercher un tire-lait électrique pour pouvoir tirer mon lait au moins six fois par jour. J'étais toute fière d'avoir pu sortir 10 ml la première fois que j'ai tiré cette journée-là! À la rencontre avec la consultante, celle-ci m'a fait prescrire du Domperidone[MD], un médicament qui aide à augmenter la production de lait. Elle m'a appris comment allaiter avec un «dispositif d'aide à l'allaitement», un minuscule mais très long tube dont un bout était déposé dans une bouteille de formule pendant que l'autre bout était inséré dans la bouche du bébé pendant qu'il tétait. La succion faisait monter le lait dans sa bouche. Xavier n'a reçu aucun autre biberon à partir de ce jour-là.

Les premières semaines ont été atroces. J'avais diminué la quantité de lait que Xavier buvait à deux onces aux deux heures (incluant la nuit) pour stimuler mes seins le plus possible. Je tirais après plusieurs boires, chaque jour. J'avais donc des biberons et le tire-lait à laver continuellement, en plus de l'allaitement. Éric ne pouvait plus m'aider la nuit (et il n'était pas aussi sûr de ma décision que moi), alors je suis vite devenue épuisée et ma fille, qui avait bien accepté son frère au départ, est soudainement devenue enragée par la situation et excessivement jalouse. Je n'avais même pas l'énergie ni le temps de vraiment lui donner l'attention dont elle avait besoin. Du jour au lendemain, nous avons adopté les rôles de « Papa prend soin de Jessica » et de « Maman s'occupe de Xavier ».

À huit semaines, Xavier a développé une fièvre. Je soupçonnais déjà que c'était une infection urinaire lorsque son pédiatre m'a envoyée à l'hôpital. J'ai dû passer quatre jours à l'hôpital avec lui et, avec l'allaitement qui se déroulait bien et aucun biberon donné en deux semaines, je ne voulais pas courir le risque de me faire remplacer par mon mari. Ma séparation de Jessica, cette fois physique, m'a attristée énormément. Ce furent de longues journées, sans aide et sans beaucoup de compagnie, avec très peu de sommeil. Par contre, une belle surprise m'attendait.

Personne ne veillait sur le bébé lorsque je devais sortir pour aller aux toilettes, faire un téléphone dans le couloir ou aller chercher de quoi à manger ; alors je sortais toujours à la course lorsque je croyais qu'il était bien endormi. Le deuxième ou troisième jour, en revenant en courant dans la chambre, j'ai trouvé Xavier réveillé, regardant à droite et à gauche, me donnant l'impression qu'il me cherchait. En me voyant arriver, il m'a fait un sourire radieux, son visage plein d'expression. Une fois encore, les larmes me sont venues de nulle part. Ce premier sourire et cette preuve qu'il m'avait reconnue m'ont donné le sentiment que, finalement, il me voulait *moi*, il avait besoin de *moi*, ce qui me manquait depuis qu'il était avec nous. À ce moment inattendu, mon cœur de maman s'est réveillé et quand je l'ai pris dans mes bras, Xavier était réellement mon bébé. Je me demanderai toujours si j'aurais vécu ce moment glorieux sans l'allaitement...

L'allaitement s'est poursuivi par la suite, mais ma production de lait a pris beaucoup plus de temps à s'établir que ce que j'avais prévu. N'ayant pu suivre le protocole régulier d'allaitement induit par manque de temps, j'ai commencé à manquer de lait. Avoir su qu'on aurait adopté si vite et que j'aurais pu allaiter ce bébé, je n'aurais jamais sevré Jessica à peine quatre mois auparavant ! Les semaines passaient et je me démotivais du fait que Xavier buvait toute la formule, ce qui signifiait que je ne pouvais pas diminuer la quantité de supplément. En plus, je ne tirais toujours que 10 ml un mois après avoir commencé. Ma consultante en lactation savait toujours comment m'encourager. Elle me rappelait que je tirais mon lait après un boire, et que c'était donc normal qu'il ne me reste plus rien pour le tire-lait. Elle me rappelait aussi que Xavier prenait du poids malgré la quantité inchangée de formule, donc qu'il devait recevoir une quantité accrue de lait maternel. Ensuite, elle m'a affirmé que quatre onces de lait maternel suffisaient à combler ses besoins immunitaires, alors il avait 100 % des avantages de l'allaitement, malgré le fait qu'il n'était pas complètement nourri au lait maternel. Bien que plusieurs mères adoptives ne pourront jamais assurer 100 % de l'alimentation de leur bébé, j'ai pu complètement arrêter les suppléments de Xavier lorsqu'il avait six mois et qu'il a commencé les aliments solides. Le fait que j'aie pu l'allaiter un an est mon plus bel exploit.

Voilà mon histoire. Nous avons une belle famille avec deux enfants qui se chamaillent des fois, mais qui s'aiment beaucoup. Xavier s'est bien attaché à nous et il est bien attachant ! Jessica demeure compétitive avec son frère pour notre attention et notre amour, mais sa jalousie a beaucoup diminué au fil des années. Xavier est un enfant un peu insécure, alors je suis encore plus fière de ma décision de l'avoir allaité et de lui avoir donné tant d'heures de confort et de sécurité. Après avoir vécu l'expérience de l'accouchement et de l'allaitement avec ma fille, je ne savais pas trop comment vivre mon rôle de mère avec mon fils et j'étais perdue. L'allaitement a créé entre lui et moi un lien solide qui est plus fort que la génétique. Je ne sais pas quel autre cadeau serait aussi précieux pour mes enfants que celui d'avoir été allaités.

Allaiter un bébé, c'est magique, mais deux, c'est mieux !

Michelle Thiffault

Lorsque j'ai appris à l'échographie que j'attendais des jumeaux, j'ai nié ! ! ! Impossible, on n'a pas pris d'hormones ! Pas moi, des jumeaux ? J'ai ensuite pleuré en pensant à la charge que représentaient ces deux enfants, qui allaient s'ajouter à une grande sœur bien en forme. Comment allions-nous faire ? Nous avions conservé nos équipements de bébé pour UN bébé... pas deux ! Et la voiture ? Et la maison ? Et... et... Mon cerveau n'arrivait pas à tout encaisser... Pendant ce temps-là, mon conjoint jubilait face à sa virilité confirmée ! « On a réussi à s'en sortir avec un enfant, on est capable avec deux ! » (euh... deux d'un coup, mais trois au total...).

Une fois le choc atténué (il n'est toujours pas disparu après 11 mois : comment ça se fait, des jumeaux ?), les considérations matérielles réglées et les frousses de grossesse à risque éliminées, ce sont les questions reliées à la maternité comme telle qui prennent le dessus.

Je n'étais pas du tout au courant de la possibilité d'allaiter des bébés multiples (jumeaux et plus). J'avoue que je n'y avais pas réellement réfléchi, me disant que ça ne devait pas être possible. J'avais allaité ma fille avec facilité, malgré mon inexpérience, mon hospitalisation prolongée et son poids considérable (4530 g). Allaiter des jumeaux ? J'avais plus ou moins mis l'idée de côté, pensant que c'était très peu faisable.

La première fois que j'en ai entendu parler, c'est par une voisine de ma mère, qui est mère de jumelles et qui m'a conseillé de « synchroniser » les bébés dès que possible. Pour ce faire, elle me suggère un coussin d'allaitement double que son CLSC lui a prêté (ce service existe en Nouvelle-Écosse, d'où elle vient). Elle me décrit les atouts d'un coussin d'allaitement pour jumeaux et me raconte son expérience positive d'allaitement de jumeaux. Plus tard pendant ma grossesse, je me joins à l'Association des parents de jumeaux et triplés de Montréal. C'est dans une de leurs publications que je vois les coordonnées de plusieurs marraines d'allaitement de jumeaux et trouve plusieurs témoignages sur l'allaitement de jumeaux. Je décide de faire l'acquisition de ce fameux coussin « pré-moulé pour deux bébés qui libère les mains pour tenir un verre d'eau et la télécommande » (c'est comme ça qu'on me l'a décrit !).

Dès leur naissance, et ce, malgré une césarienne, j'utilise mon coussin à l'hôpital. Les garçons prennent relativement facilement le sein, chacun en «football» sur le coussin. J'ai même eu des infirmières qui sont venues observer l'allaitement en tandem de mes jumeaux!

Le plus petit des bébés est plus lent pour compléter sa tétée, mais il poursuit dans sa position pendant que son frère s'endort de son côté, toujours sur le coussin. La production de lait s'ajuste et chaque bébé ne va que d'un côté à la fois, de façon aléatoire, sans jamais que j'aie à me soucier de quel côté a eu lieu le dernier boire! Un avantage à avoir des jumeaux: les deux seins sont sollicités à chaque boire!

Des petites complications d'accouchement au retour à la maison font que je dois allaiter couchée. Encore une fois, le plus petit est moins habile pour téter allongé contre sa maman et perd un peu de poids. Une mise au sein plus fréquente et de la patience pour lui permettre d'apprendre à téter couché contre maman et le tour est joué. Au bout d'une semaine, il maîtrise désormais la position «alité»!

J'ai pratiqué l'allaitement en tandem jour et nuit pendant environ deux mois. Ensuite, quand les garçons sont devenus des «téteurs à grande vitesse», j'ai utilisé le coussin le jour, et l'allaitement couchée au lit la nuit. C'était plus simple pour moi qui pouvais rester au lit: c'est mon conjoint qui amenait un garçon dans notre lit, et lorsque le boire était fini, il repartait faire faire le rot et changer une couche pendant que j'allaitais le deuxième.

J'ai utilisé cette méthode pendant environ cinq mois. J'étais capable (grâce au système d'attache du coussin) de positionner le coussin, de prendre un premier bébé, de le déposer sur le coussin, de me tourner pour prendre un deuxième bébé, de l'installer en position d'allaitement et ensuite de retourner au premier pour lui faire prendre le sein.

J'avais de gros bébés, en bonne santé. J'ai ensuite délaissé peu à peu cette méthode qui, bien que pratique pour instaurer une certaine régularité dans la routine, ne me convenait pas autant du point de vue affectif. J'ai plutôt poursuivi l'allaitement séquentiellement: chaque garçon à son tour dans mes bras. Je préférais la relation plus émotive et intime que me procurait l'allaitement un à la fois, même s'il arrivait parfois que je doive entendre les pleurs du bébé qui attendait son tour...

Lorsque je sors, j'allaite les garçons chacun à leur tour. Les gens qui se rendent compte que j'ai deux bébés et que je les allaite sont toujours surpris, toujours curieux, mais aussi parfois choqués (l'allaitement d'un seul bébé en public peut aussi provoquer ce genre de réactions). Cependant, lorsqu'ils voient mes joufflus petits bonshommes, leur teint en santé, les petits plis dans leurs cuisses et leurs trois petits mentons, ils ne peuvent nier que l'allaitement donne de beaux bébés en santé !

Les garçons ont maintenant presque 11 mois et sont toujours allaités. Ils sont costauds (bon d'accord, plutôt bouboules…), drôles et fascinants, comme tous les enfants !

Prochaine étape, les sevrer pour l'entrée à la garderie… Je vais essayer de poursuivre l'allaitement les soirs et les matins, mais, comme depuis le début de cette aventure, je ne me suis jamais fixé d'objectif ; chaque jour qu'ils sont allaités est un boni, un succès !

Pourquoi ai-je choisi d'allaiter et choisi de poursuivre encore l'allaitement à 11 mois ?

Je n'ai jamais envisagé autre chose que l'allaitement : ça allait de soi, c'est le prolongement naturel de la grossesse, le début du lien maman-bébé, et ce, malgré une poitrine, disons-le gentiment, plutôt menue !

Les substituts du lait maternel, malgré tous leurs omégas machins et avancements, demeurent pour moi des produits chimiques à éviter dans la mesure du possible. Je n'ai jamais fixé d'échéance pour l'allaitement, ni n'ai jamais imposé un rythme rigide d'allaitement. C'est toujours prêt, toujours à la bonne température (même quand il fait moins 20 °C et que la grande sœur amène toute la famille jouer dehors !) et surtout ILLIMITÉ ! Mon objectif dans la rédaction de ce témoignage est d'encourager les mères à essayer l'allaitement : chaque jour d'allaitement est bénéfique pour l'enfant ET pour la mère !

Allaiter renforce ma féminité, mes compétences maternelles et éloigne les doutes (les miens et ceux des autres) sur mes capacités à prendre soin de ma progéniture ! OUF ! Beaucoup de bienfaits pour un geste qui devrait être banal… J'espère qu'un jour on ne posera plus la question « Vas-tu allaiter ? » (ou « Tu allaites encore ? » ou « Tu allaites des jumeaux ? »).

L'allaitement au fil des enfants

Carine Drillet

Je suis la maman de quatre beaux enfants : Axel, 8 ans et demi, Célia, 5 ans et demi, Lilou, 4 ans et Cloé, 16 mois.

J'ai accouché d'Axel en juin 1998 en France, dont je suis originaire et où l'approche de l'allaitement a encore beaucoup de retard par rapport au Québec. À l'époque en tout cas (et ce n'est pas si lointain !), l'allaitement était un choix personnel et aucune littérature proposée dans les cours prénataux ne poussait vraiment en ce sens. Ma mère avait instinctivement allaité trois de ses quatre enfants, mais sans avoir aucun conseil. Pour moi qui suis l'aînée, ça avait été catastrophique, car les médecins lui disaient de m'allaiter à heures fixes ; or je n'étais jamais réveillée au bon moment et je ne tétais pas quand elle me réveillait... En résumé, j'ai crevé de faim pendant trois semaines, jusqu'à ce qu'elle déclare forfait et me donne des biberons. Elle n'a même pas essayé pour mon premier frère, mais elle a été encouragée à retenter l'expérience pour la troisième, expérience qu'elle a aimée et donc recommencée pour mon dernier frère, le petit quatrième de la famille.

Tout ce que je savais au départ sur l'allaitement, je le tenais de ma mère : le colostrum est excellent pour le système immunitaire du bébé, et après, l'allaitement est pratique, car le lait est toujours à la bonne température et disponible à toute heure. Mais attention, il ne faut pas trop se fatiguer non plus : ma mère prônait l'allaitement en alternance avec les biberons d'eau et de formules pour nourrissons jusqu'à l'âge de trois ou quatre mois, après quoi le sevrage pouvait se faire en douceur : « C'est bon, le bébé a eu ce qu'il fallait. » En cas de gerçures aux seins, ma mère conseillait des embouts de caoutchouc, et pour que les bébés fassent plus vite leurs nuits, il fallait assez rapidement ajouter des céréales au lait le soir, et commencer à donner des solides (légumes, fruits, viandes, poissons) dès quatre mois.

Axel, mon premier, est né par césarienne, et on me l'enlevait la nuit « pour que je puisse me reposer », et les infirmières lui donnaient de la préparation contre ma volonté. Les infirmières me l'enlevaient des bras la journée pour le remettre dans son petit berceau, m'expliquant que je lui donnais « de bien mauvaises habitudes ». De retour à la maison (au bout de huit jours), j'ai suivi les conseils de ma mère sur l'allaitement, mais je n'ai commencé à introduire les préparations qu'à partir de trois mois. Hors de la maison, je me mettais dans des endroits discrets pour allaiter, non parce que j'étais gênée de le faire, mais parce que j'avais remarqué que les gens autour détournaient le regard et étaient très embarrassés !

À mon grand désespoir, mon lait s'est «tari» quand Axel a eu six mois. C'est du moins ce que je croyais alors. Axel tétait beaucoup et il me semblait que mes seins étaient vides et que je ne fournissais plus assez de lait pour lui. Comme tout mon entourage était déjà très étonné que je l'allaite jusqu'à un âge «si tardif» («Quoi ! Tu l'allaites encore ? Mais vas-tu le lâcher un jour, cet enfant ? »), je me suis dit, la mort dans l'âme, que le temps était venu de «nous» sevrer, l'un et l'autre. J'avais beaucoup de peine et je pleurais en le voyant pleurer, il a hurlé pendant trois jours, refusant le biberon que je lui tendais avec un regard implorant rempli de désarroi et d'incompréhension, mais pourquoi donc je lui refusais mon sein ? Tout l'entourage se moquait un peu de moi en disant : «Mais voyons donc ! Six mois ! Il était temps ! »

Puis mon mari, mon fils et moi avons émigré au Québec, et nous avons eu Célia en septembre 2001. L'approche était complètement différente ! J'ai eu la chance de connaître un accouchement vaginal, et même si j'étais très faible (à cause d'une petite hémorragie), on m'a laissé mon bébé la nuit, et j'avais même le droit de garder ma fille contre moi autant que je le voulais ! Allaiter en public ne semblait gêner personne, quelle liberté ! Ma mère est venue me rendre visite de France quand Célia avait dix jours, et nous avons eu plusieurs points de désaccord concernant l'allaitement. Le lendemain de son arrivée, j'ai retrouvé ma mère en train de donner des cuillères d'eau à Célia (il n'y avait pas de biberon dans la maison !), je lui ai alors demandé ce qu'elle faisait. «Tu devrais faire attention, un bébé se déshydrate à une vitesse incroyable, tu devrais lui donner de l'eau régulièrement ! » me dit-elle d'un ton de reproche. Même après lui avoir expliqué qu'il est complètement inutile de donner de l'eau à un nourrisson quand on l'allaite à la demande, puisque le lait s'adapte au bébé, etc., rien à faire, le seul argument qu'elle me donnait était : «Enfin, Carine, je sais ce que je dis ! J'ai eu quatre enfants tout de même ! » Je lui ai rappelé que nous étions des mammifères et que, du point de vue de l'allaitement, les femmes fonctionnent de la même façon que les animaux : avait-elle déjà vu une chienne donner de l'eau à ses chiots, ou, dans la nature, des lionnes à leurs lionceaux ? Et en Afrique (où nous avons vécu plusieurs années dans ma jeunesse), avait-elle déjà vu des mères donner des biberons d'eau à leurs bébés ? Ça l'a fait réfléchir, mais je ne suis pas sûre qu'elle soit, encore à l'heure actuelle, vraiment convaincue.

J'ai allaité Célia avec grand bonheur 14 mois. C'est elle qui m'a sevrée, j'avais recommencé à travailler et elle n'a pas très bien vécu ce passage, elle a réagi à sa façon. La famille en France n'en revenait pas que l'allaitement ait duré aussi longtemps, ils prenaient ça pour une lubie de ma part, mais gardaient leurs réflexions pour eux.

Ma troisième, Lilou, a été adoptée en Corée et elle est arrivée parmi nous en juillet 2003, à l'âge de cinq mois. Mon lait était revenu un mois plus tôt, et j'avais grand espoir de pouvoir l'allaiter, ne serait-ce qu'un peu, pour créer ce contact si précieux entre une mère et son enfant. J'avais tiré mon lait tous les jours avec un tire-lait manuel, jusqu'à son arrivée. J'avais déjà allaité, à l'occasion, des bébés d'amis âgés de trois mois passé, ils avaient pris le sein et bu goulûment alors qu'ils n'avaient jamais été allaités. Ils avaient bien tâtonné deux ou trois minutes, mais ils y étaient arrivés. Mais Lilou n'a jamais voulu prendre le sein, ça n'a pas fonctionné, elle devait être trop âgée.

J'allaite encore ma quatrième, Cloé, née en octobre 2005 et qui aura 16 mois bientôt. Je l'ai allaitée exclusivement jusqu'à un an, elle ne voulait rien manger à côté ! Le pédiatre s'inquiétait de ce manque d'appétit pour les solides, mais je ne m'en faisais pas du tout : mon bébé se développait fort bien, elle a marché à 11 mois, sorti quatre dents à 4 mois, puis quatre autres à 8 mois et ses prémolaires à 13 mois, et elle mange à présent à table avec toute la famille, la même chose que nous, mais coupé en tout petits morceaux, bien sûr. Elle va à la garderie le jour, mais souvent de petites journées, je l'allaite donc le matin, en début d'après-midi quand je vais la chercher tôt, puis… quand elle le veut. Pour elle, je n'ai jamais regardé l'heure et j'ai toujours été incapable de dire combien de fois elle avait bu dans la journée, combien de temps… C'est juste quand elle le veut ! Il arrive que j'aie des « grosses » journées de travail (garderie de 8 h à 16 h), elle se rattrape alors la nuit. Ça ne me dérange pas, elle dort avec nous et prend le sein quand elle le veut, je trouve une bonne position dans un demi-sommeil et je me rendors aussitôt.

Je suis réviseure-correctrice à mon compte, et je travaille de chez moi depuis quelques années. Cloé est née deux mois avant la loi offrant aux travailleuses autonomes telles que moi un an de congé maternité, je ne me suis donc pratiquement pas arrêtée de travailler (une semaine !). De un mois à un an, Cloé m'accompagnait une fois par mois dans les bureaux d'un journal pour lequel je fais toujours de la correction d'épreuves. La rédactrice en chef était pour la conciliation travail-famille et me trouvait une pièce tranquille pour m'installer avec mon bébé. J'apportais sa poussette confortable pour dormir, et au fil des mois un tapis d'éveil, des jouets, etc., pour qu'elle s'occupe près de moi pendant que je travaillais. Il arrivait parfois que la rédactrice en chef entre dans la pièce pour me poser une question ou pour autre chose, alors que j'étais en train d'allaiter Cloé tout en travaillant ; elle parlait alors doucement pour ne pas déranger, tout se passait de façon si naturelle et harmonieuse ! Jamais, à la naissance de mon premier, je n'aurais pu penser que ce genre de chose serait possible, travailler dans un bureau et parler à des collègues avec mon bébé au sein ! Cloé va à présent à la garderie quand je fais mes déplacements mensuels, mais je suis très heureuse d'avoir eu la chance de vivre cette expérience.

Pour moi, l'allaitement est le prolongement naturel de la grossesse. C'est un cordon qui me relie à mes bébés, les uns après les autres, de façon très intime. Ce sont des moments de pur bonheur partagés à deux. Plonger mes yeux dans ceux de ma fille quand elle tète est très troublant ; son regard est rempli de tendresse, j'ai l'impression d'être vraiment connectée à elle, comme je l'étais avec son frère et sa sœur avant elle. Les endorphines sécrétées me mettent dans un état de bien-être que j'aurais du mal à comparer à autre chose que le moment où on tombe dans le sommeil, c'est un état de sérénité si agréable ! Les premières semaines après l'accouchement, j'avais l'impression d'avoir sommeil à chaque fois que j'allaitais, et je me disais : « Ce doit être la fatigue après l'accouchement, avec les nuits interrompues, qui font que dès que je m'assois ou m'allonge pour allaiter, j'ai envie de dormir. » Mais j'ai appris que c'était les endorphines ! Douces endorphines...

Pour Cloé plus qu'avec les autres, j'ai remarqué plusieurs choses. D'une part, comme c'est ma quatrième, je suis plus à l'écoute de moi-même que des autres (médecins, famille, etc.) et je me fais plus confiance, d'où une plus grande ouverture. Il existe une certaine symbiose entre le bébé naissant et sa mère, si la mère s'écoute et touche assez son bébé. Comme je me sens bien quand mon bébé est collé contre moi, peau à peau, c'est comme si nous respirions ensemble ! Les premiers mois, j'avais l'impression de ressentir les mêmes choses que Cloé, et vice-versa. Les premiers mois, quand Cloé avait le hoquet, je l'avais aussi, en même temps. Et à chaque fois que je lui faisais faire son rot, j'en faisais un moi aussi. Un jour, j'ai commencé à avoir mal aux dents. Cloé avait quatre mois et je m'inquiétais parce que je devais aller travailler au journal avec elle quelques jours plus tard, et il est difficile de se concentrer avec une rage de dents... Au bout de deux jours, j'avais de plus en plus mal et je suis allée chez mon dentiste. Celui-ci m'a auscultée, a pris des radios : rien. J'avais mal à la gencive, autour et sous la dent, mais il affirmait qu'il n'y avait absolument rien. Alors je suis rentrée chez moi. Cloé, elle, allait très bien. Le lendemain, elle avait percé sa première dent, alors que rien n'indiquait son apparition, ses gencives n'étaient même pas gonflées la veille ! Et mon mal de dents avait disparu. J'ai un peu l'air d'une folle quand je raconte ça, la plupart des gens me disent que c'est le hasard, mais je ne le pense pas.

Quand Cloé avait quatre mois et demi, j'étais très fatiguée parce que je travaillais beaucoup (j'aurais dû mettre des limites, mais ce n'est qu'après qu'on rajoute des « et si »), et plus j'étais fatiguée, plus elle refusait de boire. Elle avait un petit rhume qui a rapidement dégénéré en pneumonie. Au retour de l'hôpital, je me sentais mal, j'étais épuisée et j'avais mal aux seins, qui étaient engorgés, alors je me suis couchée et le lendemain matin, impossible de me lever, j'avais une fièvre comme j'en ai rarement fait dans ma vie, j'avais une mastite. Après avoir allaité mes deux premiers, je croyais tout savoir de l'allaitement : erreur ! Heureusement, mon accompagnante de naissance, amie et marraine d'allaitement tout à la fois, est accourue à mon secours. Elle m'a expliqué que je pouvais aller voir un médecin pour me faire prescrire des antibiotiques, mais que je devais prendre cette mastite comme un signe de mon corps qui réclamait du repos. Même en prenant des antibiotiques, si je persistais à vivre au rythme d'alors, c'est-à-dire en travaillant beaucoup trop et en prenant sur mes heures de sommeil, je retomberais malade tôt ou tard. « Fais boire Cloé le plus souvent possible du côté du sein atteint, et dans deux jours tu iras beaucoup mieux ! » C'est ce que j'ai fait, et elle avait raison : je me suis reposée, et plus je reprenais du poil de la bête, mieux allait Cloé ! C'est comme si un courant passait sans arrêt entre nous. Quand l'une ne va pas bien, l'autre non plus. Et à chaque fois que j'ai « abusé » en n'écoutant pas mon corps quand il m'envoyait des gros signes de détresse (« STOP ! Arrête-toi ! Ralentis ! »), Cloé me rappelait à l'ordre. Elle finissait par tempêter, trépigner et refuser de dormir jusqu'à ce que je me couche avec elle, et nous nous endormions ensemble, pour ouvrir les yeux au même moment.

Maintenant qu'elle va à la garderie et qu'elle tète un peu moins, je sens qu'elle commence à « s'éloigner » tout doucement. Mais c'est très progressif et ça se fait naturellement, il nous reste encore beaucoup de temps à partager ce sentiment d'« unité », de symbiose, même s'il est moins « palpable ». Et j'espère allaiter ma petite Cloé encore longtemps !

Lâcher prise

Marilyne Vallières

Enceinte de mon premier enfant, il était clair pour moi que j'allais allaiter. Pourquoi m'encombrer de biberons, de chauffe-biberons, de porte-biberons, de lave-biberons quand la nature m'a procuré un outil simple et d'autant plus efficace pour nourrir mon bébé ? Je ne voyais que des avantages à l'allaitement. Si la nature m'a gratifiée des protubérances nécessaires, autant m'en servir et laisser mon corps faire tout le travail à ma place au lieu de passer mon temps à acheter, mesurer, nettoyer, stériliser, préparer et jeter. L'abondance à portée de sein, un lait sur mesure, des effets bénéfiques pour mon nourrisson ainsi que pour ma propre personne, que désirer de plus !

L'infirmière des cours prénataux n'a fait que renforcer cette impression du meilleur des mondes en vantant les mérites de l'allaitement. Le tout néanmoins accompagné de certaines mises en garde : il faut apprendre à bien positionner le bébé, à lui faire prendre le sein correctement (bof, facile !), ne pas hésiter à demander du soutien et faire appel à une marraine d'allaitement (inutile pour l'autodidacte que je suis !), visiter les haltes-allaitement pour briser l'isolement (à d'autres, je suis bien toute seule chez moi !).

L'accouchement : rencontre fabuleuse avec ce petit bout d'homme qui a cohabité avec mes organes durant neuf mois. Mon nouveau-né dans les bras, j'ai profité des premiers contacts peau à peau en donnant le sein. Quel bonheur ! Mais après quelques jours, j'ai déchanté. Mes seins se transformaient, rougissaient, ma peau fendillait par endroits, et saignait parfois. Chaque prise de sein s'avérait une torture. Fiston devenait agité au moment des boires, ce qui me rendait la tâche ardue pour bien le positionner et il en résultait une grande frustration de part et d'autre. Ça ne marchait plus comme je le voulais. J'en ai pleuré, angoissé, déprimé pendant deux semaines avant de me demander si l'allaitement et moi, on était vraiment faits l'un pour l'autre. J'ai été à deux doigts d'abandonner, mais les deux doigts se sont finalement emparés du téléphone pour en parler. D'abord à ma mère, qui a été de la première génération à recommencer l'allaitement après une mode du biberon très répandue. Elle m'a consolée et rassurée, elle a feuilleté avec moi des brochures qui m'avaient été fournies par l'hôpital et que j'avais laissées de côté, convaincue de leur inutilité. Elle m'a exhortée à téléphoner à l'infirmière du CLSC, qui m'a jumelée avec une marraine d'allaitement. Cette dernière, Nathalie, a pris le temps de m'écouter, de me conseiller, de me faire réaliser que oui, l'allaitement c'est beau, mais que non, ce n'est pas toujours facile. Elle-même était passée par toutes les difficultés décrites dans le guide *Mieux vivre avec son enfant*. Et elle avait persévéré. Alors si elle avait pu le faire, ma tête de cochon et moi le pouvions tout autant.

Les conseils et les techniques en matière d'allaitement, je les savais par cœur à force d'éplucher tout ce que je trouvais sur le sujet. Mais ce qu'il me manquait, et ce que ma démarche m'a procuré, c'était la confiance en ma capacité d'allaiter au-delà des difficultés. J'avais au départ sous-estimé un aspect primordial de l'allaitement : me préparer aux éventuels obstacles, m'entourer de gens qui pourraient me soutenir en cas de besoin.

Nathalie me disait : « Respire bien. Relaxe. Ton bébé le ressentira et s'apaisera à son tour. » La communion parfaite *via* le non-verbal. J'ai compris qu'en allaitant je transmettais, en plus de mon lait et ses anticorps, un message à mon petit trésor : « Calme-toi, je suis là, tout près, collée à ta peau. Je t'offre ce double port d'attache auquel tu pourras, chaque fois que tu en ressentiras le besoin, t'amarrer et te reposer de ton exploration du monde. Vas-y, saisis ton sommeil à pleine bouche, laisse-toi bercer par ces vagues blanches, ce ruisseau qui soulage le feu de ton petit ventre. Respire ma peau comme je hume avec délectation ton arôme sucré. Retrouve contre moi une part de ton berceau originel. Calme-toi, je suis là. »

J'ai allaité mon premier fils pendant dix mois, mon second pendant un peu plus d'un an et j'allaite encore la benjamine. Mes seins les ont nourris, mais aussi sécurisés, réchauffés, aimés. Une fois l'apprivoisement de l'allaitement complété et les douleurs disparues, tout se déroulait à merveille, tout allait de soi comme je l'avais souhaité au départ. Chacun des boires devenait notre moment privilégié, à bébé et à moi. Un temps d'arrêt forcé, mais nécessaire pour me régénérer. Je n'avais besoin que de lui, il n'avait besoin que de moi. Rien d'autre. Tout simplement. Je me suis transformée, pendant cette période nourricière, en source inépuisable, en fontaine de vie qui donnait sans compter à ce petit paquet de chair assoiffé. Assoiffé de moi. Quoi de mieux pour rehausser l'ego d'une nouvelle mère en doute perpétuel !

Je remercie tous ces gens qui m'ont soutenue lorsque j'ai voulu laisser tomber, car sans eux, je sais maintenant que je serais passée à côté d'une formidable expérience. Je suis fière d'avoir poursuivi cette aventure qui s'est révélée, au bout du compte, immensément satisfaisante.

Les expériences se suivent, mais ne se ressemblent pas...

Martine Aubry

Autant il y a de mères et d'enfants, autant il y a d'histoires d'allaitement. Je travaille dans le milieu de la périnatalité, je suis obstétricienne-gynécologue. J'en suis donc un témoin privilégié.

J'étais résidente en deuxième année lorsque j'attendais mon premier enfant. Il y a dix ans de cela, les ressources et les connaissances en allaitement commençaient à refaire surface dans le milieu médical. Je constatais auprès de mes patientes, nouvelles mères, que les débuts de la lactation n'étaient pas toujours aisés et, aimant les défis, j'étais bien déterminée à réussir mon expérience d'allaitement.

Après un accouchement sans anesthésie, sans anicroche, Justin s'est rapidement mis à téter. Aucun problème, aucune douleur, seulement un immense bonheur !

Les petites difficultés telles que l'engorgement et le positionnement étaient facilement surmontées à l'aide de lectures et du soutien de mon conjoint. Voulant tout de même satisfaire aux normes de la culture, j'ai introduit un biberon de soirée pour soi-disant «habituer le bébé» et rendre le gardiennage éventuel plus facile. La tétine me permettait de dormir plus longtemps et d'espacer les tétées... Peu à peu, ma production de lait s'est tarie et mon fils préférait le biberon, qui coulait plus rapidement. Combien j'ai pleuré ce sevrage précoce à trois mois, combien de serrements de cœur j'ai eus en observant des mères allaitant leur bébé plus âgé ! Un véritable deuil du maternage s'est opéré en moi. Il n'y avait à cette époque pas de marraine d'allaitement dans ma région, ni de consultante spécialisée et donc aucune solution à ma portée. J'ai par la suite donné le biberon avec un petit fond de peine, un sentiment d'incapacité à allaiter.

Lors de ma deuxième grossesse, j'étais d'autant plus déterminée à allaiter jusqu'à six mois. Mon deuxième fils était un bébé aux besoins intenses, avec besoin de contact et de réconfort presque toute la journée. Malgré cela, aucune tétine d'amusement n'a été autorisée à franchir le seuil de ma porte ! Aucune alternative au sein n'a été tentée avant l'âge de quatre mois, où je me suis absentée quelques heures en disant à la pauvre grand-maman qui gardait : «Donne-lui du lait au verre s'il en veut, sinon, fais-le patienter ! »

À l'âge de quatre mois, j'ai eu une baisse de production de lait inexpliquée qui a heureusement été réglée par une consultante en allaitement. Mes beaux-parents demandaient souvent : « Quand cesseras-tu d'allaiter, qu'on puisse lui donner une suce ? » La réponse venait facilement : « Il a tout ce qu'il faut pour téter ! »

Je devais retourner travailler cinq mois après mon accouchement, et le rythme de vie d'une résidente en gynécologie n'est pas de tout repos. Les semaines de 75 heures n'étaient pas rares, avec des gardes de weekend et de nuit de surcroît. Horaires irréguliers et repas omis sont la règle. Je voyais le retour approcher et reculais toujours le début du sevrage. Une semaine avant la date prévue du retour, j'allaitais toujours à temps plein. Xavier n'avait pas vu l'ombre d'un biberon. Un soir, en larmes, j'ai téléphoné à ma sœur pour lui parler de mon incapacité complète à préparer ne serait-ce qu'un biberon. « Pourquoi veux-tu le sevrer ? Sers-toi du tire-lait de l'étage de maternité lorsque tu le peux et ta gardienne se débrouillera bien pour développer une routine avec Xavier, l'alimenter d'une quelconque façon. » Quel soulagement ! Quand mon conjoint a approuvé cette décision, je me suis sentie tellement légère !

Je me souviens de ma « pagette » qui sonnait pendant que je m'étais « cachée » dans une chambre pour me tirer du lait ! Une césarienne d'urgence m'attendait et je devais donc remballer en vitesse le lait précieusement extrait ! Les infirmières passaient des commentaires réconfortants au sujet des réserves de lait que j'entreposais dans le frigo de leur cuisinette… Et quel bonheur d'arriver à la maison tout engorgée et d'apprendre que Lorraine avait fait patienter Xavier pour qu'il puisse prendre son lait au sein plutôt qu'au biberon (car il a fini par en utiliser un, bien sûr, mais jamais en ma présence !). Que dire des nuits… Xavier a longtemps choisi de se réveiller la nuit, sachant que maman était souvent à la maison durant ces heures nocturnes. Avec joie, je me pliais à ses demandes ! Quand il a eu 11 mois, j'étais prête à cesser et lui aussi, plus intéressé à jouer et à manger des solides. Quelle satisfaction de m'apercevoir qu'en abandonnant le sein, il ne voulait plus de biberon non plus !

Ma résidence terminée, j'étais devenue gynécologue et demeurais à cinq minutes de mon lieu de travail. J'ai porté avec bonheur ma première fille et j'ai accouché à 38 semaines, un peu tôt à mon goût. La journée où mes contractions ont débuté, je travaillais toujours… L'accouchement s'est bien déroulé, mais j'étais épuisée du surplus de travail accompli les semaines précédentes. Gaëlle, à 38 semaines, avait une prise du sein moins parfaite que celle des garçons, ce qui m'a occasionné des gerçures si profondes que le sang des mamelons se mélangeait au lait, mélange qu'elle régurgitait après avoir bu… La douleur était intense pendant les tétées. Cependant, aucunement question d'abandonner, je savais comme l'expérience deviendrait agréable en temps opportun! Malheureusement, la vidange des seins n'était pas optimale et, en trois semaines, j'ai développé trois mastites.

Le temps et la patience ont transformé l'allaitement de Gaëlle en moments faciles et agréables. Le retour au travail a été facilité par mon retour à la maison le midi pour allaiter, et bien sûr, la nuit, les tétées se poursuivaient! Un après-midi, quand Gaëlle avait environ 18 mois, nous magasinions avec ma belle-mère et Gaëlle était un peu maussade. N'ayant pas abordé le sujet de l'allaitement du bambin avec belle-maman, j'ignorais si elle savait que j'allaitais toujours. Quel ne fut pas mon bonheur de l'entendre me suggérer : « Viens t'asseoir sur un banc et allaite-la un peu, tu sais comme ça la calmera! » Elle qui, quelques années auparavant, désirait le sevrage de Xavier pour lui donner une tétine! L'évolution s'était faite dans un sens favorable!

Quand Gaëlle avait environ deux ans, j'ai fait un voyage d'une semaine sans elle. J'extrayais un peu de lait quotidiennement en entretenant peu d'espoir qu'elle veuille téter après mon absence. De retour au Québec, dans la voiture en chemin vers la maison, après avoir été bien cajolée et installée dans son siège d'auto, elle m'a interpellée: « Maman? » Je vis ses yeux réfléchir, puis son visage s'illuminer : « À maison, bon lait-lait? » Et c'était reparti! À quelques reprises, j'ai songé à la sevrer, mais le cœur n'y était pas, et toujours ma sœur me disait: « Pourquoi arrêter? Tu te sentiras prête un jour! » D'ailleurs, ses bons conseils lui ont rendu service en retour, car j'ai pu l'aider d'une façon exceptionnelle avec ses jumeaux nouveau-nés, en m'installant chez elle pour une semaine et en les allaitant au besoin!

Pour Gaëlle, le sevrage s'est opéré en douceur, étalé sur quelques mois vers deux ans et neuf mois. Elle tétait mais ne voulait plus boire le lait! C'était moins agréable et, tranquillement, j'ai cessé de lui offrir le sein, et elle de me le demander. Maintenant, à trois ans et demi, elle allaite sa poupée et récemment, après une grosse peine, je lui ai demandé si elle aurait voulu se consoler au sein (question de voir si elle avait encore des souvenirs de cette époque). « Mais tes seins sont finis », m'a-t-elle répondu. « Finis? » ai-je demandé… « Bien oui, je les ai tout bus quand j'étais bébé… »

Plus que toute autre réussite, mes expériences d'allaitement sont pour moi source de satisfaction extraordinaire et de grande fierté.

TROISIÈME PARTIE

QUAND L'AVENTURE SE PROLONGE

Althea, un an, au sein de sa mère,
Anna-Karin Poussart

La vérité sort de la bouche des enfants

Nathalie Arguin

Mère de deux enfants (Élisabeth Clara, née en 1998, et Carl Olivier, né en 2004), Nathalie Arguin est monitrice de la Ligue La Leche (LLL) depuis 2001 et fait partie du groupe de Châteauguay, sur la Rive-Sud de Montréal. Depuis quelques années, elle est membre du conseil d'administration de la LLL, dont elle est présidente depuis juin 2004. Elle a aussi été responsable de l'organisation du Congrès LLL pour les familles de 2003 à 2006. Elle travaille dans le milieu syndical depuis plus de 10 ans.

On dit qu'on porte les bébés non pas 9 mois, mais 18 mois : 9 mois dans son ventre et 9 mois dans ses bras ! Mais arrive un jour où notre nouveau-né, auparavant si mignon, tout recroquevillé dans son pyjama trop grand, a bien changé. Oh ! Il aime encore beaucoup être pris, cajolé, allaité. Mais il adore maintenant explorer, ramper, s'asseoir et... manger ses orteils ! C'est souvent à cet âge, soit vers neuf mois, que le sevrage est initié par les mères. Elles ont parfois l'impression que bébé est moins intéressé par le sein, qu'il n'a plus d'« horaire », que, de toute façon, il mange un peu de tout. De plus, pour plusieurs, c'est le retour au travail qui approche. Il faut bien « habituer » bébé à se passer du sein... Ces arguments sont ainsi invoqués pour justifier un sevrage que je qualifierais de précoce.

On le sait, les croyances, mythes et autres discours non scientifiques au sujet de l'allaitement sont d'origine culturelle. Par exemple, chaque région du monde a sa liste d'aliments à proscrire ou, au contraire, à recommander aux mères qui allaitent. Le même aliment peut être ainsi banni à un endroit et recommandé ailleurs ! Il en est de même pour la durée de l'allaitement. Culturellement, l'allaitement est de courte durée en Amérique du Nord : très peu de bébés de plus de neuf mois sont allaités. Et si les pressions sociales (vous savez, ces commentaires qui nous démoralisent) sont encore présentes lorsqu'on allaite un petit bébé, elles le sont d'autant plus à mesure que le bébé grandit.

Dans d'autres pays, allaiter jusqu'à deux ans, par exemple, représente la moyenne. J'ai rencontré des Sénégalaises, dans le cadre de mon travail, et j'étais curieuse de savoir si elles allaitaient longtemps. Mon travail n'ayant aucun lien avec l'allaitement, j'ai abordé le sujet en parlant de portage. Les Sénégalaises, comme beaucoup d'Africaines (et de plus en plus de Nord-Américaines!) portent leur bébé. Les bébés africains étant souvent portés dans le dos, je m'informe donc de la «technique» utilisée pour que ce soit confortable et sécuritaire. La femme à qui je m'adresse me regarde d'un air qui veut dire: «Ben voyons, tout le monde sait ça!» mais me répond gentiment qu'elle me montrera comment faire (polies, les Sénégalaises!). Elle précise qu'elle préfère personnellement porter le bébé en avant, car cela crée un lien plus intime avec lui. Je poursuis et lui demande ensuite combien de temps les femmes allaitent, en moyenne. «Ben... à peu près deux ans», dit d'un ton banal, comme s'il s'agissait d'un geste quotidien, tel que prendre sa douche. Dans ce pays musulman à 95 %, où les femmes doivent porter des vêtements qui couvrent les jambes, l'allaitement en public, au vu et au su de tous, ne pose aucun problème. C'est «normal». Dans notre pays, les gens considèrent que ce n'est pas «normal». D'où certains commentaires négatifs, souvent essentiellement des préjugés reflétant des mythes tenaces.

À mon avis, un des facteurs qui fait que les mythes perdurent est la perte de la «culture d'allaitement». L'ère industrielle nous a apporté les formules artificielles et les biberons en même temps que la laveuse-sécheuse pour soi-disant «libérer» les femmes. Les taux d'allaitement sont tombés à un niveau dramatiquement bas. Par conséquent, contrairement à la transmission des connaissances sur l'allaitement de mères en filles, nous constatons plutôt la transmission des commentaires négatifs et d'informations erronées sur l'allaitement par des femmes qui n'ont *pas allaité*. Lorsqu'on allaite, on démêle rapidement le vrai du faux... mais après coup! C'est effectivement *après* avoir entendu pendant trois mois que notre lait «n'est pas assez riche» que l'on constate, devant notre bébé tout rond et joufflu, exclusivement allaité, qu'il n'y a aucun problème avec notre lait! Et le cycle du «commentaire négatif, doute de soi-même, temps qui passe, évidence qui nous saute aux yeux, soulagement» recommence avec l'introduction des solides, le sommeil, etc. Lorsque notre bébé atteint l'âge de six mois, on se fait dire qu'il est «trop vieux pour être allaité», qu'il ne deviendra jamais «autonome», etc. Notre expérience grandissante fait mentir tous ces mythes. Mais ceux relatifs à l'allaitement d'un bambin, voire d'un enfant d'âge préscolaire, sont tenaces et bien présents dans notre société. Allaiter plus d'un an est vraiment perçu comme étant hors normes, pour ne pas dire... anormal.

Si on s'attarde aux besoins des bambins, n'ont-ils pas encore celui de téter pour se réconforter ou s'endormir (besoin de succion)? N'ont-ils pas besoin de contact peau à peau, de satisfaire leur sens du toucher?

N'ont-ils pas besoin de se sentir en sécurité dans une position confortable, à la chaleur et en reconnaissant une odeur familière? Tous ces besoins sont comblés, dans notre société, majoritairement par un biberon de formule artificielle, une suce, une «doudou», une veilleuse, un petit jouet musical… La liste est sans fin. Prendre son bambin et le mettre au sein comble tous ces besoins, *instantanément.* Un bambin de deux ans et demi avec un biberon de formule au centre commercial ne suscite aucun commentaire. Mais un bambin de deux ans et demi confortablement installé au sein, au centre commercial… Pourtant, ce sont deux façons différentes de répondre aux *mêmes besoins.* Mon bambin ne sera pas moins autonome et plus gâté parce que j'ai décidé de répondre à ses besoins en l'allaitant.

Personne ne met en doute que le lait maternel est le meilleur aliment que peut recevoir bébé. Que l'allaitement comble de façon optimale tous les besoins de bébé, stimule tous ses sens. Le toucher, par le «peau à peau», la vue, par le visage de sa mère, l'ouïe, car bébé entend battre notre cœur, l'odorat, par l'odeur du lait et de sa maman, et le goût, celui du bon lait de maman, évidemment. Par quel maléfice tous ces bienfaits disparaîtraient-ils avec le temps? Le lait maternel n'a pas de date de péremption!

Un autre commentaire irrationnel est que notre bambin ne se sèvrera jamais… Allons donc! Votre bébé qui adore être dans vos bras refuse-t-il d'apprendre à marcher pour autant? Mon fils de trois ans et demi marche depuis son premier anniversaire. Depuis, il court, saute, fait de la bicyclette et, occasionnellement, il veut se faire porter. De moins en moins souvent. Lentement, il se «sèvre» de mes bras et de ceux de papa. Les enfants sont en constante évolution. Pourquoi l'allaitement ferait-il exception à cette règle?

Il y a plusieurs façons de sevrer un enfant. Un sevrage brusque peut être très insécurisant pour l'enfant et être la cause d'inconfort ou d'engorgement chez la mère. Mieux vaut y aller graduellement. Plusieurs approches[1] permettent un sevrage en douceur: ne pas offrir, ne pas refuser, faire diversion en offrant une collation ou en faisant une activité avec notre bambin lorsqu'on s'aperçoit qu'il va demander à téter, restreindre le nombre de tétées par des «règles» (pas de tétées lorsqu'il fait noir ou lorsqu'on n'est pas à la maison, par exemple), etc.

---

1. Pour plus d'information, voir Diane Bengsen, *À propos du sevrage… quand l'allaitement se termine*, Éditions de la Ligue La Leche (Canada), 2003.

Mais a-t-on vraiment besoin de provoquer le sevrage ? Très souvent, les questions à propos du sevrage se posent à l'approche d'un retour au travail. Contrairement à ce que plusieurs imaginent, l'allaitement peut *facilement* se poursuivre lorsqu'on retourne au travail. La transition ne sera que plus facile pour bébé, qui n'aura pas à vivre deux sevrages : celui du sein et celui de la présence constante de sa mère. Plusieurs façons de faire sont possibles : il suffit d'adapter l'allaitement à son horaire et à son milieu de travail. Certaines mères expriment leur lait au travail. La routine s'installe rapidement et, à l'aide d'un bon tire-lait, bébé peut ainsi continuer de recevoir du lait maternel. D'autres mères allaitent lorsqu'elles sont avec bébé seulement. La glande mammaire s'adapte facilement à la demande une fois la production lactée bien établie. Avant de sevrer en vue d'un retour au travail, il est bon de s'informer des diverses options possibles. Car il y a autant de façons de concilier travail et allaitement que de femmes qui le font. Et les avantages sont nombreux, autant pour la mère que pour le bébé. Maintenant que le congé de maternité est d'une durée d'un an, bébé mange déjà bien et boit au gobelet lorsque sa mère retourne au travail. Il est d'autant plus facile de continuer l'allaitement. Il est même plus facile de le continuer que de sevrer !

Lorsqu'on prend la décision de ne pas initier le sevrage, c'est ce qu'on appelle le sevrage naturel. Il s'agit tout simplement de laisser l'enfant se sevrer lui-même, sans intervenir. *Naturellement*, un enfant se sèvrera habituellement entre l'âge de deux et quatre ans. Avant cet âge, il s'agit en général d'une « grève de la tétée », c'est-à-dire d'un refus soudain d'un bébé de moins d'un an de téter. Plusieurs mères cessent alors d'allaiter et interprètent que l'enfant s'est sevré parce qu'il était prêt. Mais contrairement à l'enfant qui se sèvre naturellement, le bébé qui fait une grève de la tétée est irritable et malheureux de la situation.

Dans le cas d'un sevrage naturel, certains enfants diminuent graduellement le nombre de tétées et, sans qu'on s'en aperçoive trop, passent une journée sans téter, puis en arrivent à ne plus téter. Souvent, la mère ne se rappelle pas exactement à quel moment l'enfant s'est sevré. Elle s'aperçoit un beau jour que, tiens, ça doit bien faire une semaine qu'il n'est pas venu au sein.

D'autres enfants, après avoir réduit leur nombre de tétées, décident d'eux-mêmes du moment de leur sevrage « officiel ». Ma fille m'avait solennellement annoncé, quelques semaines avant son quatrième anniversaire, qu'elle arrêterait de « prendre du lolo » à quatre ans. Le soir de sa fête, au moment d'aller au lit, elle s'apprête à se mettre au sein et s'arrête net en disant : « Ah non ! C'est vrai ! » Deux ou trois jours plus tard, elle me demande : « Maman, est-ce que je peux avoir encore du lolo ? » J'ai bien sûr accepté. Son anniversaire est en juillet. Et je me rappelle que, vers la mi-septembre, elle s'était définitivement sevrée. Le sevrage naturel, c'est être à l'écoute de son enfant et l'accompagner dans ce processus.

La relation d'allaitement avec un bambin est absolument différente de celle avec un jeune bébé. Le bambin a d'autres sources de nourriture et beaucoup d'autres occupations. Mais l'allaitement est une incroyable source de réconfort, un moment de calme et de bien-être bénéfique dans la vie d'un bambin actif et en pleine croissance. « Un enfant de deux ans est comme un mélangeur sans couvercle ! » a déjà dit Jerry Seinfeld. L'allaitement représente le couvercle qui épargne bien des cris et des larmes. Lorsque le tourbillon de la vie familiale ou du travail m'accapare, l'allaitement me « reconnecte » à l'essentiel et m'oblige à un temps d'arrêt. C'est aussi un remède très efficace pour les nombreux « bobos » de ma petite tornade, autant physiques que moraux. La tétée est magique à l'heure de la sieste ou pour la nuit. Elle console et rendort rapidement après un mauvais rêve. La liste des avantages est infinie.

Allaiter un bambin, c'est surtout entendre la vérité de la bouche même de son enfant : « Il est bon ton lait, maman. Je t'aime ! »

Voilà la réponse à toutes les pressions sociales de la Terre !

Émilie, au sein de sa mère, Marie-Claude Boisvert

L'appel

Marie Beaudoin

J'ai quatre ans. Dans mon lit, côte à côte, sont étendues toutes mes peluches. Ce sont mes enfants. Je ne peux me résoudre à les faire dormir ailleurs que dans mon lit… rien que d'y penser, j'ai le cœur en miettes. Et s'ils se réveillaient au milieu de la nuit, effrayés par un cauchemar ? Qui les réconforterait ? Ils sont si nombreux, mes enfants, que j'ai peine à me frayer une place dans mon propre lit. Tellement que mes parents craignent chaque matin de me retrouver par terre, faute d'espace ! Mais tout cela m'importe peu. Je ferme les yeux, heureuse et sereine de savoir ma marmaille à mes côtés.

J'ai 12 ans. Ma tante chérie, ma préférée, allaite toujours sa fille de trois ans. C'est mon premier contact avec l'allaitement de bambin. Je remarque bien les regards incrédules qui se posent sur ce duo unique, j'entends aussi les remarques parfois désobligeantes à leur endroit. Mais dans mon for intérieur, je ne peux m'empêcher d'envier leur complicité, leur relation toute spéciale… Quelle chance elles ont !

J'ai 16 ans. Ma carrière de *baby-sitter* va bon train. Ma tante chérie, ma préférée, est ma meilleure cliente. Même si j'aime beaucoup garder chez elle, une fois les enfants endormis et le bulletin de 22 h passé, les distractions se font rares et les minutes sont longues. Dans la bibliothèque du salon, plusieurs livres trônent côte à côte. J'en prends un au hasard, *Les cinq dimensions de la sexualité féminine* de Danièle Starenkyj. L'auteure y aborde le sujet de la féminité biologique en exposant ses cinq volets, soit le cycle ovarien, la relation sexuelle, la grossesse, l'accouchement naturel et, évidemment, l'allaitement dit « prolongé ». Pour illustrer ses propos, elle y va tout au long du récit d'expériences tirées de sa vie personnelle. Le chapitre consacré à l'allaitement et au maternage du jeune enfant me fait tout simplement tomber à la renverse. Comme si cette femme avait réussi à mettre des mots sur ce que j'avais dans le cœur depuis toujours sans être capable de l'exprimer. Désirer, porter, mettre au monde, nourrir et prendre soin de son enfant en écoutant l'appel de la nature, en écoutant l'appel de son cœur... Le mien fait trois bonds, puis j'oublie...

J'oublie et le temps passe. Je fais la rencontre d'un homme merveilleux qui deviendra mon mari, nous acceptons tous les deux de donner la vie. Je porte avec délices mon premier enfant. Quel bonheur enfin de vivre ce moment tant espéré, quelle joie de voir mon ventre s'arrondir de jour en jour ! Mais ce ventre qui s'arrondit sans cesse a maintenant besoin de nouveaux vêtements pour se couvrir ! C'est en entrant dans une boutique de maternité que mon regard est attiré par un dépliant de la Ligue La Leche. Comme je désire à tout prix nourrir de mon lait mon bébé, je décide de me rendre à une de leurs réunions pour recevoir l'information nécessaire au succès de l'allaitement. Ma première rencontre avec ces femmes me laisse sans voix. Elles sont toutes là, assises ensemble, elles discutent et allaitent le plus simplement du monde des bébés et des bambins de toutes tailles, de tous âges. Elles parlent de leurs nuits partagées avec leur petit, de leur allaitement « en prolongation », certaines allaitent même deux enfants d'âge différent ! Par leurs gestes, elles redéfinissent le sens du mot « materner ». Prendre soin de leur rejeton en se faisant confiance et en étant à l'écoute des messages transmis par ce dernier. Soudain, je suis envahie par un flot de souvenirs... Le récit de Mme Starenkyj me revient dans son intégralité, je revois ma « grande » petite cousine accrochée au sein de sa mère, je me souviens de la fillette que j'étais qui maternait – sans le savoir – ses poupées de chiffon...

Le coup de foudre est instantané. Enfin j'ai trouvé, sans vraiment chercher, des femmes qui vivent leur vie de mère en respectant l'appel de leur corps et de leur coeur ! Le principe n'est plus fiction, ce n'est plus simplement une série de mots alignés sur une page, non, c'est la réalité, une réalité vécue au jour le jour avec les hauts et les bas que comporte le quotidien. Je ne peux résister à l'envie d'assister à une autre réunion de la LLL le mois suivant. J'apprends tellement au contact de ces mères ! Je dévore tous les livres édités par cet organisme. Je souhaite ardemment être bien préparée pour démarrer l'allaitement de mon bébé du bon pied !

Tôt, un matin d'octobre, ma fille Blanche voit le jour. Moment de grande joie, surtout qu'elle accepte de prendre le sein sans trop de difficulté. Je flotte sur un nuage... Je suis enfin maman, j'allaite et je sens que, déjà, un lien puissant nous unit, ma fille et moi. La première semaine se passe bien, mais j'ai passablement mal aux mamelons. Heureusement, le groupe LLL que je côtoie offre une halte-allaitement. Je pourrai y rencontrer une monitrice qui saura sûrement m'aider. J'embarque donc mon petit paquet d'amour dans la voiture pour notre première balade « entre filles » ! Je suis si fière de ma belle Blanche ! Comme prévu, une monitrice est présente et elle attend les mères qui ont des questions. En me voyant allaiter mon bébé, elle remarque que la position que nous adoptons n'est pas tout à fait au point. Quelques suggestions pour la modifier et hop ! Voilà que j'allaite sans douleur.

C'est alors le début d'une belle et… longue histoire d'allaitement ! Les mois filent si vite, ma puce grandit et devient bambine. C'est maintenant à mon tour de recevoir les commentaires désobligeants : « Tu allaites encore, à cet âge ? » Eh oui, j'allaite encore à cet âge. L'allaitement est pour moi un moment unique et privilégié avec mon enfant, laquelle semble vraiment apprécier le moment des tétées, alors pourquoi arrêter une si belle relation ? Pour faire plaisir aux autres ? Pour favoriser l'autonomie de mon bébé ? Mon bébé… a-t-il besoin d'être autonome à cet âge ? N'a-t-il pas toute la vie pour l'être ?

Mon mari et moi chérissons depuis toujours le rêve d'une grande famille. Bientôt le désir d'un autre enfant nous rattrape. Alors que Blanche a 18 mois, je deviens enceinte d'une autre petite fille, Clémence. Je sais que l'allaitement de bambin est possible durant la grossesse, alors je me renseigne sérieusement sur le sujet, je prends connaissance des précautions à suivre ainsi que des contre-indications possibles. Comme je choisis cette fois-ci un suivi de grossesse avec une sage-femme, je n'ai pas à m'inquiéter de recevoir du soutien dans cette avenue que j'ai décidé d'emprunter. Je sais qu'on ne m'incitera pas à sevrer sans motif sérieux. La poursuite de l'allaitement de mon aînée se fait dans la joie de pouvoir continuer à répondre à ses besoins de proximité et d'attachement, tout en étant confiante que mon bébé ne manque de rien.

Notre douce Clémence fait son arrivée par une froide – mais belle ! – journée de janvier. Cette fois encore, c'est l'extase de savourer ce moment tant attendu, de cajoler son petit corps tout chaud contre le mien. L'allaitement débute le plus calmement du monde, Clémence est déjà une pro ! À peine quelques heures après sa naissance, ma dernière-née reçoit la visite de sa sœur et toutes les deux s'installent pour une première tétée en duo. Ce moment restera gravé dans mon cœur à jamais… J'ai mes deux enfants tout contre moi et j'ai confiance en ma capacité de répondre à leurs différents besoins ; mon mari nous entoure avec bienveillance et bonheur ; mes filles se regardent l'une l'autre avec fascination, se découvrant tout en se connaissant déjà…

Le bonheur que j'éprouve chaque jour à allaiter mes filles ainsi qu'une profonde reconnaissance envers les monitrices – devenues avec le temps des amies – qui m'ont soutenue dans mon maternage m'ont poussée à désirer rendre à d'autres ce que j'ai moi-même reçu. C'est pourquoi j'ai décidé de m'impliquer à la LLL comme monitrice bénévole. Aider d'autres mères à surmonter les difficultés qui peuvent survenir et leur offrir une oreille attentive, les voir heureuses d'allaiter leur enfant, suivre l'évolution de bébés respirant le bonheur et la santé sont pour moi autant de raisons qui me confortent dans mes convictions.

Au moment où j'écris ces quelques lignes, mes filles sont toujours allaitées en tandem. Clémence a sept mois, c'est une adorable demoiselle très active et bien portante. Blanche, elle, fêtera son troisième anniversaire dans moins de deux mois. Elle adore toujours autant les tétées, mais son indépendance dans la vie en général se remarque chaque jour un peu plus. Je n'ai aucune idée du moment où mes filles se sèvreront. Je préfère ne pas y penser et savourer les moments où, toutes les deux accrochées au sein, elles se regardent avec au visage un sourire complice que personne ne peut percer... Écouter leurs fous rires en sachant que ce lien qui les unit aujourd'hui prend probablement racine à travers les moments intimement partagés depuis si longtemps...

Je suis une femme profondément heureuse. Rien à voir avec les obstacles qui surviennent ou non au cours d'une vie ; ça, il y en a eu et il y en aura malheureusement toujours. Ce bonheur que j'éprouve en est un de trame. Je me donne le droit aujourd'hui de materner mes enfants. Les materner en écoutant mon cœur, mon intuition. En prendre soin comme seule une mère sait le faire, car c'est ce que je suis avant tout, une maman sensible au bien-être de ses rejetons.

Peut-être que tout ceci n'est que biologie, une série de réponses physiques et chimiques visant seulement la pérennité de l'espèce humaine... Peut-être. Mais j'aime bien croire que cette relation d'allaitement – qui va bien au-delà de la simple action de nourrir de son lait son propre enfant – nous vient d'un savoir-être longuement peaufiné par la nature, comme un appel... du fond des âges.

Allaiter jusqu'à cinq ans, voire plus

Manon

J'ai allaité mon ange jusqu'à l'âge de cinq ans, soit peu après son entrée à la maternelle. Si je n'écris pas son nom, ni le mien complètement, c'est parce que ma belle grande fille, aujourd'hui âgée de neuf ans, m'a demandé de ne pas dévoiler son identité. Son besoin d'anonymat m'a inquiétée et, je dois le dire, profondément attristée. Moi qui ai depuis si longtemps plaidé pour que l'on parle plus ouvertement d'allaitement, partout, dans les médias, à la maison, dans les commerces, sur la place publique, dans les établissements de santé, etc. Oui, partout. Voilà qu'elle me demande de ne pas parler de nous, de notre expérience d'allaitement, si belle, si agréable et justement – elle a entièrement raison – si intime.

Car c'est bel et bien un besoin légitime d'intimité qui commande le caractère anonyme de ce témoignage et non pas un sentiment de honte, m'a assuré ma fille. «Je n'aimerais pas que tu parles de moi dans un livre, peu importe qu'il s'agisse d'allaitement ou d'autre chose», m'a-t-elle affirmé. «Ça ne me gêne pas que tu m'aies allaitée jusqu'à cinq ans», prend-elle soin de préciser. N'empêche que c'est son entrée à la maternelle qui l'a amenée à accepter qu'un jour ou l'autre, maman ne lui donnerait plus son précieux «lala» avant de dormir. Elle s'est rapidement aperçue, avec consternation d'ailleurs, qu'aucune autre de sa classe n'avait droit au même privilège. Je n'ai personnellement jamais tenté de décourager mon enfant. Je me contentais de la préparer mentalement, en lui disant que lorsqu'elle serait prête, à sa demande, maman cesserait de l'allaiter.

Tiens, tiens, je devais rédiger un témoignage sur notre expérience d'allaitement et me voilà déjà en train de transformer ce texte en un témoignage de sevrage... C'est fou ce que les pressions sociales peuvent nous hanter ! Cela me rappelle les propos d'une collègue d'origine algérienne, venue chez moi discuter d'un travail, qui me racontait combien elle était contente de rencontrer une Québécoise qui allaitait ses enfants au-delà d'un an. Elle avait donné le sein à son fils jusqu'à l'âge de sept ans et tenait la chose cachée pour éviter d'être confrontée aux jugements sévères de son nouveau voisinage.

Allaiter un enfant de cinq ans, qu'est-ce que ça représente au juste ? Dans mon cas, cela impliquait seulement d'offrir le sein à ma fille le matin à son réveil et le soir avant de s'endormir. J'aurais pu m'en tenir à cela ; ma production de lait était suffisante. C'est ce que j'ai fait durant les derniers mois. J'ai néanmoins pendant cinq années pris le soin d'extraire du lait tous les jours au travail, ce qui me prenait dix minutes par jour, un lait que je servais quotidiennement dans un verre à ma fille et... à mon fils, le plus âgé de mes deux enfants.

C'est donc dire que j'ai en quelque sorte allaité mon garçon jusqu'à sept ans. J'écris « en quelque sorte » parce qu'allaiter ne signifie pas seulement « servir le meilleur lait pour la santé de son enfant ». J'ai appris avec ma fille qu'allaiter, c'est d'abord et avant tout être ensemble, très proche jusqu'à l'infiniment petit, et se délecter du plaisir de ne faire qu'un jusqu'au tout dernier instant, avant la grande séparation à l'entrée du royaume des individualismes et de la négociation des instants de tendresse. Allaiter, c'est aussi une façon magique de tout se pardonner, malgré les inévitables prises de bec qui rendent les relations parents-enfants parfois si pénibles. Encore aujourd'hui, quand ma princesse et moi devons vivre un nouvel affrontement, nous savons en notre for intérieur qu'un lien indestructible nous unit, un lien qui demeure gravé dans ma mémoire et, chose merveilleuse, dans la sienne aussi, à tout jamais. Allaiter un enfant de cinq ans est chose rare au Québec. Le souvenir d'un doux goût de miel, coulant directement du sein chaud et tendre de sa maman, est certainement encore plus rare. Et c'est dommage. Ma fille, qui se trouve extrêmement chanceuse, en témoignera peut-être elle-même plus tard, lorsqu'elle sera prête, bien entendu... Pas avant.

Il suffit parfois de vivre une situation pour la comprendre

Geneviève Lavallée

Par où commencer… En 1997, vous auriez eu des dons de voyance et m'auriez raconté les dix prochaines années de ma vie, non seulement je ne vous aurais pas cru, mais je vous aurais dit que votre histoire était complètement absurde. Qui peut prévoir l'avenir ? Pas moi, en tout cas.

Si je me souviens bien, je m'étais dit que j'essaierais d'allaiter au moins six mois. Ma mère m'avait allaitée six mois, à une époque où ce n'était vraiment pas la mode. J'ai donc lu, comme pour la grossesse et l'accouchement, tous les livres que je trouvais au sujet de l'allaitement.

Puis je me suis renseignée sur les groupes d'entraide, question de rencontrer d'autres mères puisque dans ma famille et mon entourage immédiat, il n'y avait pas encore de femmes ayant eu des enfants et ayant allaité. Aussi bien vous dire que la première réunion d'un de ces groupes à laquelle j'ai assisté en compagnie de mon conjoint a été un choc. Parmi l'assistance, une mère et sa fille de deux ans étaient présentes. Je me souviens avoir dit à mon conjoint : « As-tu vu la petite ? Elle marche, elle parle, elle mange une collation et elle boit ENCORE au sein ! » Ça m'avait, disons, un peu ébranlée. Au cours de cette rencontre, j'ai appris que la mère voulait sevrer sa fille, mais que celle-ci ne semblait pas d'accord. Déjà ouverte à certaines idées, je n'avais pas envisagé que l'on puisse allaiter un enfant aussi longtemps. Au cours de ces nombreuses réunions durant ma grossesse, j'ai écouté énormément et posé mille et une questions aux mères et aux bénévoles des groupes d'entraide. Avec le recul, je sais qu'il n'y a rien de mieux que de voir des mères allaiter pour apprendre les positions d'allaitement et découvrir les préjugés et les mythes sous leur vrai jour. Les livres, c'est bien beau, mais en chair et en os, c'est encore mieux.

Et puis le jour de la naissance, c'est un peu comme l'heure de vérité ; il ne faut pas oublier que peu importe le nombre de livres que l'on a lus, le nombre de rencontres auxquelles on a assisté, le bébé, lui, n'a pas eu la même préparation. Cela s'est somme toute assez bien passé pour bébé et moi. Nous avons vécu toutes les deux une naissance toute naturelle et en douceur en compagnie de son papa et de nos deux sages-femmes en maison de naissance. Elle n'a pas pleuré, pas crié. Elle était si calme et détendue. Elle a bu sa première petite gorgée de colostrum quelques minutes après sa naissance. Je lui ai offert le sein à l'occasion, mais elle ne semblait pas affamée. Elle était déjà très curieuse du monde qui l'entoure. Elle a accepté le sein chaque fois que je le lui ai proposé, parfois pour téter, parfois simplement pour le lécher, le sentir. C'est incroyable ce que la succion d'un bébé arrive à faire. Avant que les tissus mammaires s'adaptent à cette force, il peut arriver des moments d'inconfort, mais jamais durant toute la tétée. Mon conjoint trouvait amusant de me voir relever les orteils chaque fois qu'elle prenait le mamelon dans sa bouche. Puis au bout de quelques minutes, mes orteils retouchaient le sol. J'avais lu dans certains livres que l'on doit préparer ses seins à l'allaitement. Il existe toutes sortes de conseils barbares à ce sujet, mais j'avais aussi entendu les mères des réunions dire que ça ne sert à rien ; je n'avais donc fait aucune préparation.

. Nous sommes rentrées à la maison et avons continué à nous apprivoiser l'une l'autre. C'est un grand apprentissage autant pour l'enfant que pour la mère. Les mois se sont écoulés puis, peu à peu, nous sommes devenues des championnes toutes les deux. Ce qui pouvait nous prendre une heure au début ne durait qu'une trentaine de minutes par la suite. Puis les sourires, les moments où elle laissait le sein parce qu'elle tombait endormie après son boire, la goutte qui coule le long de la commissure de ses lèvres, toutes ces grandes joies qui nous font prendre conscience que c'est grâce à notre lait que notre enfant grandit. Du pur bonheur, le lait n'est rien de moins que de l'or blanc.

Nous avons bien vécu de petites difficultés, mais somme toute rien de bien dramatique. J'avais comme bien des femmes le problème inverse de celui dont on entend fréquemment parler et qui semble plus un lieu commun qu'autre chose, c'est-à-dire manquer de lait. Mon entourage se plaisait à dire que j'aurais pu nourrir des jumeaux. Il a fallu plus de huit mois avant que ma production ne se stabilise et que j'arrête d'éclabousser ma fille en plein visage dès que je dégrafais mon soutien-gorge. Dans mon cas les compresses d'allaitement étaient d'une grande nécessité. Ma fille semblait bien s'en accommoder durant le boire, mais par la suite elle régurgitait souvent.

Nous sommes allées un peu partout, n'ayant jamais peur d'oublier l'essentiel, une simple couche. On peut dire que Blanche aura bu quand elle le voulait, où elle le voulait. Je n'ai rien contre les salles d'allaitement, mais moi, je ne ressentais pas le besoin de m'isoler pour la nourrir. Un simple banc confortable, ou encore le meilleur fauteuil situé en plein milieu d'un grand magasin, je me sentais à l'aise partout. Je ne sais pas si c'est ce que mon visage dégageait, ou encore si c'est le fait de voir ma fille si bien et détendue pendant qu'elle buvait, mais jamais je n'ai eu de commentaires désobligeants sur le fait de l'allaiter en public. Et pour ceux et celles qui me connaissent, ça ne m'aurait pas dérangée, car j'étais toute disposée à expliquer le pourquoi de mon geste et bien décidée à faire respecter nos droits.

Il y a bien eu des petites remarques de parents et d'amis, mais j'ai toujours tenu mon bout. Que ce soit à propos du nombre de boires, des horaires, des dodos en famille, de l'âge auquel je devrais la sevrer, du fait que nous la prenions un peu trop. En fait, une des plus grandes peurs des gens, c'est de gâter l'enfant. Il faut dire que j'ai toujours été appuyée par mon conjoint, sans qui toute cette aventure n'aurait probablement pas réussi. Il partageait avec moi cette vision qui nous avait été transmise à une rencontre d'allaitement. Pour faire une analogie, on nous avait parlé de l'histoire de la pomme. Une pomme gâtée est celle qui reste seule sur le comptoir trop longtemps et qui finit par flétrir et dépérir. Pour nous, un enfant gâté n'était certainement pas celui dont on s'occuperait. Il n'était pas question pour nous de gâter notre fille.

Et puis il y a eu les nuits très courtes ; plusieurs personnes bien intentionnées ont insinué que mon lait n'était pas assez riche, que je n'en produisais pas suffisamment, que je devrais donner des solides à mon bébé, etc. Mais, encore une fois, j'ai fait fi des différents commentaires. Nous nous sommes rendu compte assez rapidement, Éric et moi, que pour Blanche une sieste de 20 minutes correspondait à un dodo de deux heures pour un autre enfant. Elle était toujours souriante et calme, mais elle ne dormait pas beaucoup. Ce n'était pas une question de lait, mais de tempérament.

À ses six mois, nous avons commencé à lui offrir des aliments. Elle était curieuse, mais loin d'être affamée, un autre trait de sa personnalité qui est toujours vrai aujourd'hui. Jusqu'à un an, je lui offrais toujours à boire avant de manger, mon lait était donc son principal aliment. À ses 13 mois, Blanche s'est mise à marcher et les boires étaient un peu moins fréquents. Elle explorait davantage tout ce qui l'entourait. Il faut aussi mentionner que son alimentation était très diversifiée ; elle aimait manger de tout, mais en infime quantité.

Aux 15 mois de ma fille j'étais de nouveau enceinte et une nouvelle réalité s'imposait à moi. Je ne pouvais pas la sevrer si jeune, elle avait encore tellement besoin de moi. J'ai donc décidé de continuer à la nourrir. Je me souviens (pour l'avoir écrit dans un cahier) qu'à cet âge, après avoir bu à un sein, elle avait dit « encore » pour que je lui présente l'autre sein, et qu'ensuite elle avait dit « merci ». Wow ! Mon cœur avait fait trois tours. De mémoire, j'ai eu les mamelons plus fragiles les deux premiers mois de grossesse, mais pas de quoi vouloir sevrer ma fille. Vers le quatrième mois, Blanche a développé un nouveau comportement lors des boires. Elle demandait d'avoir dans les mains un verre à bec antidégât rempli d'eau. Elle prenait deux ou trois gorgées au sein, puis une gorgée d'eau, et ce, durant toute la tétée. Voulant comprendre cette nouvelle habitude, j'ai lu sur le sujet et j'ai appris que la composition du lait change lorsque l'on est enceinte et qu'il peut aussi se produire une baisse de production. C'est probablement ce qui explique pourquoi elle a développé cette habitude.

Les positions d'allaitement sont devenues un peu plus compliquées au fur et à mesure que mon ventre s'arrondissait et que Blanche grandissait. Elle flattait bébé amoureusement durant les tétées. Je lui parlais très souvent du bébé à naître, du fait qu'elle devrait me partager avec lui. Que bébé aurait davantage besoin du lait de maman, que je l'aurais très souvent dans les bras comme elle-même je l'avais prise, etc. Durant le dernier mois, je lui répétais que quand bébé arriverait il y aurait plus de lait et que ce serait un cadeau que bébé partagerait avec elle. Nous avions donc tous des concessions à faire, pas seulement elle.

La naissance d'Antoine s'est aussi déroulée en maison de naissance en compagnie de mon conjoint et de deux sages-femmes, mais elle fut précipitée. Il a eu besoin d'un petit coup de pouce pour prendre sa première bouffée d'air. C'est donc quelques minutes après sa naissance que j'ai pu le mettre au sein. Il n'a pas voulu téter tout de suite. Il a pris son temps, et c'est environ une quarantaine de minutes après qu'il a pris sa première gorgée de colostrum. Quelques heures après la naissance d'Antoine, j'ai nourri Blanche. À partir de cette nuit-là, j'ai vécu un allaitement en tandem. Déjà à la naissance d'Antoine, sa sœur partageait une immense complicité avec lui. Je la sentais solidaire de ses besoins d'être pris et nourri à la demande. Elle a bien chigné quelques fois parce que je m'occupais plus de son frère, mais quel enfant, qu'il soit nourri ou sein ou non, n'a pas fait cela ?

J'ai dû faire face à une autre réalité à laquelle je ne m'étais pas préparée. Avant la naissance de son frère, j'endormais toujours Blanche au sein pour la petite sieste d'après-midi et comme j'avais besoin de dormir encore plus qu'auparavant et qu'elle dormait toujours aussi vite, je voulais essayer d'endormir son frère en même temps. Blanche avait beau être conciliante, elle trouvait cette situation plus difficile. J'ai donc trouvé une stratégie assez rapidement. Elle qui n'avait jamais aimé avoir une suce, elle accepta d'en prendre une pour s'endormir lovée entre mes jambes faisant office de bras. J'endormais mes deux amours en même temps et il ne restait plus qu'à m'étendre auprès d'eux pour un repos bien mérité.

À ses deux ans, Blanche buvait toujours et j'ai repensé à la femme des cours d'allaitement. Éric et moi avons bien ri puisque, deux ans auparavant, cette situation m'avait semblé totalement saugrenue. Je trouvais Blanche encore bien petite pour être sevrée, et si grande à côté de son petit frère. C'est incroyable comment notre vision des choses peut changer radicalement en si peu de temps. Il suffit parfois de vivre une situation pour la comprendre.

Vers l'âge d'un mois environ, Antoine a commencé à pleurer beaucoup sans trop que l'on sache pourquoi. Il semblait pris de crampes incroyables. Nous avons essayé différents trucs, nous avons consulté médecin et ostéopathe, sans succès. Ce fut une période très difficile pour notre famille, éprouvante pour chacun de nous. En temps normal, les pleurs et les cris des enfants sont faits pour nous faire réagir, pour que l'on s'occupe d'eux rapidement. Mais quand ils sont sans cesse présents, ils grugent l'énergie et l'estime de soi des parents, et font parfois naître des émotions négatives inattendues. Les nuits étaient aussi mouvementées que les jours. Comme il fallait bien que mon conjoint dorme pour être capable d'aller travailler le lendemain, j'assurais la plupart des nuits et lui s'occupait des bébés le matin et le soir. Malgré de nombreux conseils souvent contradictoires, j'ai poursuivi l'allaitement, mais en demandant une aide sporadique de l'extérieur. Ma famille et moi avons eu recours à une aide familiale, une ou deux fois par semaine, pour préparer quelques repas, faire le ménage, le lavage et s'occuper de notre grande de deux ans, pendant que moi, je tentais de récupérer en dormant quelques heures. Demander de l'aide n'a pas été facile, mais c'était la seule solution pour s'en sortir. C'est le temps qui a fini par replacer la situation. Vers l'âge de neuf mois, sans que l'on sache trop pourquoi, les pleurs sont disparus comme ils étaient venus. Avec le recul, je pense que mon réflexe d'éjection très puissant et probablement aussi sa naissance plus difficile peuvent expliquer les coliques de notre fils, mais la ou les vraies raisons, nous ne les connaîtrons jamais.

Tout comme sa sœur, Antoine a bu exclusivement de mon lait durant les six premiers mois. Par la suite, il s'est révélé curieux et a mangé avec appétit ce qui lui était présenté. À un an, il était devenu une excellente fourchette. Il l'est toujours huit ans plus tard. Il buvait encore au sein, mais la fréquence était moins grande. Comme nous figurions dans le Livre *Guinness des records de l'allaitement* (évènement tenu à place Fleur-de-Lys en septembre 2000), nous avons été invités Antoine et moi, à l'émission de télévision *Sexe et Confidences*. Bien que la perspective de passer à la télévision ne me plaisait pas plus qu'il ne le faut, j'ai tout de même accepté, le but étant de partager mon expérience d'allaitement. Antoine, alors âgé de 14 mois, et moi avons fait la démonstration en direct qu'il est possible d'allaiter discrètement un bambin, ce que bien des gens n'avaient probablement jamais vu. L'émission a suscité plusieurs plaintes. L'animatrice a dû faire un retour le lendemain sur les bienfaits de l'allaitement et la survie de l'espèce humaine grâce à ce mode d'alimentation. Trop de gens ignorent ou ne veulent pas se rappeler que nous sommes des mammifères et que les seins ont pour fonction primaire de nourrir les enfants.

J'ai continué d'aller aux réunions des groupes d'entraide assez assidûment, étant heureuse de pouvoir partager avec d'autres mères et pères nos différentes expériences. Quand Antoine a eu un an, je suis devenue personne-ressource en allaitement dans un de ces groupes, question de rendre un peu de ce qui m'avait si généreusement été offert. Je suis persuadée que la plupart des femmes réussiraient leur allaitement si elles avaient la chance d'être soutenues et écoutées. Ça fait souvent toute la différence dans un moment difficile. Malheureusement, plusieurs parents ignorent l'existence de ces groupes.

Blanche et Antoine ont été allaités en tandem pendant trois ans. Puis, j'ai commencé à discuter avec Blanche de la possibilité qu'elle arrête de boire de mon lait vers quatre ans et demi. Je lui ai dit qu'à cinq ans elle serait une grande fille, qu'il faudrait bien arrêter un jour ou l'autre et que je trouvais que c'était le bon moment. Son sevrage s'est passé tout en douceur. Il faut dire qu'à cet âge, il ne restait qu'un ou deux boires par jour. Puis, Antoine a continué à boire comme sa sœur jusqu'à ses cinq ans. Il aura donc été allaité seul durant les deux dernières années. Je l'ai, lui aussi, guidé vers le sevrage et ce fut aussi facile que pour sa sœur.

Blanche et Antoine sont de beaux grands enfants, épanouis, aimant la vie, indépendants. Tout en étant proches de moi, ils sont sensibles et attentifs aux besoins des autres, et j'aime croire que c'est en grande partie dû à notre belle et longue relation d'allaitement. Si c'était à refaire, je referais exactement la même chose. Malgré les difficultés, nous sommes tous sortis gagnants de ces expériences. Je souhaite à toutes les mères et à leurs enfants de vivre de telles expériences, qu'elles soient de courte ou de longue durée. L'allaitement, c'est formidable.

Dans les bras de maman

Mathilde Gauthier-Grégoire

J'ai relaté l'expérience de l'allaitement de mes enfants dans le livre Au cœur de la naissance : témoignages et réflexions sur l'accouchement *(Éditions du remue-ménage, 2004). J'y raconte l'expérience du sevrage naturel de Mathilde qui a été pour moi une sorte de révélation, tant pour le bonheur de cette relation que pour le sentiment de procurer à ma fille exactement ce dont elle avait besoin. J'ai eu peu à voir avec le rythme de ses tétées entre sa naissance et son sevrage. L'année de ses sept ans, elle a pris le sein deux ou trois fois, sans qu'il y ait de dernière fois annoncée, sans qu'on ait à en faire le deuil. Je me sens toujours aussi choyée d'avoir pu connaître cet état de plénitude. Merci ma belle Mathilde !*

Ta maman qui t'aime gros comme mille univers,
Lysane Grégoire

J'ai en ce moment 12 ans. Je suis le bébé d'une famille de trois enfants. Ma sœur et mon frère sont nés à l'hôpital, mais moi je suis née à la Maison de naissance Côte-des-Neiges à Montréal. J'ai été allaitée jusqu'à l'âge de sept ans. Mes souvenirs d'allaitement commencent quand j'ai à peu près trois ans et que j'étais allaitée le soir et le matin. Je me rappelle que je dormais dans le lit de maman, puis le matin, je la réveillais pour téter.

Être collée tous les soirs contre sa mère fait qu'on se sent plus proches. D'ailleurs, même si je ne tétais plus, j'ai longtemps continué à coucher avec ma mère, ce que je fais encore de temps en temps. J'aime ça parce que je me sens en sécurité et on est si bien quand on est collées. En plus, je peux lui réchauffer ses petits pieds gelés.

J'ai aimé être allaitée parce que j'avais l'impression d'être dans une bulle avec ma maman. Surtout le soir, après le souper, quand Mariel et Antoine étaient partis se coucher, ma mère me disait « C'est l'heure du... », et moi je répondais, tout excitée, « C'est l'heure du lailai ! » et je bondissais jusqu'à elle pour enfin m'endormir dans ses bras. Elle me disait à quel point elle m'aimait et me faisait tout plein de bisous. Moi aussi je lui en faisais tout un tas. Je m'endormais toujours heureuse et aimée.

Je ne me rappelle pas de beaucoup d'histoires d'allaitement, mais je me suis toujours souvenue d'une drôle d'anecdote. Il était tard et maman était à la toilette. Alors je suis allée m'asseoir sur elle pour commencer à téter, puis nous nous sommes toutes les deux endormies sur le bol de toilette ! Cela m'a fait beaucoup rire et me fait rire encore aujourd'hui.

Plus tard, je vais allaiter mes enfants parce que j'ai adoré me faire allaiter, alors je veux faire connaître ça à mes enfants. Dans le livre *Au cœur de la naissance*, j'ai lu les témoignages de maman, elle disait qu'elle était heureuse quand elle allaitait et qu'elle aimait ça, alors j'ai hâte de vivre cette expérience.

Je ne garde que de beaux souvenirs de l'allaitement et je souhaite à tous les enfants d'être allaités !

Mathilde et Lysane, en toute complicité

La question

Caroline Di Cesare

J'avais encore le test de grossesse entre les mains lorsque j'ai annoncé à ma mère que j'étais enceinte. Toute contente pour moi, sa première réaction, après les félicitations habituelles, fut de me demander si j'allais allaiter. Cela m'a brusquée, pour ne pas dire contrariée ! C'était une question beaucoup trop prématurée, une question à laquelle je n'étais pas encore prête à répondre. Il faut avouer que, depuis toujours, l'allaitement suscitait chez moi un certain malaise. Lorsque mes amies allaitaient en public, devant des hommes surtout, cela me gênait. N'ayant aucune expérience personnelle du sein nourricier, le sein, à mon sens, ne pouvait être autre que sexuel.

Je savais bien que ma mère n'avait aucune mauvaise intention en m'adressant cette question, bien au contraire ! Mais cela m'a tout de même embêtée. Estimant que l'allaitement est un beau geste et qu'il est bon pour mon bébé, elle voulait simplement savoir si j'allais faire comme mes sœurs. Pour sa part, elle n'avait allaité chacun de ses cinq enfants que quelques jours à peine, car « nourrir son enfant » était un geste marginal à l'époque. Elle nous trouvait chanceuses d'avoir cette possibilité, car de son temps on n'encourageait pas les femmes à allaiter.

Allais-je allaiter ? Question légitime. Ne disait-on pas que le lait maternel est le meilleur aliment que l'on puisse donner à son bébé ? Comme toute mère, je souhaitais également le mieux pour mon enfant ! Mais qu'un poupon dépose sa bouche sur une zone si érogène sans que je n'en ressente un certain inconfort m'était impossible à concevoir.

J'appréhendais une sensation aussi bizarre que déplaisante. J'étais pourtant entourée de témoignages d'allaitement positifs, dont l'allaitement prolongé de mes nièces. Et tout ce beau monde semblait s'en porter à merveille !

Afin de départager mes sentiments, j'entrepris d'en discuter avec des amies, certaines allaitantes, et d'autres, non. Je me suis également rendue aux cours prénatals offerts par la clinique de mon quartier pour obtenir des compléments d'information. J'en étais alors à trois mois de grossesse. On m'y a reposé cette même question, pour laquelle je n'avais toujours pas de réponse claire. Toutefois, en parler ne me dérangeait plus.

J'étais maintenant capable de livrer ouvertement mes craintes. J'étais dorénavant d'avis que j'essaierais à tout le moins d'allaiter mon fils. Selon la tournure des événements, je pourrais toujours décider de poursuivre ou non dans cette voie. Mon conjoint m'appuyait en ce sens.

Bien que n'ayant pas encore mon bébé entre les bras, j'ai accepté l'invitation à une rencontre appelée « halte-allaitement ». J'y ai découvert des mères avec leurs nouveau-nés, et d'autres avec des enfants plus âgés. Étant en retrait préventif, j'avais beaucoup de temps pour moi. J'y suis retournée régulièrement. J'adorais y discuter de la grossesse, de l'accouchement et de la maternité en général. Sans m'en rendre compte, je me familiarisais tranquillement avec l'allaitement.

Par contre, lire sur le sujet ne m'intéressait toujours pas. Peut-être mes livres étaient-ils trop techniques, trop théoriques ? Quoi qu'il en soit, je repoussais constamment le moment de les ouvrir. Ils me faisaient peur, en quelque sorte. Maîtriser les différentes positions d'allaitement, apprendre comment insérer mon sein dans la bouche du bébé, autant d'actions que j'avais du mal à m'imaginer poser !

Quelques mois plus tard, mon fils est né. Dès sa première tétée, je fus impressionnée de constater à quel point il savait quoi faire ! Au-delà de tout conseil, ce fut lui qui me montra à allaiter. Quel talent il avait ! Tout était si naturel. À mon grand soulagement, je ne ressentais aucun malaise. Le déclic fut instantané. Dès ce moment, je ne me suis plus posé de questions. Mon fils serait allaité.

Je lui ai donné le sein avec bonheur pendant plus de deux ans. Je suis aussi devenue marraine d'allaitement pour aider à mon tour les mères désireuses de tenter l'expérience.

Nous avons maintenant un deuxième enfant, une petite fille que j'allaite depuis bientôt trois ans et qui ne semble pas du tout prête à s'arrêter. Et si vous me posiez la question à savoir à quel moment je vais la sevrer, je vous dirais que je dois y réfléchir avant de vous répondre, car ma fille et moi ne sommes pas encore rendues là dans notre cheminement.

Chaque chose en son temps !

De poésie fluide et d'amour complice

Mireille Bouffard

Si je devais résumer en quelques mots mon expérience d'avoir allaité mes quatre garçons, j'écrirais tout simplement que je me suis bien fait prendre au jeu, car j'ai davantage été nourrie lors de ces savoureux moments que j'ai pu nourrir.

À la naissance de mon premier enfant, j'avais 27 ans. Active, autonome et spontanée, l'allaitement était taillé sur mesure pour moi. On me demandait durant ma grossesse si je désirais allaiter mon bébé. Je comprenais mal le sens de cette question, car la mienne aurait plutôt été : pourquoi je ne voudrais pas l'allaiter ? D'où venait cette conviction d'allaiter si ce n'est d'un besoin inconscient d'explorer, d'aimer ou de cheminer ? Je n'avais pourtant pas été allaitée et je n'étais pas particulièrement intime avec des mères ayant allaité leur enfant. Un peu comme mon besoin indiscutable d'accoucher naturellement, allaiter mes enfants allait de soi et semblait répondre à un désir relationnel inné.

L'amour et le désir de poursuivre ce miracle d'insuffler la vie guidaient donc mon désir d'allaiter mon enfant. Grâce à ces délicieux instants, je l'installais au creux de mon cœur, ce nourrisson fragile au chaud dans mes bras, je lui offrais mes seins et nous nous entrenourrissions. Aujourd'hui, je suis très fière d'avoir donné le meilleur de moi et d'en émerger aussi enrichie et stimulée. Tout autant qu'ils me comblent l'âme, ces uniques et précieux moments de tendresse me manquent aujourd'hui. Avoir porté et allaité mes enfants constitue le plus beau geste d'amour et de don de soi de toute ma vie de mère et de femme déjà âgée de 44 ans !

Je me souviens qu'à l'annonce du diagnostic d'autisme de mon fils Olivier sevré 20 mois plus tôt, mon corps a réagi à sa façon ; j'ai eu une montée de lait pour lui ! J'aurais voulu le ramener à l'abri, partager avec lui la sécurité de mon sein pour adoucir l'épreuve et réanimer cet ancrage d'émotions apaisantes. Nous retrouverions nos regards complices, car Oli ne pouvait justement plus soutenir de contact visuel avec moi.

J'ai allaité chacun de mes enfants pendant un an. Je croyais leur avoir donné la liberté de choisir quand se sevrer et qu'ils avaient justement choisi leur heure vers 12 mois. Je l'avoue humblement, j'ai espéré faire durer le plaisir avec le benjamin en souhaitant qu'il repousse ce traditionnel terme de un an. Or, voilà qu'il a eu la sagesse d'en profiter jusqu'à six ans. Après réflexion, cela me laisse perplexe par rapport aux autres sevrages que je croyais naturels avec mes trois premiers enfants. Je constate que j'y ai probablement joué un plus grand rôle que je le crois. Mon aisance, voire mon ardeur et ma disponibilité à poursuivre l'allaitement au-delà de un an a sans aucun doute encouragé mon fils à savourer plus longtemps ces instants tranquilles. La proximité complice que j'ai vécue avec lui m'émerveille encore. J'en ressors imprégnée de splendeur devant l'indéchiffrable cheminement de croissance qui accompagne cette généreuse relation d'abandon.

L'allaitement faisait aussi partie de ma démarche naturelle de porter et de mettre au monde mes enfants. Il en était le simple prolongement, car cela me permettait d'approfondir l'intimité de notre relation tout en profitant du bonheur de nourrir. Et en plus... pas avec n'importe quoi ! Avec un lait unique : fabriqué spécifiquement pour le p'tit trésor qui vient de naître ; vivant : qui se transforme selon les besoins et l'âge de l'élu ; simple : comme est le fait de toujours porter son lunch au chaud sur soi ; pratique : rapidement disponible, n'importe quand, n'importe où ; imbattable : impossible à imiter par l'industrie ; et équitable, car économique et écologique. Je me plais à me remémorer cette liberté que l'allaitement a procurée à notre famille.

Je revis, en écrivant ces lignes avec le sourire, les nombreux plaisirs qui accompagnaient cette aventure. Plaisirs affectifs mais aussi plaisirs physiques, car ma mémoire corporelle me fait encore ressentir les picotements et le combien agréable réflexe d'éjection. Pour rigoler, on s'est bien amusé de la puissance du jet en arrosant gaiement le café de certains invités ou en relevant le défi avec une copine allaitante du jet le plus loin, le plus large, etc.

En plus de stimuler la santé de mes enfants, allaiter a aussi été magique pour la mienne. Cela m'a permis d'apprécier la lenteur, de relaxer en prenant mon temps pour les dorloter, d'être à l'écoute de mon corps et de mes enfants, de me faire confiance, d'adopter de bonnes habitudes de vie, de profiter du bon côté de mes hormones (celles du plaisir), de ressentir le bien-être de me reposer calmement tout en profitant d'un répit par rapport au rythme souvent infernal du métro-boulot-dodo, avec en bonus... une dépense d'énergie m'aidant à retrouver mon poids santé.

N'allez pas croire que tout n'était que bonheur, ce serait trop beau pour être vrai... Il y a eu aussi de ces moments où j'ai douté, où j'ai eu peur et j'ai été malade ou en larmes, car épuisée. J'ai rêvé d'espace pour être seule dans ma bulle, pour me permettre un répit et ainsi éviter de lancer la serviette. Néanmoins, tous ces inconforts étaient temporaires et surtout, ce ne sont pas ces difficultés qui me restent des années plus tard. J'ai eu mon lot de mastites et de crevasses. J'ai eu parfois mal lors des tétées, mais je gardais le cap sur ma détermination à traverser inconditionnellement le premier mois qui, chaque fois, a été le plus ardu. Comme toute aventure exigeante, allaiter comporte son équilibre imparfait de magnifiques et éprouvants moments, et il nous appartient de mettre en place un réseau de soutien pour en retirer le meilleur. C'est, selon moi, un des premiers apprentissages du métier de mère, où notre dévouement auprès de notre enfant dépasse nos besoins personnels et où notre engagement à prendre soin de nous constitue la clé du succès.

Concernant le sommeil, oui, il me manquait cruellement. Je me serais mal imaginée faire chauffer le biberon en plus. Le co-dodo m'a facilité la vie et mes proches l'ont adoucie.

J'ai adoré allaiter à moitié endormie, couchée de côté. Comment ne pas faire des songes ensoleillés durant ces nuits de plaisirs, bordée par mon *chum* et mon bébé ? Mon *chum* faisait faire le rot et me réveillait pour que j'allaite de l'autre sein. Il y avait dans ces nuits un synchronisme amoureux touchant... C'est aussi la belle vie, allaiter !

J'ai eu la chance de prolonger l'allaitement malgré mes retours au travail, et ce, jusqu'à l'entrée à l'école de mon dernier enfant. Je voudrais partager avec vous plus spécifiquement quelques bribes de cette expérience peu commune. Malgré les préjugés que j'avais appris à réduire en bouillie, j'étais fière de mon enfant, car autant il était collé, autant il était autonome et explorateur. J'observe aujourd'hui combien cet enfant peut être sensible aux autres, empathique et généreux de sa personne, et je me plais à croire que, jumelé avec sa personnalité, l'allaitement prolongé y a contribué. Je me rappelle nos charmantes discussions sur ces impressions sur mon lait. À ma question « Qu'est-ce que tu aimes le plus du lait de maman ? » il m'a tout simplement répondu : « Ben voyons, c'est me coller sur toi ! ». Wow ! Il venait du haut de ses quatre ans de me remettre un des plus beaux diplômes de parent !

Il est vrai pour moi aussi que c'est la tendre affection de cette relation fluide qui m'a le plus touchée. Je me rappelle les matinées où il venait nous rejoindre pour prendre place à mes côtés et placer lui-même mon sein à son aise en se régalant, puis changer nonchalamment de sein ou gigoter doucement vers papa et retourner gambader vers ses frères. Quels beaux souvenirs ! Je souhaite à toutes les femmes qui le désirent la chance de poursuivre l'allaitement au fil des ans, car cette expérience transforme notre sensibilité et nous rend meilleures.

Je crois que mon attitude a contribué à la réussite de mes allaitements. J'ai été souple. Mes enfants avaient des biberons de lait maternel donnés par papa, car j'ai eu des bébés pour qui la tétine ne compromettait pas le succès de l'allaitement en bas âge. Je prenais du repos et je m'accordais des répits. J'ai parfois donné des biberons d'eau l'été. En bref, j'ai tenté de me rendre l'allaitement agréable sans exiger de moi la perfection et cela a fonctionné. Influencée malgré tout par mon entourage, j'ai tenté de donner peu de prise aux commentaires ou conseils bienveillants mais déplacés suggérant que l'allaitement m'épuisait, que je devrais donner à manger à mon enfant au lieu de lui donner cette « eau de vaisselle », surtout si je voulais qu'il fasse ses nuits, et tout le discours similaire. Il faut dire que les femmes de la génération qui nous a précédées avaient en général adopté le « biberon moderne ». Il est bien heureux que nous tentions aujourd'hui de sortir de cette culture du biberon. Je crois que nous avons tous, au nom des enfants, la responsabilité de promouvoir et soutenir l'allaitement auprès des parents.

Une autre question qui m'était adressée et que je trouvais un peu absurde était combien de temps je comptais allaiter mon bébé. Je trouvais qu'il revenait plutôt au bambin d'y répondre. Je constate avec le recul que ces préoccupations reflètent surtout l'influence de notre mode de vie « moderne, organisé pour l'optimisation de la performance » sur un geste si naturel que la femme instinctive et inspirée par son corps initierait sans même savoir qu'il existe.

J'ai récemment donné de la formation sur les dimensions de la qualité des soins au nourrisson favorisant le développement de son lien d'attachement sécurisant. En la donnant, j'ai été frappée par l'évidence que l'allaitement est une valeur sûre pour favoriser cette relation sécurisante. Il propose à la mère d'être plongée dans des instants où elle peut faire preuve régulièrement et avec qualité de sensibilité, d'engagement, de proximité et de réciprocité à l'égard de son enfant. Le porte-bébé aussi a permis à nos enfants de jouir de nos bons soins et nous avons adoré les trimballer tout collés sur nous dans la nature. Je souhaite aux pères d'en profiter pour nourrir à leur façon leur enfant. Au moment d'écrire ces lignes, je me souviens de ma pensée au lendemain d'une récente et complexe chirurgie pour retrouver l'usage de mon coude gauche. En constatant que mon bras était immobilisé dans une ancienne position d'allaitement, j'y ai vu un signe de chance pour l'avenir de ma réadaptation.

Je rends hommage à l'allaitement, car il m'a permis d'apprivoiser avec plus d'intensité le lâcher-prise, l'abandon, la confiance et la fierté. Mon image de l'allaitement est celle d'une femme arbre enracinée dans notre Terre mère qui offre ses fruits par son lait, source de vie. Quelle belle contribution aux cycles de la vie !

Vous le constatez, allaiter m'a beaucoup valorisée et partager cette expérience me valorisera toujours. Allaiter m'a aussi fait apprécier ma nature féminine, car porter, mettre au monde et nourrir un enfant sont des dons profondément féminins. La maternité m'a rendue sensible à cette expérience universelle que je partage, d'abord avec mon enfant et ma famille, mais aussi avec des millions de femmes de toutes les époques et de partout dans le monde. J'ai senti que l'allaitement me permettait de me rapprocher de ma puissance féminine, un peu comme si la beauté de cette intimité mère-enfant était aussi une représentation de ma vie intérieure.

Avec le recul, je constate qu'à l'origine le choix d'allaiter prenait la forme d'une conviction personnelle de choisir le meilleur lait pour mon enfant. C'est un peu comme si je voyais alors seulement la peau sur le fruit. Avec la grâce de l'expérience, le goût du fruit s'est vite imposé et l'allaitement nous a balayés de toute sa subtilité. Véritable réservoir pour puiser le bonheur, l'allaitement a offert à notre famille des moments d'amour authentiques. Baigné d'une simplicité au quotidien, l'allaitement nous a transportés dans de magnifiques instants de grâce avec nos enfants. Et ce, tout en murmures, en chuchotements, en caresses dans un silence permettant de laisser aller et sentir le lait imprégner sa trace fondamentale sur l'enfant, telle l'inspiration de l'artiste sur son œuvre.

Je trouve qu'il y a beaucoup de pureté dans le geste d'allaiter son enfant. Cette connexion est exceptionnelle. Aujourd'hui, je vois mes enfants grandir heureux et je sais qu'ils ont déjà reçu le meilleur de moi-même et qu'ils portent bien vivant en eux mon héritage de chaleur, de santé et d'amour.

Je remercie mon conjoint, car il a accepté de dorloter autrement nos enfants en m'offrant au passage son soutien, son amour et sa disponibilité. Sans sa collaboration, je n'aurais pas pu autant m'épanouir et nos gars n'auraient pas pu bénéficier aussi longtemps de ce lait du cœur si généreux pour leur bien-être et leur développement. Je souhaite qu'à leur tour ils offrent à leur conjointe et leur enfant leur soutien attentif et qu'ils retirent autant d'amour, de tendresse et de plaisirs dans cette expérience familiale. J'ai bon espoir qu'ils transmettent cette valeur de famille.

Au début de ce récit, je mentionnais que l'allaitement m'a nourrie. J'espère que mon témoignage a su vous faire goûter à ma passion et à mon cheminement. J'ai grandi grâce à ces sublimes et exigeants moments. J'ai offert et reçu beaucoup de tendresse. Loïc, Olivier, Félix et Alexis, je vous remercie de m'avoir donné cette chance. Je vous adore autant et je suis très reconnaissante envers mon *chum* Michel pour son amour et sa présence indispensable.

P.S. Je voulais préciser que la nature m'a donné de petits seins qui ont pris un volume enviable durant ces neuf années d'allaitement. En cette époque où le sein se doit d'être artificiellement volumineux pour être conforme au modèle que la mode lui confère, je constate que lui laisser vivre ce rôle d'amour apaise nos ridicules complexes de dimensions. Pour ma part, à la suite de l'allaitement, j'ai déclaré mes seins « Patrimoine familial », car patrimoine nourricier exclusif à mes enfants, patrimoine affectif enraciné dans leur mémoire sensorielle et preuve d'amour toujours vivante durant les nuits amoureuses avec leur père.

Félix, Loïc, Olivier, Alexis, Mireille et Michel, été 2008

Un placement pour l'avenir

Maud-Christine Chouinard

J'aimerais profiter de cette tribune pour partager, avec toutes les personnes intéressées par l'allaitement, mes trois expériences d'allaitement qui, comme la maternité, ont été à la fois complexes et tellement exaltantes. Complexes, parce qu'à chaque fois j'ai eu à faire face à des défis, parfois pénibles et parfois cocasses, qui m'ont amenée à trouver des ressources que je ne me connaissais pas. Exaltantes, parce qu'elles ont été gratifiantes, énergisantes et ont fait de moi une nouvelle femme. J'aimerais d'emblée préciser que j'ai bénéficié d'un soutien indéfectible de mon conjoint, Mario, qui en plus d'être présent dans les premières semaines chaque fois que j'ai commencé un nouvel allaitement, a eu confiance en ma capacité de donner le meilleur à nos enfants.

Enceinte de mon premier bébé, il y a neuf ans, nous avions, mon conjoint et moi, décidé que j'allaiterais sans vraiment en savoir beaucoup sur le sujet. Nous avons pris cette décision principalement pour les bienfaits qu'apporte l'allaitement pour la santé de l'enfant. Occupée par-dessus la tête par mon doctorat, je ne me suis malheureusement pas vraiment renseignée sur toutes les implications de ce choix. La notion même de l'enfant demeurait pour moi assez abstraite. J'avais l'impression de porter un étranger, même si les hormones de grossesse me rendaient sensible et complaisante. C'est quand j'ai mis mon fils Étienne au sein vers 7 h le matin après une nuit d'accouchement assez pénible que cet enfant s'est révélé à moi : quelle merveilleuse rencontre, tout en douceur, en chaleur. Et quelle fierté pour moi que de réussir cet exploit. Je me suis alors sentie connectée à lui (alors que c'était plutôt le contraire), cet être unique que nous avions fait ensemble, mon conjoint et moi. Mais les défis sont arrivés rapidement.

Peut-être en raison d'un manque de préparation, de problèmes de position, d'un surmenage, de visites envahissantes ou d'un peu de tout cela, je me suis retrouvée avec des gerçures importantes aux deux seins dès la première journée de mon retour à la maison. Ce problème a été bien sûr exacerbé par une montée de lait vertigineuse et des écoulements de lait presque constants qui me laissaient toute détrempée et transie. Incapable de refuser les multiples visiteurs qui s'annonçaient, j'avais toutes les peines du monde à rester les mamelons au sec, ne serait-ce que quelques minutes. Les mises au sein étaient particulièrement douloureuses dans les premières secondes, à m'en faire pleurer, mais heureusement cela partait si le bébé poursuivait la tétée. J'ai bien pensé abandonner dans cette période. Mais je me suis découvert une ténacité que je ne me soupçonnais pas, ténacité motivée par deux raisons, je crois. Premièrement, j'étais maintenant convaincue que je donnais le meilleur lait à mon bébé, que j'avais un bon bébé parce que je lui donnais un lait facile à digérer, que si je lui donnais une infime quantité de formule artificielle, il aurait beaucoup de difficultés à la digérer. Deuxièmement, je souhaitais connaître les avantages de l'allaitement décrits dans les livres et par les intervenants : la facilité, la proximité avec mon fils, et la disponibilité du lait en tout temps.

Ces avantages et plusieurs autres sont heureusement arrivés rapidement. Maintenant fortement attachée à Étienne, j'avais la meilleure des raisons pour qu'il m'accompagne partout où je devais aller. Étienne a connu sa première rencontre de recherche à deux semaines et a participé à plusieurs autres au cours de ses trois premiers mois de vie. Il a participé à un premier colloque à l'âge d'un mois et a été de toutes nos sorties sociales durant cette période. J'ai découvert la facilité de l'allaitement lors des boires de nuit : mon *chum* allait chercher Étienne, le changeait puis me l'apportait. À mon avis, il n'y a pas de meilleure façon d'induire le sommeil de bébé et de maman qu'un boire de nuit, tous deux collés l'un contre l'autre. Je me rappelle également d'un voyage en automobile lorsqu'Étienne avait trois mois. En pleine canicule de juillet sur l'autoroute 20 dans une auto non climatisée, je ne me suis jamais inquiétée qu'Étienne se déshydrate ou d'avoir à conserver du lait au frais. Nous avons simplement fait quelques pauses allaitement et toute la famille était comblée.

Au cours de cette période, j'ai pris part à quelques rencontres de la Ligue La Leche. J'étais particulièrement fière d'y parler de mes succès d'allaitement et d'y montrer ma huitième merveille du monde, Étienne. C'est à cette occasion que j'ai entendu parler pour la première fois du concept de maternage qui consiste en quelque sorte à guider son enfant avec amour. Selon La Leche, le maternage permet de découvrir la personnalité de son bébé et de décoder ses signaux pour comprendre ses besoins, qui changent avec le temps. Selon elle, l'allaitement facilite le maternage en rendant la mère plus à l'écoute de son enfant. Ce concept m'a fait beaucoup réfléchir. Je ne parle pas ici pour toutes les mères, car toutes les femmes n'ont probablement pas besoin d'allaiter pour être maternelle. Mais moi, la carriériste, la « workaholique », l'éternelle étudiante et la femme aux multiples projets, j'ai eu besoin de l'allaite-ment pour que mon enfant ne demeure pas un objet, un autre aspect de ma vie, mais en devienne le sujet. Ainsi, je suis convaincue que le fait pour moi d'avoir allaité m'a permis de me centrer sur mon enfant et a complètement changé ma perspective de la vie.

J'ai malheureusement sevré Étienne à six mois, un mois après mon retour au travail. Je dis malheureusement, car cela m'a réellement ren-due malheureuse. Je devais retourner au travail, mon congé de maternité étant terminé. Pour mon entourage (famille et collègues de travail), il était dans l'ordre des choses que je sèvre mon fils. Mais dans les mois qui ont suivi, je me suis souvent demandé pourquoi je l'avais fait. Je n'avais cependant pas de modèles, proches de moi, de femmes ayant poursuivi leur allaitement après être retournées au travail. Le sevrage a également été difficile, car j'ai eu beaucoup d'engorgement chaque fois que je dimi-nuais les boires. Les années ont passé et j'ai tout de même pu conserver ma merveilleuse relation avec mon fils.

Quatre ans plus tard, enceinte une deuxième fois, nous avions encore, riches de notre première expérience, décidé, mon conjoint et moi, que j'allaiterais ce nouvel enfant. Entre amis, lorsque mon *chum* se faisait questionner sur cet aspect, il était des plus convaincants : « C'est sûr que Maud va allaiter, c'est ce qu'il y a de mieux. » Je pense que ces propos de mon *chum* reflétaient à la fois son souci pour la santé de l'enfant, mais également son appréciation de la facilité de ce choix (c'est bien les hommes, ça : aller au plus pratique). Il en était tout autrement des couches lavables que j'avais essayées pendant trois mois avec Étienne. Selon mon *chum* : « Les couches lavables, plus jamais, c'est bien trop d'ouvrage ! » Accou-chement facile cette fois, j'ai pu mettre ma fille Camille au sein une première fois dans de meilleures circonstances. Encore là, ce fut une mer-veilleuse rencontre. J'avais préparé Étienne à la venue de sa sœur et au fait que j'allais, comme je l'avais fait pour lui, l'allaiter, ce qui lui semblait normal. Sa réaction lorsqu'il a vu sa sœur au sein la première fois m'a toutefois fait bien rire : « Yeurk, maman, le bébé va mettre plein de bave sur ton sein. »

Mais j'ai rapidement compris que chaque nouvel allaitement est un nouvel apprentissage tant pour la mère que pour l'enfant. J'ai encore eu quelques problèmes de gerçures et d'engorgement, mais que j'ai pu gérer rapidement grâce à mon expérience et au soutien d'une amie, Francoise, qui est conseillère en allaitement. Mais un tout nouveau défi m'attendait cette fois-ci : les coliques. À mon avis, un enfant allaité ne pouvait pas avoir de coliques. Hélas, dans ses premiers mois de vie, Camille a pleuré tant d'heures que je ne pourrais même pas en rendre compte de façon exacte. L'apprentissage que j'avais, je crois, à faire dans cette expérience est que l'on ne peut pas tout contrôler. Qu'il faut apprendre à accompagner son enfant dans cette souffrance. Avec le recul, j'ai bien vu que ma fille Camille était, et elle l'est encore, un être d'une grande sensibilité avec beaucoup de difficultés à gérer ses émotions. Ces mois ont nécessité toute ma patience, patience que je savais grande, mais pas à ce point.

Les quelques points positifs de cette période me viennent encore de mon allaitement. Je me rappelle la visite médicale de Camille lorsqu'elle a eu un mois. Mon bébé ayant pris près de cinq livres durant cette période, j'ai apprécié au plus haut point ce commentaire de ma médecin, une femme très sensible, adressé à Camille : « Wow, yé donc ben bon le lait de ta maman ! » Car malgré les coliques, j'ai décidé de poursuivre mon allaitement. Plusieurs personnes de mon entourage me disaient d'essayer une préparation commerciale pour voir si cela n'irait pas mieux. Mais j'étais convaincue que ce n'était pas mon lait qui était en cause ou encore que si mon lait causait les pleurs de ma fille, cela ne serait pas mieux, et même cela serait pire avec une formule artificielle. Heureusement, mon conjoint m'approuvait. J'ai passé plusieurs nuits blanches à bercer mon enfant. Bien que pénibles, je remercie Camille de me les avoir fait vivre, car elles m'ont appris la compassion. Et l'allaitement a sûrement allégé mon fardeau à cette époque, car je n'ai pas connu le fait de devoir changer 20 fois de lait pour finalement ne pas trouver ce qui n'allait pas. Par ailleurs, Camille était toujours calme durant les tétées. Ma chaleur et mon lait l'apaisaient et lui donnaient des moments de répit. Les mois ont passé et, bien sûr, les coliques aussi. Je me suis retrouvée avec une merveilleuse petite fille, extrêmement attachée à sa mère qui avait été, durant une longue période, sa bouée de survie.

J'ai repris le travail alors que Camille avait 10 mois. Cette fois, inspirée par ma belle-sœur Annie, qui avait allaité son fils jusqu'à 17 mois en reprenant le travail, j'ai décidé de poursuivre l'allaitement, sans avoir une durée précise en tête. Camille trouvait nos séparations bien difficiles, mais chaque soir et chaque nuit, les tétées nous permettaient de nous retrouver. Par ailleurs, Camille avait toujours des problèmes de digestion avec plusieurs aliments. J'étais persuadée que de poursuivre l'allaitement allait permettre de renforcer son système digestif. J'ai maintes fois eu à faire face à toutes sortes de jugements de la part de mon entourage. Par exemple, ma mère, qui est pourtant biologiste, me disait qu'à notre époque les femmes n'ont plus besoin d'allaiter et qu'une femme de carrière ne peut pas concilier les deux. Bien sûr, elle disait cela car elle s'inquiétait pour moi, elle avait peur que je m'épuise. Pourtant, c'était une des plus belles périodes de ma vie et je me sentais en pleine forme. Je voyais ma petite puce qui s'épanouissait et cela me valorisait complètement. Moi qui avais commencé à me ronger les ongles en première année du primaire et qui avais fait maintes tentatives pour arrêter, j'ai spontanément arrêté au cours de cette période, sans y penser et sans recommencer par après. Je crois vraiment que c'est le fait d'allaiter qui, en me rendant sereine, a fait en sorte que j'arrête cette mauvaise habitude.

Les boires se sont espacés graduellement. Et j'ai été plus discrète au sujet de mon allaitement prolongé pour ne pas indisposer inutilement les personnes que cela aurait pu déranger. L'important était ce qui se passait entre Camille et moi. Lorsque Camille a eu 22 mois, je suis redevenue enceinte. Ayant entendu parler de femmes qui avaient poursuivi l'allaitement enceintes, j'ai continué l'allaitement de Camille jusqu'à ses deux ans. Graduellement, ma production de lait s'est amoindrie et nous avons connu toutes les deux un sevrage tout en douceur, sans douleur, au moment où nous étions prêtes.

Lors de cette troisième grossesse, j'ai écarté toutes mes craintes d'avoir un autre enfant à coliques en me disant que l'enfant à venir ne pourrait jamais pleurer autant que sa grande sœur. Et mon pari était bon. Éliane est arrivée avec son caractère de bonne vivante qui apprécie tout ce qu'on lui donne. Je pouvais enfin revivre un allaitement épanouissant comme avec Étienne. Et pour mes plus vieux, l'allaitement d'Éliane allait de soi. En fait, je pense que, comme pour les deux autres, l'allaitement me rendait complètement zen. Je me souviens particulièrement d'un après-midi où j'étais allée faire l'épicerie au magasin Loblaws, seule avec mes trois enfants. Éliane devait avoir environ six semaines. Comme j'avais pris plus de temps que prévu pour faire mes achats, Éliane s'est impatientée, car elle commençait à avoir faim. Comble de malheur, Camille a fait pipi dans sa culotte alors que je venais de terminer à la caisse. Très calme, je suis montée au deuxième étage du magasin, près des toilettes, pour nourrir discrètement Éliane. Camille est restée sagement près de moi pendant qu'Étienne, alors âgé de huit ans, est allé, à ma demande, chercher une paire de shorts pour sa sœur dans l'allée de vêtements pour filles. Je me rappelle encore des shorts bleu ciel qu'il m'a rapportés, elles ont davantage plu à Camille qu'à moi, mais qu'importe. Bébé était calmé, Camille était changée et je suis allée à la caisse pour payer les shorts. Une mésaventure comme bien d'autres, qui s'est bien terminée grâce à l'allaitement.

Camille pourrait témoigner elle-même des bienfaits de l'allaitement. Dans les premiers mois, dès que sa petite sœur « craquait » un peu, elle me disait : « Vite, maman, Éliane veut ton lait ! » Elle m'attendrit lorsque chaque soir, quand j'allaite Éliane, elle endort une poupée ou un toutou en faisant semblant de les allaiter. Un petit pincement que j'ai au cœur : Camille ne se rappelle pas que je l'ai allaitée. Malgré tout, alors que je la berçais dernièrement, elle m'a dit : « Tu sens bon, maman, tu sens le lait. » Je pense donc qu'inconsciemment, elle garde en elle un vague souvenir associant le lait et mon odeur à quelque chose de positif. Mais, contrairement à moi, lorsqu'à leur tour mes filles deviendront maman, je pourrai les soutenir si elles désirent allaiter.

Encore une fois, j'ai connu au cours de cet allaitement un défi particulier. Alors qu'Éliane avait environ trois mois, j'ai eu une exacerbation importante d'un problème de santé chronique qui avait été diagnostiqué bien des années auparavant. Les semaines ont passé, mon état empirait. Mon problème me causait des douleurs importantes qui pouvaient parfois m'empêcher de me lever la nuit ou encore de prendre mon bébé dans mes bras. Qu'à cela ne tienne. Obstinée comme toujours, j'ai installée Éliane dans mon lit la nuit pour pouvoir l'allaiter sans me lever. J'ai cependant été ébranlée lors ma visite chez le médecin spécialiste, qui m'a alors prescrit trois médicaments. Les deux premiers étaient compatibles avec la poursuite de l'allaitement, ma pharmacienne s'en est assurée auprès du centre de référence de l'Hôpital Sainte-Justine. Malheureusement, le troisième, un immunosuppresseur, était complètement déconseillé pendant l'allaitement. J'étais en état de choc et complètement désemparée. Éliane avait alors cinq mois et était encore allaitée de façon exclusive. Comment la sevrer et surtout pourquoi ? Mon amie Françoise m'a encore une fois été d'une aide précieuse. Elle m'a dit : « Pourquoi faut-il toujours sortir l'artillerie lourde et ne pas faire confiance à la nature ? » J'ai alors décidé de me laisser un peu de temps, le temps que les deux premiers médicaments fassent effet. Il s'agit d'une des meilleures décisions de ma vie. Rapidement, mon état s'est amélioré. Après quelque temps, j'ai redemandé l'avis de mon spécialiste qui, avec la tournure des choses, a accepté que je ne prenne pas le troisième médicament. En fait, mon allaitement m'a permis d'éviter de prendre un médicament potentiellement toxique pour moi et de me traiter avec seulement les deux premiers. Je suis maintenant en rémission depuis sept mois en allaitant toujours.

Je ne sais pas encore combien de temps j'allaiterai ma petite dernière. Comme dans le cas de Camille, je souhaite un sevrage en douceur, lorsqu'elle et moi serons prêtes. Je savoure chaque instant où Éliane est si proche de moi, elle est si affectueuse. Je prévois deux voyages à l'étranger prochainement pour le travail et, allaitement oblige, Éliane m'accompagnera, pour notre plus grand bonheur à toutes les deux. Encore maintenant, comme à chaque bébé que j'ai allaité, je considère le temps des tétées comme une accalmie dans mes journées mouvementées, comme une pause méritée pour moi et le bébé.

Voilà donc mon expérience d'allaitement. Je ne veux pas que vous reteniez les défis que j'ai connus, mais plutôt tout ce qu'ils m'ont apporté. Je les aurais de toute façon rencontrés même en n'allaitant pas. L'allaitement, je pense que c'est un placement pour l'avenir. En plus d'être écolo, je vais en retirer de l'affection et une relation extraordinaire avec mes enfants pour plusieurs années. Mais le plus important, c'est qu'en me rendant plus persévérante, plus humaine, plus compatissante et surtout plus zen, cette expérience a fait de moi une femme et une mère comblée.

Allaitement bio...
et autres choses importantes

Pierre Lévesque

Conférencier de renom, Pierre Lévesque a toujours exercé sa profession d'obstétricien-gynécologue à Rimouski, dans la région du Bas-Saint-Laurent. Il a été membre du groupe de travail qui a produit le document L'allaitement maternel au Québec : lignes directrices *(MSSS, 2001). Il a œuvré au Comité sur les maladies du sein ainsi qu'au Comité national de formation continue de la Société des obstétriciens-gynécologues du Canada (SOGC) et a été membre du Comité canadien pour l'allaitement en tant que représentant de la SOGC. Il a aussi été représentant du Collège des médecins du Québec auprès du Comité québécois en allaitement. Récemment retraité de la pratique médicale active, Pierre Lévesque poursuit son engagement comme formateur du programme Gesta international de la SOGC.*

NDLR : Ce texte promeut la vision personnelle du D' Pierre Lévesque, tel que nous le lui avons demandé. Aussi discutable qu'elle puisse être, elle nous apparaît cependant avoir une portée universelle. Considérant les contraintes d'espace du présent ouvrage, nous présentons une version condensée de son texte. La version originale, qui constitue elle-même le projet d'une démonstration future plus élaborée, est disponible sur Internet à l'adresse www.groupemaman.org/docs/levesque.pdf.

> *L'espoir dans l'avenir, il est dans la nature et dans les hommes*
> *qui restent fidèles à la nature.*
> Félix-Antoine Savard

Mon épouse et moi avons fondé notre famille dans un creux de vague. Notre premier enfant est né au milieu des années 1970. Vous me direz : « Où est le problème, n'était-ce pas l'époque glorieuse, celle où l'avenir s'annonçait radieux, celle des Jeux olympiques de Montréal, celle où les mots *pollution, environnement* et *terrorisme* ne hantaient personne encore ? » Hélas, ce fut une période bien noire pour les poupons quoique innocente dans son ignorance, parce qu'au même moment, les taux d'allaitement maternel étaient au plancher dans les pays industrialisés et le réputé pédiatre américain Lee Forest Hill venait tout juste d'écrire, dans une revue médicale prestigieuse : « L'alimentation par formules artificielles est devenue si simple, si sécuritaire et uniformément efficace que l'allaitement au sein n'en vaut plus la peine. » Nous savons maintenant toute l'imposture de ce message, mais il faisait sens à cette époque gagnée par le scientisme.

En dépit de tout, ma femme a allaité notre enfant. Par instinct, par intuition, en réponse à un appel venu d'on ne sait où, elle *savait* que c'était la chose à faire. Aujourd'hui, je reconnais sa perspicacité, mais je salue surtout la profondeur de l'humain en elle et je l'admire par-dessus tout. L'allaitement ne fut ni exclusif ni prolongé, et le sevrage n'eut rien de naturel, ces notions *modernes* n'ayant pas de réalité propre en ces années.

Pour ma part, je n'ai pas été un partenaire très supportant. Oh ! Je n'avais pas de sentiments négatifs, mais je dois confesser que mes convictions envers l'allaitement maternel n'étaient pas profondes. Alors jeune étudiant en médecine, emporté dans le tourbillon d'idées ayant cours dans ma profession, je disposais pourtant de tout le bagage nécessaire à la méfiance. Amoureux depuis l'enfance des sciences naturelles, curieux d'astronomie, de cosmologie et évolutionniste convaincu, je savais que tous les mammifères allaitaient leurs petits, que l'allaitement était un obligatoire biologique et que l'humain, bien sûr, était un mammifère. J'étais majeur et vacciné, j'aurais dû être totalement immunisé. Je n'avais aucune excuse et pourtant… J'avais étudié l'épistémologie, je me passionnais pour les controverses en biologie et déjà, dans l'apprentissage de mon métier, j'avais appris à me méfier de l'opinion des *spécialistes* pour avoir vu trop souvent la vérité du moment devenir l'hérésie de plus tard.

Pour des raisons évidentes, la nature se refusant à toute notion d'égalité des genres, je n'ai pas été à même d'éprouver la gamme des expériences sensorielles que procure l'allaitement ! Bien sûr, je peux ressentir des émotions profondes comme témoin privilégié du geste et ça m'est arrivé souvent. L'image d'une mère qui allaite est certainement l'un des tableaux les plus touchants qu'il nous est permis de contempler au cours d'une vie professionnelle de médecin accoucheur. Mais je dois dire que ma relation avec l'allaitement s'est surtout manifestée comme une entreprise d'introspection, un *trip* intellectuel. L'allaitement m'a obligé à un questionnement, à une recherche personnelle, à une quête du sens.

Une histoire de « mèmes »

Le terme de *mème* a été proposé pour la première fois par le zoologue Richard Dawkins dans son livre *Le gène égoïste* publié en 1976. Il découle de la réunion des mots *gène* et *mimesis* qui signifie « imitation ». Les mèmes sont à la culture ce que les gènes sont au génome : des unités d'information. Les mèmes auraient un mode de transmission comparable aux gènes[1]. Transmis par la culture, ils s'installent dans notre cerveau en modifiant sa structure fonctionnelle. Les mèmes commencent à s'infiltrer en nous dès la tendre enfance, profitant de cet instinct qui nous pousse à imiter et à croire en toute confiance les adultes significatifs de notre existence. Inculqués tout au long de la croissance et du développement du cerveau, les mèmes déterminants d'une culture s'insèrent pernicieusement en nous, prenant le contrôle de notre façon de penser et orientant notre vision de la vie dans tous ses aspects. Par conséquent, ils nous rendent spécifiques, aveugles et difficilement pénétrables aux valeurs de cultures différentes. Nous en venons à considérer les emblèmes propres à la culture dans laquelle nous baignons comme absolus et supérieurs aux autres. Ainsi, nous serions les seuls à posséder la seule *vraie* religion, bien qu'aucune religion ne recueille l'assentiment d'une majorité de personnes à l'échelle planétaire. Notre organisation sociale serait évidemment la meilleure sans discussion, car nous, occidentaux, ne sommes-nous pas au sommet de la hiérarchie économique mondiale ? Mais depuis quand la richesse est-elle le baromètre des qualités morales ? Et nous pourrions multiplier les exemples. En réalité, l'ensemble des mèmes érige un *système de croyances* cohérent dans une société donnée à une période donnée.

Les gènes peuvent être bons ou mauvais pour l'individu comme pour l'espèce. Les gènes sont soumis à l'action de la sélection naturelle et retenus ou rejetés par adaptation aux conditions locales de l'environnement. Un gène avantageux dans un certain environnement peut s'avérer funeste dans un autre. Certains gènes ou combinaisons de gènes peuvent amener lentement mais sûrement une espèce à l'extinction. Darwin l'avait anticipé dans son traité sur la sélection sexuelle publié en 1871.

Il en va ainsi des mèmes. Notre évolution actuelle étant surtout sous la coupe de la culture, ils prennent une importance prépondérante. Je

---

1. Pour une discussion sur la notion de mème et la mémétique, voir http://www.uqam.ca /~philo/portail/pourquoi/pourquoi3_3_02.html.

pense que les mèmes de notre puériculture[2] actuelle font partie de ceux qui sont délétères. C'est, il me semble, une caractéristique de notre monde industrialisé de mettre non seulement en péril notre espèce par la destruction accélérée de l'environnement dans lequel nous vivons, mais également par la destruction tout aussi certaine de notre environnement intérieur qui nous fait perdre les qualités les plus chèrement acquises au cours de l'évolution, soit les capacités d'entraide, de sollicitude, de compassion qui sont le fondement de la société humaine. Je pense que ces mèmes « maléfiques » réduisent notre bien-être mental et notre sérénité et nous rendent anormalement vulnérables aux vicissitudes de la vie.

Cette possession de la pensée par l'ensemble des mèmes qui peuplent une culture oriente même la manière de faire la recherche et l'interprétation qu'on impute aux données de la science. Nous avons la nette tendance à conforter celles qui s'accordent avec le modèle promu et à occulter celles qui le contredisent, répondant à la maxime de Térence : « On croit plus facilement ce qu'on désire ardemment. » Même les scientifiques, qu'on prétend objectifs en principe, résistent difficilement à ce travers parce qu'ils sont eux aussi partie prenante au système de croyances de la société à laquelle ils appartiennent. La science est une activité humaine et ne s'exerce pas en toute indépendance du contexte social.

Je vous donne un exemple de ce que je considère comme une évolution non adaptative et nocive des mèmes. Le recours répété pour des périodes prolongées aux soins non parentaux collectifs de jeunes enfants du même âge est *contre nature* bien qu'il soit largement répandu et ardemment promu. Toute une série d'études viennent supporter son bien-fondé tendant à conforter ces valeurs culturelles dominantes. Comme nous le verrons, le problème commun à ces études scientifiques est le recours à un groupe contrôle pathologique. Aucune de ces études n'a utilisé comme témoin un échantillonnage suffisant d'**Unités mèrenfant** pleinement physiologiques (je ne fais qu'annoncer ce terme ici ; j'y reviendrai). La recherche est donc incomplète et trompeuse sur ce sujet crucial. Il ne s'agit pas seulement de sémantique parce que des milliers d'enfants et de parents sont systématiquement embarqués dans une structure artificielle sans précédent dans toute l'histoire de l'humanité. L'épidémiologiste Elisabeth Barret-Connor nous met en garde contre le recours à ces actions prématurées et mal évaluées sur le plan scientifique : « Il est nécessaire, dit-elle, de procéder à une étude clinique randomisée à toutes les fois où

---

2. Ensemble des méthodes propres à assurer la croissance et le plein épanouissement organique et psychique de l'enfant (jusqu'à l'âge de 3 ou 4 ans) (*Le Petit Robert*).

une intervention implique un médicament ou un procédé dont l'utilisation se situe en dehors de la norme évolutionniste.» Or le recours aux centres de la petite enfance (CPE) pour la prise en charge des jeunes enfants (moins de trois ans) est contraire à la norme évolutionniste et l'admission tacite de son innocuité n'a pas été établie. Le principe de précaution aurait prescrit que cette recherche eût été faite avant l'implantation massive et à large échelle de ce type d'arrangement.

Mon intérêt pour l'allaitement maternel et l'alimentation des nourrissons m'a mis en contact avec une histoire analogue qui a débuté 50 ans plus tôt. La mise au point et la commercialisation des formules industrielles pour l'alimentation des nouveau-nés ont été réalisées de la même façon, sans évaluation préalable rigoureuse des risques et bénéfices qu'ils faisaient courir à la santé des mères et des enfants, en faisant fi de la plus élémentaire prudence scientifique. Cette pratique a elle aussi été endossée puis recommandée par un large quorum de spécialistes qui se targuaient de parler au nom de la science. En toute innocence, des générations d'enfants et de parents ont payé un lourd tribut à ce qu'on présentait alors comme une innovation. Henri Nestlé, l'inventeur de la première formule artificielle mise en marché, affirmait déjà en 1867 que la composition de son produit était «scientifiquement étudiée, de sorte qu'il n'y manque rien». Après plus d'un siècle de mise à l'épreuve, nous réalisons maintenant tout ce qu'il y avait de faux et de présomptueux dans ces paroles prononcées sans nuance. L'Organisation mondiale de la santé dit maintenant de cet épisode qu'il a constitué : « La plus vaste expérience clinique non contrôlée de toute l'histoire de l'humanité[3]. » Avons-nous appris quelque chose de cet incident tragique alors qu'en voulant jouer sans vergogne les apprentis sorciers, nous avons espéré remplacer la sagesse de la nature par une approximative imitation nuisible à la santé ? Ne serions-nous pas en train de répéter les mêmes erreurs avec la diffusion et l'application à large échelle des soins non parentaux collectifs pour des générations quasi complètes de jeunes enfants dans nos sociétés industrialisées ?

Fort heureusement, l'homme est un animal raisonnable ; nous pouvons changer nos comportements et nous libérer de l'emprise des mêmes culturels. Nos capacités de réflexion, notre sens critique et l'approfondissement de nos connaissances nous permettent de remettre en question nos valeurs, mais ce n'est pas une entreprise facile. Le système de valeurs

---

3. Rapport de l'étude de collaboration sur l'allaitement maternel de l'OMS, 1981.

forme un tout cohérent qui explique et permet le fonctionnement de toute une société.

Aujourd'hui, je vous invite à redécouvrir puis à remettre à l'ordre du jour une *ancienne* réalité du fonctionnement social. Une réalité oubliée dans les affres de la civilisation et quasi complètement escamotée par les mèmes dominants ayant cours ou pressentis comme indispensables à l'organisation de nos sociétés industrialisées. *Homo urbanicus* s'est construit un monde d'où la nature est évacuée. Dans cet environnement artificiel, il a le sentiment d'avoir échappé aux contraintes que nous impose le monde naturel. Ainsi, « Coupés des origines de notre propre existence, nous sommes devenus léthargiques, indifférents et lents[4] ». Je pense qu'on ne peut pas comprendre l'être humain sans une vision écologique de sa nature et sans s'intéresser aux grandes questions séculaires qui torturent à bon droit l'humanité depuis un temps incertain : Qui sommes-nous ? D'où venons-nous ?

Je pense que beaucoup de maux qui affligent nos sociétés industrialisées sont imputables à des causes qui s'exercent aux tout premiers instants de la vie, au cours de la toute petite enfance. Je crois que notre **puériculture aberrante** est responsable de beaucoup de psychopathologies et de comportements antisociaux remarquables dans notre monde. Je crois que cette prise en charge précoce, inadaptée aux besoins des jeunes enfants, est partie prenante au malaise qu'éprouve tout un chacun. Je crois que nous y perdons tous en sérénité et en propension au bonheur. Parmi les conséquences de cette puériculture contre nature, on peut citer les problèmes d'agressivité et de violence impulsive, de dépressions et de suicide et de dépendances diverses. Je pense qu'une bonne part des problèmes de comportement et de santé mentale observés chez les jeunes enfants et les adolescents dépend de cette puériculture contre nature qui s'éloigne de plus en plus du modèle biologique. Je ne prétends pas que cette cause soit exclusive, mais je pense qu'elle contribue de manière prépondérante à l'éclosion de ces problèmes. Je pense que l'allaitement maternel fait partie d'un système de solutions que je m'apprête à vous soumettre. Un grand corpus de recherches a montré le risque encouru à remplacer l'allaitement maternel par l'alimentation artificielle dans les domaines de la santé physique. Mais ses empreintes psychiques et sociales, bien que fondamentales, sont restées largement inexplorées. L'objectif que je me suis fixé en écrivant cet article est de tenter de circonscrire ces

---

4. David Suzuki, *L'Équilibre sacré*, 1997.

aspects qui me semblent encore plus importants que les premiers parce qu'ils touchent au cœur même de notre essence.

Qui suis-je ? D'où viens-je ?

Commençons par le début et tentons de nous réapproprier notre nature. Pour mener à bien notre quête, je vous propose un outil, celui de l'histoire. « Tout tient à une histoire. Nous sommes présentement en difficulté parce que nous sommes privés d'une histoire valable », affirmait Thomas Berry dans *The Dream of the Earth*. Afin de réinventer l'équilibre, il nous faut redécouvrir l'histoire et nous réapproprier notre identité. L'être humain est le produit imprédictible de l'évolution. Charles Darwin nous a appris que nous avions un commencement et une histoire sur cette planète et que ce commencement et cette histoire s'écrivaient en des termes parfaitement naturels, sans intervention obligée d'une prémisse surnaturelle.

Nous sommes le résultat temporaire d'une longue filiation d'espèces qui se sont succédé sans interruption depuis l'apparition des bactéries dans la pénombre du Précambrien il y a 3,8 milliards d'années. Pendant une interminable période, une multitude d'espèces se sont succédé avec succès, occupant *sans nous* à la fois les eaux, le ciel et la terre. Finalement, il y a quelques secondes à peine à l'échelle des temps géologiques, nous sommes apparus sans prédétermination aucune, au hasard des mutations géniques et des extinctions massives. *Homo sapiens* fait partie intégrante de la nature, comme en témoignent son histoire, sa morphologie, sa physiologie et, à bien des égards, son comportement.

Les **mammifères** se définissent comme des animaux à température constante recouverts de poils et qui nourrissent leurs petits avec le lait de leurs mamelles. Ils sont apparus il y a quelque 200 millions d'années et ils ont longtemps coexisté avec les terribles dinosaures. Ils n'étaient alors représentés que par de petits rongeurs et d'insignifiants insectivores de la taille des musaraignes réduits à vivre la nuit et à ne mettre le nez dehors qu'au moment béni où leurs maîtres entraient dans la torpeur obligée des organismes à sang froid sitôt que le soleil disparaît sous l'horizon. Ce n'est qu'après la disparition des dinosaures que le rameau fragile des mammifères s'est soudainement transformé en un buisson touffu et que les ordres qui le constituent se sont différenciés rapidement.

Carl von Linné nous casait parmi les mammifères, dans l'ordre des **primates** en compagnie des singes[5]. C'est approprié. Les primates sont

---

5. Carl von Linné, *Systema Naturae*, 1758.

apparus il y a 60 millions d'années et le groupe compte à présent environ 200 espèces dont la nôtre. Les membres ancestraux et la grande majorité des espèces contemporaines de l'ordre sont essentiellement arboricoles, à tel point que chez plusieurs, ce mode vital est exclusif de sorte que leurs représentants ne mettent jamais pied à terre. Le singe hurleur de l'Amérique tropicale en fournit un exemple saisissant. Les femelles donnent naissance à leurs petits dans la cime des arbres et les portent en tout temps et dans tous leurs déplacements tant et aussi longtemps qu'ils n'ont pas la capacité de le faire seuls.

Parmi les primates, les singes ont aussi des caractéristiques reproductrices qui leur sont propres. Les femelles ne donnent naissance qu'à un seul petit à la fois au terme d'une grossesse d'une longue durée. Les bébés naissent démunis, leur croissance est lente et ils ont besoin de l'assistance des adultes pendant une période plus longue que chez tout autre groupe de mammifères. Le lait des femelles a une faible concentration en protéines et minéraux et il est destiné à un organisme à croissance lente. L'allaitement est prolongé et se mesure en années chez les grands singes. Le contact entre la mère et l'enfant est constant pendant toute la période de l'enfance. Ces espèces vivent en bandes hautement structurées. Ainsi, de façon générale, **les primates sont des espèces sociales, à contact continu et à bébé unique et porté**.

Linné écrivait en 1758 : « Je n'ai pu jusqu'à présent tirer des principes de ma science aucun caractère grâce auquel il serait possible de distinguer l'homme du singe. » Darwin renchérissait en 1871 : « Si l'homme n'avait pas été son propre classificateur, il n'eût jamais songé à fonder un ordre séparé pour s'y placer. » Les récents travaux de décryptage des génomes de l'humain et du chimpanzé ont mis en évidence la faible distance génétique entre nos deux espèces. Nos génomes respectifs sont identiques à 98,6 % ! Je ne prétends pas que les êtres humains et les chimpanzés soient semblables, les différences sont évidentes, mais malgré les apparences il y a moins de différences génétiques entre l'homme et le chimpanzé qu'entre le gorille et le chimpanzé, ce qui n'est pas rien. À toute fin pratique, ces données démontrent que nous possédons avec ces grands singes un tronc commun d'ancêtres primates et que notre lignée ne se serait séparée de celle du chimpanzé qu'il y a 6 à 8 millions d'années.

Ecce Homo

Nous pouvons convenir des débuts véritables de l'humanité avec l'apparition d'*Homo ergaster* en Afrique orientale il y a 1,8 million d'années.

Chez lui, l'enfance se prolonge et on croit que le couple stable forme la base de la structure sociale. *Homo sapiens*, notre espèce, vieille de 200 000 ans, est présentement la seule espèce vivante appartenant toujours au genre humain. Puis, il y a environ 40 000 ans, un déclic s'est produit dans le cerveau de *sapiens*. À partir de cet instant, la capacité d'innovation de l'humanité devient apparemment sans limite. Le langage décuple les capacités de transmission de l'information et permet la véritable culture. Vivre ensemble, façonner des outils et les utiliser, créer des pensées et les communiquer à autrui par le langage, voilà l'essence du progrès cognitif qui engendra l'esprit humain.

Désormais, l'évolution humaine sera avant tout sous la coupe de la culture. L'homme cherchera à s'affranchir du joug de la nature et s'efforcera d'adapter le monde à son image. Désormais, il décidera seul de son avenir et de celui de nombreuses autres espèces... L'esprit nouveau a engendré le libre arbitre et, avec lui, toute la latitude d'adopter des comportements extrêmes.

Lorsque l'espèce humaine paraît, plus de 99 % de l'histoire de la vie est déjà écrite. L'homme fait partie de ces créatures du moment. S'il ne peut se proclamer *choisi* ou *mieux adapté*, il est cependant le seul à pouvoir regarder en arrière, analyser son passé et se servir de cette connaissance pour orienter son futur.

Les chasseurs-cueilleurs, le monde originel

Pendant tout le Paléolithique[6], tous les hominidés ont vécu dans le même type d'organisation socio-économique : *le mode d'existence de chasseur-cueilleur...* qui représente le véritable mode de vie naturel pour l'homme. C'EST DANS LE CADRE DE CE MODE DE VIE QUE LA NATURE A FORGÉ L'ÊTRE HUMAIN AVEC TOUTES SES CARACTÉRISTIQUES VITALES.

Voici le mode de vie originel et fondamental qui représente plus de **99,6 %** de toute l'histoire de l'humanité, mais qu'on escamote dans les livres d'histoire par ignorance de son intérêt. L'abstraction, voire la négation de cette période fondamentale de notre histoire, est l'un des plus grands scandales de nos systèmes d'instruction publique. Faut-il s'étonner que nous ne sachions plus qui nous sommes et par conséquent que nous ignorions l'essentiel de notre physiologie ? Faut-il s'étonner que les parents ne sachent plus comment prendre soin de leurs bébés parce

---

6. Période qui commence avec l'apparition d'*Homo habilis* il y a environ 3 millions d'années et qui s'est achevée il y a environ 12 000 ans avec l'invention de l'agriculture.

qu'ils en ignorent les besoins fondamentaux ? Après avoir vécu plus de deux ans au sein d'une tribu de chasseurs-cueilleurs d'Amazonie (les Yequana), l'anthropologue américaine Jean Liedloff avouait dans *The Continuum Concept* qu'elle se sentait plutôt mal à l'aise d'avoir à « avouer sans honte à mes amis Indiens que d'où je viens, les femmes ne se sentent pas capables d'élever leurs enfants sans avoir lu des instructions écrites dans un livre par une personne qu'elles ne connaissent pas »… Et elle aurait pu ajouter « le plus souvent un homme ». J'imagine sans effort la mine incrédule et amusée des femmes de cette tribu à l'écoute de cette révélation.

À l'image des autres primates, tous les hommes du Paléolithique ont vécu dans ce seul et unique mode de vie qui constitue encore l'ambiance fondamentale du développement harmonieux de l'être humain selon les plans de la nature. Il y a 12 000 ans environ, les êtres humains ont procédé à la plus grande innovation de toute l'histoire de l'humanité, celle qui allait le plus profondément changer à tout jamais la manière de vivre et de cohabiter à la fois entre nous et avec le monde ambiant : **l'agriculture**. Nous sommes à présent les fils et les filles de l'agriculture, pour le meilleur et pour le pire. Avec l'agriculture sont venus la propriété privée, la division du travail et la spécialisation, l'accumulation de la richesse dans les mains d'une minorité et les inégalités entre les nations, les religions monothéistes et leur code moral rigide voire proprement inhumain, la surpopulation, les grandes épidémies, les guerres… la civilisation. Nous ne pourrons plus jamais revenir en arrière, mais nous devons garder en tête l'importance pour notre équilibre de cette longue période du Paléolithique et du mode de vie des chasseurs-cueilleurs. **Nous pouvons apprendre de cette expérience pourquoi et comment nous avons évolué, et en quoi cette connaissance peut nous aider à prendre des décisions rationnelles sur notre adaptation à de nouvelles demandes imposées par les changements culturels et environnementaux**[7]. À peine 400 générations nous séparent des débuts de l'agriculture. Cette période est bien insuffisante pour permettre une modification substantielle du génome d'une espèce complexe comme la nôtre. Nous sommes des chasseurs-cueilleurs en cravate et en robe du soir, mais nos bébés sont inconscients de cette subtilité.

---

7. R. V. Short, « The Evolution of Human Reproduction », *Proc R Soc Lond B Biol Sci*, n° 195, 1976, p. 3-24.

Les chasseurs-cueilleurs, la vie quotidienne

Je vous laisse imaginer une **bande** formée de moins de 50 personnes. Une bande constituée d'une ou de quelques familles élargies. Une bande formant une société égalitaire où chacun trouve sa place, l'équilibre démographique étant obtenu par la mobilité des individus entre les groupes. Dans cette société, la gouvernance est flottante, sans leader fixe et les décisions d'importance sont finalement prises en collégialité et en présence de tous, y compris des enfants.

L'économie y est essentiellement prédatrice, fondée sur la chasse, la pêche, la cueillette selon la disponibilité des ressources. Elle est basée sur la complémentarité homme/femme plutôt que sur la spécialisation ; les activités économiques de la femme étant essentiellement liées à son statut reproducteur (gestation, allaitement et portage, soins aux jeunes enfants). L'organisation autorise un accès égalitaire aux ressources, les biens de prédation étant partagés équitablement entre tous. La propriété individuelle est limitée en l'absence de stockage. Tout surplus s'avère encombrant dans un mode de vie où la mobilité constitue un fait vital.

Dans ce type de société où les individus se connaissent intimement et où la solidarité est essentielle, les conflits sont rares en l'absence de droits exclusifs sur les biens et les ressources. **Le contexte de la bande est fondamentalement une *structure de support*.**

La notion de travail (au sens entendu) n'existe pas, la contribution de chacun à l'acquisition de la nourriture est exigée selon ses capacités, et l'effort de production cesse dès que la subsistance est assurée. La capacité productrice du groupe est le plus souvent sous-exploitée, la prédation demandant peu de travail (les Bochimans chasseurs-cueilleurs qui vivent toujours dans l'inhospitalier désert du Kalahari consacrent moins de 20 heures par semaine à chercher leur nourriture). Les chasseurs-cueilleurs sont presque automatiquement nomades, vagabondant au gré des besoins de subsistance sur un territoire d'utilisation.

La bande représente toujours la structure de base de la société humaine. Pensons à notre propre situation. Combien de personnes connaissons-nous bien ? À combien de personnes faisons-nous confiance ? Notre *bande* se limite tout au plus à notre famille (plus ou moins élargie) et à quelques amis... même en ville où la multitude ne signifie rien. Nous ne pouvons bien connaître que quelques personnes à la fois. C'est un héritage du Paléolithique. Le déracinement urbain est intimement associé à la solitude.

Marie-Claude Boisvert et sa fille Émilie
Photo : Alexandre Turgeon

Voici *Homo* : une espèce sociale à l'intérieur de l'ordre des primates, un singe qui ne grimpe plus aux arbres, un bipède pas particulièrement rapide, un mammifère sans griffes acérées ni dents pointues, possédant une force physique respectable, sans plus... et des bébés démunis et des enfants longtemps dépendants. Et puis vivant dans un milieu aux abris clairsemés, possédant des outils, bien sûr, mais si primitifs... Un observateur d'aujourd'hui capable de voyager dans le temps et qui serait témoin de l'humanité naissante ne gagerait pas beaucoup sur l'avenir de cette faible brindille. Et pourtant, nous formons aujourd'hui une espèce que l'on peut sans prétention qualifier de florissante ; du moins pour l'instant.

Alors, quel est donc le secret de la survie d'Homo ? La réponse est dans l'expression de la nature sociale de notre espèce. Il semble de bon aloi dans notre culture de nous représenter l'humain (surtout le mâle) comme un monstre d'agressivité. *Homo hominis lupus est,* disaient les Romains[8]. Je pense que c'est exagéré et tout le contraire de la réalité première. En vérité, l'humain est un primate foncièrement altruiste et remarquablement doux dans ses relations avec ses congénères. Tout observateur de la nature un tant soit peu sérieux le constate *de facto*. Notre monde en est un de coopération, d'entraide, de prise en charge les uns des autres. Un monde où l'empathie et la sollicitude sont les clés. C'est une constatation claire et constante dans les écrits des anthropologues qui ont étudié les sociétés de chasseurs-cueilleurs. Le secret de la survie évolutionniste d'*Homo* se situe entre nos deux oreilles, dans notre gros cerveau qui s'avère être avant tout une MACHINE SOCIALE. C'est cette machine sociale qui permet à chacun de nous de créer de la cohésion. C'est l'incroyable plasticité et l'adaptabilité de ce cerveau qui a permis à notre espèce d'emmagasiner l'expérience accumulée par des milliers de générations pour créer la culture humaine (ce qu'on appelle l'humanité). Et cette humanité s'est bâtie sur des valeurs de coopération, d'entraide, de compassion et de sollicitude.

Alors, comment se fait-il que l'histoire de l'humanité nous semble déterminée par la guerre, la cupidité, la soif du pouvoir et la xénophobie sous toutes ses formes, nous laissant l'impression que notre nature fondamentale est le mieux décrite par ces travers qui nous paraissent si évidents ? Or, notre nature doit être définie par ces actes habituels que nous accomplissons dans le cadre du quotidien, mais qui, par malheur,

---

8. L'homme est un loup pour l'homme.

ne décident pas du sort des nations. Pensons à notre vie de tous les jours... Nous saluons avec chaleur nos collègues de travail. Nous bavardons sans but précis avec de purs étrangers. Nous nous écartons pour laisser passer quelqu'un. Nous sourions à un enfant.

Homo sapiens est une espèce remarquablement douce dans ses relations avec ses congénères. Alors pourquoi cette impression du contraire ? La réponse est dans l'asymétrie des conséquences – c'est le côté véritablement tragique de la condition humaine. Et c'est une terrible méprise. Par malheur, un seul incident violent peut aisément annuler 10 000 actes de gentillesse... Un « passage à tabac » raciste peut effacer des années de patiente éducation en faveur du respect et de la tolérance.

Par ailleurs, nos sociétés *évoluées* valorisent par-dessus tout l'acquisition des connaissances et le développement cognitif. Nous exigeons de nos systèmes éducatifs qu'ils fournissent à nos enfants des expériences enrichissantes dans ces domaines. Dès l'âge tendre, nous commençons à préparer nos enfants à l'école dans les domaines du vocabulaire, de l'écriture et des mathématiques. On tend à faire d'eux le plus tôt possible de petits disciples d'Einstein qui feront la fierté de papa et maman. Or, et comme nous le verrons, ces connaissances sont du domaine cognitif (néocortical) et sont accessibles toute la vie durant. Pendant ce temps, on subordonne et néglige souvent leur développement socioaffectif, pourtant essentiel à l'expression de la nature sociale de notre espèce et à l'acquisition de l'équilibre intérieur qui permet la sérénité.

Malheureusement, la sculpture des voies neurales responsables de ces fonctions n'a lieu que pendant un moment limité de la maturation du cerveau, soit au cours de la petite enfance. Il est primordial que nos enfants développent le sens du partage, de la communication et de la communion avec autrui. Il nous faut investir tout autant dans le développement socioémotionnel de nos enfants que dans l'accroissement de leurs capacités intellectuelles. L'harmonie sociétale en dépend. La tendance en cours dans notre société donne plutôt raison à Jean Rostand : « L'homme n'est pas tenté d'oublier qu'il est un animal intelligent, tandis qu'il peut lui arriver d'oublier qu'il est un animal social. »

Le cerveau humain, son développement, son karma

J'ouvre une parenthèse apparemment décrochée de tout lien avec l'allaitement pour vous parler du cerveau. Soyez sans crainte, il existe un fil conducteur que nous allons retrouver bientôt.

Les anatomistes décrivent plusieurs parties du cerveau. Ces parties se sont en quelque sorte mises en place par addition les unes aux autres au cours de l'évolution. Il y a d'abord le **tronc cérébral**. C'est la plus ancienne. Elle présente une constante anatomique et physiologique du poisson jusqu'à l'homme. Le tronc cérébral exécute un ensemble de fonctions sensorielles et motrices réflexes comme le contrôle des rythmes cardiaque et respiratoire, du cycle éveil-sommeil. Il permet les mouvements grossiers du tronc, des membres, de la tête et des yeux. Il est responsable du réflexe d'orientation et de la production des sons, des pleurs et des cris chez le nouveau-né. Les comportements du fœtus et du nourrisson sont le reflet des activités du tronc cérébral. Le tronc cérébral est mature dès la naissance, on l'appelle aussi **cerveau reptilien**. C'est quelque peu réducteur, mais approprié à la discussion.

Un autre module cérébral, vieux de 200 millions d'années, s'appelle le **cerveau paléomammalien** et il est représenté surtout par le **système limbique**. À l'origine conçu pour le soin aux petits et la reconnaissance de la portée chez ces animaux qui allaitent leur progéniture, le système limbique remplit aussi d'autres fonctions. Il prépare les femelles à la défense de leurs nourrissons et il est responsable des relations d'affiliation, du lien parental et de l'attachement. Le système limbique est fondamental quant à l'expression des émotions. Il est l'organe du décryptage des expressions non verbales. Le système limbique est responsable des désirs pour les contacts socioémotionnels.

Chez l'humain, le cortex forme 80 % de la masse cérébrale. Il constitue le cerveau **néomammalien**. Ce cortex est responsable des comportements novateurs et des capacités de réflexion.

Ainsi, on peut décrire trois cerveaux superposés apparus de façon séquentielle et dans cet ordre au cours de l'évolution des vertébrés : le cerveau reptilien, qui s'occupe de la vie végétative, puis le cerveau paléomammalien, qui s'intéresse à la vie émotionnelle et aux relations d'affiliation et enfin, le cerveau néomammalien, responsable du monde spirituel. Il y a d'abord l'être biologique en nous, puis il y a l'acteur social, celui qui tisse des liens avec autrui, et enfin, il y a le sujet en quête de sens qui dessine un monde intérieur qui n'appartient qu'à lui.

Si ces trois cerveaux sont apparus successivement au cours de l'évolution, leur maturation chez l'individu se produit dans le même ordre, de la vie fœtale jusqu'à l'âge adulte avec des zones de chevauchement.

Le bébé naissant est totalement démuni et manifeste tous les stigmates d'une profonde immaturité neuromotrice. Une larve en apparence. Des mouvements à l'emporte-pièce, incapable de contrôler l'amplitude et la direction de ses gestes, le nouveau-né s'égratigne malencontreuse-ment le visage et saisit tout à pleine main. Tout un monde le sépare de l'adolescent qu'il deviendra peut-être un jour alors que devant un public admiratif, il entamera au piano la *Polonaise en la majeur* de Chopin. En attendant, les seuls mouvements qui semblent parfaitement coordonnés sont ceux reliés à la succion. Le bébé naissant ne semble que savoir téter avec pleine compétence. Comment s'effectuera la métamorphose qui fera de la chenille un papillon ? La réponse est cachée dans le mécanisme qui assure le développement du cerveau.

À la naissance, le poids du cerveau humain ne représente que le quart de celui de l'adulte. Le cerveau du bébé double de poids au cours des 18 premiers mois de la vie ; il lui faudra 14 autres années pour en refaire autant avant d'atteindre sa taille définitive vers l'âge de 15 ans.

Le cerveau est un organe extrêmement énergivore. Alors qu'il ne compte que pour 2 % du poids du corps, il consomme 20 % de calories chez l'adulte, mais imaginez que chez le nourrisson, le cerveau brûle à lui seul entre 60 et 70 % de tous les apports énergétiques alors qu'il ne représente que 10 % du poids corporel. Le cerveau est un organe extraor-dinairement actif au cours des premières années de la vie. La prochaine fois que vous regarderez dormir paisiblement un bébé, pensez qu'il est un cerveau en développement bien avant d'être une apparence de tube digestif insatiable. Réfléchissez à l'importance de l'enfance où se cons-truit, dans le plus grand secret, cet organe si noble qui fait notre fierté. Imaginez que cet innocent chérubin y consacre à tout instant la plus grande part de ses ressources, même dans ses moments d'assommante turbulence.

L'unité fonctionnelle du cerveau est le **neurone**. Pour simplifier, disons que le neurone est une cellule spécialisée dans le transport de l'électricité. Mais un neurone seul ne peut rien faire. C'est par l'intercon-nexion que les neurones animent le cerveau. Les fonctions du cerveau sont assurées par des réseaux de neurones qui communiquent les uns avec les autres et se transmettent l'influx nerveux au niveau de jonctions appelées **synapses**. Notre cerveau contient entre 100 000 à un million de milliards (10^{15}) de ces synapses. Tout ce que nous accomplissons, de la capacité de marcher jusqu'au raisonnement mathématique le plus com-plexe, est fonction des connexions neuronales.

Tous nos neurones sont présents dans notre cerveau dès le 7e mois de vie intra-utérine de sorte qu'à la naissance, l'être humain dispose en tout de 100 milliards de ces « mystérieux papillons de l'âme », comme les appelait affectueusement Santiago Ramón y Cajal. Cent milliards de neurones pour sentir, agir, découvrir, penser, rêver et pour aimer. Cent milliards de neurones, c'est suffisant pour exercer toutes nos fonctions et l'inventaire est à son maximum chez le bébé naissant. À compter de cet instant, tout ce qui peut nous arriver, c'est d'en perdre. Et nous en perdons effectivement.

C'est ici qu'intervient encore une fois l'évolution. Lorsqu'il arrive en ce monde, le bébé est déjà *vieux* du vécu et des rituels de toutes les générations qui l'ont précédé et qui ont inscrit dans son génome une *marche à suivre* comme dans les pages jaunies d'un livre très ancien. La nature **s'attend** à ce que *certains événements lui arrivent*. Elle laisse le soin à ces événements d'inscrire la touche finale de la construction de son cerveau. Lorsque la cigogne dépose le bébé, le cerveau est comme un arbre sans feuilles. Le squelette de la ramure est déployé grâce au bagage génétique qui forme la mémoire de l'espèce, mais les rameaux sont vierges, sans feuillage.

Au cours des premiers mois de la vie, l'activité périodique intense des structures du système limbique témoigne des interactions émotionnelles du nourrisson avec les personnes significatives de son environnement. Le lobe frontal, siège de la réflexion, reste silencieux. Ce n'est que lorsque le bébé est âgé de 8 à 12 mois que ces neurones s'éveillent tandis que se développent les comportements cognitifs. De la naissance jusqu'à l'âge de 3 ans, le nombre de synapses augmente de 20 fois ; à 3 ans, la consommation en énergie du cortex cérébral est 2 fois plus élevée que celle de l'adulte.

Puis débute une phase de maturation des voies neuronales **sous l'effet de l'expérience**. Les interactions entre l'individu et l'environnement déterminent lesquelles parmi toutes les synapses mises en place au hasard seront conservées. Les connexions et les neurones non utilisés vont disparaître, ne laissant que ceux qui ont fait l'objet d'un usage répété. Ainsi se mettent en place les structures architecturales qui décideront des fonctions définitives de notre cerveau.

La pousse luxuriante des connexions synaptiques va se poursuivre par vagues successives tout au long de l'enfance dans de vastes et diverses régions du cortex cérébral, toujours suivies par une phase de maturation qui consistera en un élagage sous l'influence de l'expérience. Une manière de sculpture des circuits, d'un système redondant vers une organisation finement différenciée qui rend les perceptions plus nettes et les comportements plus pointus. Ainsi se manifeste l'ingéniosité de la nature qui laisse à la vie le soin de poursuivre après la naissance la construction définitive du cerveau de chacun. On appelle ce phénomène ÉPIGENÈSE.

Pourquoi, dans le cadre de l'évolution, la nature n'a-t-elle pas fabriqué des organismes *tout prêts d'avance* ? Il semble que pour des motifs d'adaptabilité, les voies neuronales puissent développer de meilleures performances en prenant avantage de l'expérience plutôt qu'en laissant toute la responsabilité au seul déterminisme du génome. **Ainsi, le cerveau enregistre une histoire individuelle.** L'expérience moule le cerveau dans un processus qui va durer toute la vie et progressivement, la culture va créer son empreinte.

Le cerveau humain doit son incontestable succès à sa souplesse. Mais cette plasticité n'a rien d'absolu. Il semble exister un certain ordre dans le processus de maturation du cerveau, des périodes critiques, de même que des expériences *obligatoires*. **Si certains événements essentiels ne se produisent pas au cours d'une période bien définie, un déficit de fonction peut s'établir et prendre un caractère permanent.**

Les expériences physiques et sociales éprouvées au cours des premières années de la vie de l'enfant sont responsables de la circuiterie de son cerveau pour son usage futur. Parce que l'expérience du mammifère qui se développe a été prédictible tout au long de l'histoire évolutive de l'espèce, cette espèce *en est venue à compter* sur la survenue de ces expériences prévisibles dans le cours du processus de développement de l'individu. Ces expériences *doivent se produire* pour que la maturation de l'individu se poursuive et s'achève dans l'harmonie.

Lorsque les expériences attendues ne se produisent pas, des mécanismes correcteurs ou compensateurs se mettent en place pour restaurer la stabilité, bien souvent au prix de maladies et de souffrances. Un environnement prévisible créé la stabilité. Des changements en dehors des attentes créent de la vulnérabilité.

Le bébé est tellement *avide de certaines expériences* qu'il les recherche activement au point de les provoquer de manière délibérée si elles se font attendre. Ainsi, le bébé n'est pas cet être innocent et passif qu'on imagine volontiers. Il possède ses propres compétences et cherche à interagir avec les personnes significatives de son entourage comme s'il attendait de leur part une intervention impérative qui corresponde à ses besoins en développement. **Le bébé devient ainsi l'artisan de sa propre croissance.**

Par ailleurs, l'espèce ne peut dépendre seulement d'expériences communes pour assurer la survie de tous les individus qui la composent. Chacun vit dans un environnement qui lui est propre et il a besoin de flexibilité pour acquérir les habiletés qui lui permettront de s'épanouir. Chaque individu doit connaître les caractéristiques de son milieu physique et de son réseau social. Il doit posséder une langue maternelle pour communiquer et une culture pour s'identifier. Cette potentialité d'apprentissage obéit à des mécanismes différents de celle qui a lieu au début de la vie. On parle chez l'adulte d'un apprentissage *dépendant de l'expérience* (*experience-dependant*). De nouvelles synapses sont produites en réaction à des événements qui apportent une information devant être encodée et qui doivent laisser des traces dans la mémoire. C'est précisément ce qui se produit en cet instant même dans votre cerveau au moment où vous lisez ces lignes. Ce que vous en retiendrez implique **la formation de nouvelles synapses**.

Nous avons déjà mentionné que la maturation du tronc cérébral est pratiquement complétée à la naissance. De son côté, le système limbique s'organise au cours des premières années de la vie. Il comprend entre autres l'amygdale limbique, responsable de l'identification du danger et essentielle à la préservation du « self ». Sa maturation est complétée à l'âge d'un an. Cette maturation induit un attachement sélectif et une crainte des étrangers qui débute vers l'âge de 6 à 8 mois. Elle forme la mémoire émotionnelle. Des lésions de l'amygdale entraînent un isolement émotionnel et leurs stimulations intempestives se soldent par de violentes crises d'agressivité. D'autres structures sont responsables des émotions exprimées lors des épreuves de séparation. Le système limbique a besoin pour se développer normalement de stimulations sensorielles, émotionnelles et sociales considérables. Son développement est lié aux expériences précoces de l'enfant au cours de sa période de maturation, qui s'étend de la naissance jusqu'à l'âge de 6 ans environ avec un pic d'activité entre les âges de 6 à 36 mois. **D'où l'extrême importance de la petite enfance dans la maturation et l'acquisition des compétences émotionnelles et sociales.** Passé cette période, le retour en arrière est presque impossible, car le système limbique est peu plastique. Quant au néocortex, structure la plus récemment acquise dans l'évolution, il demeure malléable à l'infini de sorte qu'il nous est toujours possible d'apprendre et de modifier nos pouvoirs cognitifs.

L'environnement et la puériculture chez les chasseurs-cueilleurs

Chez Homo sapiens, c'est le mode de vie de chasseur-cueilleur qui constitue toujours l'environnement spécifique d'espèce.

Le fonctionnement du cerveau du bébé a été forgé par la sélection naturelle pour assurer sa survie dans le cadre d'un *environnement spéci-*

fique d'espèce. Le bébé naît avec des «idées préconçues» de la réalité du monde. Il ne s'intéresse ainsi qu'aux informations provenant de certains domaines significatifs pour sa survie et son développement.

Autrement dit, le bébé naissant n'est pas une page blanche, comme le pensait Piaget, ni un cerveau totalement malléable qu'on peut remplir avec n'importe quoi, comme l'affirmait si subtilement la psychologue américaine Sandra Starr dans son livre *Mother Care/Other Care* : «Leur cerveau est comme du Jell-O et leur mémoire se compare à celle de rongeurs décérébrés. Le bébé n'a aucun besoin naturel particulier pour sa mère biologique. Les mères sont tout simplement conditionnées par la culture à croire qu'elles sont nécessaires à leurs enfants.» Au contraire, le bébé possède des compétences propres et des attentes sur une base innée… et bien sûr, il a aussi besoin d'une mère qui forme une composante inhérente de son environnement spécifique d'espèce. C'est comme ça chez tous les mammifères.

Tout comme le poumon du fœtus attend l'air sans l'avoir encore respiré, tout comme l'œil est prédisposé à s'imprégner de lumière, le cerveau du nouveau-né s'attend à recevoir la gamme des stimuli prévus *a priori* par la sélection naturelle et nécessaires à la construction harmonieuse de son cerveau inachevé. Cette gamme de stimuli est transmise dans le cadre d'une puériculture adaptée au mode de vie des chasseurs-cueilleurs. Cette *puériculture attendue* constitue toujours la référence pour la prise en charge du nouveau-né chez *Homo sapiens*. **On ne peut pas faire n'importe quoi avec un bébé.** La recherche animale et humaine a montré que lorsqu'on soumet un nourrisson à des stimulations qui sont en dehors des normes évolutionnistes de l'espèce, on observe des conséquences négatives sur son développement.

Il est d'une infinie tristesse que la longue période du Paléolithique, cette époque cruciale de notre histoire, fondamentale à la compréhension de ce que nous sommes, ne soit jamais prise en compte par les *spécialistes du développement*. Comme quoi «l'essentiel est invisible pour les yeux[9]».

Plusieurs éléments de la puériculture chez les chasseurs-cueilleurs s'avèrent constants à travers l'espace et le temps :

---

9. Antoine de Saint-Exupéry, *Le Petit Prince.*

Numéro 1 : *La grande* PROXIMITÉ *parents-enfants et tout particulièrement le lien qui unit la mère à son bébé.*

Les nourrissons Aché passent leur première année de vie en proximité étroite avec leur mère, tétant à volonté et dormant la nuit dans la même couche qu'elle. En réalité, l'analyse d'un échantillonnage ponctuel suggère que, dans la forêt, les bébés passent environ 93 % de leurs activités diurnes en contact tactile avec leur mère ou leur père, et qu'ils ne sont jamais déposés au sol ou laissés seuls pour plus de quelques minutes. Après l'âge d'un an, les enfants Aché passent toujours 40 % de leur temps diurne dans les bras de leur mère, ou ils restent assis ou bien debout sur le sol près de leur mère 48 % du temps. Ce n'est pas avant l'âge de trois ans que les enfants Aché commencent à s'éloigner à plus d'un mètre de leur mère pour des périodes significatives[10].

Les psychologues de nos sociétés industrialisées établissent qu'une durée de contact tactile inférieure à 5 % du temps de jour au cours des premiers mois de la vie est diagnostique d'un syndrome de privation sensorielle. Aux États-Unis, l'enfant passe entre 12 à 20 % de son temps de jour en contact physique avec un adulte à l'âge de 3 à 4 mois. Entre les âges de 7 à 8 mois, cette durée se réduit à 10 % et la majorité de nos enfants dorment seuls. Chez les chasseurs-cueilleurs, le temps que le bébé passe en contact physique avec un adulte varie de 62 à 99 % du temps de jour à 3-4 mois et de 50 à 76 % vers 7 à 8 mois. Les études de primates en laboratoire ou dans leur milieu naturel montrent un patron en tout point semblable à celui remarqué chez les chasseurs-cueilleurs tout simplement parce que nous sommes des primates et que les primates sont construits biologiquement pour faire ainsi. En ce sens, l'**étroite proximité entre les jeunes enfants et les parents chez les chasseurs-cueilleurs semble un trait évolutionniste de l'être humain** qui prend ses racines profondément dans l'ordre des primates. Il paraît fondamental quant au développement. La norme de moins de 5 % avancée par les psychologues pour définir le syndrome de privation est arbitraire et fondée sur des traits culturels occidentaux. Avec des temps de jour réduits à moins de 20 %, il est clair que *tous nos enfants sont en carence...*

Plusieurs études ont montré que les enfants qui fréquentent les garderies avant l'âge de 3 ans et qui subissent des épreuves de séparation régulières et répétées ont des taux élevés d'hormones du stress par rapport à leurs pairs qui demeurent sous soins parentaux. Or, l'augmen-

---

10. K. Hill et M. Hurtado, *Aché Life History*, New York, Aldine de Gruyter, 1996.

tation du cortisol est associée à l'apoptose neuronale (mort cellulaire pro-grammée) et à l'établissement de voies neurologiques aberrantes qui réduisent la tolérance ultérieure au stress ainsi que les habiletés sociales[11].

Certains craignent que cette intense proximité parents-enfants ne se traduise par une plus grande dépendance et une altération des capacités de détachement chez les enfants. En fait, c'est le contraire qui se produit. Des études comparatives réalisées dans nos sociétés industrialisées[12] et les données provenant de l'observation chez les chasseurs-cueilleurs montrent que les enfants qui ont connu une proximité conforme à la norme biologique ont une plus grande autonomie et un développement psychomoteur et cognitif plus précoce que les enfants répondant au modèle occidental[13]. On démontre les mêmes effets dans les études chez les primates. On peut constater les conséquences des «épreuves de séparation» et autres entorses au lien mère-enfant dans des conditions expérimentales chez les primates à travers les travaux de Harry Harlow, de Stephen J. Suomi et de Sally P. Mendoza.

Numéro 2 : L'ALLAITEMENT MATERNEL *est intense et prolongé.*

La mère est en contact tactile étroit avec son enfant pendant 62 % du temps d'observation. L'intervalle entre les tétées est en moyenne de 17 minutes et chacune de ces tétées ne dure que quelques minutes à la fois. En d'autres mots, les mères allaitent souvent et brièvement. Les mères sont très sensibles aux besoins de leurs bébés et semblent particulière-ment détendues lorsqu'elles allaitent[14].

---

11. A. C. Dettling et coll., «Cortisol Levels of Young Children in Full-Day Childcare Centers : Relations with Age and Temperament», *Psychoneuroendocrinology*, 1999, n° 24, p. 514-536 ; S. E. Watamura et coll., «Morning-to-Afternoon Increases in Cortisol Con-centrations for Infants and Toddlers at Child Care : Age Differences and Behavioral Correlates», *Child Dev*, 2003, n° 4, p. 1006 ; A. Lieselotte et coll., «Transition to Child Care : Associations With Infant-Mother Attachment, Infant Negative Emotions, and Cortisol Elevation», *Child Dev*, n° 75, 2004, p. 639-650.
12. S. H. Landry et coll., *Child Dev*, 2000, n° 71, p. 358.
13. M. J. Konner, «Maternal Care, Infant Behavior and Development among the !Kung», dans Richard Lee et Irven DeVore (dir.), *Kalahari Hunter-Gatherers : Studies of the !Kung San and Their Neighbors*, 1998, Boston, Harvard University Press ; Jean Liedloff, *The Continuum Concept*.
14. A. Takada, *Mother-Infant Interactions Among The [!Xun???] : Analysis of Gymnastic and Breast-Feeding Behaviors*, www.vancouver.wsu.edu/fac/hewlett/Takada,htm.

Chez les Bochimans nomades du Kalahari, les femmes donnent le sein à leurs bébés en moyenne 4 fois l'heure pendant quelques minutes à la fois, soit plus de 48 fois par périodes de 12 heures d'éveil et elles passent la nuit en sommeil conjoint avec leurs enfants. Elles maintiennent ce rythme pendant les 18 à 24 premiers mois après l'accouchement et elles allaitent chaque enfant pendant une période de 3 à 4 ans au total. Chez nous, la *norme* veut que les enfants aient besoin de téter entre 8 à 12 fois par jour. Les enfants bochimans seraient-ils différents des nôtres? Et puis, d'où vient cette *norme*? Il semble que la grande proximité mère-enfant chez les chasseurs-cueilleurs contribue à ce patron d'allaitement naturel puisqu'on retrouve exactement le même chez les grands singes.

Numéro 3 : Le PORTAGE *comme héritage de la vie arboricole.*

Le portage des bébés démunis au début de leur existence est une constante de la vie chez les primates. Il n'est donc pas surprenant de constater que les chasseurs-cueilleurs portent systématiquement leurs bébés, le plus souvent sur la **hanche**. L'enfant est généralement soutenu par une écharpe, ce qui laisse une totale liberté de mouvement aux bras et aux jambes. Cette position de portage possède plusieurs particularités dignes de mention :

1. L'enfant voit ce que sa mère voit. Il partage ainsi la même vision des objets et de son monde social. Il perçoit ses réactions à ces données environnementales et les affects qui leur sont associés.
2. Le bébé a un accès constant aux mamelles maternelles, qui sont nues et à proximité. Après un certain temps, il peut se servir lui-même à volonté sans l'aide de la mère.
3. L'enfant a un accès aux bijoux et autres objets décoratifs utilisés par sa mère avec lesquels on lui permet de jouer à sa guise.

Cette position de portage permet à la fois une flexion et une abduction des cuisses, plaçant l'articulation de la hanche du bébé dans une position tout à fait physiologique. Cette position est utilisée en orthopédie pour la correction de la dysplasie de la hanche chez le nouveau-né. Il semble que cette affection serait moins fréquente chez les peuples qui portent leurs enfants de cette façon[15]. Le portage semble corrélé avec des taux d'attachement sécurisés[16].

---

15. R. A. Schön, « Natural Parenting », *Evolutionary Psychology*, 2007, n° 5, p. 102-183.
16. E. Anisfeld et coll., *Child Dev*, 1990, n° 61, p. 1617-1627.

Chez les Kung ! du Kalahari, les enfants sont maintenus le plus possible en position verticale. C'est le cas pendant toute la durée de l'éveil et durant une bonne partie de la période de sommeil, du moins lorsqu'ils sont portés[17].

Numéro 4 : *L'Unité mèrenfant est intimement et fortement* INTÉGRÉE *à la communauté où elle est considérée comme une personne physique réelle, insécable.*

Il existe chez les chasseurs-cueilleurs une entité virtuellement inconnue dans nos sociétés : l'*Unité mèrenfant*. Il ne viendrait jamais à l'idée de ces populations de séparer la mère de son jeune enfant. L'un et l'autre sont perçus comme une extension physique du corps et de la personnalité de l'autre. Cela va de soi. Le pédiatre et psychanalyste Donald W. Winnicott avait l'habitude de dire : « Un bébé seul, ça n'existe pas. » Ce n'est pas seulement que le bébé a besoin de sa mère, mais plutôt que la mère et l'enfant sont essentiels l'un à l'autre, s'influençant l'un et l'autre à la fois sur les plans physiologique, psychologique et comportemental. S'inter-pénétrant. Formant cette entité fonctionnelle et sociale qu'il convient d'appeler l'*Unité mèrenfant.* J'écris ce mot délibérément grâce au *e* partagé parce qu'il rend compte de la biologie et de ma pensée.

Une caractéristique additionnelle de notre monde est l'isolement social de l'Unité mèrenfant. C'est une abomination. La coupure d'avec le réseau social peut avoir des conséquences négatives dramatiques à la fois pour la femme et pour l'enfant. La densité du contact social semble régulariser le degré de tolérance maternelle envers les demandes enfantines. Une abondance d'études réalisées chez les primates supporte cette affirmation. Dans les paires isolées, les mères ont tendance à manifester un comportement d'évitement vis-à-vis leurs enfants et les laissent plus souvent seuls même si, dans ce cas, les enfants montrent de plus forts comportements d'attachement (recherche, poursuite, pleurs, etc.) dans le but de rétablir la proximité. Les études de Kaplan sur les singes écureuils montrent que dans les Unités mèrenfants isolées, les mères évitent et punissent davantage leurs enfants que dans les paires vivant en groupes sociaux denses. Les interactions mère-enfant sont plus fréquentes dans un environnement social physiologique et grégaire et les périodes nutritionnelles sont plus fréquentes. Les enfants élevés avec des mères en

---

17. M. J. Konner, *op. cit.*

isolement *collent* plus leur mère mais celles-ci ont plus de manifestations d'impatience.

Ces données ont aussi été rapportées chez l'humain. Dans une étude portant sur 55 sociétés, Whiting (1971) a remarqué que le degré d'indulgence des mères envers les enfants est *grosso modo* proportionnel au nombre d'adultes qui vivent dans l'environnement immédiat de l'Unité mèrenfant. On retrouve un fort degré de tolérance envers les enfants chez 87 % des sociétés qui ont une structure sociale constituée de familles élargies, puis ces taux sont respectivement de 42 % dans les familles nucléaires et de 25 % dans les familles monoparentales maternelles. Minturn et coll. ont retrouvé un plus fort degré d'empathie maternelle et une plus grande stabilité émotionnelle chez les enfants selon le nombre d'adultes dans la maisonnée. Cette relation était observée dans toutes les cultures.

Ainsi, l'isolement social de l'Unité mèrenfant est biscornu pour une espèce sociale comme la nôtre et engendre de la pathologie tant chez la mère que chez l'enfant. Dans nos milieux, on parle de « baby blues » qui se manifestent par une humeur dépressive et une sensation justifiée d'isolement chez la mère et par un comportement timoré chez l'enfant avec une exagération des expressions d'agrippement.

La relation se vérifie aussi lorsqu'on compare la communauté des !Kung aux sociétés anglaise et américaine. En gros, les !Kung reproduisent le modèle social dense typique des bandes tandis que les Anglais ou les Américains reproduisent le modèle des paires mère-enfant en isolement. Les données des anthropologues ont tendance à démontrer qu'en plus de manifester de meilleures habiletés sociales, les enfants chez les chasseurs-cueilleurs atteignent plus tôt les jalons de développement tant sur le plan psychomoteur que sur le plan cognitif. En résumé, non seulement s'assoient-ils plus tôt et marchent-ils plus tôt, mais ils semblent en mesure de raisonner plus tôt que les enfants des sociétés occidentales[18]. Ce n'est pas par l'écoute des symphonies de Mozart ni par l'apprentissage de toutes les lettres de l'alphabet avant l'âge de 3 ans qu'on survolte les capacités cérébrales des enfants, mais plutôt et tout simplement par la satisfaction de leurs besoins fondamentaux dans le cadre d'une puériculture respectueuse de la physiologie au sein d'un monde social supportant.

Un des risques théoriques d'un attachement fort comme on retrouve chez les grands primates et l'homme dans des conditions physiologiques

---

18. M. J. Konner, *op. cit.*

est la difficulté anticipée du détachement de l'enfant au moment où ça devient nécessaire, mais ce risque est considérablement réduit dans le contexte d'un tissu social serré où l'Unité mèrenfant vit en compagnie constante d'un grand nombre de personnes et où l'enfant a finalement accès à un groupe d'autres enfants d'âges variés. Paradoxalement, cela se traduit par une diminution de la recherche de proximité par l'enfant et une **atteinte plus précoce de l'indépendance.** Cette relation proposée entre la grande disponibilité maternelle et le développement d'une indépendance plus assurée de la part de l'enfant est tellement contraire à nos préjugés culturels qu'elle nous est difficile à admettre. Nous avons tendance à croire, en vertu de nos notions du renforcement positif, que la récompense des comportements dépendants par une satisfaction des besoins de l'enfant renforcerait la fréquence de ces comportements. En réalité, c'est le contraire qui se produit ! Et cela vient en contradiction avec la notion bien ancrée du « gâtage » qui forme l'un des mèmes les plus prépondérants de la civilisation occidentale.

Les pleurs et autres comportements d'attachement sont une manifestation de détresse et on ne peut pas les éteindre en les ignorant ; pas plus que le frisson en réponse au froid ne peut cesser en le niant. Les négliger ne fait qu'accentuer le désarroi et ses manifestations. Les recommandations de nombreux *spécialistes* dans nos sociétés encouragent l'insensibilité maternelle face aux demandes de l'enfant. Avancées comme une solution à l'épuisement parental ou comme une « bonne chose pour l'acquisition de l'indépendance », elles doivent être reçues avec le plus grand scepticisme en regard des données biologiques et en l'absence de preuves scientifiques pour les appuyer. Elles augmentent les risques de développement de patrons d'attachement insécurisés avec les conséquences négatives que de tels patrons font porter sur le devenir des enfants.

Chez les chasseurs-cueilleurs, l'enfant vit en symbiose avec sa mère jusque vers l'âge de 3 ans, dans ce qu'il est approprié d'appeler l'*Unité mèrenfant* dont il est une composante. Puis il passe d'un fort attachement maternel à une forte identification envers un groupe d'enfants d'âges variés. Il est important de noter que **ce groupe d'enfants ne constitue pas une association de pairs.** Dans les bandes de chasseurs-cueilleurs, il y a très peu d'enfants du même âge. Au sein de ces groupes où les jeunes sont à des niveaux différents de développement, la compétition interpersonnelle est réduite au minimum. On observe tout à fait le contraire dans notre monde où la tendance est à rassembler les enfants en groupes appariés. Ce type d'association est la plus à risque d'expression de comportements antisociaux.

Une autre caractéristique de la vie chez les chasseurs-cueilleurs est la présence de l'enfant à tous les moments et à tous les endroits de la vie communautaire. Où sont les jeunes enfants chez nous ? On les trouve en isolement dans une chambre de bungalow de banlieue ou élevés en troupeau dans des garderies en dehors du monde réel.

Permettez-moi d'espérer et de rêver. Je rêve au jour où les jeunes enfants seront partout où sont les adultes. Les règles de la vie sociale s'apprennent dans le monde réel auprès des personnes qui en possèdent les acquis : les adultes. Alors, dites-moi qu'est-ce qui peut bien empêcher une enseignante, mère d'un enfant de 6 mois, de pouvoir travailler en compagnie de son bébé ? Un enfant de cet âge ne devrait-il pas être toujours allaité et en contact étroit avec sa mère, qui forme sa base de sécurité dans le contexte de sa relation d'attachement ? Quelles sont ces règles en vigueur dans nos milieux de travail qui transgressent un droit naturel ? Lorsque nos sociétés s'ouvriront et reconnaîtront la réalité de l'*Unité mèrenfant*, elles ne pourront plus considérer ces scissions forcées autrement que comme un crime contre l'humanité, comme une négation d'un droit humain. Le monde du travail doit s'ouvrir à cette réalité. Les groupes de pression, les associations professionnelles, les organisations syndicales, les institutions publiques et enfin, la société tout entière doivent s'ouvrir à cette réalité. Il faut que les enfants fassent partie du monde en tant que membres de plein droit de la société humaine. Il nous faut militer pour la reconnaissance des droits de l'*Unité mèrenfant*.

Penser que l'être humain est adaptable à l'infini relève de la pensée magique. En médecine, on apprend tôt qu'on ne peut transgresser impunément la physiologie sans qu'il y ait de risque pour la santé. La lubie actuelle est à la *résilience*, qui est devenue un terme à la mode, mais l'apparente universalité de son application est un dangereux mirage. Tous les enfants ne se tirent pas indemnes d'une prise en charge précoce qui s'éloigne de manière significative du modèle originel. Je pense même que personne n'y réussit tout à fait. Le bébé de maintenant étant identique au bébé d'autrefois, il s'attend toujours à une prise en charge spécifique d'espèce développée dans l'univers des chasseurs-cueilleurs. Malgré le mode de vie actuel qui fait fi de la nature, *il n'y a toujours rien de moderne dans un bébé*. Les besoins fondamentaux des bébés naissants sont les mêmes aujourd'hui qu'ils l'étaient au Paléolithique. Et les besoins fondamentaux de tous les bébés du monde sont les mêmes indépendamment de la culture de la communauté où ils naissent ! Comme c'est le cas chez tous les grands primates anthropoïdes dont il fait partie, la destinée du bébé humain est d'**être porté**, d'**être en étroit contact** avec le corps maternel, d'**être nourri au sein** pendant des années et d'**être intégré** dans sa communauté. Comme héritier de ces constantes d'espèce, le bébé humain s'attend toujours à ces « a priori ». L'optimisation de son développement en dépend. Voilà ce qu'est un bébé. Voilà ses besoins fondamentaux. Voilà ce qui devrait inspirer le respect. Voilà ce qui devrait subordonner toute autre norme culturelle. Voilà les mèmes qui devraient dominer dans la hiérarchie des mèmes.

L'allaitement maternel et le cerveau : construire l'humanité

C'est du sein que le lait de la bonté humaine coule.
Ashley Montagu

Nous avons parlé des caractéristiques de notre cerveau. Nous avons mentionné sa taille qui est, toute proportion gardée, la plus importante de tout le monde animal. Nous avons rappelé la forte croissance du volume du cerveau au cours des premières années de la vie et nous avons évoqué ses gargantuesques besoins énergétiques. Il convient maintenant de revenir sur la contribution de l'allaitement maternel à ces processus d'adaptation à la vie extra-utérine et à la formation de personnes pleinement compétentes. On peut derechef imaginer que l'allaitement pourra intervenir au moins de deux façons :

- **En tant que mode d'alimentation,** l'allaitement a la tâche d'apporter au nourrisson et à l'enfant les nutriments nécessaires à la construction de son cerveau.
- **En tant que système intermodal,** l'allaitement constitue une source d'expériences sensorielles et d'interactions sociales pendant les différentes phases de maturation des circuits neuronaux qui ont cours pendant l'enfance.

Il n'est pas dans mon intention de discuter ici de la valeur alimentaire du lait maternel pour la construction et la maturation du cerveau. Je m'en tiendrai à la mention de trois publications récentes montrant que l'alimentation artificielle réduit les performances cognitives des enfants et qu'en ce sens les formules artificielles constituent une forme d'alimentation toxique pour le cerveau humain. Le *Petit Larousse* dit d'une substance qu'elle est toxique lorsqu'elle est « nocive pour les organismes vivants ». Cette définition me convient bien. Surtout, il ne faudrait pas tomber dans le piège qui consiste à dire que l'allaitement *augmente* les performances cérébrales. L'allaitement n'augmente rien pour la bonne et simple raison qu'il *est* la norme biologique et que la norme est le point de référence. En conséquence, si on démontre que les enfants nourris artificiellement ont de moins bonnes performances cérébrales que les enfants allaités, ce n'est pas que l'allaitement *augmente* ces performances, mais que l'alimentation artificielle les *diminue*.

Une revue systématique de la littérature et une métaanalyse réalisées par l'Organisation mondiale de la santé et publiées en 2007 ont montré que les enfants allaités ont un avantage statistiquement significatif au niveau des facultés cognitives par rapport aux enfants non allaités[19]. Une autre étude prospective récente a, une fois de plus, montré des résultats qui vont dans le même sens[20]. Finalement, une étude randomisée réalisée par Kramer et ses collaborateurs et publiée cette année a montré que l'allaitement maternel exclusif et prolongé améliore le développement cognitif des enfants[21]. Et ces effets semblent durables, de toute évidence pour toute la vie[22].

Le cerveau est un organe complexe. Il est difficile d'établir des relations claires entre chacun des nutriments pris isolément et le développement cérébral. Peut-être n'est-il pas raisonnable d'espérer que la science de la nutrition explique seule toute la subtilité des différences des fonctions cérébrales générales ou spécifiques entre les enfants allaités et ceux nourris artificiellement. On peut s'en douter, rien n'est vraiment simple.

Peut-être faudrait-il chercher au-delà de la nutrition d'autres raisons qui expliqueraient autrement les effets de l'allaitement sur le développement cérébral? **L'allaitement serait-il plus qu'un simple mode d'alimentation?**

Laissons-nous transporter par l'imagination en quelque lieu de notre passé il y a 12 000 ou 15 000 ans, peu importe. L'endroit qui nous intéresse deviendra un jour le Périgord dans le sud-ouest de la France, mais pour l'instant la région porte un nom oublié par le temps. En fond de scène, quelques sombres montagnes et des falaises en surplomb formant abris sous roche. Au pied des éboulis, dans une vallée sculptée par les glaciers dont on devine toujours l'arête là-bas vers le couchant, la nonchalante Vézère serpente en larges méandres qui s'étirent puis disparaissent

19. ww.who.int/child-adolescent-health/New_Publications/NUTRITION/ISBN_92_4_159523_0.pdf.
20. A. Caspi et coll., *Pro. Nat. Acad Sci*, 2007, 10.1073/pnas.0704292104.
21. M. S. Kramer et coll., *Arch Gen Psychiatry*, 2008, n° 65, p. 578-584.
22. E. L. Mortensen, *JAMA*, 2002, n° 287, p. 2365-2371.

dans les brumes d'une matinée d'été. L'air est un tantinet frisquet en cette fin de période glaciaire. Quelques hommes s'affairent à débusquer un gros sanglier tapi dans les ronces. Des femmes et une demi-douzaine d'enfants cherchent des écrevisses entre les pierres dans le courant paresseux. Sous un saule ombrageant un monticule qui descend en pente douce vers la rivière, un petit garçon qui marche à peine se blottit contre sa mère. Un drame s'est produit. Une vilaine chute sur les galets limoneux, puis la blessure. Tandis que sa mère asperge d'eau froide son genou ensanglanté, le gamin tète un sein familier qu'il abandonne quelques fois pour reprendre son souffle entre deux sanglots. Le sein généreux apaise. Quelques mots de réconfort, une caresse sur l'épaule, le temps d'essuyer une larme et le bambin rassuré retrouve le groupe d'enfants qui s'amuse maintenant à un jeu aux règles obscures qui consiste, semble-t-il, à lancer une pierre sur un amoncellement de petits osselets pour les disperser le plus largement possible.

Cette scène familière, toute simple, mille fois répétée et en apparence banale, est inscrite dans le patrimoine humain comme une histoire prévisible. Nous avons besoin les uns des autres et devons tisser avec nos congénères des liens soit de dépendance, de partenariat, d'amitié ou d'amour – cette liste n'étant pas limitative. Il n'y a aucun doute, l'allaitement maternel fait partie de ces composantes évolutionnistes fondamentales de l'environnement du bébé. Mère Nature a écrit à l'encre du temps le manuel d'emploi de l'allaitement pour notre espèce. Peut-être n'est-il pas nécessaire de le suivre intégralement pour assurer la survie de nos enfants, mais on peut penser que la valeur ajoutée dépend du degré de fidélité à l'usage prescrit.

L'allaitement a le même âge que l'humanité. À n'en point douter, les expériences qu'il procure font partie de celles qui sont **attendues**. Les expériences sensorielles que procure l'allaitement, répétées plusieurs fois par jour, jour après jour, pendant des mois ou des années constituent le moule à l'intérieur duquel se forgent les voies neurales et se stabilisent les connexions synaptiques.

J'ai tenté d'estimer le nombre de tétées que peut effectuer un enfant chez les chasseurs-cueilleurs selon la *norme bochimane* déjà décrite. J'en suis arrivé au chiffre conservateur de 40 000 tétées. Quarante mille occasions de se blottir puis de goûter, sentir, toucher et d'entendre une voix caressante. Pensez-vous que ça ne laisse pas d'impressions dans l'imaginaire d'un enfant ?

Façonné par le temps, achevé par les contraintes environnementales qui ont accompagné l'humanité dans sa longue marche jusqu'à nos jours, l'allaitement maternel a assumé des fonctions nourricières, de protection contre la maladie et de réconfort dans l'adversité. Il est phare dans les ardeurs exploratoires du jeune enfant et devient havre dès que la peur surprend. Il permet le développement d'une personnalité ouverte sur le monde tout en assurant les arrières. La nature est économe et les organismes vivants bien compliqués. Pour prétendre gagner à la loterie de la vie, il faut savoir miser fort avec des ressources limitées. Rarement une fonction sert-elle un seul objectif. On dit que le lait contient des anticorps. C'est bien beau les anticorps, mais que peuvent-ils contre la finesse des grands prédateurs et l'agressivité des congénères lorsqu'on est tout petit ? Pour parer aux vicissitudes de la vie, mieux vaut une maman attentive, une famille qui nous aime et des amis sur qui on peut compter. Et c'est ainsi que, dans un ténébreux passé, la nature greffa une valeur ajoutée à la manière de donner le lait. L'allaitement a acquis une fonction de socialisation et de consolidation du lien. « Ce n'est pas assez de donner le meilleur, encore faut-il le faire de la meilleure façon[23]. »

L'allaitement est une forme spécialisée de contact social au cours duquel il s'effectue non seulement un transfert de nourriture en faveur du nourrisson, mais où des sensations agréables sont échangées entre la mère et l'enfant. Les stimuli somatosensoriels agréables produisent une cascade d'événements physiologiques qu'on retrouve au cours de l'allaitement. La réponse au stress est tronquée chez la nourrice et ses taux de cortisol sont bas si on les compare à ceux des femmes qui utilisent le biberon comme mode d'alimentation du nouveau-né[24]. Ces effets sont imputables aux actions centrales de **l'ocytocine**[25]. Ils ne sont pas les seuls.

Au cours de l'allaitement, l'ocytocine rend le lait disponible au nourrisson par le réflexe d'éjection. Elle élève la température cutanée au niveau du sein par un mécanisme vasculaire direct. Cette augmentation de la chaleur exerce un effet calmant remarqué chez le nourrisson. Cet effet tranquillisant de l'élévation thermique cutanée maternelle est commun à tous les petits chez les mammifères. L'ocytocine mobilise le glucose des réserves de la mère et permet son incorporation dans le lait. Ce sont les effets *altruistes* de l'ocytocine orientés vers les besoins du nouveau-né. Mais l'ocytocine est aussi sécrétée en réponse aux stimuli

---

23. Jovette Taillefer, monitrice de la Ligue La Leche, Rimouski.
24. M. Altemus et coll., « Suppression of Hypothlamic-Pituitary-Adrenal Axis Response to Stress in Lactating Women », *J Clin Endocrinol Metab*, 1995, n° 80, p. 2954-2959.
25. K. Uvnäs-Moberg, « Physiological and Endocrine Effects of Social Contact », *Ann N Y Acad Sci*, 1997, n° 807, p. 146-163.

somatosensoriels agréables, que ce soit la caresse, le réchauffement cutané bienfaisant, le massage et... la succion du mamelon. L'ocytocine augmente au cours des relations d'intimité et de l'orgasme tout autant chez l'homme que chez la femme. L'ocytocine aurait même un rôle essentiel dans la formation des couples monogames chez certaines espèces de rongeurs et de primates. On la retrouve impliquée dans toutes les interactions liées à la vie reproductrice qui concernent la survie de l'espèce. Dans toutes les espèces mammaliennes étudiées jusqu'à maintenant, les hormones qui soutiennent la grossesse jouent un rôle dans la genèse du comportement maternel.

L'ocytocine atteint aussi le système limbique et augmente l'appétence pour les contacts sociaux. Elle augmente le désir de plaire, le désir d'interagir et le désir de donner. *L'ocytocine est une hormone d'affiliation.* Elle participe à la formation de liens spécifiques et atténue les réactions à la séparation sociale. *L'ocytocine est la drogue de l'amour.* Ainsi, chaque tétée est l'occasion d'un élan amoureux envers l'enfant.

La symbiose de la grossesse se prolonge dans l'*Unité mèrenfant*. Le cordon ombilical qui unit le fœtus à sa mère nourricière se prolonge dans le lien qui cimente l'enfant et la mère dans l'*Unité mèrenfant*. Ce lien est promu par un «cocktail d'hormones» (comme le dit si bien Michel Odent) qui induit un état psychosocial particulier. Il se caractérise par une augmentation des processus d'expansion vers les autres, une réduction des hormones du stress et la production d'un état de calme et de relaxation[26]. L'ocytocine possède des effets sédatifs bien connus des femmes nourrices qui expliquent les observations de Takada (vous vous rappelez : « En d'autres mots, les mères allaitent souvent et brièvement. Les mères sont très sensibles aux besoins de leurs bébés **et semblent particulièrement détendues lorsqu'elles allaitent** »).

La période postnatale peut à juste titre être considérée comme une *gestation extra-utérine* où la mère assure par l'allaitement la construction finale des fonctions cérébrales de son enfant. Cela se traduit à l'âge adulte par une meilleure adaptation générale à la vie et par une réduction des maladies liées au stress[27]. Les enfants allaités pendant moins de 6 mois ont plus de risques de souffrir de problèmes de santé mentale si

26. M. Altemus et coll., *op. cit.*
27. « Being Breastfed Results in Sense of Well-Being », *The Medical Post*, 25 mai 2004, p. 17 ; S. M. Montgomery, A. Ehlin et A. Sacker, « Breast Feeding and Resilience Against Psychosocial Stress », *adc.bmjournals.com*, 10.1136/adc.2006.096826.

on les compare aux enfants allaités plus longtemps[28]. En fonction de sa durée, l'allaitement promeut les habiletés sociales[29].

L'allaitement bonifie le cœur maternel. Plusieurs études ont montré une réduction des taux d'abandon des enfants dans les institutions qui ont adopté des mesures favorisant l'allaitement maternel. La mère qui allaite projette une image de sollicitude et de bienveillance. Ne seraient-ce pas ces mêmes qualités qui ont présidé au développement et à la survie de l'humanité ? Imaginez ! Tout au long du Paléolithique, le cerveau des femmes nourrices a littéralement baigné dans l'ocytocine.

Les périodes d'alimentation du bébé ont souvent été utilisées pour étudier les interactions mère-bébé, mais peu de chercheurs se sont intéressés spécifiquement aux différences entre les bébés allaités et les bébés au biberon. Richards et Bernal ont comparé les interactions chez 35 couples mère-enfant au cours des 10 premiers jours après l'accouchement[30]. Ils ont rapporté une différence significative entre le groupe d'allaitement maternel et le groupe d'alimentation artificielle pour les variables suivantes :

• Les sessions d'alimentation pour les bébés au sein sont plus longues.
• Les mères qui allaitent touchent plus à leur enfant. Elles vocalisent davantage et parlent au bébé de manière plus affectueuse.

Après 8 semaines, les deux groupes sont toujours différents. Les mères qui allaitent caressent, sourient et embrassent plus leur enfant. Elles ont tendance à retirer le mamelon de la bouche de l'enfant seulement lorsque celui-ci cesse de téter ou s'endort. Les mères qui nourrissent leur enfant au biberon initient elles-mêmes l'arrêt des périodes nutritionnelles.

Il semble exister des différences dans le comportement maternel, incluant une meilleure réponse aux signaux de l'enfant chez les mères qui allaitent. Les bébés allaités plus longtemps sont plus susceptibles d'avoir une mère plus interactive et de démontrer de meilleures caractéristiques d'attachement. Widström et ses collaborateurs ont noté un

---

28. W. H. Oddy et coll., « Breastfeeding and Mental Health Morbidity : A Prospective Birth Cohort Study to Ten Years », Conference of Epidemiological Longitudinal Study in Europe, 2004.
29. Richard M. Martin, Sarah H. Goodall, David Gunnell et George Davey Smith, « Breast Feeding in Infancy and Social Mobility : 60-Year Followup of the Boyd Orr Cohort, » *Arch Dis Child*, 2007, n° 92, p. 317–321.
30. M. Richards et J. Bernal, « An Observational Study of Mother-Infant Interaction », dans N. Blurton Jones (dir.), *Ethological Studies of Child Behaviour,* Cambridge, Cambridge University Press.

renforcement des interactions mère-enfant au cours des premiers jours après l'accouchement lorsque le contact peau à peau a été favorisé et les tétées précoces encouragées[31].

La mère et l'enfant s'adaptent l'un à l'autre pour *travailler en harmonie*. Barnard décrit ces interactions au cours de l'allaitement comme une danse : « lorsque la mère et le nourrisson valsent au son de la même musique, il se produit un mouvement rythmique de va-et-vient entre eux, un peu comme deux personnes qui danseraient ensemble ». Une cascade d'interactions entre la mère et le bébé se produit lors de l'allaitement au sein et les cimente l'un à l'autre. **L'allaitement est un ciment du lien.**

Allaiter fait plus que donner du lait. L'allaitement resserre les liens entre la mère et l'enfant, apportant des bénéfices à l'un comme à l'autre. Chez la mère, il espace les grossesses et assure protection contre les cancers et autres affections du système reproducteur. Chez l'enfant, il forme l'environnement émotionnel et sensoriel tout autant qu'il fournit nourriture et breuvage.

Le bébé allaité est plongé dans un véritable bain sensoriel. Dans des conditions parfaitement naturelles où il est intense et prolongé, l'allaitement est omniprésent au moment de l'épigenèse et de la croissance postnatale rapide du cerveau.

L'omniprésence de l'allaitement dans l'univers de l'être humain au printemps de la vie ne peut revêtir un cachet innocent. S'acharner à vouloir limiter les effets de l'allaitement maternel sur le développement cérébral aux seules fonctions de l'intelligence telle qu'on la mesure par des tests est une entreprise outrageusement réductrice, voire caricaturale. N'attribuer les effets promoteurs du développement cérébral de l'allaitement qu'à la seule présence dans le lait maternel de molécules nutritives est du domaine des esprits obtus et témoigne d'un manque de vision d'ensemble. De notre statut minoritaire de citoyens d'une nation industrialisée, nous n'avons plus qu'une pâle idée de l'importance que l'allaitement maternel a tenu dans l'univers des enfants au cours de la longue histoire de l'humanité alors qu'il occupait à la fois les espaces émotionnels, sociaux et cognitifs.

---

31. A. M. Widström et coll., « Short-Term Effects of Early Suckling and Touch of the Nipple on Maternal Behaviour », *Early Hum Dev*, 1990, n° 21, p. 153-163.

Avancez en arrière, un vieux monde refait

Je pense sincèrement qu'une approche plus fidèle à la nature fondamentale de l'animal humain ne peut qu'ouvrir sur une société meilleure.

James Prescott s'est servi du catalogue de Textor qui répertorie un vaste contingent de variables provenant de 400 cultures archaïques[32]. Quarante-neuf d'entre elles contiennent des données suffisantes pour permettre d'établir une corrélation entre la force et la durée du lien affectif entre la mère et l'enfant et le degré de violence des adultes dans la communauté. Il y démontre que le degré d'affection donné aux enfants permet de discriminer à lui seul 80 % des sociétés violentes des sociétés pacifiques. Fait surprenant à première vue, la tolérance à la sexualité adolescente prédit le 20 % restant. Ainsi, la combinaison de ces deux facteurs permet de prédire à coup sûr le niveau de violence noté dans une société donnée. Aucune autre combinaison de facteurs ne permet une prédiction équivalente[33] !

Il a ensuite tenté de vérifier les déterminants de la santé mentale pour constater qu'un âge au sevrage qui dépasse 30 mois est la variable la plus fortement corrélée avec le faible taux de suicide dans ces sociétés[34]. L'allaitement maternel semble être une nourriture pour l'âme tout autant que pour le corps. Dans les sociétés où l'âge au sevrage est supérieur à 30 mois, le port du bébé est la variable la plus fortement corrélée avec de faibles taux d'homicides. Ainsi, deux variables de la prise en charge du jeune enfant sont déterminantes, soit l'allaitement maternel prolongé, qui prévient les dépressions et suicides, et le port constant du bébé au cours de la première année de vie, qui réduit les risques d'homicides et de violence.

Une conclusion simple et inévitable s'impose : le cerveau en voie d'organisation du jeune enfant est plus sensible aux expériences vécues que le cerveau de l'adulte. Ainsi, toutes les perturbations de ces expériences au cours de la petite enfance peuvent entraîner des déficits importants des fonctions psychologiques et sociales.

On dit souvent que tout se joue avant l'âge de 3 ans. C'est certainement faux pour ce qui est des compétences cognitives qui dépendent du cortex cérébral. Mais c'est en bonne partie vrai pour ce qui est des

---

32. R. B. Textor, *A Cross-Cultural Summary*, HRAF Press, 1967.
33. J. W. Prescott, « The Origins of Human Love and Violence », *Pre- and Perinatal Psychology Journal*, 1996, n° 10, p. 143-188.
34. J. W. Prescott, « America's Lost Dream : Life, Liberty and the Pursuit of Happiness », www.ttfuture.org/pdf/download/Prescott_ALD.PDF.

compétences affectives et sociales qui dépendent des structures limbiques. Dans ce cas, les capacités de réparation apparaissent limitées passé l'âge de la petite enfance.

La puériculture occidentale est contre nature et délétère. Elle augmente les risques pour la santé et le développement du bébé. Elle se traduit parfois par une maturation anormale du cerveau et en particulier des centres de socialisation. Or l'humain est l'être social par excellence. « L'homme n'est homme que parce qu'il a su se réunir à l'homme », disait Buffon dans *Histoire naturelle*.

Être parents aujourd'hui, retrouver la douceur

> *Lorsque l'on berce son enfant, on se berce aussi.*
> Nicole Côté, *Affaires plus*, janvier 2001, p. 49.

Notre puériculture actuelle, fondée sur des impératifs culturels en dehors du continuum et la tendance lourde qu'elle adopte, transgresse toujours plus les limites de l'adaptabilité des bébés. Tous les enfants en souffrent. Tous y perdent en bien-être même si tous ne dévieront pas sur une trajectoire résolument aberrante.

Un jour, une femme demanda à Freud comment être une bonne mère. Il répondit : « Faites ce que vous voulez, de toute façon, ce sera toujours mal. » Ouach ! C'est grossier, inutilement fataliste et heureusement inexact parce qu'il existe un mode d'emploi, un grimoire qui nous est accessible. Il nous est transmis gracieusement sur le fil de l'HISTOIRE par notre génome, et ce, sans interruption, de génération en génération depuis l'aube de l'humanité. Il est inscrit dans notre cœur de parents. C'est lui qui nous afflige lorsque le bébé pleure sa détresse au milieu de la nuit tandis que nous nous marchons sur le cœur afin de nous conformer à l'avis d'*experts* qui nous affirment du haut de leur grandeur qu'il est bon de laisser pleurer le bébé pour éviter la dépendance. C'est toujours lui qui nous dévaste lorsqu'un *docteur* nous arrache notre bébé pour l'isoler dans une pouponnière « parce que c'est mieux » en se fondant sur des conventions routinières à valeur douteuse. Dans notre monde moderne, il est de mise de s'abandonner aux mains des *spécialistes qui savent* sans prendre conscience qu'ils ne sont le plus souvent que les gardiens aveugles et bêtes des mêmes.

Les parents d'aujourd'hui doivent retrouver le parent instinctif toujours présent en eux. Ils n'ont qu'à laisser remonter de leur inconscient le vieux papier jauni et se réapproprier ses enseignements. Ils doivent se faire confiance. Tout ce qui heurte leur susceptibilité de parents doit leur être *a priori* suspect et soumis au fardeau de la preuve. Dans leur quête, ils seront aidés par le véritable expert qui ne leur fera pas défaut : le bébé lui-même. Fort de la continuité de l'Histoire, fort de ses compétences acquises au cours de la longue évolution de notre espèce, **leur bébé sera leur guide**. Le bébé sait ce qu'il veut et il l'exprime. Pour savoir ce qui est bon pour le bébé, il faut l'écouter. « On a mis quelqu'un au monde, disait Harmonium, il faudrait peut-être l'écouter. » « La nature ne fait rien en vain », disait Aristote. Chère nature qui enfante avec soin et infinies précautions...

Alors, si quelqu'un me demandait à brûle-pourpoint « pourquoi allaiter ? » en ne me laissant qu'un seul choix de réponse, je lui répondrais sans aucune hésitation « par respect ». Par respect pour le bébé d'abord, par respect pour notre nature et par déférence envers l'humanité. Mais je lui dirais aussi qu'il y a plus grand que l'allaitement. Je lui dirais que l'allaitement maternel ne peut se dissocier d'un ensemble bien plus vaste qui l'englobe ou alors on le dénature et on en fait un *processus*. Se dressant à la croisée des chemins entre les abîmes du passé et les dangers ou les promesses du futur, se tient une figure dont l'importance surpasse toutes les autres : celle de l'*Unité mèrenfant*. Pour l'*Unité mèrenfant*, allaiter ou porter sont des non-activités. Tout comme l'individu respire, l'*Unité mèrenfant* allaite et porte. C'est un état, une existence. Et c'est inhérent à l'*ensemble*.

Il n'est pas suffisant de ne promouvoir que l'allaitement. Notre devoir est de promouvoir l'*Unité mèrenfant* ; de promouvoir sa reconnaissance en tant que personne et son intégration pleine et entière à tous les niveaux de la société. Il faut en faire une question de droits humains. Il est temps de remettre en question les mèmes nocifs de notre culture. La culture évolue, les mèmes se transforment. Il faut que l'*Unité mèrenfant* retrouve son droit de cité perdu dans notre monde dénaturé comme ce fut le cas pendant la plus grande partie de l'histoire de l'humanité. Créons un mouvement pour sa reconnaissance. Que ceux et celles que le projet intéresse se lèvent...

QUATRIÈME PARTIE

PRÉMATURITÉ ET SOUCIS

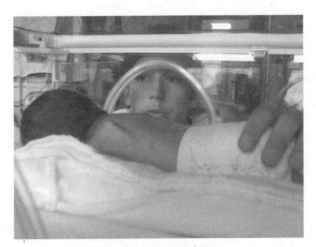

Victor, né prématurément,
veillé par sa mère, Amélie Lavigne

La plus belle réussite de ma vie

Caroline Quinn

J'ai 22 ans lorsque François et moi décidons, sur un magnifique coup de tête, d'avoir un enfant. Un mois et demi plus tard, un petit miracle se produit : le début d'une vie au fond de moi.

Depuis toujours, il me semble, je sais que je veux allaiter mes enfants. Si je peux. Parce que j'ai toujours entendu dire que c'est compliqué, allaiter, que ce n'est pas à la portée de toutes les femmes apparemment. Je trouve ça étrange, pourtant. L'humanité a bien survécu avant l'arrivée du biberon, non ? Il y a sûrement quelque chose que je ne comprends pas.

Ma grossesse se passe sans problème jusqu'à 24 semaines. Puis je perds mes eaux. Le placenta décolle et je suis hospitalisée. On me gardera jusqu'à ce que j'accouche, on ne sait pas quand. Les médecins que je rencontre sont d'un optimisme très variable. Tout comme moi, au gré de l'eau qui s'écoule toujours entre mes jambes et du sang que je perds de temps à autre. Quand je rencontre la pédiatre, la seule question qui me hante, c'est : pourrai-je l'allaiter s'il naît trop tôt ? Elle me répond que oui, je devrai probablement tirer mon lait au début pour qu'on le lui donne par gavage et pour maintenir ma production jusqu'à ce qu'il puisse téter. Je suis soulagée.

Puis après deux semaines et demie d'hospitalisation, une infection s'installe dans les membranes. On me transfère dans un hôpital capable de soigner le très grand prématuré que sera mon fils, après seulement 27 semaines dans mon ventre. J'accouche finalement par voies basses d'un garçon de 885 grammes. Sans même que je l'aie vu, on l'emmène en néonatalogie. Je vais le voir quelques heures plus tard. Il est relié à un respirateur, a une perfusion dans son bras minuscule – la taille de mon petit doigt. Je ne le reconnais pas. Il est beau, mais je ne connais pas ce petit bonhomme. Je continue de lui parler dans mon ventre, comme s'il n'était pas né, de façon inconsciente, par réflexe.

Quand je retourne à ma chambre, je dors un peu. Il est environ 6 h du matin, on peut dire que j'ai eu une grosse journée, je suis épuisée. Vers 8 h, mon infirmière vient me voir. Elle me demande si je veux tirer mon lait pour qu'il puisse être donné à mon fils par gavage. Pour moi, c'est une évidence. J'ai toujours su que je voulais allaiter et je sais que, pour ce bébé, mon lait est d'une grande importance. Je n'avais jamais imaginé qu'une grosse machine antipathique servirait d'intermédiaire entre mon sein et l'estomac de mes enfants. Maintenant, je dois l'apprivoiser. J'arrive à extraire une quinzaine de millilitres de colostrum. Je trouve ma récolte bien maigre, mais mon infirmière, elle, en semble bien contente. Elle montre le résultat de la traite à une collègue qui semble épatée. J'ai l'impression d'être une écolière qui a fait un beau devoir. Ça me donne une joie bien juvénile qui me met du baume au cœur, me fait l'effet d'un bonbon. Je me traîne jusqu'en néonatalogie, soutenue par mon ami le poteau de soluté, pour aller porter ma première récolte d'or blanc – plutôt jaune à ce moment – à ceux qui s'occupent de mon fils. Son infirmière est ravie, me vante les vertus du colostrum, m'explique les directives pour la manutention et l'acheminement de la précieuse marchandise.

Je tire mon lait toutes les trois heures pendant les deux jours que je reste à l'hôpital, sauf la nuit. La peau de mes mamelons n'apprécie pas le traitement : une téterelle de plastique n'a rien de la douceur d'une bouche de bébé. La peau pèle un peu, un peu de crème à la lanoline et on sert fort les dents, c'est vite disparu. Bientôt, mon bébé reçoit son premier repas : un millilitre de colostrum par gavage. François et moi sommes fous de joie, comme à chaque petit pas qu'il fait dans son développement. Et de savoir que c'est mon lait qui va nourrir mon fils ne me rend pas peu fière. J'ai l'impression de créer par là un premier lien, bien ténu, entre lui et moi. J'ai hâte de voir l'effet que lui fera mon lait. J'ai un peu peur de n'avoir pas su bien le composer. Ça me semble tellement surréaliste qu'un aliment sorte de mon corps. Mais bébé digère bien ce premier repas. Ça fouette le moral des troupes.

Je rentre à la maison, vais m'acheter un tire-lait. Électrique, double expression. On a du travail devant nous, ça prend de bons instruments. Je sais que j'en ai pour au moins trois mois à me faire extraire la substance par une machine. Je la traîne partout, je vais m'enfermer en visite pour tirer mon lait. Le soir, mon doux s'endort au son régulier du tire-lait, moi-même je cogne des clous. Ça marche même sur les bébés ! Je trouve un peu humiliant de me faire traire de la sorte devant mon amoureux, lui qui, il n'y a que quelques mois, ne m'avait vue qu'à mon meilleur. Je lâche un « meuh ! » à l'occasion, ça détend l'atmosphère. D'ailleurs, depuis, je me sens une certaine solidarité avec les vaches laitières.

Tous les jours, on va voir Nathan à l'hôpital. Le petit bonhomme n'aura eu de nom qu'après neuf jours de vie, le temps que l'on reprenne un peu nos esprits, que je réalise que c'est bien mon fils. J'apporte régulièrement du lait. Bientôt il y en a trop dans le frigo et le congélateur de l'hôpital, Nathan ne « buvant » que très peu. Je garde une grande partie de ma production dans mon congélateur. Puis dans celui de ma belle-mère. On doit faire réparer le congélateur-coffre, ça presse ! On est envahi par le lait, j'ai l'impression que je pourrais nourrir toute l'unité de néonatalogie ! Je tire mon lait dans la salle des mères de l'unité, je me fais des amies de tire-laits. Jaser avec quelqu'un la poitrine à l'air, les mamelons siphonnés en cadence, ça crée des liens. On jase production de lait, infirmières, respirateur et gavage. On est toutes dans la même galère, on se comprend à demi-mot.

Après presque deux mois d'hospitalisation, Nathan est enfin assez grand pour commencer à boire plutôt que d'être gavé. J'essaie de l'allaiter, tant bien que mal. L'aide se fait rare, le temps alloué, trop court ; bébé ne doit pas se fatiguer au sein, il doit pouvoir boire son bon biberon après. Tout ce temps, j'avais regardé les mères qui essayaient quelques minutes d'allaiter avant de donner à leur tout-petit le biberon déjà tout prêt en me disant que moi, je serais meilleure, plus persévérante, plus chanceuse... Je n'ai été rien de tout ça. J'ai été bien docile, trop gênée pour aller chercher de l'aide à La Leche ou ailleurs, trop épuisée par les semaines déjà longues pour insister vraiment. Les pesées avant et après indiquaient que Nathan buvait 5, 10 millilitres au maximum. Je m'efforçais de le mettre au sein une fois par jour au début, puis les tétées s'espaçaient de plus en plus. Je me suis dit que le passage au sein pouvait bien attendre le calme de notre nid douillet. En plus, ma production n'était plus très abondante.

Je dois avouer que je manquais un peu de motivation au tire-lait ; je ne me suis levée que rarement la nuit. Je commençais à devoir dégeler ma réserve et tirer plus souvent pour avoir un peu plus de lait. À l'hôpital, quand j'apportais mon lait, je n'osais même plus croiser le regard de l'infirmière qui prenait le contenant : j'avais honte. Puis l'une d'entre elles m'a parlé du mothilium. Ça a été ma bouée de sauvetage ! Je déteste prendre des médicaments, mais là, ça m'a été d'un grand secours. J'ai pu retrouver une production acceptable et enfin me promener avec mes bouteilles de bon lait, la tête et la poitrine hautes !

Après 99 jours d'hospitalisation, Nathan est enfin rentré à la maison. J'ai enfin mon petit garçon tout à moi, je peux le prendre quand je veux, faire ce que je crois être le meilleur pour mon fils. Mais ma confiance en moi est un peu mince, mon instinct maternel déréglé, le lien entre mon fils et moi dérangé, perturbé. Je n'ose pas trop donner le sein : si je l'épuise et qu'il est trop fatigué pour boire son biberon, il devra retourner à l'hôpital. Puis il s'endort tellement vite au sein... il n'a pas le temps de prendre ce dont il a besoin, il se réveille à peine 30 minutes plus tard pour boire.

Maintenant, je me dis qu'il aurait mieux valu qu'il boive au sein toutes les 30 minutes que de lui donner mon lait au biberon, ce qui me donnait une grande charge de travail et très peu de satisfaction pour nous deux, mais j'avais tellement peur qu'il ne s'alimente pas suffisamment. Nathan était très petit pour son âge, il était passé sous le troisième percentile, alors qu'il était autour du cinquantième à sa naissance. L'infirmière du CLSC, quand je lui ai demandé un coup de main pour l'allaitement, m'a répondu que ça ne servait à rien, maintenant qu'il avait eu le biberon, il ne boirait jamais au sein. Dans ma tête, mon cas est réglé : personne ne peut m'aider, je dois me débrouiller seule. Si j'avais persévéré à aller chercher de l'aide, ça aurait certainement été plus facile, mais à ce moment-là, j'ai l'impression d'être seule au monde avec mon conjoint et mon bébé, personne dans nos familles n'a jamais allaité et aucune de mes amies n'a d'enfant.

Les semaines, puis les mois passent ainsi, à mettre Nathan au sein de temps à autre, en moyenne une fois par jour, sans grand succès. Pour moi, c'est encore un rejet de la part de mon fils. Il a quitté mon ventre trop tôt, maintenant il refuse mon sein. Je n'arrive pas à me convaincre qu'il m'aime, même si rationnellement je sais bien qu'un si petit bébé ne peut pas détester sa mère... Vers ses cinq mois, j'abandonne l'idée de l'allaiter, je décide de continuer avec mon tire-lait tant que j'en serai capable. J'ai tenu jusqu'à huit mois et j'aurais pu continuer encore. Puis ma cousine m'appelle. Elle vient d'accoucher, a décidé d'essayer d'allaiter sa fille même si au départ elle n'était pas trop sûre d'être chaude à l'idée, se disant : on va voir. Ça a très bien marché, et elle a adoré l'expérience! J'ai eu une crise de jalousie, une très grande tristesse surtout... le deuil de mon allaitement n'était apparemment pas vraiment fait...

Alors j'ai essayé, comme ça, une dernière fois, en étant sûre que ça n'allait pas fonctionner. J'ai eu un peu de mal, cherché plein de positions pour que Nathan accepte le sein, fait des acrobaties, je lui ai parlé, lui ai expliqué combien ça serait bien, si ça marchait... et ça a marché!!! Les premiers jours, nous lui donnions encore un biberon ou deux, plus parce que je n'arrivais pas à croire qu'il pouvait bien s'alimenter au sein que par nécessité. Puis nous avons arrêté le biberon. Ça a été un des plus beaux moments de ma vie de maman! Et une grande libération! Des journées, des semaines entières sans tirer mon lait! Mon bébé collé sur moi qui buvait, qui se nourrissait à même sa mère comme quand il était encore dans mon ventre, pendant ces mois trop courts.

Mon amoureux qui nous regardait, ému, lui qui avait compris tout ce que ça représentait pour moi, qui savait que mon lait avait fait une différence pour la santé de notre fils qui avait été si malade. Les huit mois à entendre ce maudit tire-lait qui m'avait presque rendue folle, mais qui avait permis qu'enfin Nathan et moi on se retrouve, avaient enfin payé ! J'ai pu l'allaiter sept mois et demi, jusqu'à ce que mon médecin me prescrive la pilule contraceptive régulière en me disant que ça n'allait pas déranger l'allaitement... ça y a mis fin. Ma production a trop diminué, et je n'avais plus le courage de reprendre le tire-lait pour relancer. Le sevrage s'est très bien passé pour Nathan, qui n'a plus réclamé le sein. Moi, j'ai eu un peu de mal à faire mon deuil, encore une fois, mais j'avais la consolation d'avoir vraiment fait le maximum pour donner mon lait à mon fils le plus longtemps possible.

Notre route pour enfin nous retrouver a été longue et difficile, mais je suis convaincue que sans l'allaitement, elle l'aurait été encore plus. De voir mon bébé boire au sein me donnait le sentiment d'être vraiment mère, de donner à mon fils ce que personne d'autre ne pouvait lui donner. De voir comme une tétée le consolait et le rassurait mieux qu'il ne l'avait jamais été avant que je puisse l'allaiter m'a vraiment confirmé que les efforts déployés en valaient vraiment la peine.

Quand il était à l'hôpital, pendant quelques semaines il avait besoin d'oxygène quand il était dans la couveuse, mais jamais quand il était au sein ! Le fait de téter, même quand il ne prenait rien, l'aidait à mieux respirer, à réguler sa température, et son cœur battait de façon plus régulière. Et moi, j'oubliais quelques instants que le soir j'allais encore rentrer les bras vides, et même une fois partie loin de lui, je le sentais encore contre moi, de la même façon qu'on sent encore les câlins de notre amoureux quand on est adolescente...

C'est sans aucun doute la plus belle réussite de ma vie. Et mon fils, qui avait les poumons abîmés par sa venue précipitée, n'a pas eu un rhume avant l'âge de 18 mois, et l'a très bien traversé, comme le reste d'ailleurs. Je suis ressortie de cette relation d'allaitement beaucoup plus confiante envers mon corps, la nature et à moi-même.

Je dois un grand merci à François et à Nathan. Pour avoir fait de moi une mère et m'avoir soutenue et aidée à persévérer, pour avoir toujours su me donner ce dont j'avais besoin, au moment où j'en avais le plus besoin.

Césarienne et prématurité, tout est encore possible

Caroline Guénette

Méghane est née le 30 août 2006 à 31 semaines de grossesse, par césarienne. J'ai fait une prééclampsie. Rien n'a commencé comme prévu, mais je suis fière de pouvoir dire que ma fille n'a reçu aucun autre lait que le lait de sa maman.

Le 30 août en journée

Ce matin, je me réveille encore plus patraque que la veille. En plus de l'œdème qui gonfle mes pieds depuis plusieurs semaines, j'ai mal à la tête et, pire, j'ai un drôle de pincement à la poitrine en respirant. Je me rends à l'hôpital sur les conseils de ma sage-femme. Après avoir passé l'après-midi entre des monitorings et des prises de sang, je rencontre enfin le médecin. Il se présente à peine et enchaîne : « Nous ne sommes pas équipés pour prendre en charge les grands prématurés. L'ambulance vient vous chercher pour le transfert... » Je reste abasourdie. Césarienne. Grand prématuré. Mes rêves de naissance naturelle et d'allaitement en douceur éclatent. J'avais hâte d'accoucher, moi, et voilà que « ça » me tombe dessus ! J'appelle mon conjoint en catastrophe. Au moins, le mot « allaitement » reste d'actualité, même si « douceur » ne semble plus l'être.

Le 30 août, 23 h 20

Ma fille naît par césarienne au Centre Mère-Enfant de Québec. J'ai pris ce qu'il me fallait de temps pour poser des questions et comprendre que la césarienne était la bonne décision. Je répète à tout bout de champ : « Je veux allaiter, je veux allaiter. » C'est un peu mon credo pour tenir le coup.

Alors que le médecin extrait le placenta, une équipe s'occupe du petit bout de vie que je viens d'entendre protester. Mon conjoint s'exclame en la voyant naître : « C'est une fille ! » Moment magique qui me fait éclater d'amour... Je vois passer un minuscule visage tout fripé qui disparaît rapidement dans une isolette. Pincement au cœur... pas de peau à peau, pas d'allaitement précoce...

Je passerai les 24 prochaines heures avec un soluté de sulfate de magnésium, isolée dans une chambre sombre avec une infirmière à mon chevet en tout temps. C'est le protocole standard pour contrôler les risques d'éclampsie. Une photo noir et blanc, sortie de l'imprimante laser de l'unité de néonatalogie parvient à me calmer un peu, à faire le lien avec ma fille. Je garderai longtemps cette image sur mon cœur.

De ces 24 heures, je chéris un moment tout particulier : les yeux embués, la photo sur le cœur, je pince mon sein « pour voir ». L'infirmière me voit faire et intervient doucement... « Pas comme ça, il faut plutôt... » Elle place mes doigts en C autour de l'aréole, fait le geste d'appuyer vers le torse et me dit de compresser doucement. Une goutte jaune foncé apparaît. C'est du colostrum.

Le 31 août, 23 h 20

Je suis transférée dans la section mère-enfant « normale ». Comme promis, la brancardière fait d'abord un détour à l'unité de néonatalogie. Une infirmière prend ma fille et me la dépose délicatement sur la poitrine. C'est un concentré d'énergie incroyable pour le lendemain matin, au moment des premières expériences avec le « méchant » tire-lait.

Le 1er septembre, en journée

J'ai enfin pu dormir un peu. J'ai faim. Je veux me lever. Il faut avertir nos parents. J'ai besoin de certains objets oubliés à la maison. J'ai envie d'une douche. Mon conjoint, qui a dormi sur la banquette aménagée à cet effet dans la chambre, a aussi mille choses à penser. Et surtout, nous voulons voir à nouveau notre fille et je veux commencer à tirer mon lait pour elle.

Déjà, le délai écoulé depuis la naissance me stresse. J'ai beau avoir lu que la montée de lait surviendra même après une césarienne, qu'il suffit de stimuler, je suis inquiète. Quelqu'un a oublié d'écrire, quelque part, que la mise au sein précoce, c'est bien, mais que tout est toujours possible quand on y croit, tétée précoce ou non.

La cicatrice de la césarienne se rappelle à moi... Non, je ne peux faire tout ça en même temps. Même que je ne peux rien faire de tout cela. Ce n'est que vers 13 h, après la visite de l'infirmier, un petit déjeuner, l'explication de l'automédication, un premier lever assisté, une visite à ma fille en chaise roulante et le dîner qu'une jeune infirmière arrive avec un kit de téterelles et un manuel explicatif pour l'utilisation du tire-lait électrique double.

Mon enthousiasme est vite refroidi. Sur le manuel d'utilisation, une mère, le buste droit, soutient délicatement la téterelle d'une main, un doux sourire aux lèvres. Moi, je suis avachie comme je peux dans mon lit, la cicatrice de la césarienne se rappelant douloureusement à mon souvenir.

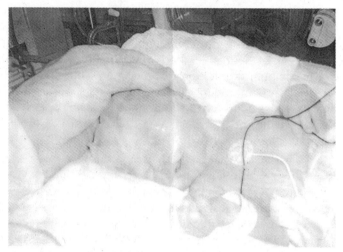

« Une photo noir et blanc, sortie de l'imprimante laser de l'unité de néonatalogie permet de me calmer un peu… »

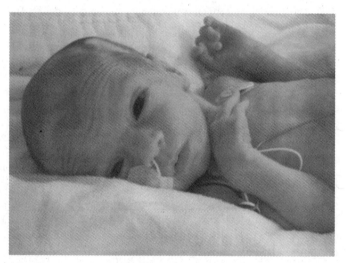

Méghane, à 14 jours

D'une main, je maintiens cahin-caha la première téterelle centrée sur mon mamelon tout en essayant de positionner l'appareillage sur l'autre sein de mon autre main. Il faut ensuite trouver une main supplémentaire pour mettre l'appareil en marche et garder le tout en équilibre. L'infirmière omet de préciser comment réussir un tel exploit, mais ajoute timidement, juste avant de quitter, qu'il faudrait peut-être que je me penche un peu plus vers l'avant. Je voudrais bien l'y voir, tiens ! Je reste dubitative et pleine d'interrogations.

Le 1er septembre, 17 h

C'est l'heure d'une nouvelle séance d'apprivoisement entre le tire-lait et moi. Je m'installe dans la chaise berçante de ma chambre et ne cherche à dompter qu'une téterelle et un sein à la fois. La pédiatre qui s'occupe de Méghane a promis d'attendre ma montée de lait. « Rien ne presse. Elle a un soluté. Dès que vous avez du lait, on pourra diminuer son soluté et commencer à l'alimenter. » Cette promesse me donne des ailes et me remonte le moral. Je termine ma séance avec des mains collantes, mais pas le moindre indice d'humidité ailleurs que sur mes doigts et le pourtour de la téterelle.

Le 1er septembre, la soirée

Alors que mon conjoint est parti en quête d'un repas, je tente de stimuler manuellement. Je compresse en C, fait perler une goutte, « racle » soigneusement la goutte avec le bord du récipient, repose le récipient, masse de temps en temps, compresse en C, tient la goutte en équilibre le temps de reprendre mon petit pot et cueillir à nouveau la goutte. Je ne vois pas le temps passer. À 23 h, j'ai ce qui ressemble à une grosse goutte jaune très foncé. Il n'y a même pas de quoi couvrir le quart du fond du pot. Je suis fière malgré tout. À son retour, je montre le fruit de mes efforts à mon conjoint. Il insiste pour apporter immédiatement ce petit peu de colostrum en néonatalogie.

Alors que mon conjoint semble fier comme un paon, je suis prête à m'excuser, bien mal à l'aise de déranger pour si peu. Et pourtant, la commis à l'accueil prend le pot (« Oh ! Merci ! »), appelle une préposée pour qu'on apporte mon lait au frigo. Plus tard, l'infirmière utilisera une petite seringue pour récupérer le contenu, en prenant soin de ne pas en perdre une trace. Sa minutie me réchauffe le cœur.

Un conjoint moins enthousiaste, une commis moins empressée, une infirmière un peu blasée… il aurait fallu bien peu pour transformer ma fierté initiale en impression d'être complètement ridicule. Je m'aperçois à quel point j'étais fragile, mes émotions jouant au yo-yo à chaque jour, à chaque heure du jour. Grâce aux réactions plus que positives, les sessions s'enchaîneront presque comme de bons moments… 20 h, 23 h, 3 h, 7 h, 9 h… les petits pots presque vides s'accumulent lentement.

Le 2 septembre – Les débuts

La pédiatre autorise le début de l'alimentation par gavage. Méghane doit recevoir 2 ml de lait maternel aux 3 heures ou rien s'il n'y a pas de lait dans sa petite réserve. Je continue à stimuler mes seins manuellement aux 2-3 heures, jour et nuit. Le fond du pot finit par disparaître sous l'or jaunâtre, puis par devenir 1, 3, 5 millilitres.

Tout et n'importe quoi vient donner de l'énergie pour continuer. Le matin, je reçois un énorme bouquet de fleurs de mon employeur. Le midi, c'est mon beau-frère et sa conjointe qui débarquent à l'improviste. J'ai à peine le temps de pointer l'appareil du doigt qu'ils se retirent d'ailleurs avec tact «pour aller dîner» et me laissent à mon tête-à-téterelles. À leur retour, j'exhiberai fièrement mon 10 ml de lait devant leurs yeux ébahis et j'expliquerai avec confiance: «C'est normal! Ça va augmenter graduellement!»

Le doute revient quand même à la surface de temps en temps. Puis mes parents viennent faire leur tour. Ils n'oublieront pas, eux non plus, qu'une naissance est aussi une fête même pour les parents d'un bébé prématuré pour lequel rien n'est encore totalement joué. Les félicitations et les cadeaux mettent un baume sur des émotions encore à vif. Ma chambre ressemble un peu à une chambre de nouvelle accouchée, même si mon bébé est loin, si loin.

Le séjour hospitalier

Une place est disponible au Manoir Ronald McDonald, à 200 mètres de l'hôpital. Nous insistons pour que je reçoive mon congé de l'hôpital. Ma pression demeure haute et le médecin me prescrit un médicament. J'insiste: il doit être compatible avec l'allaitement ou je ne le prendrai pas.

Entre les séances de tire-lait et les visites à Méghane, j'ai à peine le temps de manger mes plateaux-repas et faire un brin de toilette. M'installer dans ma chaise roulante pour me rendre en néonatalogie, à 50 mètres, me fatigue. L'idée de devoir cuisiner mes repas et parcourir ne serait-ce que 200 mètres à l'extérieur m'épuise à l'avance.

À cette inquiétude s'ajoute celle liée à l'allaitement. Je n'ai toujours pas de « montée de lait ». Ah, cette fameuse montée de lait ! Dans tous les livres que j'ai pu lire, c'est toujours inconfortable, parfois carrément douloureux. Et donc j'attends ces symptômes.

Les infirmières essaient de me rassurer : après une césarienne, avec en plus une naissance prématurée, ça prend parfois jusqu'à une semaine. On me suggère de bien me reposer et de ne pas tirer la nuit. J'ignore le conseil. J'ai besoin des sessions de nuit pour que Méghane ne manque pas de lait. Ce n'est que bien plus tard que je m'aperçois à quel point les conseils de certaines infirmières étaient inappropriés.

Je ne sentirai jamais ces symptômes d'engorgement des premiers jours. Je ne verrai pas non plus le changement de couleur de mon lait avant qu'on me mette mes petits pots presque vides, que j'avais commencé à congeler, sous le nez. Le lait tiré n'est plus jaune foncé mais jaune clair et devient de plus en plus blanchâtre. Naïvement, je pensais que la transition colostrum – lait mature survenait du jour au lendemain…

Je retente le tire-lait à quelques reprises, mais ça ne me semble pas concluant. Ce n'est que peu avant mon départ de l'hôpital que j'arrive enfin à apprivoiser « la bête ». Une infirmière compréhensive et expérimentée m'aide à m'installer et insiste sur l'importance d'être confortable et à l'aise. Un coussin ici, un oreiller là, une serviette pour aider à soutenir des seins trop lourds et libérer une main… Le rapport avec ses seins changent bien vite une fois qu'on s'habitue à les manipuler ainsi… Elle m'explique aussi que le tire-lait ne sert pas à tirer le lait : il sert à stimuler le réflexe d'éjection. Précision d'importance : non, ce n'est pas en réglant l'appareil au maximum que le lait coule le mieux.

Je reçois mon congé. Nous nous installons au manoir, qui deviendra notre seconde maison pour les six prochaines semaines.

Les premières semaines à l'hôpital

En néonatalogie, les infirmières nous encouragent à prendre soin de notre fille. Changement de position, changement de couche, caresses, peau à peau. Malgré les fils, nous commençons à nous sentir plus à l'aise pour la prendre dans nos bras et la bercer. Je peux passer des heures à nous bercer, ma fille en couche directement sur mon cœur, ma chemise nous enserrant toutes les deux.

J'aimerais la mettre au sein, mais « avant 34 semaines, un bébé ne peut pas téter ». Ce n'est pas ce que j'observe. Ses petites mimiques évidentes de fouissement, quand je la prends sur moi en peau à peau (même la toute première fois, à un jour de vie!), sont si désespérément infructueuses qu'elles nous mettent les nerfs à vif autant à elle qu'à moi. Quand elle commence à se fâcher et pleurer, une infirmière intervient ou je me résigne à la remettre dans son isolette : ne pas la fatiguer, car les risques d'arrêt respiratoire et autres «évènements» augmentent... J'ai beau me raisonner que la fatiguer, c'est la laisser chercher ainsi sans rien faire, je n'ai pas réussi à outrepasser les conseils médicaux. Encore une fois, ce n'est que plus tard que je tomberai sur des informations contradictoires. Je regrette de ne pas avoir essayé de mettre ma fille au sein plus tôt.

Le 15 septembre – Premiers biberons

Le pédiatre autorise les essais d'alimentation par la bouche. Au biberon. Je suis folle d'inquiétude pour l'avenir de mon allaitement. J'aimerais qu'on évite le biberon, car j'ai entendu parler de confusion possible entre la tétine et la succion au sein. Mais les infirmières se veulent rassurantes. Au mieux, j'ai droit à un tapotement d'épaule encourageant et fataliste («Parfois, on n'a pas le choix»), au pire, à un sourire condescendant («Ah oui, c'est à la mode, ce souci de confusion»), comme si ça n'existait pas. Une seringue, ou le DAL, ou un gobelet ou cette SoftCup de Medela. Il y a plein de solutions de rechange au biberon, mais je ne les connaissais pas alors.

Le 20 septembre – Première mise au sein

À 34 semaines, le médecin donne l'autorisation pour une première mise au sein, appelée avec justesse «séance de mamelonnage». Le but est de faire connaissance, puis éventuellement, sans mettre de pression, que bébé boive de plus en plus au sein.

À cette première «séance de mamelonnage», Méghane a sauté sur le sein, littéralement. Bouche grande ouverte, tête comme rejetée vers l'arrière pour prendre son élan et «yaaaammmmm !». Sauf que j'avais beau soutenir mon sein trois fois gros comme sa tête et l'aider en comprimant le sein dans le sens de sa bouche, le mamelon glissait toujours... et encore... et toujours. Je l'ai regardée avec surprise et tendresse s'acharner à prendre le sein jusqu'à ce que je sente que c'était assez.

Mais elle ne prend pas une goutte de lait. Peu importe. Elle a du cœur à l'ouvrage! Elle ne tétera jamais correctement à l'hôpital.

Certaines infirmières suggèrent une téterelle que je refuse obstinément. J'essaierai une fois pour la forme. Effectivement, ça a l'air mieux...

mais j'ai lu que les téterelles causaient plus de problème qu'autre chose. Je n'arrive pas à expliquer pourquoi aux infirmières, mais je n'en veux pas, tout simplement.

Ces instants à l'hôpital sont des moments intenses d'émotion... et très souvent de découragement. Le temps passant, je voyais ma fille prendre le sein avec moins de patience et faire moins de ces recherches si touchantes, bouche grande ouverte à fouiller mon cou. Elle ne faisait plus ces «yaaaaamm» pour tenter d'accrocher le sein, s'énervait plus rapidement, ouvrait moins grand la bouche. À plusieurs reprises, j'étais aussi moins disponible, moins patiente. Après chaque séance de mamelonnage, il y avait un biberon qui réchauffait. Un biberon qui m'enrageait. Après chaque séance aussi, je devais tirer mon lait puisque ma fille n'y arrivait pas. Je lui en ai parfois voulu. Je m'en suis souvent voulu. C'est devenu une excuse pour ne pas voir le biberon. Mon conjoint donnait ce biberon pendant que je m'isolais en tête-à-tête avec un tire-lait qui lui, au moins, «tétait.» correctement.

Malgré tout, l'idée que le biberon devait être et serait temporaire restait ancrée. Ça ne pouvait pas ne pas fonctionner.

Le 18 octobre – Sortie de l'hôpital

À 37 semaines, Méghane atteint 2500 grammes et quelques. C'est enfin le retour à la maison, après un séjour presque parfait où les bonnes nouvelles se sont succédé. Pourtant, elle reçoit toujours tout son lait au biberon. Avant de quitter, je veux absolument voir quelqu'un pour nous aider. Exceptionnellement, le pédiatre de la clinique d'allaitement vient nous voir directement en néonatalogie, ma fille et moi.

Le médecin nous donne des conseils pleins de bon sens. Entretenir la lactation est la première priorité. Bébé ne sera jamais intéressé s'il n'y a plus de lait. Et puis les mises au sein doivent rester agréables. Finalement, c'est en tétant que bébé apprendra à téter... J'apprends par hasard ce qui me gênait dans les téterelles : elles ne permettent pas à bébé d'apprendre à téter au sein. C'est comme s'il tétait un biberon, et le manque de stimulation direct des seins peut entraîner des problèmes de production de lait. Nous repartons avec ces conseils, dont celui de laisser du temps à Méghane.

La première semaine à la maison

Mon conjoint donne environ 3 boires sur 4. Je tire mon lait 15 à 20 minutes aux 3, 4 ou 5 heures, sauf la nuit.

Ma fille passe son temps tout au chaud contre moi, à tétouiller ou à se servir d'un sein comme oreiller. Je reste coincée dans la chaise berçante à longueur de journée. Parfois, ce sont des moments d'obligation bien lourds... La plupart du temps, ce sont des moments de détente... détente « obligée » mais détente tout de même. Le papa aide énormément et est un soutien extraordinaire.

J'essaie d'obtenir un rendez-vous à la clinique d'allaitement du CHUL, mais il n'y a pas de place cette semaine... manque de ressource, manque de temps... Je rencontrerai une consultante la semaine d'après, alors que les choses se sont améliorées d'elles-mêmes. Je parle d'un inconfort bien étrange qui a commencé dernièrement durant la tétée ou entre les tétées... Du muguet est soupçonné et un traitement simple et rapide règle le problème en moins de deux.

Le 26 octobre – Première tétée efficace

Un matin après le boire (au biberon), je ramène ma fille à son papa (notre fille dort avec nous) et je vais prendre une bonne douche. Quand je reviens dans notre chambre, Méghane dort en couche sur la poitrine de son papa, qui somnole aussi. À mon arrivée, mon conjoint dépose notre fille somnolente sur mon ventre. Ce sera un avant-midi de douceur et de câlins.

Cet instant me fait imaginer ce qu'aurait pu être la naissance si elle avait été naturelle. La voir ainsi, presque nue sur mon ventre, c'est un peu comme si elle sortait tout juste de moi. C'est comme une seconde naissance. Méghane se tortille doucement. C'est bientôt l'heure du prochain boire, déjà. Voilà qu'elle se met à tourner la tête de gauche à droite, la bouche grande ouverte, les yeux toujours fermés. Ce qu'elle cherche est si évident...

Je prends ma fille. Je pensais me rendre à la cuisine pour préparer le biberon, mais j'arrête plutôt au salon où je l'installe au sein. Elle se met à téter. Pour la première fois, je comprends ce qu'est un bébé « bien accroché ». Je cherche à entendre des bruits de déglutition, mais je ne remarque rien de particulier... si ce n'est quelques légers picotements dans le sein, comme quand je tire mon lait ! Je sais que c'est le réflexe d'éjection et qu'elle doit recevoir du lait. Elle lâchera le sein d'elle-même et s'endormira là, le menton tout luisant de lait. J'ai du mal à croire qu'elle est vraiment rassasiée. Quand mon conjoint se lève à son tour, il me dit qu'« elle tétait bizarrement au biberon depuis quelques boires, comme en sortant la langue ». Une confusion sein-tétine à l'envers ?

Sûrement! Elle a fait son choix, et un choix qui nous ravit. Je reste convaincue que si elle n'avait pas reçu de biberons, bien des frustrations auraient été évitées.

Conclusion

Méghane a aujourd'hui presque sept mois (donc cinq mois « corrigé »). Elle n'a reçu aucun biberon depuis et est toujours allaitée à 100 %. L'allaitement, c'est bien plus qu'une manière de nourrir. C'est ma manière de materner. L'histoire n'est pas terminée. J'attendrai que Méghane arrête d'elle-même de téter. Pourquoi arrêter ce qui fonctionne maintenant tellement bien!

Victor, comme dans victorieux...

Amélie Lavigne

Je ne crois pas m'être jamais interrogée vraiment sur l'allaitement. Pour moi, cela allait de soi. Pourquoi investir de l'argent dans des substituts du lait maternel ? Pourquoi passer du temps à stériliser ou à me lever pour préparer des biberons ? Ces seins qui ont été toujours si petits et qui passaient inaperçus allaient enfin pouvoir servir à quelque chose ! Je n'allais surtout pas laisser passer une occasion pareille ! Puis, j'aimais bien l'idée d'être la « nourrice ». D'être celle sur qui mon petit allait venir se lover pour trouver sécurité, chaleur et nourriture.

Et puis voilà qu'un matin, à ma 28e semaine de grossesse, j'entre au travail comme d'habitude. Ça ne va pas. Je ne me sens pas bien. J'ai mal. Mon ventre est dur. Que faire ? Aller à l'hôpital ? Ils vont encore me dire que je m'en fais pour rien, que des petites contractions, c'est normal au cours de la grossesse. Mais voilà, les petites contractions ne sont pas « petites », elles me font mal et sont aux cinq minutes bien précises. J'appelle Info-santé. L'infirmière qui me répond « m'ordonne » de quitter le travail sur-le-champ et de me rendre à l'hôpital au plus vite. C'est ainsi que débute une aventure qui nous marquera, mon conjoint et moi, toute notre vie ! On me transféra bien vite à Sainte-Justine. À ce stade de la grossesse, l'hôpital de ma ville ne pouvait me prendre en charge. Je restai alitée une semaine, pendant laquelle on tenta par tous les moyens de retarder l'accouchement. Bon gré, mal gré, un petit homme pressé de voir la vie est né deux mois et demi trop tôt un chaud soir d'été. Du haut de ces 32 cm et de ses trois livres et demie, il semblait se demander « mais qu'est-ce que je fais ici ? ». Bien vite, on monta ce petit homme aux soins intensifs. J'ai eu le temps de l'apercevoir quelques secondes après que mon conjoint a « suggéré » aux infirmières qu'il serait bien que la maman voie au moins son bébé. Tout a été si rapide. Vlan ! Fini, ma belle grossesse tant aimée ! Je me suis ainsi retrouvée seule, les pupilles dilatées, le cœur qui hurlait des prières à tous les saints connus et inconnus qui voulaient bien m'écouter... Tous les gens et mon copain s'affairaient en haut auprès de ce petit bébé à faire tout leur possible pour le sauver et le stabiliser. Ah bon... C'est ça, un accouchement ? En fait, j'avoue qu'à ce moment je n'étais pas déçue. J'étais même plutôt fière de moi et de mon copain. D'abord, je n'avais même pas eu le temps de l'imaginer ou de le préparer, cet accouchement ! Ensuite, mon petit garçon était vivant et au fond c'était ça, l'important.

Ce petit homme, on le nomma Victor. Pour qu'il soit fort et victorieux. Pour qu'il puisse s'en sortir.

Le lendemain matin, une infirmière se présente dans ma chambre. Elle tient dans ses mains tout un attirail ; des tuyaux, des petits pots, une grosse machine vert bouteille que j'ai souvent vue dans le corridor des grossesses à risques.

– Mme Lavigne, on me dit que vous voulez allaiter votre bébé. Ce matin, je viens vous apprendre à tirer votre lait. Comme vous ne pourrez allaiter votre garçon avant longtemps, il faut instaurer une production de lait. Votre lait ainsi récolté lui sera donné par un tube de gavage jusqu'à ce que son réflexe de succion lui vienne et ça, ça va prendre un petit bout...

– Quoi ! Tirer mon lait ! Mais rien ne sortira de ces seins ! Ils n'ont même pas eu le temps de grossir !

– Ne vous inquiétez pas, il va y en avoir !

Et c'est ainsi que je me suis retrouvée seins nus devant mon infirmière, branchée sur une « trayeuse » qui faisait de petits « couic, couic ». Je trouvais la situation plutôt drôle... Je regardais mes pauvres petits seins, qui se faisaient aspirer dans des entonnoirs et qui semblaient dire « veux-tu rire de nous ? ». Au bout de 15 minutes de ce manège, quelques petites gouttes d'un drôle de liquide – du colostrum, m'a-t-on expliqué – étaient collées sur la paroi du petit pot.

– Voilà, c'est fait ! envoya l'infirmière.

– Quoi ! lui dis-je, vous n'allez quand même pas me faire croire que c'est ça qui va faire grossir mon petit homme de trois livres !

– Eh bien, ma chère, c'est déjà ça ! Ne vous inquiétez pas, il y en aura de plus en plus.

Ensemble, avec une seringue, nous avons minutieusement aspiré goutte à goutte le précieux liquide. Pas la peine de le transférer dans un pot stérile, mon lait remplissait à peine la seringue d'un millilitre ! C'est à partir de cette matinée qu'à toutes les trois heures, j'allais recommencer le même manège. On me conseilla de ne pas me lever la nuit les premières journées. Si je ne récupérais pas suffisamment, du lait, je n'en produirais pas. En effet, la fatigue, le stress et la production de lait, ça ne fait pas bon ménage... Bien vite cependant, je commençai à me lever la nuit pour tirer mon lait. C'est qu'il avait faim, ce petit homme ! Et pour bien plus que je pouvais lui en fournir ! On devait compléter les gavages avec de la formule pour nourrissons. Je me sentais si gênée lorsque j'allais porter mes minuscules seringues dans le frigo, alors que les autres mères déposaient parfois jusqu'à 4 pots de lait de 90 ml fraîchement recueilli! On me rassurait toutefois; je n'en étais qu'au début, cela viendrait. Et puis, je n'allais quand même pas me décourager! Tirer mon lait pour l'apporter à Victor était la seule chose que je pouvais faire pour le moment... Perdu dans son incubateur, affaibli, malade, je ne pouvais que le regarder à travers la vitre, lui chanter des berceuses et... regarder fièrement mon lait couler le long du tuyau de gavage. « Et qu'on ne perde surtout pas une goutte de ce précieux liquide! » blaguais-je à moitié aux infirmières. En effet, malgré le temps qui passait, moi je n'en produisais pas beaucoup plus, du lait. J'avais peine à remplir un 5 ml pour 30 minutes de travail! Infirmières et mères bien intentionnées y allaient de leurs conseils qui évidemment étaient les bienvenus: tire ton lait aux deux heures, regarde une photo de ton bébé, prends des capsules de levure de bière, dors davantage, etc. J'ai, de bonne foi, tout essayé mais en vain. J'ai dû accepter que pour moi, c'était comme ça. Je n'étais pas une « superproductrice » de lait. Je faisais mon possible et c'était déjà immense! Mon copain était là pour moi. Il se levait la nuit pour m'installer, allait porter les petits pots au frigo, les identifiait, désinfectait mon tire-lait. J'ai dû faire mon deuil d'en apporter autant que les autres au petit frigo des prématurés. Je me consolais en me disant que Victor était bien chanceux d'avoir mon lait, que certains bébés n'avaient pas la même chance d'avoir du lait maternel.

Un jour, enfin, vint le GRAND moment. Après un mois de touchers à travers l'incubateur, nous pouvions enfin serrer notre fils dans nos bras. Bien collé peau contre peau en « kangourou ». La première journée où il fut assez gros et fort pour sortir de l'incubateur et aller dans un petit lit, on a pu lui donner son premier biberon. C'était une grande journée! Nous pouvions enfin nourrir nous-mêmes notre bébé! Nous étions très fiers, son père et moi, de voir que notre garçon savait instinctivement quoi faire avec cette tétine en caoutchouc que nous lui tendions. Qu'il était bon! Puis, le cœur battant, je demandai à mon infirmière si nous pouvions, puisque tout allait bien, essayer de le mettre au sein. La plus âgée des infirmières nous lança un regard sévère;

– Vous allez le fatiguer, ce n'est pas raisonnable!

Mais notre infirmière Cathy, qui connaissait bien Victor, nous fit un clin d'œil.

– Bien sûr! Je resterai près de vous pour m'assurer qu'il réagit bien.

En effet, pour un bébé prématuré, il n'est pas toujours facile de boire et de ne pas oublier de respirer. Victor n'a pas eu besoin de beaucoup d'explications lorsque je lui ai présenté ce mamelon immense, deux fois plus gros que sa bouche ! Mais comment va-t-il faire pour prendre tout ça ? Oh bien sûr, il y a eu des hésitations, des petits cris de ma part (« Ouche ! Il ne prend que le petit bout ! ») et des ajustements. Mais jamais l'idée d'abandonner ne me traversa l'esprit. J'avais enfin le droit d'être complètement avec mon bébé ! Je me réconciliais doucement avec cette grossesse qui m'avait été volée. S'il fallait du temps pour qu'on s'acclimate l'un à l'autre, j'en avais des tonnes à donner ! En effet, comme je voulais réduire le temps de tirage de lait, entre regarder une machine aspirer une minuscule quantité de lait ou admirer un petit ange bien blotti dans les bras de maman, le choix était facile et je décidai de me louer une chambre à l'hôpital dans une aile exprès pour les parents d'enfants malades. Ainsi, aux trois heures, je faisais des va-et-vient entre ma chambre et l'unité des soins intermédiaires pour allaiter mon garçon. Lorsque cela fut autorisé, je commençai à faire tous les boires de la journée. Je me disais que tant qu'à me lever la nuit pour tirer du lait seule dans ma petite chambre triste, aussi bien aller rejoindre mon bébé et nous réchauffer mutuellement ! Que de fous rires avec les infirmières de nuit, peu habituées à voir des parents ! Que de moments magiques avec mon garçon, qui retrouvait l'odeur sécurisante et la douce voix de sa maman de façon si régulière ! Le jour, mon garçon m'appartenait ; c'était moi, son infirmière ! Je lui donnais ses médicaments, le changeais, le baignais, l'habillais, le nourrissais. J'aurais bien aimé jouer le docteur et signer son congé, mais pour ça, il fallait encore attendre... Lorsque j'allaitais, nous étions seuls au monde, lui et moi. Il me regardait tendrement, se cramponnait à moi. Je lui parlais doucement, le cajolais, lui expliquais comment était sa chambre et ce qu'il avait comme jouets. Dans ces moments, tout était le plus normal du monde. Il n'y avait plus de maladie, plus d'hôpital, d'infirmières, de médecins, d'internes, de bénévoles, d'autres parents, d'incubateur, de machines bruyantes, de cacophonie constante... Non, nous étions seuls dans notre bulle et plus rien ne comptait.

Puis ENFIN, le moment du congé arriva. Trois mois s'étaient écoulés depuis notre entrée à l'hôpital. Trois interminables mois d'inquiétude, de joie, d'espoirs déçus, de reconnaissance, de pleurs, bref, de montagnes russes d'émotion ! Je n'avais pas du tout vu l'été, et l'automne était à nos portes. Nous avons pu, mon copain et moi, fermer une dernière fois la porte de l'unité de néonatalogie, le sourire fendu jusqu'aux oreilles en portant fièrement un gros bébé de neuf livres. C'était à notre tour de nous faire regarder tendrement par les autres en nous faisant dire « qu'il est beau, votre bébé ! ». Bébé encore fragile mais bien vivant et bien plein du bon lait de maman. Nous y étions arrivés !

Vous pouvez imaginer que, rendue à la maison, me lever la nuit pour allaiter était une extase ! Plus besoin de marcher 10 minutes dans de froids corridors et de m'habiller pour me rendre à sa chambre. Je n'avais qu'à tendre les bras vers mon petit ange, à me caler dans le confort de mes oreillers, à me coller davantage sur mon conjoint pour sentir sa chaleur et nous nous retrouvions tous les trois ensemble ! Quelle joie ! Le jour, c'était semblable. Allaiter était mon petit moment de repos. Durant ce temps, je me donnais enfin le droit de relaxer et de m'asseoir. Prendre un bon livre, jouer au *Nintendo DS* –acheté pour l'occasion – et profiter du moment présent ! Parfois, c'est même moi qui invitais Victor au sein : « Viens, maman a envie de se reposer ! » C'était notre moment et nous le savourions.

Comme j'avais gardé l'habitude de tirer mon lait, j'en avais maintenant des réserves au congélateur. Et maintenant, du lait, j'en produisais ! Depuis que j'avais vécu la sensation de l'allaitement, le lait coulait à flots dans cette satanée « trayeuse » ! Avec ces « provisions », lorsque mon amoureux et moi avions envie d'une bonne bouteille de vin ou de sortir en amoureux, Victor, habitué au biberon, acceptait celui-ci sans aucune difficulté. C'était aussi l'occasion pour papa de se payer la traite et de vivre ce plaisir. Il est certain qu'à notre prochain bébé je vais refaire l'expérience ! Il est si doux de ne pas avoir à se priver lorsqu'on veut se permettre des gâteries, et ça fait du bien à tout le monde !

Aujourd'hui, à un an, Victor est un beau gros garçon de 22 livres. Il fait la fierté de ses parents. Il peut maintenant boire du 3,25 %, ce que nous lui donnons. Toutefois, lorsque le soleil se lève au petit matin et que j'amène Victor avec nous dans le lit, nous nous permettons encore ce petit plaisir. Oh ! Pas trop longtemps, car mes seins n'en produisent plus autant et Victor devient vieux, mais juste un peu. Le temps de se regarder dans les yeux, de se murmurer des mots doux et de se rappeler toutes ces longues heures à se bercer et à souhaiter être loin, très loin de l'hôpital et de ces diagnostics, souhaiter simplement être chez nous tendrement blottis tous les trois.

Le lait maternel, cet aliment magique pour bébé

Line Melançon

J'ai allaité mes quatre enfants et lorsque je me remémore cette période de tendresse si particulière de la vie d'une mère, j'ai l'image d'un enfant blotti dans mes bras qui extrait de mes seins un élixir d'amour. J'entends dans mes souvenirs des petits bruits doux de succion et je me rappelle ce regard si merveilleux d'un petit être qui semble me dire «merci» de combler son besoin de nourriture, de sécurité et d'affection. Pour moi, l'allaitement est une période de féminité par excellence, un prolongement naturel de la grossesse, un temps de répit dans la journée d'une mère. J'ai adoré le lien chaleureux et l'intimité avec bébé que me procurait l'allaitement. Le fait de pourvoir à son alimentation après la naissance me réconfortait et me procurait un sentiment de fierté avec l'impression d'être irremplaçable.

Malgré mes quatre périodes d'allaitement, je ne suis jamais complètement rassasiée et je partage des regards de complicité avec les mères allaitantes que j'aperçois dans les lieux publics. C'est peut-être grâce à ce sentiment que je suis motivée à agir comme marraine d'allaitement pour Nourri-Source depuis plus de 17 ans. En aidant et conseillant les nouvelles mères, par leur intermédiaire, je me rappelle mon cheminement personnel et mes expériences avec mes bébés de jadis.

Pour l'allaitement de nos deux aînés, je les ai mis au sein peu de temps après l'accouchement. Julie avait pris quelques gorgées, tandis qu'Alexandre, de trois ans son cadet, tétait goulûment. Vint ensuite la grève de la faim, du deuxième au troisième jour. Comme je possède des mamelons courts et que je produis beaucoup de lait, avec la montée laiteuse et le gonflement des seins, mes bébés n'arrivaient plus à détecter mon mamelon. À cause de ce manque de stimulation au centre de la langue du nourrisson, bébé ne tétait plus.

Dans les deux cas, je me suis résignée à utiliser une téterelle (un embout de caoutchouc ou de silicone que l'on applique sur le mamelon). Cet outil, qui pour moi était précieux, permettait à mes petits de téter à nouveau en localisant facilement mes mamelons, désengorgeant ainsi mes seins. Le fait d'utiliser la téterelle peut réduire la production de lait, ce qui n'était pas un problème pour moi, car en plus d'avoir une grande production de lait, j'avais un réflexe d'éjection puissant qui était ainsi atténué, donc plus confortable pour bébé. Heureusement que mes bébés avaient une bonne succion, parce qu'il est plus ardu pour eux d'amener le lait maternel dans la téterelle, pour ensuite l'acheminer à la bouche. On se doit d'être vigilante, parce que bébé peut devenir dépendant de cet embout. Alors, subtilement, je démarrais la tétée avec la téterelle et lorsque mon petit faisait une pause pour mieux avaler, je la retirais de sur mon sein pour poursuivre avec le mamelon à découvert. Celui-ci, dû à la succion, s'allongeait tout naturellement permettant à la bouche de bébé de mieux le localiser.

Tout s'est poursuivi sans embûches pour ces deux premiers allaitements dont la durée a été d'environ 14 mois chacun (avec 3 mois d'allaitement mixte lors du retour au travail). La seule exception à ces allaitements sans accroc a été la morsure de Julie sur mon mamelon vers l'âge de 8 mois (quelques enfants peuvent devenir de véritables petits écureuils, mordillant tout ce qu'ils trouvent). En modifiant ma position d'allaitement, de la madone pour celle de la louve, j'ai ainsi pu éviter douleur et saignement de quatre petites blessures. Après quelques jours, tout était cicatrisé et il n'y a jamais eu de récidive.

Pour notre troisième enfant, Guillaume, ça a été très différent. À la suite d'une complication de grossesse gémellaire, j'ai dû être alitée pendant 17 semaines avant sa naissance. Né d'urgence par césarienne à seulement 26 semaines de gestation, son poids n'était que de 665 grammes (1 lb 6 oz), sans réanimation ni hémorragie cérébrale. À son arrivée aux soins intensifs de néonatalogie, l'accent est mis sur la respiration, car ses poumons sont loin d'être matures. Les médecins optent pour le respirateur, qui lui permettra de se reposer. Il fait des apnées (arrêts respiratoires) et des bradycardies (arrêts cardiaques). Nul besoin de préciser qu'il n'est pas question de l'allaiter ; il est nourri par soluté. Malgré sa naissance prématurée (à ce poids, les statistiques indiquent un taux de survie de seulement 25 %), il a un Apgar à la naissance de 8.9.9, ce qui lui confère un excellent départ. Les risques de séquelles de toutes natures sont énormes pour ces bébés qui naissent trop tôt.

Dès le lendemain de sa naissance, à l'hôpital, j'ai commencé à m'extraire du lait avec un tire-lait électrique loué, à double extraction. Pendant plus de six mois et demi, j'allais me plier à cette discipline. L'extraction de mon lait maternel me donnait la satisfaction, malgré une situation précaire et souvent hors contrôle, de contribuer au bien-être éventuel de mon petit. J'étais déterminée à faire le maximum pour lui et à lui démontrer que je croyais en lui et en son avenir. Rigoureusement, je procédais à l'extraction du lait à toutes les trois à quatre heures avec un intervalle de cinq heures pour la nuit. Parfois un peu dépassée par les événements, j'établissais néanmoins ainsi ma production de lait.

Lorsque j'ai reçu mon congé de l'hôpital, cinq jours après la naissance de Guillaume, je me suis dirigée instinctivement dans une animalerie: je souhaitais me procurer des tétines pour chatons. Il était évident que mon tout-petit avait un grand besoin de succion et je voulais stimuler celui-ci en vue d'un éventuel allaitement. Le format était idéal pour sa minuscule bouche. Le lendemain, j'ai rendu visite à Guillaume et c'est avec empressement que je lui ai offert une tétine stérilisée. Notre bébé l'a tout de suite adoptée.

Malgré la distance physique qui nous séparait, par les extractions de lait (en contemplant les photographies de mon petit bout d'homme), j'étais auprès de lui en esprit. Lors de mes visites à l'hôpital, je pouvais utiliser un tire-lait électrique disponible sur place pour les mères allaitantes. À la fin de mon séjour après la naissance, j'avais déjà constitué une réserve de lait suffisamment importante dans le congélateur pour l'usage de l'hôpital. Même à la maison, la réserve de ce précieux lait maternel se faisait de plus en plus abondante. Rapidement, le congélateur de notre frigo devint plein. C'est pourquoi je décidai d'acheter un congélateur de 7 pi^3 pour conserver le lait. Je me disais que si je ne parvenais pas à allaiter mon bébé pour quelque raison que ce soit, il serait au moins nourri avec mon lait maternel. Après l'intraveineuse vint le gavage avec mon lait. Mais l'estomac de Guillaume était tellement petit que l'extraction du matin était suffisante pour sa journée entière.

Chez les bébés prématurés, le progrès et le bien-être sont évalués, par le corps médical, en gain de poids. Quand la prise de poids est insuffisante, il est évident que le lait de la mère est mis en cause. Guillaume avait mauvaise mine et prenait difficilement du poids. Pour pouvoir l'aider au maximum, je lui ai fait donner le lait du matin, plus riche en gras.

Quotidiennement, j'allais porter mon lait à l'hôpital. Mais malgré tout, cette bonne stratégie était insuffisante. Heureusement, confiante grâce à l'allaitement des deux aînés, je demeurais impassible devant ces commentaires désobligeants sur la qualité de mon lait que me faisaient infirmières et médecins.

Après l'hyperalimentation prolongée en intraveineuse, Guillaume a reçu mon lait mélangé à une formule lactée hypercalorique. Lorsqu'il a eu trois mois, il a passé une biopsie du foie et un test TORCH. C'est alors que nous avons appris que Guillaume avait une cholestase sévère au foie (sans lien avec sa grande prématurité), ce mauvais fonctionnement du foie expliquant pourquoi il ne prenait presque pas de poids. Trois avenues s'offraient à Guillaume : une greffe du foie, un nouveau médicament dont on ne connaissait pas les effets à long terme, ou attendre que la cholestase au foie se résorbe naturellement. Après avoir ingéré des doses massives de vitamine E quotidiennement pendant quelques mois, sa cholestase au foie a fini par se résorber toute seule. À l'époque, les six cas répertoriés de résorption de cholestase au foie à l'hôpital Sainte-Justine étaient tous des bébés allaités, ce qui est très logique si l'on considère que le lait maternel est l'aliment le plus facile à digérer pour nos prématurés. Déjà, je défendais les vertus du lait maternel, mais après cette guérison, j'en avais la preuve. Le lait maternel est un aliment magique pour bébé.

Dès que l'état de Guillaume se stabilise (sans apnée ni de bradycardie pendant au moins trois jours consécutifs) et qu'il est transféré des soins intensifs aux soins intermédiaires, on nous propose de vivre « la technique du kangourou » 30 minutes par jour. Confiante en mon expertise en allaitement (plus de 7 ans), la néonatalogiste de Guillaume me permet lors de ces contacts peau à peau de passer hors protocole en le mettant au sein, à 1260 grammes (2 lb 12 oz). Guillaume a deux mois d'âge réel (soit depuis sa naissance). J'attendais ce moment depuis si longtemps. Guillaume apprécie aussi beaucoup être auprès de moi, peau contre peau, sur mon torse. À son contact, le lait perle sur mes seins et, suivant mon instinct, je profite de l'occasion pour le lui offrir. Mon bébé lèche le lait avec visiblement beaucoup d'intérêt. À un point tel qu'il est rarement à la verticale mais passe son temps en « kangourou » horizontalement. Malgré tout, sa saturation en oxygénation est impeccable. J'augmente la durée et la fréquence de mes visites pour pouvoir le mettre le plus souvent possible au sein. Il a droit à une ou deux tétées par jour à partir de 1630 grammes (3 lb 8 oz).

Durant la mise au sein, souvent les grands prématurés (29 semaines de gestation ou moins) ont tendance à mettre leur langue au palais pour téter, ce qui est inefficace pour la succion. C'était le cas de Guillaume. Pour contrer ce phénomène et avoir un meilleur contrôle sur la prise du sein, il est préférable d'allaiter bébé dans la position du ballon de football. J'espère faire passer directement Guillaume du gavage à l'allaitement. Mais pour ça aussi, je suis hors protocole. À l'occasion d'une visite quotidienne, une infirmière m'apprend que mon tout-petit a pris merveilleusement bien le biberon. Voyant mon air triste, elle me demande pourquoi. C'est alors que je lui rappelle ma préférence pour l'allaitement.

À quatre mois et une semaine, soit deux jours avant le congé de l'hôpital, j'ai pris une chambre d'accommodement pour être sur les lieux et vivre l'allaitement à temps complet. Guillaume n'a pas pu suivre la cadence. Comme il était visiblement épuisé, j'ai terminé la journée avec la seringue (dispositif d'aide à l'allaitement), et son boire a duré une heure. Notre fils avait perdu en poids, pendant 24 heures, l'équivalent de ses gains de la semaine. C'est alors que les médecins m'ont demandé de le laisser prendre du poids au biberon avant de reprendre l'allaitement. J'étais déçue, quoiqu'en même temps je ne pouvais que constater l'épuisement de Guillaume.

On m'a fait rencontrer une psychologue pour qu'elle m'explique que personne n'a vécu une reprise d'allaitement après une interruption de quelques mois. Je lui ai répondu que ce n'était pas grave et que je deviendrais tout simplement la première. Devant ma détermination, elle n'a pu que constater que rien ne pouvait me démotiver.

Heureusement, car après deux mois et demi d'interruption, j'ai repris l'allaitement à l'aide de la téterelle, ce qui était facilitant pour Guillaume, car il passait d'une tétine en caoutchouc à une autre et surtout il pouvait réapprendre à téter sans me blesser. Étant donné que ma production de lait était bien établie, avec près de six mois et demi d'extraction au tire-lait électrique, il n'y avait pas de risque qu'elle diminue de façon draconienne, malgré la baisse de stimulation sur les mamelons. En me laissant guider encore une fois par mon instinct, la téterelle devenait la solution tout indiquée. L'allaitement exclusif et sans outil est devenu une réalité après trois semaines de téterelle. C'était toute une victoire, j'en ressentais une grande fierté, que je partageais avec bébé et mon entourage. Nous avions défié les statistiques. Ma persévérance dans l'intention, avec souplesse dans l'application, avait porté fruits. Guillaume a été allaité jusqu'à ses 23 mois.

Alors que j'allaitais Guillaume à l'aide de la téterelle et que je sentais que c'était mission presque accomplie, une jeune mère d'un prématuré de 32 semaines m'a téléphoné. Depuis deux semaines, elle avait son bébé à la maison et avait de la difficulté avec sa production de lait. Elle devait compléter ses allaitements avec une formule lactée pour que bébé soit rassasié, ce qui l'ennuyait visiblement. Je lui ai proposé de mettre bébé plus souvent au sein pour ainsi augmenter la stimulation et la production de lait, et d'augmenter également le contact peau à peau avec bébé. Je lui ai parlé de comprimés de levure de bière et autres stratégies pour bonifier sa production de lait maternel. Durant cet appel téléphonique qui a duré près de 45 minutes, je lui ai mentionné que j'avais près de 40 litres de lait congelé entreposé dans le congélateur coffre au sous-sol et qu'il risquait de se perdre vu que Guillaume pouvait maintenant téter.

C'est ainsi que je suis devenue nourrice pour Nicolas! Ses parents venaient chercher du lait maternel chez moi, et ce, tant que j'ai pu leur en fournir sur une période de plus de deux mois. La mère commençait l'allaitement au sein et complétait avec de 2 à 3 oz (50 à 75 ml) de mon lait au biberon, donné sur le bout du genou pour faire comprendre à bébé que, s'il voulait bénéficier de la chaleur humaine de sa mère, il devait faire l'effort de téter au sein. J'avais utilisé la même stratégie avec Guillaume lorsque je devais lui offrir un biberon. La courbe de croissance de Nicolas s'améliorait de façon significative. Après chaque rendez-vous médical, sa maman me remerciait. Je me sentais grandement valorisée.

Je l'ai avisée dès le premier appel qu'avec le lait maternel non pasteurisé il y avait risque de transmettre des maladies telles que le sida ou l'hépatite A et B. C'est ce qui explique pourquoi il n'y a plus de banque de lait maternel dans les hôpitaux québécois. Je lui ai également précisé que je n'étais pas à risque et que j'étais régulièrement contrôlée en endocrinologie à cause de mon taux de prolactine qui est habituellement élevé, ce qui m'avait causé des problèmes d'infertilité. À ces révélations, cette mère m'avait répondu, avec beaucoup de sagesse, qu'elle était convaincue que si mon lait n'était pas bon, je n'en donnerais sûrement pas à mon bébé. Elle a bonifié son intervention en me disant qu'après notre conversation elle ressentait sans équivoque mon amour inconditionnel et mon dévouement envers mes enfants. J'en étais ravie.

Guillaume a poursuivi sa croissance et son allaitement en beauté, devenant tout rondouillet comme l'étaient habituellement mes autres bébés. Il a dû être réhospitalisé une seule fois, à son premier anniversaire, pour une bronchiolite. Lors de ce séjour à l'hôpital, j'ai résidé dans sa chambre et je l'ai allaité sous la tente à oxygène. Les infirmières et le médecin traitant m'ont avoué que Guillaume s'était rétabli très rapidement grâce à ma présence et aux vertus de l'allaitement.

Avec ma petite dernière, Isabelle, l'allaitement était d'une grande facilité et se comparait à l'expérience vécue avec les aînés. Née par césarienne, elle a tété vigoureusement après les examens de routine, soit à environ une heure de vie. L'allaitement d'Isabelle a également nécessité l'utilisation de la téterelle vers le troisième jour, toujours pour les mêmes motifs. Comme pour les aînés lors de la session de photothérapie, à cause d'un ictère sévère (jaunisse) du nouveau-né, j'insistais pour poursuivre l'allaitement. Après l'aventure vécue avec Guillaume, il était très simple de composer avec un bébé né à terme. Isabelle a été allaitée jusqu'à 18 mois; elle aussi a dû composer avec un allaitement mixte à la fin de ce terme, pour encore une fois faciliter mon retour au travail. Psychologiquement, je trouvais cela moins culpabilisant.

Dans le cas des trois aînés, le sevrage du bébé était conditionné par notre volonté d'avoir un autre enfant. Il m'était impossible de concevoir une grossesse sans diminuer de façon notoire mon taux de prolactine et en y ajoutant la prise de Parlodel, un médicament inventé dans les années 1970 pour les mères qui ne souhaitaient pas allaiter leur bébé. On ne donne plus ce médicament de nos jours pour ce motif initial, parce qu'il ne faisait que décaler la montée de lait, qui survenait tout de même dans la majorité des cas. Pour ce qui est d'Isabelle, c'est un stage architectural avec mes étudiants, une coopération (France, Wallonie et Québec) d'un mois en Europe, qui m'a obligée à la sevrer à 18 mois. Sinon, je crois que, malgré ses six ans, elle téterait encore, tellement elle appréciait la satisfaction que lui procuraient ces moments de tendresse.

Je suis convaincue qu'avec chacun de mes quatre bébés j'ai tissé un lien précieux, privilégié et indestructible grâce à l'allaitement. Combien de fois je me suis surprise à contempler mon bébé alors qu'il s'était endormi à mon sein ! L'allaitement sollicite tous nos sens, ça représente une complicité dans le regard, une douceur dans le toucher, l'odeur « de petit beurre » de la peau de bébé, les petits gloussements de bébé lorsqu'il boit, sans oublier le goût merveilleux pour bébé de ce lait conçu avec tant d'amour spécifiquement pour lui.

Sincèrement, j'ai adoré allaiter mes enfants. Dans les temps les plus difficiles, je puisais mon énergie en m'imaginant ou en me projetant dans des moments plus heureux. Par ce témoignage, je souhaite vous avoir démontré combien le lait maternel possède des vertus insoupçonnées. On doit se faire confiance et suivre son instinct. Avec l'amour, le courage, la détermination et la persévérance, rien n'est impossible, peu importe la situation.

Le soutien, l'affaire de tous !

Julie Lauzière

Nutritionniste de formation, Julie Lauzière s'intéresse à l'allaitement depuis près de huit ans. Ses études de maîtrise ont porté sur le maintien de l'allaitement après le retour au travail (Université Laval, 2007). Elle a occupé divers emplois d'agente de recherche, notamment à l'Institut national de santé publique du Québec, où elle a participé à la rédaction du volet prénatal du guide Mieux vivre avec notre enfant, de la grossesse à deux ans *(2008). Elle est également coauteure de* Biologie de l'allaitement – Le sein, le lait, le geste *(Presses de l'Université du Québec, 2006). Depuis 2003, elle est membre du conseil d'administration d'Allaitement Québec.*

Si la décision d'allaiter est souvent prise durant la grossesse ou même avant, la décision de poursuivre l'allaitement, elle, se prend une tétée à la fois. Au quotidien, c'est d'abord au sein de la famille et de l'entourage immédiat que se vit l'allaitement. Ainsi, l'attitude et les encouragements du conjoint et d'autres proches, de même que leur appui dans les tâches quotidiennes, entre autres choses, ont une influence importante sur l'expérience d'allaitement.

Mais au-delà de ces personnes proches, tous ceux et celles qui entourent, de près ou de loin, une femme qui allaite ont le pouvoir d'influencer positivement – ou négativement – son expérience d'allaitement. Pensons aux intervenants et professionnels de la santé qui l'accompagnent dans les premières heures, les premiers jours, les premiers mois de son enfant. Pensons aux gens qui se trouvent au même restaurant qu'elle, à l'heure où bébé a faim lui aussi ! Pensons aux éducatrices de la garderie à qui elle manifeste le désir de venir allaiter son enfant sur place pendant ses pauses repas. Pensons aux personnes qu'elle côtoie à la piscine, au parc, dans le train... En ayant cela en tête, il est légitime de se demander, autant individuellement que collectivement, si nous sommes «soutenants envers l'allaitement».

Les nombreux visages du soutien

De façon générale, le soutien peut être défini comme l'action d'apporter un appui à la réalisation de quelque chose ou l'action d'aider une personne à mener quelque chose à bien[1]. En écoutant des femmes parler de leur expérience d'allaitement et en lisant des témoignages comme ceux rapportés dans ce recueil, il est possible de préciser davantage la notion de soutien en fonction de l'allaitement[2]. Suivent des exemples illustrant chacune des composantes du soutien. L'ordre dans lequel elles sont présentées n'est pas relié à leur importance puisque chaque femme aura des besoins différents.

Le **soutien affectif** comprend l'expression d'empathie, de réconfort et de préoccupation envers la femme qui allaite. Le soutien affectif lui fournit un sentiment de réconfort et celui d'être aimée.

- Annie, une personne-ressource en allaitement[3], prend le temps d'écouter Clodine dont le fils est inconsolable. Elle lui fait valoir que ce qu'elle ressent est normal et que plusieurs autres parents vivent une période d'ajustement à la suite de l'arrivée de leur nouveau-né.
- Martin, le conjoint d'Isabelle, sait qu'il est difficile pour elle de recevoir des commentaires négatifs sur le fait qu'elle allaite toujours Frédérique, qui a 28 mois. Dans ces moments, il est là pour l'écouter et il ne se gêne pas pour la prendre dans ses bras et l'encourage à continuer à allaiter aussi longtemps qu'elle le désire.
- Depuis la naissance d'Étienne, Valérie visite plus souvent son amie Karine parce qu'elle sait qu'avoir un bébé, qu'il soit allaité ou non, comporte son lot de défis et elle souhaite être présente pour Karine lorsqu'elle en a besoin.

Le **soutien d'estime** se produit à travers le regard positif des autres envers la femme qui allaite, à travers les encouragements ou l'accord par

---

1. Définition de l'Office québécois de la langue française (www.granddictionnaire.com, consulté le 24 mars 2008).
2. Les composantes du soutien ont été regroupées selon les cinq catégories proposées par Edward P. Sarafino (*Health Psychology : Biopsychosocial Interactions*. 4ᵉ éd., New York, John Wiley & Sons, 2002, p. 99).
3. Le terme « personnes-ressources en allaitement » réfère aux bénévoles, aux marraines ou aux monitrices qui œuvrent au sein des groupes et organismes offrant de l'entraide et du soutien à l'allaitement. Il s'agit le plus souvent de femmes qui ont une expérience personnelle d'allaitement. La presque-totalité des personnes-ressources en allaitement du Québec reçoivent une formation avant de soutenir des mères, et une grande proportion d'entre elles ont accès à de la formation continue par la suite (*Portrait des groupes et organismes d'entraide et de soutien à l'allaitement au Québec*, Québec, Groupe de travail ministériel sur les réalités des groupes et organismes d'entraide et de soutien à l'allaitement au Québec, octobre 2007, 29 p.).

rapport à ses idées, à ses sentiments et à ses expériences. Ce type de soutien sert à développer ou à renforcer son sentiment de confiance en soi et de compétence relativement à l'allaitement et à la maternité.

- François répète souvent à Marie-Ève qu'il est heureux qu'elle allaite leur garçon, en ajoutant qu'il est très fier que son fils ait une maman comme elle !
- Cécile, une consultante en lactation[4] que Marie-Claude a rencontrée à la clinique, la félicite pour les quatre semaines d'allaitement qu'elle a complétées jusqu'ici et lui fait remarquer que si sa petite Charlotte est en pleine forme et qu'elle a pris du poids depuis sa naissance, c'est en grande partie grâce à son lait.
- Remarquant qu'elle allaite, un des bibliothécaires sourit à Sophie et lui indique qu'elle est la bienvenue pour allaiter sur place[5].

Le **soutien technique** (ou tangible) comprend une assistance concrète envers la femme qui allaite.

- Grand-maman Madeleine et grand-papa René s'offrent régulièrement pour apporter des petits plats et pour s'occuper de Léa et de Xavier afin de permettre à leur mère de se reposer et de prendre soin de Juliette, la plus jeune.
- Le centre hospitalier permet à Geneviève de dormir à l'hôpital afin qu'elle puisse allaiter Anaïs, qui est hospitalisée.

---

4. Les consultantes en lactation sont aussi connues sous l'acronyme IBCLC, pour International Board Certified Lactation Consultant. Pour devenir consultante en lactation, une personne doit satisfaire à des critères d'admissibilité et réussir l'examen de l'International Board of Lactation Consultant Examiners (ou IBLCE), l'organisation internationale responsable de leur accréditation. Les critères d'admissibilité de l'IBLCE portent sur la formation préalable en santé, la formation en allaitement et le nombre d'heures d'expérience en counselling auprès de femmes qui allaitent (entre 500 et 6000 heures, selon le profil de la candidate). Une fois l'accréditation obtenue, une réaccréditation est nécessaire à tous les cinq ans afin de pouvoir conserver le titre de consultante en lactation (www.iblce.org, consulté le 24 mars 2008).

5. Au Québec, l'allaitement dans les lieux publics est protégé par la Charte des droits et libertés de la personne (L.R.Q., chapitre C-12). Entre autres, l'article 15 stipule que « Nul ne peut, par discrimination, empêcher autrui d'avoir accès aux moyens de transport ou aux lieux publics, tels les établissements commerciaux, hôtels, restaurants, théâtres, cinémas, parcs, terrains de camping et de caravaning, et d'y obtenir les biens et les services qui y sont disponibles » (http://www2.publicationsduquebec.gouv.qc.ca/dynamicSearch/telecharge.php ?type=2&file=/C_12/C12.HTM, consulté le 24 mars 2008).

- L'employeur de Mélissa a accepté sa proposition d'effectuer une partie de ses heures de travail à la maison afin qu'elle puisse reprendre le travail sans pour autant cesser d'allaiter Lorianne pendant la journée[6].
- À l'occasion des réunions de parents à l'école, les participants ne voient pas d'inconvénient à ce que Catherine amène son petit Hugo et qu'elle l'allaite au besoin.
- Après avoir observé Nathalie mettre au sein son bébé de trois jours, Aïda, la sage-femme qui l'accompagne, lui suggère quelques trucs pour mieux placer son bébé afin que disparaisse la douleur qu'elle ressent au moment des tétées.

Le **soutien informationnel** inclut de l'information, des suggestions et de la rétroaction au sujet de l'allaitement et de son déroulement.
- Chantale, une infirmière du CLSC, explique à Sandrine et à Mathieu les indices montrant que leur petit Philippe boit suffisamment.
- Le médecin de Sandra contacte le Centre IMAGe (Info-médicaments en allaitement et grossesse[7]) avant de lui prescrire un médicament, afin de s'assurer que ce médicament n'aura pas d'impact négatif sur sa production de lait ni sur la santé de sa fille.
- À la télévision, une chroniqueuse discute de l'expression et de la conservation du lait maternel pour les mères qui sont séparées de leur enfant. Entre autres choses, elle explique la façon d'exprimer du lait manuellement et présente les différents modèles de tire-lait qu'on trouve sur le marché.

Le **soutien de réseau** contribue au développement d'un sentiment d'appartenance à un groupe de personnes qui partagent des intérêts et des activités sociales.

---

6. Actuellement, la Loi sur les normes du travail du Québec ne prévoit aucune disposition concernant l'allaitement sur les lieux du travail. Néanmoins, le ministère de la Santé et des Services sociaux du Québec invite les employeurs à mettre en place une politique d'allaitement qui comprendrait des éléments reliés à la fois au temps (horaire flexible, pauses), à l'espace et à la proximité (garderie en milieu de travail ou local confortable pour allaiter ou pour exprimer son lait) de même qu'au soutien. *L'allaitement maternel au Québec : lignes directrices*, Québec, Gouvernement du Québec, septembre 2001 (http://publications.msss.gouv.qc.ca/acrobat/f/documentation/2001/01-815-01.pdf, consulté le 24 mars 2008).

7. Offert par des pharmaciens, ce service du CHU Sainte-Justine est réservé exclusivement aux professionnels de la santé qui désirent obtenir de l'information les aidant à évaluer les données disponibles sur l'innocuité des médicaments en grossesse ou en allaitement.

- En participant au Défi allaitement organisé dans sa région, Manon est surprise de constater que tant de femmes allaitent autour d'elle. Elle se sent fière de faire partie du nombre.
- Déjà pendant sa grossesse, les rencontres organisées par le groupe d'entraide en allaitement près de chez Patricia sont une occasion pour elle de se familiariser avec les activités de ce groupe mais aussi de rencontrer des femmes qui allaitent et de créer des liens avec elles.
- Un groupe de discussion en ligne portant sur l'allaitement a permis à Josélina d'entrer en contact avec d'autres mères qui, comme elle, allaitent des jumeaux.

À chacun sa façon

Chacun à notre manière, nous pouvons agir de façon à ce qu'autour de nous les femmes qui désirent allaiter se sentent valorisées de le faire, et ce, peu importe le lieu et le moment. Ce texte constitue pour moi une façon parmi d'autres de contribuer à ce que de plus en plus de gens se sentent interpellés par le soutien à offrir aux femmes qui allaitent. Plusieurs exemples de soutien y sont mentionnés mais de nombreux autres existent. Et vous, quelle est votre façon de « soutenir l'allaitement » ?

Le soutien, ça regarde tout le monde, se dit Léonard.

CINQUIÈME PARTIE

AVENTURES, IMPRÉVUS ET DÉFIS

Anne-Marie Deblois et son fils Théodore
Photo : Dominique Lafond

Quand on vient de loin

Bernadette Thibaudeau

Bernadette Thibaudeau est infirmière en périnatalité dans le quartier Côte-des-Neiges à Montréal depuis 10 ans. En 2007, elle participe à la mise sur pied de la Maison bleue, où elle accompagne de nouvelles immigrantes enceintes et de jeunes mères. En 2006, elle donne des formations en périnatalité auprès des infirmières pour la Régie régionale de Montréal-Centre. De 1999 à 2006, elle siège au conseil d'administration du Groupe MAMAN, dont elle assumera la présidence quelques années. Elle est membre du Comité national d'orientation et de mobilisation en périnatalité de l'Association pour la santé publique du Québec (ASPQ) depuis 2001.

Le quartier Côte-des-Neiges à Montréal est une terre d'accueil pour les nouveaux immigrants. Ils proviennent de tous les coins de la planète et la majorité d'entre eux ont quitté leur pays depuis moins de cinq ans. Ils ont plusieurs défis à relever : s'intégrer professionnellement, se créer un espace social et, pour beaucoup d'entre eux, fonder leur famille loin des leurs. Comme infirmière en périnatalité pour le CLSC Côte-des-Neiges, j'ai eu l'honneur d'être accueillie par ces familles et de les accompagner dans leur allaitement. Mon travail consiste à les préparer à leur rôle de parents durant la grossesse. Ensuite, je les aide à bien démarrer l'allaitement et je reste disponible pour les aider tout au long de l'allaitement.

Je vais vous raconter des histoires d'allaitement. Chaque histoire s'inscrit dans une culture, mais aussi, il ne faudrait pas l'oublier, dans un cheminement familial et personnel. Nous sommes tous influencés par notre culture, souvent sans en être conscients tant elle est inscrite profondément dans nos valeurs. Par contre, ce n'est pas le seul déterminant. La culture n'est pas non plus immuable. Surtout en contexte d'immigration, les sources d'influence sont multiples et les manières d'être évoluent et fluctuent. Je commencerai ces histoires par la mienne. Avant de porter un regard sur les autres, il est bon de s'intéresser à sa propre culture, à ses propres origines.

Bernadette

Je suis née à la fin des années 1960 en banlieue de Montréal, juste avant que l'homme fasse ses premiers pas sur la Lune. Nous sommes fascinés par les avancées que permet la science. Les familles sont moins nombreuses. Finies les couches en coton et les mères à la maison. Les enfants entrent massivement à la garderie. De façon encore plus générale, la société est devenue plus individualiste. La famille a rétréci. La société s'est mécanisée et la performance est demandée à tous, même aux bébés. Ceux-ci doivent gagner du poids rapidement, dormir suffisamment et boire seuls le plus vite possible. On ne demande plus conseil à nos parents et on adresse nos questions de maternage aux professionnels de la santé. Notre confiance en la nature est fragilisée. À une certaine période, la culture occidentale en vient même à penser que les formules lactées produites industriellement seraient supérieures au lait maternel.

Ma famille s'inscrit complètement en contre-culture. Je suis la dernière de 10 enfants. Ma mère a allaité tous ses enfants. Je suis entourée d'enfants qui pleurent, courent et font du bruit. Toutes ces expériences de vie ont créé en moi une empreinte très large et souple. Ces débordements de vie deviennent normaux.

Après plusieurs années à observer des femmes allaiter, j'ai à mon tour vécu ce don de vie. J'ai vu plusieurs fois ces gestes d'amour de mettre un enfant au sein simplement mais assurément. J'ai confiance en ma capacité d'allaiter puisque tant de femmes l'ont fait avant moi. Mes deux filles ont bu au sein sur demande jusqu'à l'âge de deux ans, malgré un retour au travail quand elles avaient sept mois. Le soir, lorsque je mettais mon bébé au sein, c'était notre moment de retrouvailles, de contact magique. J'ai allaité sans difficulté et j'avoue avoir eu beaucoup de plaisir à nourrir mes filles d'amour et de lait frais.

Sasikala

Je visite une famille qui vient de mettre au monde son premier enfant. On m'attendait. Monsieur m'accueille avec un grand sourire. Il est visiblement heureux d'être papa. Je le félicite chaleureusement et enlève mes souliers. Il me dirige vers le salon et me prie de m'asseoir sur un divan qui est usé mais confortable. Il me fait patienter, le temps que sa femme se lève dans la seule pièce fermée. J'observe avec curiosité le logement. Les photos des grands-parents se trouvent bien en vue, accrochées tout près du plafond. La porte de la garde-robe est entrouverte. Je peux apercevoir, sur une tablette, un petit autel avec une statue de Vishnu entourée de pétales de roses et de fruits séchés. Pas de doute, je suis dans une famille tamoule. Monsieur s'excuse, sa femme se lève doucement pour ne pas réveiller le bébé qui sommeille collé contre elle. Entre-temps, monsieur me raconte leur histoire. Il est parti du Sri Lanka il y a cinq ans pour s'établir à Montréal. Il s'est trouvé un emploi dans une manufacture. Il est heureux de pouvoir profiter du congé de paternité. Sa femme a grand besoin de lui, il est sa seule famille. Je lui fais remarquer qu'il est maintenant le conjoint, la mère, la sœur, le père et l'ami de sa femme. Il rit de bon cœur. Madame nous rejoint au salon avec un plateau rempli de biscuits et du thé chaud. Elle me regarde timidement, puis se tourne vers son conjoint. Je la félicite pour son bébé. Je lui demande depuis combien de temps ils sont mariés. Le conjoint m'explique qu'il est allé au pays pour se marier il y a tout juste neuf mois. Un petit rire s'ensuit. Elle demande à son conjoint de m'informer qu'ils ne se connaissaient pas avant le mariage. Elle me pointe leur photo de mariage sur la télévision. Elle est vêtue d'une robe rouge sertie d'or. Je lui dis qu'elle est magnifique, une vraie princesse. Maintenant, elle me regarde directement et ose même balbutier quelques mots en anglais. Elle me demande si je suis canadienne et si j'ai des enfants. Je lui dis que je suis québécoise, que j'ai deux enfants et je lui montre une photo. Je sens un lien s'établir tranquillement.

Monsieur me raconte l'accouchement. Il a trouvé sa femme très courageuse. Il se trouve privilégié d'avoir pu être présent à la naissance de sa fille. Les trois premiers jours, cette dernière dormait beaucoup. À l'hôpital, on leur a demandé de la réveiller aux trois heures. Mais eux avaient l'impression que leur fille avait besoin de dormir. Alors, dès le retour à la maison, madame a téléphoné à sa mère, qui lui a dit de la laisser dormir et qu'elle allait bien se réveiller quand elle aurait faim. C'est ce qu'ils ont fait. Mais la nuit passée, la petite les a tenus réveillés pendant plusieurs heures. Ils savent que les bébés peuvent pleurer. Ils ne sont pas vraiment inquiets, mais désirent être rassurés.

Soudain, on entend le bébé émettre des gazouillis. Madame se lève rapidement pour aller la chercher. Elle n'a pas encore reçu de nom, ils attendent un appel de la famille au Sri Lanka, qui choisira le nom selon l'avis d'un astrologue. Elle me demande de vérifier si tout va bien. Cette petite est en pleine forme et en sécurité dans les bras de sa mère. Les gazouillis se transforment en légère complainte, alors elle met le bébé au sein. En un tour de main, le bébé est placé ventre à ventre, sa bouche s'ouvre toute grande et maman colle son bébé tout près de son corps. Je lui demande combien de temps sa mère a allaité ses bébés. Elle me dit fièrement que ses six frères et sœurs ont été allaités deux ans.

Je suis souvent étonnée de voir avec quelle rapidité les pères s'adaptent à leur nouvelle situation, alors qu'ils proviennent d'une culture où la division des tâches entre les hommes et les femmes est si marquée. Ils ajoutent, à leur rôle traditionnel de pourvoyeur et de protecteur, celui de maternant.

Pour ces familles provenant d'une culture où l'allaitement est la norme, les gestes sont intuitifs. Ils s'inscrivent dans une mémoire kinésique et se déploient un à un comme une danse d'amour entre une mère et son enfant. Ce corps-à-corps inconditionnel est directement branché sur l'âme et non sur un calcul cérébral. Ces femmes ont la chance de connaître le secret de cette danse et je suis infiniment reconnaissante de l'avoir reçu d'elles.

Rabia

Une famille marocaine m'accueille. C'est la grand-mère qui m'ouvre la porte. Elle part aussitôt à la cuisine d'où s'échappe une douce odeur de miel et d'amande. J'entre dans la chambre et j'y trouve une fillette de deux ans, collée sur le dos de sa mère, qui allaite un gros bébé de trois jours. Je me présente et fais quelques coucous à la fillette, qui reste cachée derrière sa mère. Elle m'explique que sa fille est devenue très demandante depuis l'arrivée du bébé. Elle a trouvé difficile la séparation de trois jours durant l'hospitalisation. Je la rassure rapidement sur ce comportement régressif et la félicite de la garder près d'elle afin que l'enfant retrouve sa sécurité affective. Je sais que ce n'est pas facile et je lui fais part de ma propre expérience. Interloquée, elle se dit surprise d'apprendre que j'ai deux filles, j'ai l'air si jeune. J'apprécie cette gentillesse typiquement marocaine. Le bébé est endormi au sein, l'air repu. Il semble grossir à vue d'œil. Elle me dit que c'est grâce aux bons soins de sa mère et remercie Dieu d'avoir pu profiter de sa présence. C'est à la toute dernière minute que sa mère a obtenu son visa. Elle ne sait vraiment pas comment elle aurait fait sans elle. Au Maroc, elle aurait eu beaucoup de personnes pour l'aider. Elle n'aurait eu besoin que d'allaiter et de dormir. Ses tantes auraient préparé les repas et les voisines se seraient occupées de la fillette. L'aînée, née au Maroc, avait six semaines quand sa mère lui a changé sa première couche. Je lui donne raison et lui dis que d'élever des enfants seule avec son mari n'est pas facile. Se sentant comprise, elle ajoute que, dans son pays, elle était professeure de chimie, et son conjoint, ingénieur. Ils ont trouvé difficile l'adaptation au pays. Son conjoint s'est trouvé un travail dans un restaurant, mais il est mal rémunéré et sa fierté de pourvoyeur en prend un coup. S'ils restent au pays, c'est pour l'avenir de leurs enfants, qu'ils croient être plus rose ici qu'au Maroc.

Elle me demande comment soulager son engorgement. Elle n'a pas dormi de la nuit tant la douleur était oppressante. La peau est lisse et brillante, même après une bonne tétée. Je lui propose des feuilles de chou. Grand-mère entre avec un plateau rempli de pâtisseries aux amandes et du thé vert. En dégustant, je lui demande de s'informer auprès de sa mère sur la façon de soulager un engorgement au Maroc. Celle-ci lui parle d'allaiter plus souvent, de se reposer et de mettre du froid sur les seins. Que pourrais-je ajouter de plus ? Sinon constater comment peut être précieuse cette présence familiale.

En quittant, je lui parle des activités pour sa fille dans le quartier. Quand je mentionne qu'à la joujouthèque sa fille pourrait choisir tous les jouets qu'elle désire, celle-ci sort de sa cachette et me regarde, les yeux ronds avec un large sourire. Maman sourit aussi, je sens ses épaules se détendre et ses yeux sont un peu moins tirés.

Dans cette culture, la mère doit être soignée, nourrie et dorlotée après l'accouchement. C'est au travers de ce maternage que la nouvelle mère construit son nouveau rôle. Après un certain nombre de jours, de mois, d'années ou de naissances, elle se découvre des forces insoupçonnées et rentre dans le Cercle des mères. Les jeunes filles sont pleines d'admiration pour leurs mères, leurs grands-mères et leurs aïeules. Celles-ci possèdent beaucoup de pouvoir sur les plus jeunes. Être initiée dans le Cercle de celles qui possèdent la connaissance et le pouvoir demande du temps et du maternage. Quand la famille est sur un autre continent, c'est parfois l'infirmière, la marraine d'allaitement qui est invitée à remplir ce rôle.

Chez nous, on accepte difficilement d'être maternée. Nous observons souvent une rupture de valeurs entre nos parents et nous, nouveaux parents. Au nom de notre volonté d'être maître de notre vie, d'être indépendant, un mur s'est créé entre nous et nos parents. Combien de grands-mères trouvent que leurs conseils sont mal reçus ? Ou qu'elles ne peuvent materner leurs enfants et leurs petits-enfants autant qu'elles le voudraient ?

Xiao

Je visite une famille nouvellement arrivée de Chine. L'appartement est surchauffé. Madame est visiblement très fatiguée. Le conjoint est absent, il ne peut interrompre ses cours à l'université. Elle me dit que son bébé ne semble jamais satisfait et qu'il réclame le sein à toutes les deux heures. Elle se demande s'il ne serait pas mieux de lui donner un biberon. Les pleurs du bébé seraient la preuve qu'elle n'a pas assez de lait. Pour retrouver un équilibre entre le yin et le yang, elle boit de la soupe chaude, se couvre de chandails chauds et porte un chapeau. Le bébé aussi est maintenu au chaud, bien emmailloté dans plusieurs couvertures.

Elle sort une liste de questions qui tournent toutes autour de son supposé manque de lait. Ma première tâche est de l'aider à avoir confiance en son allaitement. Je lui montre les signes que son bébé est bien nourri : les seins coulent abondamment, les urines du bébé sont claires et ses selles sont nombreuses. J'essaie de lui faire comprendre que son bébé a besoin d'être porté et rassuré.

Dans les pays où les familles sont peu nombreuses, les femmes n'ont pas vu de mères allaiter. Jeunes adultes, elles ont développé leurs carrières et après avoir immigré, elles désirent se consacrer à la maternité. Quand je me présente au domicile, après l'accouchement, les questions fusent les unes après les autres. C'est comme si l'adulte est la référence, et tout ce qui rend le bébé différent est perçu comme anormal. Les pleurs du bébé sont inquiétants, les selles sont vues comme de la diarrhée et il est difficile de croire que le bébé ne peut s'en tenir qu'au lait maternel, aussi précieux soit-il. Les nombreuses demandes du bébé sont additionnées et finissent par épuiser. Elles doivent développer leur confiance en l'allaitement, confiance qui leur servira dans toutes leurs expériences de mère.

J'aime leur faire réaliser tout ce que les enfants les amènent à développer et comment ces apprentissages se transposent dans leur vie. On a juste à penser à des qualités comme la patience, la confiance en soi ou le lâcher-prise.

Jessica

Je suis reçue chez une mère du Cameroun. Elle habite seule avec son bébé d'une semaine dans une petite pièce, juste assez grande pour recevoir un lit, une table et une chaise. Elle est arrivée depuis six mois. Elle a fui l'Afrique pour des raisons politiques. Son conjoint est resté au pays avec son fils de sept ans. Quand elle sera acceptée comme réfugiée, elle pourra les faire venir. Pour l'instant, elle est toute concentrée à s'occuper de son bébé. Heureusement, une voisine se charge de ses courses à l'épicerie et de son lavage. À mon arrivée, madame est souriante et fait un massage au beurre de karité à son bébé. Elle le masse vigoureusement et le bébé la regarde droit dans les yeux. Je m'essaie avec quelques questions, même si je me sens mal à l'aise d'interrompe sa conversation avec son bébé. Elle n'a aucune idée du moment du dernier boire, ni de la fréquence à laquelle elle allaite. Tout ce qu'elle sait, c'est qu'elle a beaucoup de lait et qu'il est satisfait. Quand je sors ma balance, elle n'en comprend pas l'utilité, mais accepte de le peser pour m'aider dans mon travail. Je trouve drôle ce revirement de rôles où les femmes servent les professionnelles et non le contraire. J'ai parfois vu des femmes répondre gentiment aux questions d'une infirmière comme si le formulaire était le but de la visite. Je suis trop curieuse pour sortir un formulaire. C'est spontanément que je m'informe sur les raisons qui l'ont motivée à venir ici et comment elle trouve la société québécoise. Sur ce sujet, elle a beaucoup à dire. Elle ne comprend pas comment les femmes font ici pour élever les enfants seules, sans famille élargie. Elle est étonnée de voir tant de jeunes enfants à la garderie et ces bébés qui ne dorment pas avec leur mère. Elle tente de comprendre pourquoi les femmes retournent si tôt travailler. Elle s'exprime ouvertement, sans jugement. Elle sent un décalage entre ce qu'elle a vécu et les réalités des femmes d'ici.

Il est vrai que notre culture est obsédée par le contrôle et les chiffres. Nos bébés sont mesurés, pesés et examinés régulièrement. C'est comme si nous cherchions à reprendre le contrôle sur la nature en les mesurant sous toutes les coutures. Les professionnels de la santé sont rassurés seulement une fois leurs décomptes terminés. La balance devient indispensable au cours des visites postnatales. On transmet le message aux parents qu'ils ne sont pas aptes à reconnaître l'état de leur enfant, parce que seule une machine peut confirmer le bien-être de l'enfant. Les bébés qui sortent des normales sont mis sous haute surveillance. Les selles, les urines et les boires sont notés et vérifiés. Le biberon, dans ce contexte, peut sembler salvateur. Les familles qui passent à travers ces épreuves sont courageuses. L'allaitement est perçu comme un dévouement et un acte de bravoure. Nous sommes félicitées d'allaiter comme on félicite les marathoniens. Je travaille quotidiennement à lutter contre ce mythe et à simplifier l'allaitement. C'est au travers des expériences de ces mères que j'ai su trouver les mots pour les aider.

Ces familles ont des parcours différents. Une chose les unit : c'est l'absence d'un réseau de soutien. Pour les cultures plus communautaires, où les nouveaux parents auraient été pris en charge, cette absence est encore plus criante. L'allaitement devient parfois le lien qui unit ces femmes avec leur tradition. Elles allaitent comme toutes les générations précédentes l'ont fait. Elles sont en continuité avec leur culture.

Bien qu'au Québec, les immigrantes allaitent presque deux fois plus longtemps que les mères non immigrantes[1], il reste qu'il faut continuer à les soutenir et à les encourager. Les organismes communautaires qui offrent des services de relevailles font un travail remarquable mais sont trop peu nombreux. Je suis persuadée que les femmes immigrantes ont contribué à rendre l'allaitement plus populaire au Québec et à en faire profiter plus de petits Québécois. Je peux en témoigner, puisque c'est un peu grâce à elles que j'ai compris le bonheur de donner le sein à mes bambins.

Bernadette et Océane

---

1. Étude longitudinale du développement des enfants du Québec (ELDEQ, 1998-2002).

Habiter l'allaitement

Geneviève Lamarche

La première fois que j'ai pris ma fille dans mes bras, c'était pour l'allaiter. L'accouchement a été long et difficile, et surtout ne s'est pas passé comme nous l'avions rêvé. Je n'ai pas eu de place en maison de naissance, pas réussi à me trouver une accompagnante parce que c'était le temps des Fêtes, je me sentais mal à l'aise d'aller dans un hôpital. Je voulais un accouchement le plus naturel possible, j'aurais aimé accoucher à la maison. Pas de chance. Pendant une séance de monitoring, les battements du cœur du bébé ont cessé. Nous ne saurons jamais si notre fille était en détresse ou si elle avait simplement bougé hors de la portée du moniteur, mais l'accouchement a été à partir de ce moment une longue suite d'interventions médicales toutes moins bienvenues les unes que les autres. Notre fille est née après 24 heures de travail et 2 heures de poussée, le 11 janvier au soir, avec l'aide de forceps et en état de choc. J'ai un vague souvenir de la voir passer, toute jaune de méconium, dans les bras d'une infirmière, et de crier à mon amoureux François de ne pas la lâcher d'une semelle, de lui parler, de la réconforter. Nous avons passé notre première nuit séparées, moi dans une chambre, étourdie par les médicaments, incapable de me déplacer à cause d'une déchirure du périnée au quatrième degré, et ma fille, à sucer ses poings dans une couveuse en néonatalogie.

Le lendemain de bonne heure, nous nous rendons à la pouponnière et je peux enfin toucher ma fille. Elle est minuscule, à peine 5 lb 3/4, longue et mince, et me regarde avec d'immenses yeux gris. Deux infirmières m'aident à la mettre au sein. J'ai peu de souvenirs, à dire vrai, de cette première et très courte tétée. Je me sens malhabile, courbaturée, coincée dans une chaise trop étroite, à la fois émue de rencontrer enfin mon bébé, émerveillée par sa beauté et son calme, et complètement ignorante de la marche à suivre. Elle me donne l'impression d'essayer de téter avec sérieux et application, comme une toute petite élève studieuse. J'apprends qu'on lui a donné un biberon d'eau sucrée pendant la nuit, mais ça ne semble pas diminuer son intérêt pour ma poitrine qui produit quelques petites gouttes de colostrum pour récompenser ses efforts.

Notre cohabitation commence quelques heures plus tard. C'est l'infirmière de jour qui nous est assignée qui m'aide à vraiment démarrer l'allaitement. Cette femme est une vraie perle, détendue, souriante, chaleureuse, à l'écoute, maternelle sans être infantilisante. Elle adore visiblement son travail. Sa présence auprès de notre nouvelle petite famille est précieuse et rassurante. Elle me montre plusieurs manières de tenir notre puce (qui se nomme désormais Raphaëlle) pendant le boire, comment l'aider à synchroniser ses mouvements de succion avant de la mettre au sein en introduisant mon doigt dans sa bouche, comment la tenir pour lui faire faire son rot. Elle me donne des trucs pour la réveiller lorsqu'elle paresse au sein, m'apprend à mettre un peu de colostrum sur mon mamelon pour prévenir les gerçures. Elle supervise le premier bain, donné par papa, les soins du cordon, les couches. Elle me laisse coucher ma puce à côté de moi dans mon grand lit, même si c'est contre le règlement et je fais des siestes le nez perdu dans l'odeur de ses cheveux, bercée par sa respiration tranquille. J'ai davantage confiance en moi et je prends ma fille avec plus d'aisance.

C'est un très gros choc pour moi de voir ma fille si maigre. Elle pèse 2655 grammes pour 51,5 cm, ce qui veut dire qu'elle n'a pratiquement pas de gras sur le corps. On voit le dessin de son menton, son cou, ses côtes. Elle n'a ni cuisses ni fesses dodues, pas un bourrelet. Elle a l'air d'une petite fée arrivée là par hasard, ou d'un ange très vieux et très sage, d'une créature d'une autre planète, mais pas vraiment d'un bébé. Parfois quand elle se réveille, j'ai l'impression qu'elle va se mettre à parler dans une langue ancienne. Nous n'aurons jamais l'explication de son petit poids – je ne fume pas, je mange bien, je suis en forme et j'ai fait attention à nous pendant les neuf mois qu'a duré la grossesse, qui contrairement à l'accouchement s'est déroulée sans heurt. Mystère. Toutefois, hormones aidant, je suis dévastée de n'avoir pas pu nourrir convenablement Raphaëlle pendant qu'elle était dans mon ventre. Je pleure à l'idée de n'avoir pas été à la hauteur, d'avoir failli à ma tâche, à l'idée qu'elle ait souffert alors que je la portais et la croyais à l'abri. Je m'inquiète, je trouve qu'elle boit peu, pas assez longtemps. Elle fait une jaunisse qui la rend somnolente et j'ai peur qu'elle perde trop de poids. J'ai ma montée de lait et mes seins deviennent tellement durs que ma fille a du mal à prendre le mamelon dans sa bouche. On lui donne un peu de lait au gobelet ; une infirmière nous fait utiliser un petit réservoir de formule pour nourrisson duquel pend un tube, qui permet de lui donner un supplément en cours de tétée, sans grand résultat.

Avec le recul, je vois à quel point nous étions tous les trois vulnérables et à quel point il aurait été facile que l'allaitement soit compromis. Heureusement, nous nous étions préparés, nous étions très motivés à allaiter notre puce et nous sommes tombés sur des infirmières patientes. Je dis « nous » parce que l'allaitement, dans notre cas, c'est une affaire de couple. François a assisté au cours prénatal sur l'allaitement au CLSC, il a lu une bonne partie du guide *Le petit Nourri-Source* que je me suis procuré pendant ma grossesse et il est aussi convaincu que moi que le lait maternel est la meilleure chose pour notre bébé. C'est son soutien inconditionnel qui rend encore à ce jour la relation d'allaitement possible, et je ne pense pas qu'il se soit jamais senti exclu. Dès le départ, l'allaitement était un projet familial et, sans cette coalition, nous aurions probablement abandonné, même si je peux maintenant voir que tout s'est vraiment très bien déroulé dès le début, malgré les doutes.

Au milieu de toute cette agitation, Raphaëlle reste sereine. Elle est d'un calme à toute épreuve, et deux jours après sa naissance le pédiatre de garde l'examine, la déclare en pleine forme malgré sa jaunisse et nous donne notre congé en nous demandant de venir à la pouponnière deux jours plus tard pour une pesée. Nous arrivons à la maison, heureux mais désorientés : nous avions déjà commencé à prendre nos habitudes à l'hôpital ! Inquiétés par la maigreur de notre bébé et par sa jaunisse qui la fait beaucoup dormir, nous décidons de l'allaiter aux deux heures, pour éviter qu'elle ne soit hospitalisée. Nous passons deux jours (et deux nuits) fébriles, sans beaucoup de sommeil. Nous mettons Raphaëlle en couche pour la nourrir et François lui chatouille les pieds, les mains, ou la caresse avec une débarbouillette humide pour la stimuler. Malgré tous nos efforts, elle passe peu de temps au sein.

De retour à l'hôpital, nous nous rendons à la pouponnière. Bonnes nouvelles et très grosse surprise : non seulement la jaunisse est presque passée, mais notre puce a plus que repris son poids de naissance. Gentille, l'infirmière qui nous accueille nous dessine un petit graphique de la prise de poids de Raphaëlle : on voit la perte normale d'après la naissance, une petite pente descendante, puis le tracé s'élance vers le haut en pente raide. Les infirmières nous observent pendant un boire, concluent que la raison pour laquelle notre fille passe si peu de temps au sein est qu'elle boit comme une championne et nous renvoient nous reposer l'esprit tranquille. Ouf !

Alors commence mon histoire d'amour fou avec Raphaëlle, et l'histoire d'amour fou de Raphaëlle avec l'allaitement. Elle tète et grossit, presque à vue d'œil. En quelques semaines, elle passe de petit chicot tout le temps transi, que nous devions réchauffer à la chaleur de notre corps sous des piles de couvertures, à un beau bébé dodu et éveillé. Je suis fière de la nourrir, fière de la voir s'épanouir et s'arrondir grâce à mon lait. Ma grosse peine et ma peur de l'avoir affamée se passent à mesure que nous prenons de l'expérience et qu'elle s'épanouit. Nous vivons l'apprentissage de l'allaitement comme un travail d'équipe, un apprivoisement mutuel. Ma fille cherche le contact, la chaleur, les caresses, je cherche une porte d'entrée dans la maternité, comment exprimer l'amour sauvage que je porte à mon enfant. À un mois Raphaëlle pèse 9 lb 3/4. Elle commence à nous faire de magnifiques sourires, adore être portée et a pour passe-temps... la « tétouille ». Elle sait téter très efficacement pour se nourrir, mais préfère étirer le plaisir, dormir au sein, prendre son temps. Elle peut y passer des heures.

Désemparée tout d'abord par ces tétées « épicuriennes », j'essaie de lui offrir une suce... qu'elle crache immédiatement, l'air insulté, avec un haut-le-cœur. Bon. J'écoute mon cœur de maman, un peu aussi ma paresse, et je décide de ne pas me battre. On m'a dit d'allaiter à la demande, je prends la consigne au pied de la lettre et je me rends disponible. J'épouse le rythme de mon bébé, je me mets à l'écoute, de plus en plus, de ses demandes et nous plongeons toutes les deux dans l'allaitement comme dans un bon bain chaud. Les mois qui suivront seront les plus doux, les plus harmonieux de ma vie avec ma fille. Je les passe sur mon divan, à regarder la télé d'un œil. Je me loue des films d'ados, films d'amour, séries d'humour, rien de trop dramatique, rien de violent, je ne veux que du rose. Je mets le volume très bas et les sous-titres. Je lis un peu, j'apprends à tricoter à l'aide d'un livre de bibliothèque. Je fais des siestes, enroulée autour du corps chaud de ma cochonnette. Nous faisons des promenades, je la porte sur mon ventre à l'aide d'une écharpe. Je la baigne dans le grand bain, avec moi. Elle en profite souvent pour prendre un goûter. Nous sommes un peu comme de nouveaux amoureux, tout absorbées l'une par l'autre. Je m'émerveille des regards profonds, intenses et curieux que ma fille me réserve. Raphaëlle veut être près de ses parents de jour comme de nuit, elle ne dort bien que près de nous (de préférence sur nous...), alors nous commençons le co-dodo et nous partageons des nuits tranquilles bien au chaud en famille. J'apprécie de ne presque plus avoir besoin de me lever la nuit, de n'avoir qu'un mouvement à faire pour la mettre au sein et de pouvoir superviser ses périodes d'éveil nocturnes d'un œil à peine ouvert.

Allaiter me donne faim. Je mange, je dévore, j'ai un appétit insatiable, qui me réveille la nuit ! Même enceinte, je n'ai rien connu de pareil. Moi qui n'ai jamais été une grosse mangeuse, je découvre des plaisirs nouveaux à la table. Tout goûte meilleur tellement j'ai faim. Je ne perds pas vite mon poids, je garde mes rondeurs, moi qui étais très mince, un peu garçonne, avant ma grossesse. Mes seins sont généreux, de chair et de lait, et je me sens femme pour la première fois vraiment. Nourrir mon enfant me fait respecter et habiter un peu plus mon corps. J'allaite avec facilité, pas de gerçures, pas d'infections, pas de douleurs. Je suis bien dans l'allaitement, c'est pour moi naturel, rassurant, source de fierté et d'un certain sentiment de puissance. Je me sens en continuité avec la race humaine, tout à fait contente d'être un mammifère qui allaite son petit. Sans y avoir vraiment réfléchi et sans l'avoir planifié, je m'abandonne aux joies du maternage. Je repousse le moment de donner des biberons, même de mon lait. Je préfère organiser mes sorties en fonction de ma fille ou, mieux, l'amener partout avec moi.

L'allaitement devient notre passeport pour l'aventure. Je ne me gêne pas pour sortir, me promener, organiser des sorties. Nous partons en vacances, allons en visite. Je suis heureuse d'en avoir profité pour faire découvrir le monde à ma puce alors qu'elle était si facile à déplacer, bien en sécurité dans son écharpe. Je suis certaine que nos excursions ont contribué à faire d'elle la fillette sociable, enjouée, curieuse, confiante, qu'elle est aujourd'hui. Durant la première année de la vie de ma fille, j'ai allaité à toutes sortes d'endroits, dans toutes sortes de positions et de circonstances. Je lui ai donné le sein au resto, dans le parc, en marchant, en avion, à la plage, dans des salles d'essayage de magasins, assise par terre dans une librairie (en désespoir de cause…), en cuisinant, dans une église pendant un service funéraire, au cinéma, pendant une réception de mariage, pendant un embouteillage monstre alors qu'elle était attachée dans son siège d'auto, assise dehors sur une butte – pendant une excursion de trekking – à quelques centaines de mètres de la faille de San Andreas (très beau paysage), en dormant, en parlant au téléphone, chez des amis, dans des réunions de famille, au club d'escalade, dans des cours de yoga… L'allaitement, c'est notre coquille d'escargot, notre maison sur le dos.

Vers quatre mois, Raphaëlle devient plus active. On voit que le monde l'interpelle, la fascine. Elle commence à diminuer ses tétouilles, à passer moins de temps au sein. D'un autre côté, nous voyons que quelque chose ne va pas. Après bien des hésitations et plusieurs semaines de mauvaise humeur et de sommeil agité de sa part, nous nous décidons à lui servir ses premières céréales : riz et lait maternel. Elle dévore avec enthousiasme et fait un gros dodo de six heures ! À partir de ce moment, la fréquence et la longueur des tétées diminuent très lentement, presque imperceptiblement. L'idée de laisser ma fille se sevrer à son rythme me plaît, et malgré la pression grandissante de mon entourage pour que je cesse d'allaiter, je laisse aller les choses. À un an, elle marche, dit quelques mots, et ne prend le sein qu'une ou deux fois par jour. Je suis un peu triste de sentir que ma puce est sur le point de cesser de téter, mais je suis également très fière de ma grande fille sans peur et sans reproche, qui mord à belles dents dans la vie. Nous faisons plein de nouvelles activités et j'apprécie le quotidien avec un enfant plus grand. Je profite du fait de retrouver l'usage un peu plus exclusif de mon corps, de la possibilité de prendre un petit verre à l'occasion et des nuits sans interruptions. J'ai l'impression parfois que ma fille n'a presque plus besoin de moi, elle est si autonome et décidée.

C'est à ce moment que je retombe enceinte. C'est une grossesse souhaitée mais pas vraiment planifiée. Elle durera huit semaines, pendant lesquelles je serai malade presque sans arrêt. Ma belle-mère vient m'aider à m'occuper de ma fille, je suis trop épuisée pour faire quoi que ce soit. Raphaëlle réagit en faisant une régression radicale. Elle demande le sein six à huit fois par jour, et tète souvent plus d'une heure. Elle recommence à faire des siestes au sein et à la suite d'un petit rhume, réclame des boires de nuit. Elle boit tellement de lait que ses selles reprennent la couleur et la consistance des selles de nouveau-né. C'est le retour des cacas jaunes ! Et moi, je suis de retour sur le divan.

Je ne sais vraiment pas comment gérer la situation. Autant j'ai apprécié l'intimité des premiers mois avec ma fille, autant je me réjouissais de passer à l'étape suivante et je perçois ce retour en arrière comme un gros problème. Je me rends compte que je tombe maintenant dans la catégorie des mères qui allaitent « à long terme », et que les informations et le soutien sont plus difficiles à trouver. Des gens qui encourageaient mon désir d'allaiter au début ne comprennent pas mon hésitation à sevrer ma fille. Mes proches s'inquiètent de ma santé. Je suis épuisée et j'en ai assez, mais j'ai toujours eu confiance en la capacité de ma fille à demander ce dont elle a besoin et je me sens incapable de lui refuser un réconfort qui semble pour l'instant essentiel à son équilibre.

Je contacte une monitrice de la Ligue La Leche. Elle est sympathique et me rassure beaucoup sur la normalité de ma situation. Elle m'invite surtout à faire un choix qui respecte les besoins de toute la famille, les miens y compris, me donne des trucs pour espacer ou écourter les tétées. Je lis *Mothering Your Nursing Toddler*, de Norma Jane Bumgarner, qui me réconcilie beaucoup avec l'idée d'un allaitement à long terme. J'apprécie être bien informée, ça me fait du bien de savoir que je ne suis pas toute seule. Peu à peu, je ne perçois plus la situation comme une catastrophe que je subis, mais plutôt comme une phase transitoire, pendant laquelle ma fille exprime un grand besoin de me sentir disponible. Son papa et moi lui disons des mots de réconfort et d'amour en extra. Nous veillons à respecter ses horaires, à nous réserver des moments avec elle pour faire des activités agréables et à être très présents. Nous en parlons beaucoup en couple et, après mûre réflexion, je choisis de nouveau l'allaitement, sans compromis.

Cet épisode me pousse à regarder profondément en moi-même et à me questionner sur ce que c'est pour moi être une maman et sur comment moi j'ai été maternée. Ni ma mère ni moi n'avons été allaitées et j'ai l'impression de rompre avec une longue tradition de biberons. C'est plus ardu que je ne l'aurais cru, de donner ce que je n'ai pas reçu, même si je suis certaine que c'est le meilleur pour notre famille. Je trouve en moi un petit bébé jaloux qui a lui aussi besoin d'interminables caresses, de réconfort et de compassion. J'apprends petit à petit à en prendre soin, avec l'aide et l'amour de mes proches, et allaiter devient pour moi une façon de réparer une sorte de blessure. Je ne pense vraiment pas faire ce travail sur moi-même aux dépens des intérêts de ma fille. Nous profitons toutes les deux de ma meilleure compréhension de la dimension émotive de notre relation d'allaitement, et l'amour coule plus librement, plus sereinement, entre nous.

Raphaëlle a 14 mois. Elle diminue très progressivement le nombre de tétées. Notre relation est parfois orageuse, parfois pleine de complicité et de fantaisie, mais je reste toujours la base, le port, la station de ravitaillement de ma petite exploratrice. Je vis pleinement les joies d'allaiter une « grande ». J'ai eu la larme à l'œil le jour où elle a pointé mon sein et a déclaré « tôtô » (tétée). Elle exprime de plus en plus son appréciation pour l'allaitement. Elle fait parfois une pause pendant la tétée, pour faire un beau « mmmmmh » gourmand, ou donne deux petites tapes affectueuses sur mon sein avant de me faire un bisou. L'allaitement est un moment de calme nécessaire dans ses journées bien remplies, une occasion pour moi de me reposer, de la câliner, un moyen de consoler les gros chagrins et de soigner les bobos. Après une séparation, la tétée est notre moyen favori de nous retrouver. Elle redevient mon petit bébé pour un moment, et fait prendre une pause à la grande fille intrépide et décidée.

Je me sens maintenant armée pour faire face aux commentaires de plus en plus nombreux au sujet de notre allaitement à long terme. Je suis surprise de la réaction des autres mères, surtout. Je me fais souvent dire, sur un ton mi-figue, mi-raisin, un « T'es bonne, d'allaiter encore ! », qui sous-entend que même si c'est une excellente chose pour la santé de ma fille, je risque d'y laisser ma santé mentale. Je réponds souvent que j'allaite par paresse, ce qui est une part de la vérité. Ce qui revient le plus régulièrement au cours de discussions sur le sujet, c'est que beaucoup de mères ont sevré leur enfant parce qu'elles n'étaient pas capables d'envisager que leur petit vienne soulever leur chandail pour se servir. Je suis certaine que ce n'est qu'une part de la réalité complexe qui pousse les mères à décider de sevrer, mais la fréquence de ce commentaire m'a vraiment étonnée. Je ne tolérerais pas moi-même que ma fille me déshabille en public pour avoir son lait, et elle a appris à demander. Elle pointe le sein, me dit « tétée », et s'il y a des gens, elle leur envoie la main pour leur dire au revoir. Il est clair que nous allaitons « à deux », que c'est une activité privilégiée que nous partageons, qui nécessite ma participation volontaire, et pas de la restauration rapide.

L'allaitement est au cœur de notre relation, une expression physique de notre lien. C'est comme ça que je choisis d'être maman, avec tout mon corps en plus de mon cœur. J'aime m'investir ainsi auprès de ma fille, lui offrir cette disponibilité, cette petite maison confortable à emporter partout avec nous, tant qu'elle en a besoin, tant qu'elle en aura envie. L'allaitement m'a permis d'exprimer mon affection dans toute sa dimension physique, m'a ouvert les portes de l'introspection, m'a permis de m'affirmer dans mon rôle de mère et surtout de découvrir ma propre manière de materner, celle qui me convient, qui résonne juste, qui me fait me sentir en harmonie avec moi-même, ma famille, mon enfant. J'espère retomber enceinte bientôt – qui sait ? nous essaierons peut-être l'allaitement en tandem !

Grandir et faire grandir

Valérie Michaud

Cher Ambroise, mon petit loup,

Tu as maintenant presque trois mois. Trois mois, donc, que nous partageons ces moments intimes de l'allaitement. Il y a quelques semaines seulement, je n'aurais pu parler de cette expérience avec sérénité,mais je peux maintenant témoigner de l'immense fierté d'avoir persisté.

Sans détailler les multiples difficultés rencontrées (mentionnons au passage qu'après un accouchement naturel en maison de naissance mes deux premiers mois d'allaitement furent marqués par les onguents, les antibiotiques, les seringues et le dispositif d'aide à l'allaitement, la Dompéridone[MD] et bien d'autres aides pas toujours naturelles...), disons que notre rencontre au sein a été initialement plutôt pénible et qu'elle aurait pris fin après un mois sans l'aide professionnelle des conseillères en allaitement de la clinique Herzl. Du fond du cœur, je remercie ces anges et souhaite leur multiplication et leur reconnaissance au sein du réseau de la santé. Je remercie aussi ton papa, mon amour, de nous avoir accompagnés et de m'avoir soutenue pendant plusieurs semaines larmoyantes qui n'eurent rien d'un congé. Jamais je n'aurais pensé que le verbe allaiter pouvait si bien se conjuguer au «nous», en couple et à quatre mains. Merci Jérôme. Et je te remercie toi, Ambroise. Dans les moments les plus difficiles, j'ai réalisé que tu étais arrivé dans ma vie pour m'apprendre bien des choses et que l'apprentissage commençait dès les premières tétées.

Merci de m'avoir inspiré la persévérance et insufflé la confiance. Au-delà de ta vulnérabilité et de ta dépendance de nouveau-né, j'ai senti que tu te battais déjà pour que l'on poursuive l'allaitement. Plus qu'un besoin de réconfort, ton acharnement à demeurer au sein malgré la diminution de ma lactation m'est apparu comme un signe que je devais moi aussi fournir les efforts nécessaires pour réussir à t'allaiter et à continuer de profiter de ce rapprochement privilégié. L'idée d'avoir à faire le deuil de l'allaitement s'est dès lors révélée plus ardue. C'est ainsi qu'à nouveau, comme au moment de l'accouchement, c'est dans l'ouverture que j'ai décidé d'accepter l'intense douleur. Les plaies aujourd'hui refermées et cicatrisées me rappelleront longtemps les larmes versées et les efforts déployés, mais surtout l'expérience de dépassement et la fierté d'avoir vaincu la tentation du biberon et des foutues préparations tout en déconstruisant certains mythes persistants sur l'allaitement[1].

Merci aussi de m'avoir appris la patience et d'avoir permis à ma vie de se dérouler à un rythme sur lequel j'ai si peu d'emprise : à ton rythme. En congé tous les deux, on se paie le grand luxe de faire fi de la planification, des horaires stricts et trop chargés, des routines, de la ponctualité obligée ! En effet, on dit qu'enfants et personnes âgées ont ce don de ralentir la cadence des « adultocentristes » qui les entourent pour les calmer, et c'est tant mieux. Dans ce monde obsédé par le rendement et la productivité, tes boires interminables, irréguliers – et avouons-le, pas toujours efficaces ! –, loin de m'exaspérer, m'offrent de précieux moments pour respirer profondément, pour réfléchir ainsi que pour relativiser l'importance des tâches à effectuer et des rendez-vous à ne pas manquer. Quand je reconnais tes pleurs de soif et de faim, c'est avec toi que j'ai rendez-vous. Alors tombent les agendas serrés et s'arrête le temps autour de nous.

Dans les difficultés et dans ces moments magiques de rapprochement avec toi, j'ai beaucoup appris et je t'en remercie. L'allaitement nous fait grandir tous les deux, chacun à notre façon. Loin de moi l'idée que les difficultés d'allaitement constituent un prérequis pour être une bonne mère ! Je pense toutefois que ces deux premiers mois d'épreuves m'ont fait évoluer sur le plan humain et m'ont préparée à poursuivre avec fierté et confiance l'aventure de la maternité.

Je t'aime tant,

Valérie

---

1. Pour voir déboulonnées ces fausses vérités maintes fois véhiculées, voir les articles du Dr Jack Newman sur le site www.mamancherie.com.

Dans la tempête, mais pas seule

Anne-Marie Deblois

Théodore, mon petit coco, mon premier bébé. Bien des questionnements et des craintes ont tourné dans ma tête avant son arrivée. Je me suis préparée, j'ai réfléchi et lu sur beaucoup de sujets : la grossesse, l'accouchement, la douleur, l'éducation, les changements dans le couple, les changements professionnels, la vie de famille… J'ai fait le point sur bien des choses, mais à ce moment-là de mon expérience de future mère, l'allaitement ne représentait pas un sujet si important que ça. Je dois dire que mon unique modèle en matière d'allaitement était une de mes amies proches, Geneviève, qui a eu une expérience d'allaitement… hum, paradisiaque ! Bon, le mot est un peu fort, mais disons qu'elle a allaité sa fille sans aucun problème, en tout lieu, sans douleur, en dormant, en cuisinant, en marchant, en chantant… Bref, il ne me venait pas à l'esprit que l'allaitement pouvait représenter autre chose qu'un moment agréable et facile. J'avais une vision idéalisée, incomplète et vaguement simpliste de l'allaitement, mais j'étais tout de même curieuse (et un brin anxieuse) de voir « si ça allait marcher »… Et surtout, je souhaitais allaiter, car cela me semblait être la suite logique de la grossesse, je voulais continuer de nourrir mon enfant.

Tout d'abord, un petit mot sur l'accouchement. Durant ma grossesse, j'appréhendais l'accouchement, comme tant de femmes. J'ai accouché avec l'aide de sages-femmes, à la maison de naissance de Pointe-Claire. L'ambiance était douce et calme, j'étais entourée de Christian, mon amoureux, et de trois amies. Je m'étais préparée à vivre ce moment-là dans l'instant présent, à accepter la douleur, à laisser la place au corps et à l'instinct, à mettre mes réflexions et mes peurs de l'inconnu de côté. Je voulais essayer de donner naissance dans l'eau, sans toutefois me dire qu'il le fallait absolument. Je souhaitais un accouchement naturel, sans refuser l'idée qu'un transfert vers l'hôpital serait peut-être nécessaire. À ma grande surprise, la nature a fait en sorte que tout s'est déroulé à merveille : Théodore est venu au monde dans l'eau en moins de 9 heures (8 heures 54 minutes et 52 secondes). Ma sage-femme m'a examinée peut-être trois ou quatre fois durant tout le travail. J'étais dans ma bulle, en communion avec mon corps et avec mon enfant qui faisait son chemin vers le monde. Il est arrivé sans embûches, si naturellement… Après cela, je me disais que tout irait bien. L'allaitement, ça va de soi... Non ? Eh bien, non. Dans mon cas, ça n'a pas été sans difficultés.

Premièrement, nous avions espéré, Christian et moi, que notre petit ferait son chemin de lui-même pour aller téter, qu'il ramperait de mon ventre vers le sein, et qu'il accomplirait ainsi son premier geste de survie. Nous avions vu une très belle vidéo sur le sujet qui expliquait que les bébés ont cet instinct magnifique et que ce geste de reconnaissance du corps de la mère par l'enfant favorise grandement l'installation de l'allaitement. Mais la réalité a été différente : tout d'abord, lorsque mon fils a été déposé sur mon ventre pour la première fois, quelques minutes après l'accouchement, il en avait long à raconter. Il a pleuré et s'est collé contre moi durant 20 minutes... mais il n'était pas question de boire ! Il levait vers moi son petit visage, ses beaux yeux en amande mi-ouverts, tout en pleurant sans relâche. Impatiente de le rassurer de plus près après ces 20 longues minutes, je l'ai pris dans mes bras tout délicatement, fébrile et anxieuse « de faire ça comme il faut », pour la première fois de ma vie de mère. J'ai fait une tentative bien maladroite pour l'inciter à boire. Je lui tenais la tête d'une main, le corps de mon autre bras, j'essayais de me rappeler le cours sur l'allaitement, les positions possibles pour ce geste que je souhaitais faire avec tout le naturel que j'avais expérimenté durant l'accouchement. Tant bien que mal, avec l'aide de mon amoureux, j'ai pris une position (la madone inversée) et lui ai effleuré les lèvres avec le bout de mon mamelon... il a à peine tétouillé... rien à faire, il ne faisait que pleurer, m'exprimer toutes les émotions ou sensations qu'il avait vécues durant ces dernières heures ! Je l'ai donc accueilli, écouté, lui ai dit des mots d'amour... je l'ai consolé pour la première fois. La première tétée allait attendre. Je n'étais pas déçue, mais j'avais hâte de l'allaiter et, en même temps, je savourais l'instant. C'était beau et étrange de rencontrer enfin ce petit humain, si complet, unique, séparé de moi, et qui allait faire partie de ma vie pour toujours. Il s'est endormi pour une sieste. Je me rappelle avoir eu du mal à m'endormir, tant je ne pouvais détacher mes yeux de son petit visage, tout émue de faire sa connaissance.

Deux heures vingt minutes après l'accouchement, Théo s'éveille de sa sieste. Je refais doucement une tentative d'allaitement, qui réussit cette fois, à mon grand soulagement. Ouf ! Ce succès n'est pas sans douleurs par contre. J'ai demandé à deux reprises : « Est-ce que c'est normal que ça fasse mal ? L'étudiante sage-femme me rassure, elle observe la prise (la façon dont la bouche du bébé est installée sur le sein) et me dit que tout est OK ; la bouche couvre une grande partie de l'aréole, la lèvre est ourlée, le nez est dégagé et le menton collé au sein, la mâchoire bouge bien. Elle me donne quelques conseils, m'indique comment stimuler la tétée lorsque bébé s'endort au sein en caressant la joue, tout près de l'oreille, en lui chatouillant les pieds... Elle mentionne aussi que je dois entendre le bébé avaler à intervalles réguliers. Bon. Je suis un peu perdue dans tous ces conseils et je me sens toujours aussi maladroite lorsque je tiens Théo dans mes bras, mais je me dis que l'assurance viendra avec la pratique. Je suis demeurée une journée et demie à la maison de naissance et, durant ce séjour, j'ai vérifié à trois reprises avec différentes aides natales si tout leur semblait « correct » au niveau de l'allaitement... Cela montre bien à quel point je manquais de confiance. Avec le recul, je crois que mon instinct me murmurait à l'oreille que quelque chose n'allait pas !

Durant les trois premiers jours, Théodore boit sans relâche, parfois deux ou trois heures de suite. Et lorsque je l'allaite couchée (position qui est de loin ma préférée puisqu'elle me permet de me reposer un peu), cela dure parfois jusqu'à quatre heures ! Je m'endors parfois pendant les longues tétées des premiers jours. Et pourtant, il semble rarement être rassasié. De tout côté, on me dit que ce n'est pas normal, qu'une tétée ne doit pas être si longue, que je dois interrompre ces longues tétées, que mon bébé tète probablement pour avoir du réconfort... Heureusement, ma sage-femme demeure très calme et positive, tout comme mes amis proches qui me donnent un coup de main pour les relevailles. À l'occasion d'une visite, ma sage-femme me dit très candidement « il doit être en train de caller le lunch, t'en fais pas ! », en faisant allusion à la montée laiteuse. Malgré tout, Christian et moi commençons à nous inquiéter un peu : et si je ne produisais pas assez de lait ? Et si quelque chose ne tournait pas rond ? Et s'il ne buvait pas assez ? En plus de l'inquiétude, au bout de ces quelques jours, mes mamelons sont devenus gercés à force de donner la tétée durant de si longues heures. La mise au sein est de plus en plus douloureuse et je suis fatiguée.

À la cinquième journée, ma sage-femme passe de nouveau à la maison et me donne quelques conseils. J'abandonne la position d'allaitement couchée afin d'éviter les tétées trop longues et j'essaie d'appliquer un onguent pour aider les blessures à guérir. Théodore a alors perdu presque 10 % de son poids de naissance et la petite inquiétude dans mon cœur persiste. Christian m'aide tant qu'il peut : il se lève la nuit, il est présent à chaque tétée, m'aide à lire la documentation sur l'allaitement, il me fait des petits lunchs et m'apporte un grand verre d'eau à chaque tétée ! Si j'ai réussi à passer à travers ces journées et ces nuits, tant physiquement que moralement, c'est grâce à lui. Je garderai toujours dans mon coeur le souvenir de l'instant suivant : il est 3 h du matin, Théodore tète depuis 1 heure 45 minutes, je suis fatiguée et découragée. Christian, solidaire, est à côté de moi et fouille dans un livre sur l'allaitement. Il essaie de trouver pourquoi Théo boit si longtemps et me fait la lecture des passages pouvant nous concerner. C'est un moment tout simple, plein d'amour, de courage et d'implication de la part de mon amoureux.

La montée de lait arrive enfin au septième jour. J'ai la fièvre, je suis un peu faible… et surtout les tétées demeurent longues malgré le lait qui semble maintenant être abondant. Les gerçures sont devenues crevasses et je pleure de douleur en grimaçant chaque fois que mon petit prend le sein. Je me sens désarçonnée par tous les détails et questionnements que le fait d'allaiter apporte dans ma vie. Plutôt que d'être un moment de pure joie tel que je le croyais, l'allaitement me met en contact avec la douleur et l'inquiétude d'être mère. Je sens toute la responsabilité qui est maintenant mienne et… je pleure. J'ai la tête un peu embrouillée par la fatigue et les heures d'allaitement. Les hormones aidant, j'ai le vague à l'âme et je pleure durant de longues minutes tout au long de mes journées. À un moment, je lis un passage sur l'allaitement dans le livre *Une naissance heureuse* d'Isabelle Brabant, qui me donne le coup de pouce nécessaire pour commencer à accepter que ce premier contact avec mon bébé est laborieux et songer à ma propre naissance. J'ai été un bébé prématuré et j'ai été mise en incubateur durant deux mois ; j'ai pour ma part été privée du contact rassurant et intime qu'est l'allaitement. À 30 ans, en pleine adaptation à mon nouveau rôle de mère, je fais le deuil de l'allaitement que je n'ai pas connu. Heureusement, j'ai eu de l'aide et de la compréhension de la part de mon entourage, et la déprime ne dure que quelques jours. Ma sage-femme me recommande la position « football » pour modifier la prise ainsi qu'une huile homéopathique qui fait réellement un miracle pour les crevasses.

L'allaitement continue dans un certain équilibre. La douleur s'estompe graduellement et les tétées ne dépassent jamais 1 heure 45 ; j'éprouve enfin du plaisir à prendre mon Théodore dans mes bras pour nos séances d'allaitement. Peu à peu, je profite de ces moments privilégiés pour l'observer, lui caresser la joue, les pieds, prendre sa main… J'ai le sentiment de le connaître un peu plus chaque fois que je lui donne le sein. Je me sens encore un peu nerveuse, malhabile et empêtrée dans le coussin d'allaitement (où est donc passé ce troisième bras dont j'aurais tant besoin ?) mais tout va bien, tout va mieux. Je me risque même à faire une petite sortie pour acheter des hauts d'allaitement… Je n'avais pas prévu m'en procurer et maintenant, dans le feu de l'action, cela me semble indispensable ! J'assiste également à une rencontre d'un groupe de jeunes mères qui allaitent. Cette expérience a pour effet de me rassurer grandement. Je réalise que beaucoup de mères vivent de petits ajustements, des questionnements, des problèmes.

Cette période de calme est malheureusement de courte durée et, vers trois semaines, je remarque que Théodore pleure à la fin des tétées, qu'il se cambre et se retire du sein en se tortillant. Pour la deuxième fois, nous sommes un peu confus devant ce problème. Croyant qu'il s'agit de coliques, nous essayons l'homéopathie durant près d'une semaine. Sans succès. Le comportement persiste et s'amplifie. Mon Théo boit moins et se retire fréquemment au cours d'une tétée. J'ai l'impression que mon lait lui fait mal lorsqu'il boit. Cette situation me fait ressentir de la peine, de la culpabilité et beaucoup d'impuissance... J'aurais aimé que tout se déroule bien, mais je me dis qu'on ne choisit pas les petits pépins que l'on rencontre et que nous sommes bien chanceux d'avoir un petit ange tel que lui dans notre vie.

Nous essayons parfois de le nourrir avec un compte-gouttes, avec une seringue, mais il pleure tout autant. J'ai les seins engorgés et je n'arrive pas à exprimer suffisamment de lait pour me soulager. Un soir, je me sens particulièrement fatiguée et tremblante. Je fais de la fièvre. Christian, toujours le nez dans les bouquins pour trouver ce qui ne va pas, réalise que je fais une mastite. C'est la cerise sur le sundae ! L'engorgement a causé une infection. Je demande donc encore une fois conseil à ma sage-femme, pour moi et pour Théodore : de mon côté, je dois drainer mon sein, rester au lit et me reposer, veiller à ce que la fièvre tombe... Pendant ce temps, nous essayons de voir si du muguet (un petit champignon dans la bouche) ne pourrait pas être la cause des pleurs de Théo. Nous essayons un traitement au violet gentiane et bio-k. Après quatre jours de ce traitement, rien ne s'est amélioré, au contraire. Mon petit pleure quand il boit, il semble souffrir dès que sa bouche se referme sur le sein et refuse carrément de boire une fois sur deux ! Nous arrêtons le traitement de violet gentiane et essayons pour deux jours des traitements antifongiques, dans l'espoir de traiter le muguet. C'est un échec sur toute la ligne. Théo se cambre au moment des tétées, jette la tête en arrière et pleure avec colère. Il y a définitivement un problème qui nous échappe. Notre sage-femme nous recommande alors de faire appel à une consultante en lactation. Je commence à être vraiment découragée, à me dire que je n'y arriverai pas, que les problèmes se succéderont ainsi sans cesse. Je sens que je vais basculer sous peu et, dans un dernier effort pour trouver la solution, encore une fois soutenue et encouragée par Christian, nous dénichons une consultante en lactation. Cette décision est salutaire pour l'allaitement. Notre consultante, Chantal Lavigne, a passé deux heures chez nous, elle a observé une tétée et a ausculté sommairement Théodore. Elle nous informe que le palais de Théodore est légèrement creux et présente une petite bosse. Son frein de langue et son frein de lèvre sont aussi un peu courts. Ces caractéristiques, si minimes soient-elles, ont fait en sorte que notre Théo a eu du mal a prendre le sein correctement et à apprendre à téter suffisamment de lait. Cela explique les interminables tétées du début. Elle nous dit aussi que Théodore semble faire du reflux, ce qui veut dire que le contenu acide de l'estomac remonte fréquemment dans le tube digestif et irrite ce dernier. Quel soulagement, enfin, je comprends pourquoi mon coco refuse de boire. Voilà ! Tous les mystérieux problèmes sont expliqués... les longues tétées, les crevasses, la douleur, les pleurs dus à l'acidité, le refus de boire, le lait qui fait mal... Elle nous indique comment remédier à la situation en manipulant Théo plus délicatement au moment de l'allaitement, du rot et du changement de couche. En moins d'une semaine, tout rentre dans l'ordre... et pour de bon cette fois !

L'amour et la compréhension de mon entourage, la disponibilité et le soutien de ma sage-femme et l'aide précieuse de ma consultante ont été nécessaires pour que l'allaitement devienne une belle aventure pour moi. Le premier mois et demi a été difficile, mais le souvenir global que j'ai de cette période est maintenant adouci par le temps et la fierté d'être passée au travers. J'ai l'impression que les difficultés successives vécues à travers l'allaitement ont déposé en moi, une couche à la fois, les fondations de mon rôle de maman. J'ai vécu bien des inquiétudes, mais aussi l'engagement, le don de soi et le dévouement. J'ai appris qu'il est très difficile de se sentir impuissant à soulager son enfant... Ça m'a transformée et ça a approfondi bien des choses : je suis plus persévérante, plus à l'écoute, plus généreuse, plus aimante... Je me savais capable de beaucoup d'amour et de renoncements, mais l'amour de son enfant, c'est quelque chose d'unique et de très grand. L'allaitement de Théodore nous a permis de vivre tout ça intensément. Et jamais au cours des difficultés je n'ai remis l'allaitement en cause. Pourquoi ? Je ne le sais pas exactement. Je trouvais cela difficile, mais au fond de moi, je savais que le problème n'était pas dans le lait que je donnais. Stopper l'allaitement n'aurait fait que déplacer le problème vers le biberon, un peu plus loin de mon cœur.

Depuis ce temps, l'allaitement se déroule de façon merveilleuse. J'allaite avec assurance et facilité, sans aucun problème, en tout lieu, sans douleur, en dormant, en cuisinant, en marchant, en chantant... En plus d'être le moyen le plus pratique de transporter le lunch, les tétées sont maintenant des moments de bonheur, de complicité et d'intimité entre Théodore et moi. Ça me permet de jouer doucement avec sa main, de flatter son cou, de regarder dans ses oreilles, de masser ses pieds. Et quand il ouvre tout grand la bouche avant même que je mette sa tête vis-à-vis du sein, ça me remplit de joie, et lorsque ses paupières sont lourdes après la tétée du soir, qu'il est bien repu, ça aussi, c'est gratifiant... C'est en quelque sorte mon salaire de mère ! Il grandit si vite... et je suis très fière que mon lait ait un petit quelque chose à y voir.

Théodore a maintenant six mois et demi. Il aime manger de la purée, et la fréquence des tétées diminue tranquillement. Je suis un peu triste de voir la fin de l'allaitement à l'horizon et j'espère que l'allaitement se poursuivra le plus longtemps possible... Cette nouvelle étape sera encore un apprentissage : lâcher prise et permettre à ceux qu'on aime de s'affranchir ! Ouf... Ce qui met un baume sur mon cœur, c'est de savoir que nous souhaitons avoir trois ou quatre enfants. J'aurai donc probablement le bonheur de vivre d'autres expériences d'allaitement dans le futur ! Je souhaite qu'elles soient toutes aussi uniques que cette première expérience, riches en transformations et en apprentissage.

Pour finir, je dois dire un gros merci :

À Théodore, parce que tu es un petit humain si patient et courageux, merci de m'apprendre jour après jour à être ta maman, à être une meilleure personne.

À Christian, mon amoureux, pour ta présence, ton engagement et ton sang-froid, même dans les moments chauds.

À Geneviève, marraine de Théo, pour ton soutien constant et ton positivisme contagieux, et ce, malgré les aléas de ta propre vie de famille.

À ma gang, tous mes amis et mes proches, qui avez su m'épauler avec respect et amour !

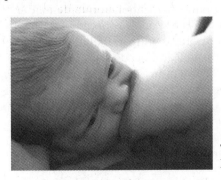

Théodore
Photo : Dominique Lafond

Allaiter contre vents et marées

Catherine Paradis-Arnoldi

Je suis la maman comblée de deux magnifiques petites filles. À 15 ans, j'ai subi une réduction mammaire. À l'époque, ma mère avait demandé au chirurgien si cette intervention pouvait m'empêcher d'allaiter, parce qu'à cet âge j'étais loin de me douter que cet appel serait si grand à 30 ans. Le chirurgien nous avait assurées de cette possibilité.

Quand j'ai accouché de ma plus vieille, j'ai connu toutes sortes de difficultés : elle ne voulait pas téter, complètement *groggy* de l'épidurale et de ses 17 heures de travail. Quand elle a finalement voulu téter, elle ne prenait pas de poids. Tout de suite, les infirmières du CLSC, qui prenaient mon cas très au sérieux, m'ont dit que je ne pourrais pas allaiter «exclusivement», que je devrais donner des suppléments. Mais à part le biberon, je ne connaissais pas d'autre façon de lui donner des substituts du lait maternel. Alors j'ai introduit les biberons, elle n'avait pas deux semaines. Pendant six semaines, tout allait à merveille. J'allaitais 20 minutes chaque sein et je complétais avec 3 onces de préparation pour nourrissons. Mais au bout de ces six semaines, ma fille s'est mise à bouder le sein. Au début très légèrement, de sorte qu'avec beaucoup de patience j'arrivais à la mettre au sein. Puis très intensément jusqu'à ce qu'à huit semaines j'abdique, complètement épuisée de l'entendre pleurer.

J'ai mis 18 mois à me remettre de cet allaitement que je considérais «raté». Quand je suis devenue enceinte de ma seconde fille, j'ai tout de suite informé ma médecin de mon désir si fort d'allaiter et des difficultés que j'avais rencontrées pour ma première fille. Elle m'a aussitôt rassurée en m'expliquant qu'il y avait une médication pouvant m'aider. J'ai fondé tant d'espoirs en cette petite pilule ! J'allais connaître le bonheur de tenir mon poupon sur mon cœur pour le nourrir. J'allais pouvoir poursuivre cette symbiose qu'est la grossesse au-delà de mon corps.

J'ai fait le tour de toute la littérature possible sur le sujet. Grâce à des réseaux Internet, je me suis entourée de mères qui avaient le même profil que moi (réduction mammaire ou difficultés d'allaiter un premier bébé) et qui avaient vécu des réussites. Je me suis aussi entourée de mères chevronnées qui avaient allaité plusieurs bébés. Je me suis fait un répertoire de ressources qui pourraient m'aider en cas de besoin.

Ma belle est née, et elle n'avait pas 30 minutes qu'elle tétait goulûment. Ça augurait bien ! Je la faisais téter 45 minutes et elle semblait repue. J'étais aux anges. Mais dès sa troisième journée, les choses se sont gâtées. Malgré une très bonne montée laiteuse, elle pleurait sans arrêt. Je pouvais l'avoir au sein plus de 12 heures par jour. Quand elle finissait par s'endormir, je reconnaissais cette façon si caractéristique qu'ont les bébés épuisés et affamés de tomber dans une espèce de coma dont ils se réveillent difficilement. J'avais connu ça avec ma plus vieille. Mais malgré tout, je continuais.

Au bout d'une semaine, la balance me disait qu'il y avait bel et bien quelque chose qui clochait, elle avait encore perdu du poids. Alors, avec l'aide d'un dispositif d'allaitement maternel (DAM), j'ajoutais, 6 fois par jour, 30 millilitres de formule. En peu de temps, nous avons vu les résultats. Elle s'est remise à prendre du poids. Mais pour moi, ça restait une solution temporaire. La complexité de préparer de la formule ET d'allaiter à la fois ne me plaisait pas du tout. J'avais toujours espoir d'allaiter exclusivement.

Je devais ajouter la prise de 8 comprimés de Dompéridone[MD], 24 comprimés de fenugrec, 8 comprimés de chardon béni à ma routine déjà lourde chaque jour. Je buvais un litre de mélange à base de yogourt et de jus de fruits tous les jours. Ma fille prenait du poids lentement, mais sûrement. Alors je me suis mise à réduire progressivement ses rations de supplément dans le but qu'elle tète davantage et fasse augmenter ma lactation.

Au bout de quatre semaines, rien ne va plus. Elle recommence à perdre du poids. Mon médecin me conseille d'aller aux urgences, question de faire faire des prélèvements d'urine pour évacuer la possibilité d'une infection urinaire silencieuse.

Le pédiatre qui nous reçoit aux urgences est beaucoup moins optimiste sur l'état de ma fille. Il l'hospitalise. Pendant six jours, elle est réhydratée. Pendant ces six jours, j'ai entendu les pires aberrations sur l'allaitement. Tous les mythes, je les ai entendus de la bouche du personnel médical. Jusqu'à ce que je rencontre une conseillère en allaitement qui, avec une douceur infinie, m'a fait accepter l'idée d'augmenter la quantité de formule que j'allais devoir donner à ma fille et l'idée que je devrais probablement le faire tout au long de mon allaitement. Même si je devais utiliser un DAM, je pourrais considérer que j'allaitais quand même, que je lui donnais tout ce que je pouvais.

Lorsque ma fille a eu deux mois, je n'en pouvais plus. Elle régurgitait énormément, elle faisait beaucoup d'anxiété du soir (communément appelée « colique ») que je n'arrivais pas à consoler. J'étais au bout de mes capacités, au bout de mes ressources. J'ai sorti l'artillerie lourde : le biberon. J'avais tellement peur qu'elle accepte trop bien cet objet de malheur à mes yeux et qu'elle ne veuille plus du sein tout comme sa sœur l'avait fait trois ans plus tôt. Mais c'était devenu beaucoup trop pour moi. Elle a refusé le biberon, grimaçant comme si je tentais de lui faire téter un quartier de citron.

Je me suis retrouvée coincée. J'étais mal avec l'allaitement, à bout, je ne pouvais plus m'en sortir. J'ai recommencé à allaiter, une tétée à la fois, un jour à la fois. Puis elle s'est mise à faire ses nuits, j'ai pu récupérer et j'ai retrouvé le plaisir d'allaiter.

J'allaite Arielle avec deux types de DAM : un DAM fait pour allaiter les jumeaux et qui se porte au cou et un DAM que j'ai fabriqué à l'aide d'un vieux biberon et d'un cathéter de gavage. Elle prend régulièrement un biberon (un seul par jour, maximum) pour laisser souffler maman à l'occasion, parce que cette façon de faire est très exigeante. Elle nécessite une organisation technique plus exigeante que les biberons (laver et utiliser) et toute la disponibilité d'une mère qui allaite.

Quand on allaite exclusivement, on dégrafe le soutien-gorge d'allaitement et le repas est prêt à servir, à la bonne température. Il ne s'agit que de trouver un lieu discret et confortable. Mais ça ne m'a jamais empêchée de vivre mon allaitement à l'extérieur, malgré la quincaillerie que ça exige. J'ai allaité au centre commercial, dans la voiture, au restaurant. Il suffit d'être très, très organisée.

J'ai voulu arrêter cent fois. Et ça fera sept mois demain que j'allaite Arielle de façon « hybride » (terme inventé par un ami pour décrire ma façon d'allaiter ma fille au DAM). J'ai arrêté de voir mon allaitement à long terme. J'y vais au jour le jour.

J'aime que ma fille farfouille dans mon chandail pour se chercher une petite tétée de réconfort, j'aime la sentir chercher mon sein quand mon conjoint me l'amène au lit pour la première tétée du matin.

D'ailleurs, mon homme a été d'un immense soutien. Il m'a écoutée, encouragée, consolée lorsque j'étais épuisée. Sans lui et mes amis, jamais je ne me serais rendue si loin dans ma démarche.

Je ne sais pas combien de temps j'allaiterai encore. J'y vais au jour le jour. Je n'ai pas d'objectif. Je souhaite seulement que cette belle aventure se termine d'elle-même, plus facilement qu'elle n'a commencé, quand Arielle et moi serons prêtes…

Catherine nourrit Arielle avec le dispositif d'aide à l'allaitement.
« Mais ça ne m'a jamais empêchée de vivre mon allaitement
à l'extérieur, malgré la quincaillerie que ça exige. »
Photo : Michel Moisan

Un ange, notre ange

Hélène Bélanger

Ma conjointe et moi, en couple depuis 12 ans, décidons d'avoir un enfant. Je désire absolument le porter. L'appel de la maternité se fait entendre très fort. Ce n'est pas une mince décision. Étant un couple de lesbiennes, nous ne voulons pas que notre enfant soit pointé du doigt. Par contre, la société évolue, les gens sont plus ouverts face aux couples gais qui ont des enfants. Nous plongeons donc en mettant nos craintes de côté.

Depuis plusieurs années, nous avons un ami homosexuel qui a les qualités que nous recherchons chez un père. Il accepte de partager avec nous cette belle aventure. Aventure qui durera quatre ans. Quatre années interminables d'essais, de déceptions, de tristesse. Je dois me rendre à l'évidence : j'ai un problème de fertilité. Nous demandons l'aide d'une clinique spécialisée pour pouvoir réaliser notre rêve d'être parents. Après quatre traitements et quatre ans d'attente, je suis finalement enceinte. J'ai 36 ans, ma conjointe en a 39, et nous sommes au septième ciel. Nous vivons ma maternité au maximum. Il est certain que j'allaiterai cet enfant. Je suis une femme, j'ai des seins et mon lait réussira à nourrir mon enfant.

Arrive enfin le moment de mon accouchement. Dès mon entrée à l'hôpital, j'informe tout le personnel que je désire allaiter mon enfant, et ce, dès sa venue au monde. L'accouchement se déroule bien. Une dernière poussée, et notre fils est maintenant avec nous. On le met sur mon ventre. Ça y est, je suis touchée par un amour incommensurable. J'aime cet enfant et je l'aimerai pour la vie. Je veux ce qu'il y a de meilleur pour lui. Je sens qu'il prend mon sein, quel bonheur ! J'ai l'impression de prolonger sa vie utérine. Je lui donne la vie une deuxième fois en l'allaitant, je lui permets de poursuivre son développement. Nous bâtissons ensemble le début de notre relation mère-enfant. Quelle surprise de sentir sa bouche se refermer sur mon sein ! Oh là là, ça pince, cette petite bouche ! Je suis euphorique. Ma conjointe et moi regardons ce petit être qui gigote et nous l'aimons.

De retour à la maison, l'allaitement se fait un peu difficile. J'ai des douleurs très fortes aux mamelons et, en plus, j'ai mis au monde un petit gourmand. Il veut toujours le sein et je le lui donne. Entre mes moments de joie et de découragement, je suis épuisée. Les gens autour de moi me disent : « Pourquoi continues-tu ? Donne-lui des formules de lait ! » Notre réponse est catégorique : NON ! Je veux donner à mon enfant le meilleur de moi, et pour nous, c'est mon lait. Ma conjointe m'appuie dans ma décision. Elle m'aide à sa façon. Elle se lève la nuit pour changer les couches et m'amener notre fils pour son boire. Elle lui donne son bain. Elle le prend lorsqu'il ne réclame pas son dû. Durant les premières semaines, ma seule activité ou presque est d'allaiter. J'ai l'impression de ne faire que ça. Je suis constamment assise sur une chaise et j'allaite. Je suis découragée et j'ai de plus en plus mal aux mamelons. Heureusement, ma mère m'offre de l'aide. Elle fait le ménage, le lavage, les repas. Elle me permet de faire des siestes lorsque notre fils est rassasié. Je comprends l'importance de bien s'entourer et d'aller chercher du soutien. Je prends donc contact avec le CLSC pour obtenir de l'aide. Je découvre avec bonheur l'association Nourri-Source. Une infirmière extraordinaire est là pour me soutenir, me conseiller et m'encourager. Je lui dis que je vais allaiter trois mois et ensuite, c'est tout, j'arrête. Je suis épuisée, mais déterminée à tenir trois mois. L'infirmière me montre comment allaiter couchée. Mon Dieu, quelle découverte extraordinaire ! Ça me permet de dormir en même temps que j'allaite mon fils. Je vais pouvoir me reposer et répondre à la demande de mon enfant.

Vers le deuxième mois, je fais une mastite. Tout le monde me dit : « T'es folle ! Arrête d'allaiter, c'est trop difficile. » Je suis entêtée : NON, je veux poursuivre. Ma conjointe m'appuie à nouveau dans ma décision et me prête son épaule, son oreille et me donne tout son amour dans les moments plus difficiles. Les trois mois passent et finalement ma douleur aux mamelons diminue considérablement. Je me dis alors que je vais allaiter jusqu'à six mois, puis au bout des six mois, je me donne jusqu'à un an. C'est le bonheur. Notre fils se développe grâce à mon lait. C'est moi qui lui permets de vivre, de sourire, de rire, de découvrir. J'aime ces moments où il est à mon sein, où nos regards se croisent, où il me sourit, où j'entends sa petite voix qui fait des sons de satisfaction. Il est heureux et moi aussi. Les jours passent et notre fils grandit. Les boires se distancent. Je garde la tétée du soir pour l'accompagner vers le sommeil. Les saisons défilent rapidement. Moi qui voulais au tout début n'allaiter que trois mois, voilà que cette belle aventure d'allaitement se termine lorsque notre ange atteint l'âge de quatre ans et deux mois.

Notre fils a maintenant cinq ans et demi. Des amies lesbiennes ont eu un enfant, et la mère l'allaite. Je suis là pour l'encourager et la soutenir à mon tour. Je suis heureuse d'avoir fait fi des pressions sociales qui me poussaient à arrêter d'allaiter. Je regarde notre enfant grandir et je peux affirmer que d'allaiter longtemps n'a pas nui à son développement. Que tout ce qu'on a pu me dire de négatif n'est pas arrivé. Nous avons un garçon confiant en lui et en la vie, qui se développe comme tous les enfants de son âge. Plusieurs personnes nous demandent : « Pourquoi avoir choisi d'allaiter si longtemps ? » Je leur réponds que dans notre société nord-américaine de consommation et de vitesse, nous trouvons que nous avons tendance à pousser les enfants à quitter le monde de l'enfance rapidement. Nous sommes régis par des normes, des « nous devons faire comme les autres ». Nous ne voulions pas nous faire influencer par ce que les autres et la norme disaient, mais bien par ce que notre instinct nous dictait.

Je remercie la vie d'être une femme et de m'avoir permis de vivre ces belles expériences que sont la maternité et l'allaitement.

La naissance d'une mère

Annie Dutil

Pour mon premier bébé, je suis tombée enceinte par surprise. C'est une grossesse qui a été bien accueillie par le futur papa ainsi que par tout notre entourage. Pour ma part, les choses se sont passées moins facilement. Je crois que mon sentiment d'incompétence est né dès le début de la grossesse. Pour la première fois de ma vie je me suis sentie fragile et vulnérable et j'ai détesté cette sensation. J'étais constamment ambivalente dans mes émotions. Et constamment émotive. Je ne me reconnaissais déjà plus. Ça n'était que le début d'une énorme transformation qui allait se révéler, avec le recul, très positive…

8 janvier 1999

Dès la naissance d'Éveline, j'aurais dû savoir que tout ne serait pas facile ! Elle criait tellement. À travers ses cris et ses pleurs, on pouvait percevoir une grande intensité. Mais aussi une force de caractère incroyable. Cette force, je l'ai perçue tout au long de ma grossesse. Je sentais ma fille (j'avais une forte intuition que c'était une fille) invulnérable, déterminée à s'imposer dans ma vie !

J'ai dit à mes proches que j'allaiterais mon bébé si tout se passait bien. En fait, j'avais l'idée que tout cela est naturel et que, donc, ça devrait très bien se passer.

Quand j'ai mis Éveline au sein pour la première fois, j'ai été impressionnée par son savoir-faire. La force de la succion, l'intensité de ce geste… et ça me gênait un peu d'avoir mon sein dans sa bouche. Cette intimité avec quelqu'un que je ne connaissais pas encore était étrange.

Malheureusement, les problèmes ont débuté rapidement. Je suis sortie de l'hôpital avec des gerçures, qui bien vite se sont transformées en crevasses. Et Éveline qui commençait à demander le sein de plus en plus souvent. Je croyais qu'elle était rythmée aux quatre heures (comme dans les livres), alors quand elle pleurait « avant son temps », je me disais que ce n'était pas pour le boire. Je ne voulais pas qu'elle veuille le sein. Chaque tétée me faisait mal. L'infirmière du CLSC, constatant mes blessures, m'a alors suggéré une téterelle. Du bout des lèvres, bien sûr, après avoir vérifié la position, la production, etc., ne trouvant rien là d'anormal.

Un climat de tension s'est installé assez rapidement chez nous. Mon bébé était né, mais moi, je n'étais pas encore née comme mère. Bien sûr, j'aurais donné ma vie pour elle et je nous sentais très fortement liées, mais, en même temps, j'aurais voulu retourner en arrière, revenir à ce que je vivais avant, à qui j'étais avant. Je ne reconnaissais plus cette femme, sensible, désorganisée. Cette période a amené son lot d'euphorie, mais aussi une impression de deuil.

Au bout d'un mois, mes seins étaient bien guéris. Et j'avais maintenant un bébé qui pleurait, me semblait-il, à longueur de journée. Les tétées se passaient de plus en plus mal. J'étais mal à l'aise d'allaiter en public, donc cela limitait mes sorties. J'avais l'impression de toujours avoir mon bébé dans mes bras et je la refilais rapidement à son père dès qu'il rentrait du travail. Il me semblait n'avoir plus de vie et, surtout, j'avais l'impression que c'était ça, dorénavant, ma vie !

Certaines paroles qui se voulaient encourageantes m'assommaient complètement. Des mères d'expérience me disaient que cette période difficile ne durerait que quelques semaines… pour moi, quelques semaines, c'était l'éternité ; j'avais parfois l'impression que je ne pourrais pas endurer cinq minutes de plus de ces pleurs inconsolables, pour lesquels je n'avais aucune réponse.

Nous donnions à Éveline un boire chaque soir au biberon, depuis la sortie de l'hôpital. J'avais besoin d'air. Cette petite chose avait fait de moi une esclave ! Je rêvais de mon retour au travail, là où je me sentais compétente.

Je me suis mise à entrevoir que peut-être le biberon règlerait mes problèmes. J'enviais mon *chum* d'avoir la possibilité de partir pendant des heures, alors que je me sentais si prisonnière.

J'ai tout de même décidé de nous donner une chance et, vers la sixième semaine, je suis allée assister à une rencontre de la Ligue La Leche. Cette rencontre portait sur les avantages de l'allaitement. Et à chacune de s'exprimer sur cette chose extraordinaire qu'est l'allaitement maternel, facile, bon pour toute la famille, et blablabla… Deux mères disaient même qu'elles étaient heureuses, au cours des rencontres familiales, qu'on doive leur remettre périodiquement leur bébé pour le ravitaillement. Moment privilégié, il va sans dire. Il n'y avait de place que pour le positif.

Ce que je vivais était à l'opposé de toutes ces filles et j'aurais eu besoin d'une rencontre où d'autres mères auraient exprimé les mêmes difficultés que les miennes pour m'enlever un peu de ce sentiment de culpabilité. Je me suis bien gardée de dire que, pendant les rencontres familiales, moi, je souhaitais que ma fille profite des bras experts des « matantes », grands-mères et autres… et que celles-ci ne me la rendent pas trop vite. Quand mon tour est venu, je n'ai exprimé aucun avantage à l'allaitement. Éveline était très agitée et je suis sortie la promener dans le corridor. De toutes façons, ces mères parfaites m'énervaient et j'avais trop envie de pleurer.

Ce soir-là, j'ai tout de même rencontré une monitrice, Annie. Elle a écouté ce que j'ai raconté de mon histoire, a posé de bonnes questions, puis elle m'a expliqué ce qu'est le réflexe d'éjection puissant et m'a donné les conseils appropriés.

De retour dans mon quotidien, je n'ai pas appliqué ces conseils, parce que… Parce que l'allaitement, c'était supposé être naturel et facile. Puisque des milliers de femmes avaient un bébé en même temps que moi et qu'elles y arrivaient, pourquoi est-ce que ça devait être si compliqué pour moi ? J'ai donc poursuivi de la même manière, en introduisant de plus en plus de biberons, jusqu'à ce qu'Éveline refuse catégoriquement le sein.

Ce que j'ai ressenti à ce moment, je ne l'avais pas prévu. La peine et le sentiment d'échec, voire de rejet, m'envahissaient. Je donnais les biberons le cœur lourd et j'ai essayé plusieurs fois, pendant la semaine qui a suivi, de remettre ma petite fille au sein. Toujours ce même refus.

Chacun a tenté de me faire voir que c'était mieux ainsi et, sur le plan de la raison, j'étais d'accord. Mais cela restait au niveau cérébral ; mon cœur savait que je venais de « rater » quelque chose.

C'est sur cet échec que j'ai enfin commencé à apprivoiser ma fille. Telle qu'elle était. Un bébé aux besoins intenses. Sa sensibilité, son émotivité, sa curiosité, son développement rapide, ses multiples façons de communiquer. J'ai commencé à comprendre de quelle sorte de mère elle avait besoin et j'ai enfin plongé dans l'apprentissage de mon nouveau rôle, très graduellement ; c'est elle qui m'a appris.

J'ai compris que je ne redeviendrais pas comme avant. Je vivrai longtemps de la culpabilité quant à la manière dont j'ai porté Éveline. L'accueil que je lui ai réservé n'était pas digne de toute l'importance qu'avait son arrivée au Monde. Je regrette de ne pas m'être ajustée plus rapidement. J'ai le sentiment que si l'allaitement avait persisté, on se serait apprivoisées plus facilement. Car avec le recul, je peux comprendre que ce n'est pas l'allaitement qui n'allait pas, mais bien le maternage.

28 septembre 2001

L'accouchement de Rémi, un bébé qui semblait vouloir embrasser le monde d'un seul regard, dès sa sortie ! Il ne criait pas, ne pleurait pas. Il observait de ses yeux grands ouverts. Mes bras se sont allongés suffisamment pour être capables de soutenir deux enfants. Et la Terre entière, il me semble.

La mise au sein. Une fois de plus, cette rencontre avec un étranger. Celui-là n'était pas un pro ! Mais cette fois, je désirais profondément que tout se passe de façon plus harmonieuse. J'étais donc prête à passer par une période d'entraînement, puisqu'il semblait que l'allaitement, ça ne soit pas si naturel que ça pour moi ! Mon objectif : allaiter six mois.

J'ai contacté Annie à mon arrivée à la maison. Mon garçon tétait plutôt mal et j'avais une fois de plus des gerçures. J'ai commencé à mettre en pratique les conseils reliés à la gestion du réflexe d'éjection, car mon bébé était lui aussi hypertonique et j'avais toujours une grosse production de lait. J'exprimais toujours le premier réflexe avant de nourrir bébé, accumulant ainsi des litres de lait. Rémi « claquait » à chaque succion, le lait dégoûtait sur nos vêtements. Ça m'énervait !

J'ai décidé d'aller consulter une ostéopathe quand j'ai remarqué que, assis dans sa chaise, il tenait sa tête vers l'arrière, tournée vers la droite. Cette consultation a amélioré sensiblement les choses. Annie, qui m'apportait toujours son soutien, m'a suggéré d'allaiter en position couchée. Rémi avait environ deux mois. Ce fut presque miraculeux ; il brisait moins la succion, mais j'étais dorénavant contrainte à adopter cette position, car mon bébé aussi avait apprécié !

Heureusement, aux haltes-allaitement de Nourri-Source, il y avait un divan ! Finalement, il y avait un divan accueillant presque partout où nous allions. Je ne me gênais pas. Annie m'a ensuite proposé de consulter une médecin spécialiste en allaitement. Cette médecin a bien examiné notre duo, pour finalement me dire qu'elle ne savait pas ce qui se passait et m'a dit de miser sur le temps pour que les choses s'ajustent. Cette rencontre m'a encouragée énormément, car elle m'a confirmé que le problème était bel et bien réel, je n'inventais rien, je devais juste… *continuer.*

Vers le troisième mois, je me suis dit que ce serait bien d'utiliser tout le lait que j'avais en banque. Mais que le biberon soit donné par papa ou maman, et même mamie, il n'aura jamais de succès. Nous y avons renoncé au bout de quelques semaines.

J'ai allaité Rémi couchée jusqu'à l'âge de six mois. Un bon matin, alors que je faisais une centième tentative pour lui donner le boire assise, ça a marché ! À partir de ce moment, j'ai été quelque temps à ne donner le sein qu'assise, même la nuit !

À six mois donc, j'avais enfin un sentiment de réussite. Ma marraine d'allaitement avait fait une grande différence. C'était devenu tellement agréable. Si on me demandait quand j'envisageais de sevrer mon bébé, je répondais que je venais juste de commencer à allaiter !

Je suis devenue à mon tour marraine d'allaitement. À mon retour au travail, l'allaitement a persisté, matin et soir. Puis juste le soir. Rémi a été allaité jusqu'à 20 mois, âge où il a, tout simplement, refusé le sein. Il préférait jouer. Son sevrage est venu soulager quelques proches qui n'ont pas manqué de souligner que mon garçon, je l'avais gardé bébé longtemps ! Cela me fait rire maintenant. Moi, je suis convaincue que, justement, l'allaitement lui a fait prendre beaucoup d'assurance et d'autonomie.

7 mars 2004

Pour la naissance de notre troisième bébé, nous avons tout fait différemment. Nous avons pris une accompagnante à la naissance. Nous avons changé d'hôpital pour un hôpital Ami des bébés. Cela impliquait un changement de médecin. Notre accompagnante, Guylaine, était aussi marraine d'allaitement, alors je me sentais blindée !

Et Florence est arrivée, aussi vite que je l'avais anticipé, alors que j'étais à quatre pattes sur le lit, encadrée de René, Guylaine et une jeune médecin de l'urgence, un peu décontenancée !

Elle n'a pas crié très fort, a pleuré un peu. On me l'a mise au sein pour provoquer l'accouchement du placenta. Ça aura finalement pris une injection d'ocytocine.

Et voilà, enfin, un allaitement facile ! Il en aura fallu trois pour y arriver. Le réflexe d'éjection puissant, je connaissais maintenant. Florence était hypertonique elle aussi et ma production de lait était toujours abondante. Mais cette fois, je gérais le tout sans presque y penser, dans un calme… à l'image de mon bébé. Malgré un retour au travail à 9 mois, elle tètera jusqu'à l'âge de 26 mois, où les tétées se feront de plus en plus rares. On a fini par les troquer pour une chanson. Le plus harmonieusement du monde.

Au troisième bébé, on reçoit moins de commentaires… Peut-être les gens se sont-ils rendu compte que mes enfants se développaient bien ? Ou bien, tout simplement, ils se disent que c'est impossible de me faire entendre raison ? Jamais René n'a remis en question l'allaitement prolongé.

Nos enfants ont été heureux de venir prendre le sein pour se calmer, se consoler ou s'endormir et cela lui suffisait comme argument!

L'allaitement a représenté pour moi un grand défi et le fait que je l'aie relevé, pour enfin me sentir compétente avec mon bébé, m'a procuré beaucoup de satisfaction. Mon expérience maternelle m'a insufflé un grand respect pour les mères. Mes allaitements, réussis à petits pas, m'ont apporté une plus grande patience, une meilleure ouverture, pour mes enfants, bien sûr, mais aussi pour tous ceux qui m'entourent.

En apprivoisant l'allaitement, j'ai pris contact avec (eh oui!) mon côté animal. Instinctif. J'ai appris, dans mes allaitements, à toucher. Dans tout ce travail, mes frontières se sont tout naturellement effritées.

De marraine d'allaitement, je suis devenue accompagnante à la naissance. Je sais que devenir mère est souvent un passage très déstabilisant. Je sais que l'on s'y sent souvent seule. J'ai eu envie de dire aux femmes qui deviennent mères à leur tour : « Je suis là. » Après tout, d'autres ont été là pour moi…

Un jour à la fois

Sophie Lesiège

En 2000, quand je deviens enceinte de Maxinne, je souhaite tout de suite l'allaiter à sa naissance. Je me dis que six mois, ce serait bien. Les gens autour de moi me projettent plutôt une image et des idées négatives de l'allaitement. Il faut dire que j'ai eu très peu de modèles d'allaitement. Mais moi, je lis mon livre *L'art de l'allaitement maternel* de la Ligue La Leche et je suis convaincue, de page en page, que c'est la voie à suivre. Je lis les différents témoignages et j'ai hâte de vivre d'aussi beaux moments. Le jour où ma fille arrive, enfin, je suis en admiration devant ce miracle de la vie que j'ai fabriqué moi-même. Je la mets au sein et elle boit avidement. C'est le début d'une des plus belles périodes de ma vie.

Chaque nuit, nous dormons côte à côte, elle boit et dort. Elle semble si bien, si rassasiée. Après l'avoir nourrie de l'intérieur durant la grossesse, il va de soi que je poursuive mon œuvre en utilisant ce que la nature m'a offert : le lait par le sein. Parce que l'allaitement, c'est bien plus que le lait, c'est aussi le sein.

Et puis, un jour, mon bébé se transforme en «bambine». Une coquine qui apprend tout plein de belles choses. Une grande cocotte qui commence à manger et à ramper. Mais entre ses grandes explorations, elle vient coller sa maman pour de petites tétées. Pas trop longues, il y a tant à voir et à faire. Mais en cas de pépin ou de déception, elle sait que je suis là juste à côté pour lui offrir tout le réconfort dont elle a besoin.

Elle a fait son entrée progressive en CPE à l'âge de deux ans. Elle ne prenait pas le sein durant la période de la journée où elle y était, mais dès son retour, l'allaitement était disponible «à la demande». Elle savait que j'étais toute disposée à lui offrir une collation, un moment de détente ou de réconfort.

Quand je repense à cette époque où ma fille tétait, je souris. Comme cela a pu me faciliter la vie... En visite, en camping, en faisant les courses... Mon désir d'allaitement d'une durée de six mois était largement atteint. Elle a eu trois ans et ne prenait du lait qu'au réveil et avant d'aller au lit. Son papa n'a jamais mis de pression pour que le sevrage se fasse. Maxinne s'est toujours sentie à l'aise de téter, et moi, de l'allaiter partout. Durant la journée, elle demandait rarement du lait, mais parfois, la fin de semaine, quand nous avions envie d'une sieste familiale, cette potion magique l'aidait à se laisser tomber dans les bras de Morphée.

Mon entourage ne me posait plus LA question à savoir si elle tétait toujours. Ils savaient très bien que la mère et la monitrice LLL (Ligue La Leche) que je suis en savait largement sur les bienfaits et avantages multiples de l'allaitement et qu'à tout instant, j'étais prête à leur servir mille et une raisons pour expliquer mon choix, notre choix. Parfois, quelqu'un se risquait et osait avec gêne une question quant à la durée normale de l'allaitement. Mais, sinon, j'ai toujours su faire comprendre aux gens que cette façon de nourrir, de materner (parenter) et d'éduquer mon enfant ne concernait que son père et moi. Que c'était non négociable. Que je n'allais pas priver mes enfants de ce qu'il y a de meilleur pour leur faire plaisir !

Un jour, Maxinne me dit qu'à sa fête de quatre ans elle ne téterait plus. Qu'elle serait trop grande. J'ai pris cela à la légère, me doutant bien que le jour « S » du sevrage approchait. Mais elle aimait tellement téter… Puis son anniversaire passa et je n'entendis pas parler de sevrage.

En octobre 2005, je deviens de nouveau enceinte et, comme lors de ma première grossesse, les nausées m'assaillent. Il est devenu difficile pour moi de donner le sein à ma fille, même si ce n'est qu'une fois avant le dodo. Finalement, j'explique à ma Maxinne que, temporairement, il n'y aura plus de lait dans mes seins. La fabrique prend une pause ! Je lui explique que mon corps a besoin de toute son énergie pour fabriquer son frère ou sa sœur et que, lorsque le bébé sera avec nous, le lait reviendra et si elle le désire, qu'elle pourra téter de nouveau.

Les premiers soirs, au lieu de l'allaiter, je me couche avec elle et je lui caresse le dos et les cheveux. Elle s'endort quand même au creux de mes bras. Nous transformons notre routine pour en construire une nouvelle. Elle accepte très bien ce changement, en fait, mieux que je ne l'aurais cru. Puis les soirs suivants, Thomas, son papa, lui raconte de belles histoires. Elle aime beaucoup cette nouvelle façon de s'endormir et se dit elle-même plus grande. Une grande sœur en devenir. Elle me dit un jour qu'elle partagera volontiers le lait avec le bébé quand il sera avec nous et qu'elle va lui expliquer qu'il ne faut jamais mordre le lait !

Nous sommes le 4 juillet, date prévue de mon accouchement. Comme ma fille Maxinne est arrivée avec 13 jours de retard, je me doute bien que mon fils, Romain, me laissera dans l'attente encore quelques jours.

Nous avions prévu d'accoucher à la Maison de naissance Côte-des-Neiges, puis, à 36 semaines, nous avons changé notre fusil d'épaule pour un accouchement à domicile. Le projet se met donc en branle : visite de la sage-femme, achat de divers trucs nécessaires pour l'accouchement, planification de la nourriture pour les sages-femmes et notre famille après l'accouchement. Bref, nous sommes prêts pour la naissance de notre cher Romain. Maxinne, qui a presque cinq ans, demande sans arrêt : « Titi Romain quand vas-tu sortir ? » C'est qu'il se laisse désirer, ce bébé !

Puis la 40e semaine passe sans que rien n'arrive, nous voilà rendus à la 41e. Isabelle, notre sage-femme, me recommande de prendre de l'huile d'onagre, puis des granules homéopathiques. Ce que je fais. Je vais même à deux séances d'acuponcture pour aider le travail à commencer. Quand nous dépassons le terme d'une semaine, on nous recommande de faire un *non stress test* et une échographie. Ces tests sont l'un pour mesurer les mouvements et le cœur du bébé, l'autre pour vérifier si la quantité de liquide amniotique est suffisante. La technicienne me dit que tout est beau, sauf que le poids de mon fils est estimé à 10 lb et plus… Mais que voulez-vous, ma fille pesait 9 lb 11 onces. Je fais de gros bébés.

Après discussion avec les sages-femmes, nous décidons qu'il est préférable d'accoucher à la Maison de naissance, car si jamais un transfert était nécessaire, il serait optimal qu'il soit effectué vers l'Hôpital de Montréal pour enfants plutôt que vers l'hôpital le plus près de chez moi. C'est avec beaucoup de peine et de déception que j'avale et digère cette nouvelle. Mais je me fais à l'idée et réorganise les choses en conséquence. Après tout, la santé de mon bébé ne doit en aucun cas être compromise.

Le jeudi 13 juillet, Maxinne va dormir chez ma mère parce que je dois prendre de l'huile de ricin en soirée **(à noter qu'aucune femme enceinte ne devrait prendre cette huile si son médecin ou sa sage-femme ne l'a pas recommandée)**. Si je suis chanceuse, cette huile combinée à tout le reste déjà essayé devrait faire son effet et provoquer le travail. C'est avec beaucoup d'espoir et d'anticipation que je consomme cette horrible huile. Nous écoutons donc un film en amoureux pour faire passer le temps. Il est 23 h 30 quand nous nous couchons, mon mari et moi. À 0 h 50, un mal de ventre me réveille. Puis, à 1 h, les contractions sont aux cinq minutes, puis, 45 minutes plus tard, aux 2-3 minutes. Après avoir parlé avec Isabelle, nous nous donnons rendez-vous pour 3 h à la Maison de naissance. Le trajet est difficile. La position imposée par la voiture est insoutenable. À notre arrivée à la Maison de naissance, Isabelle me coule un bain et m'examine : 8 cm et demi. Je n'en reviens pas ! Déjà… On doit contacter ma mère et Maxinne, qui doivent normalement être là pour voir Romain arriver… Ma fille et ma mère arrivent au moment où la tête est en route. Ma fille est surprise par mes cris et pleure un peu, mais rapidement son frère naît et elle vient couper le cordon avec le sourire. J'ai enfin mon fils (9 lb 14 oz) sur moi et ma fille à mes côtés. C'est le bonheur. Je n'en reviens pas comme cet accouchement fut génial. En tout, du début des contractions jusqu'à la sortie de mon fils, il se sera écoulé trois heures. WOW! Intense, mais rapide. Douloureux mais contrôlé. J'adore accoucher. Pour moi, c'est un mal qui fait du bien. Je me sens forte et en pleine possession de mes moyens quand je donne la vie. Je me sens en Vie.

Ce moment d'euphorie est de très courte durée, car lorsque qu'Isabelle examine Romain, elle le trouve bleuté. Elle lui donne de l'oxygène, mais ça ne remonte pas comme ça devrait. Elle prend son taux de saturation et elle se rend compte tout de suite que ce n'est pas parfait. En moins de cinq minutes, l'équipe de transfert de l'Hôpital de Montréal pour enfants est contactée. À son arrivée, l'équipe de transfert éprouve de la difficulté à stabiliser l'état de notre fils pour partir vers l'hôpital. Je n'ai eu mon bébé que 2 ou 3 minutes dans mes bras et voilà qu'il doit partir pour l'hôpital… Je n'arrive pas à croire tout ce qui se passe. C'est un cauchemar.

Thomas part en voiture, mon fils en ambulance, et moi, 30 minutes plus tard, en taxi avec Isabelle. Quand j'arrive à l'hôpital, je rejoins Thomas et Romain au neuvième étage. J'ai peur de ce qui m'attend. En voyant le visage rougi de Thomas, j'ai l'impression que le ciel me tombe sur les épaules. Il m'apprend que mon fils de cinq heures est branché de partout et on nous annonce qu'il a une triple malformation cardiaque et qu'il devra subir une, peut-être deux chirurgies. Tout va si vite, l'accouchement idéal suivi de cette horrible nouvelle.

Comment la vie peut-elle faire ça à un petit être comme lui? Ironiquement, durant cette grossesse, j'ai fait attention à mon alimentation, j'ai fait du sport, je suis restée active et je me sentais si bien. J'ai fabriqué un bébé avec le cœur à l'envers sans même m'en rendre compte. Je ne me sens plus fatiguée, ni endolorie. J'ai mal à mon cœur de mère. J'ai mal de le voir souffrir et j'ai peur que la date de sa naissance soit également la date de son décès. Et je pense aussi à ma fille et à ma mère qui attendent de nos nouvelles. Comment vais-je leur annoncer cette nouvelle?

Les choses s'enchaînent ensuite à une vitesse vertigineuse. Les cardiologues défilent au chevet de notre fils et tentent par tous les moyens de lui sauver la vie. On nous annonce que les tentatives d'intervention préchirurgicales sont inefficaces et qu'ils doivent lui faire une chirurgie le soir même vers 18 h 30, soit à environ 14 heures de vie. Thomas croit bon d'aller chercher ma mère et ma fille, compte tenu des risques de la chirurgie. Je suis donc seule au moment du départ de Romain vers le bloc opératoire. Je regarde mon fils partir en salle d'opération en lui demandant de revenir de là pour que nous puissions reprendre le temps perdu, les tétées manquées... Je voudrais le serrer contre moi, mais je ne peux pas.

Une infirmière nous propose une chambre où se trouve un lit double pour que nous puissions dormir un peu. C'est la chirurgienne qui nous réveille pour nous dire que tout a bien été et que Romain est aux soins intensifs, que nous pourrons le voir sous peu.

Ce fut un choc de le voir inerte et avec autant de fils autour de lui. Mais il était en vie. Il était avec nous. Il revenait de loin, mon petit homme.

Les jours défilent, nous sommes 12 heures par jour au chevet de Romain. Depuis le jour 2 de sa vie, je tire mon lait aux trois heures le jour et prend une pause la nuit. J'ai attendu le lendemain pour débuter l'expression de mon lait car j'avais trop peur d'avoir des réserves et plus de bébé. L'Hôpital de Montréal pour enfants met à notre disposition tire-laits électriques, récipients et bouchons stériles. La tubulure est non seulement fournie gratuitement, mais en plus, elle est stérilisée aux 24 heures. Je suis heureuse, car pour moi l'allaitement est si important, je ne voudrais pas que cette relation soit compromise. Chaque fois que je suis au tire-lait, je me dis que c'est au sein que mon fils devrait être. Je trouve difficile qu'il ne puisse pas téter et être près de moi. J'ai tellement hâte de le mettre au sein.

Il y a un congélateur pour conserver notre lait. Chaque millilitre recueilli est pour moi une victoire. Je le fais pour mon fils, mais aussi pour moi. Ça me remonte le moral de savoir que ma production va bien, il y a au moins cela de positif. Je ne peux pas faire grand-chose pour changer sa condition. De cette façon, je me sens un peu plus utile. Alors, j'exprime tout ce que je peux pour qu'il puisse avoir ce qu'il y a de mieux pour lui, pour sa santé. À quatre jours de vie, mon fils reçoit du lait par gavage pour la première fois (et quelle joie, c'est le mien) pour finalement être mis au sein à son cinquième jour de vie. Je me sens bien avec lui dans mes bras. Il est beau, il sent bon et sa peau est si douce. Même si nous pouvions depuis le début le toucher, l'avoir dans mes bras est FANTAS-TIQUE. Je sais qu'il n'ouvre pas assez grand la bouche et que j'aurai probablement mal aux mamelons, mais dans les circonstances, cette douleur est bien pâle à côté de la joie de contempler mon cher petit si près de moi.

Les interventions, les tubes et les fils autour de Romain diminuent de jour en jour. L'allaitement va bien et la saturation est hyperstable. Certes, il doit prendre un médicament pour son cœur deux fois par jour, mais il est assez stable pour que, de plus en plus souvent, on nous mentionne que le congé de l'hôpital approche. Je suis un peu inquiète. Saurai-je comment prendre soin de lui chez moi ? Il me faudra être très vigilante. J'ai peur de ne pas percevoir un signe de détresse. Pour le moment, il dort à l'hôpital et en tout temps une infirmière veille sur lui.

Chaque soir avant d'aller au lit, nous téléphonons à l'infirmière de Romain, même chose au petit matin à notre réveil. Nous ne pouvons pas dormir aux soins intensifs. Je veux savoir à tout moment comment il va. Le personnel est super et répond gentiment à nos nombreuses questions. Quand je suis avec lui, je le mets au sein le plus souvent possible afin que le personnel voie à quel point il tète bien et que son poids augmente avec mon lait.

C'est le 23 juillet, soit neuf jours après sa naissance, que Romain peut enfin venir pour la première fois à la maison. C'est la fête ! Je suis tout de même inquiète, mais j'ai si hâte que ma maison sente le bébé. J'ai tellement envie de dormir avec lui. Je veux me réveiller la nuit pour lui offrir le sein. Et je vais pouvoir le faire dès ce soir ! Je vis beaucoup d'émotions. Ce n'est pas facile. J'espère que tout ira bien. Si seulement on pouvait louer un médecin résident pour qu'il veille au grain…

Tout au long de ces neuf jours où j'ai été principalement au chevet de mon fils, j'ai ressenti une certaine culpabilité de ne pas être avec ma fille. Elle aussi a vécu de grosses émotions et de gros bouleversements. Elle doit faire son deuil d'un retour rapide de son frère à la maison. Nous devons tous faire le deuil de l'après-accouchement dont nous avions tant rêvé. J'aurais voulu être avec elle, mais je voulais aussi être avec mon fils. Le défi d'une mère de deux enfants avait débuté. Maxinne a trouvé difficile l'arrivée de son frère à la maison. Déjà, la venue d'un nouveau bébé au sein d'une famille n'est guère facile pour l'aîné. Celle d'un bébé malade est plus complexe. Il a besoin de beaucoup de soins et à cause de sa grande plaie sur l'abdomen, nous devons être plus que prudents quand nous le manipulons. En tant que «maman poule extra-plume», je couve mon fils comme j'ai couvé ma grande à cette époque. Mais comme mon fils et moi avons été séparés, je veux le tenir sur moi, le garder tout près, être certaine de ne pas manquer un signe de sa part. Je m'en voudrais tellement. Au moins, l'allaitement va bien. Il tète bien et ouvre maintenant suffisamment la bouche. Je n'ai plus aucune douleur. Il y a sa prise de poids qui est plutôt lente, mais dans mon for intérieur, je ne m'en fais pas avec ça. Il sera comme sa sœur, un bébé joufflu et avec de multiples plis de bras !

Nous sommes bien, la vie reprend son cours. Romain grandit et évolue comme les bébés le font. Un jour, un médecin me demande s'il a commencé les solides parce qu'il serait temps. Je lui réponds que je sais parfaitement quoi faire de ce côté. Lui, il doit s'occuper de son cœur. Moi, ma «job», c'est de m'occuper du reste. Lorsqu'un autre docteur me demande où il fait dodo, je lui réponds que nous dormons ensemble depuis son premier jour à la maison. ET QUE ÇA VA TRÈS BIEN AINSI! Je sais que les médecins font de leur mieux pour notre enfant, mais j'ai déjà eu un bébé dont nous avons pris soin à notre façon et elle a grandi de façon spectaculaire. Nous prévoyons donc agir de la même façon avec Romain, malgré sa condition cardiaque. Ce sont nos choix familiaux et j'entends bien les faire respecter.

Il est dur de ne pas penser que nous repasserons par là dans quelques mois. Je m'inquiète aussi, car à la prochaine chirurgie, il devra quitter le domicile et nous devrons briser nos habitudes familiales. Mais nous y allons un jour à la fois. Romain est là et je suis la plus heureuse des mères. Mes enfants et mon amoureux me rendent la vie MAGNIFIQUE. Je suis convaincue que nous avons les enfants que nous sommes capables d'avoir, et que les enfants ont des parents qui sont capables de passer au travers des évènements qu'ils amènent avec eux. Même quand ces évènements sont difficiles et intenses à vivre.

Dix jours après notre retour à la maison, nous avions construit une belle routine de famille. Nous avons malheureusement eu un immense dégât d'eau qui nous a obligés à déménager. Cinq cents litres d'eau sont tombés dans notre chambre et celle des enfants. Mais ça, c'est une autre histoire… Je crois que cette deuxième épreuve nous a permis de *défocuser* de la prochaine chirurgie. Je sais maintenant que ce déménagement a été positif, car maintenant que la vie est plus douce avec nous, j'ai plus de temps pour penser. Parfois, quand je regarde mon fils, mes yeux se mouillent. Comment va-t-il être après cette deuxième intervention? Aura-t-il des séquelles, et si oui, de quelle nature seront-elles? J'ai si peur de le perdre. Je crains également les réactions et émotions que ma grande Maxinne vivra. Déjà, parfois, elle pleure parce qu'elle doit ressentir toutes mes inquiétudes. Pour elle, tout est gros et si complexe à comprendre. Il y a une chose qui ne changera pas, je continuerai d'allaiter Romain et de materner mes enfants. De nouveau, je passerai par le tire-lait aux trois heures afin que ma production ne diminue pas, et dès que cela sera possible, Romain pourra de nouveau être au sein.

À sa naissance, nous ignorions les étapes post-chirurgie. Cette fois, nous avons des attentes, des désirs de récupération rapide, nous avons tant d'amour et d'espoir pour notre fils. Plus le temps passe, plus ces moments difficiles approchent. J'ai hâte de les savoir derrière nous…

Même si aucune garantie que tout ira bien après n'existe. J'ai hâte de dire que mon fils va bien et ne pas être obligée de penser à la prochaine opération ni d'en parler. J'ai hâte que notre vie soit sans crainte et sans peur. Mais le sera-t-elle un jour ? J'en doute. J'ai hâte que mes yeux puissent regarder ce beau Romain avec un air moqueur et léger. Mais en attendant, et surtout jour après jour, je lui donne cet élixir blanc qui le rend plus fort et vigoureux. Il arrivera devant le bistouri avec aplomb. Je sais que je ne peux pas faire grand-chose, mais en lui offrant mon lait, je fais ce qu'il y a de mieux pour lui.

13 février 2007. Nous voilà rendus au jour «O» pour opération. Je n'ai pas bien dormi. Mon fils devait être à jeun à partir de 4 h et j'avais peur de passer tout droit parce qu'habituellement il est allaité «à la demande». Il ne prend pas encore d'aliments solides. Il aura sept mois demain, jour de la Saint-Valentin. La fête des cœurs. Celle du cœur de mon cher Romain. Nous partons tous les quatre pour l'hôpital. Nous devons y être pour 7 h. Je veux que ma grande soit avec nous pour dire au revoir à son frère. Et si c'était la dernière fois qu'elle le voyait ? Sa présence me rassure énormément. Celle de mon mari tout autant. Il est 8 h 18 quand l'anesthésiste prend mon fils dans ses bras pour partir derrière les portes closes du bloc opératoire. Avant son départ, je lui ai répété plusieurs fois à l'oreille qu'il n'avait pas le droit de ne pas sortir de là tout rose et qu'il devait revenir parmi nous intact. Je pleure depuis plusieurs heures et la peur me ronge par en-dedans. Lorsque nous quittons le dixième étage de l'hôpital, Maxinne me dit que tout ira bien. Je lui fais un de ces câlins… Ma mère doit venir la chercher vers 10 h. L'attente sera longue, on dit qu'il sortira de chirurgie autour de 16 h. Nous pourrons le voir vers 17 h 30. Donc, ma fille d'amour part pour une journée plus «légère» avec sa grand-maman.

Dans la salle où nous devons attendre, deux autres couples sont là. Ils attendent eux aussi le retour de leur enfant parti en chirurgie. L'un de ces couples a deux enfants autistes qui sont, en plus, gravement malades. Ils nous racontent leur vie et cela me fait oublier le temps, qui, finalement, passe plus vite que prévu. Comme la première fois, je vais chercher ma tubulure stérile et, après le dîner, je vais rencontrer M. le tire-lait. En identifiant le bac où je congèlerai le lait de mon bébé, j'ai soudainement peur de faire ça pour rien. Et s'il mourait ? Il est probablement déjà inerte sur la table d'opération. Son sang circule dans une machine-pompe qui fait le travail de son cœur et ses poumons. Je pleure au son du moteur du tire-lait. Je suis en colère contre… Je ne sais pas exactement contre quoi, mais je suis fâchée. Je voudrais tant que mon cher enfant soit en parfaite santé comme sa grande sœur. C'est injuste. Nous passons le reste de la journée un peu impatients. Nous avons si hâte de le voir. Il ne sera pas, pour quelques jours, le même Romain que nous avions à la maison, mais au moins nous pourrons le toucher et être à ses côtés. L'infirmière de cardiologie arrive dans cette salle horrible par son statut de « salle d'attente des parents ».

– Vous pouvez allez voir votre fils aux soins intensifs.

Je sais à quoi m'attendre. Je l'ai déjà vu dans cet état à sa naissance. Curieusement, en l'apercevant, je le trouve énorme et tellement grand. Comme il occupe le même lit qu'au mois de juillet, je crois que je m'attendais à ce qu'il soit petit comme la première fois. Il est rosé comme il ne l'a jamais été. Il a autant de fils et de tubes. Il est en vie. Je sais que les 48 prochaines heures seront critiques et importantes, mais je ne peux pas passer à côté du fait qu'il est en vie et que la chirurgie s'est passée sans anicroche ! Tout à coup, j'ai peur de ce qui nous attend. Avons-nous tort de penser que le pire est derrière nous ? Serons-nous, encore, soumis à un épisode de deuil ? Nous souhaitons tout de même garder notre positivisme. Chaque jour, je transmets à nos proches des nouvelles et des photos de l'évolution de la santé de Romain par le biais de notre blog familial. Tant de gens ont pensé à notre famille durant cette journée. Au bureau où ma mère travaille, on a organisé une collecte de mots d'encouragement et de sous. Nous en sommes, encore chaque jour, très touchés. Les premiers jours, je me sens triste de quitter le chevet de mon fils pour aller rejoindre Maxinne. Mais quand je la vois, avec son sourire, je me sens mieux. J'exprime mon lait aussi souvent que possible. Chaque matin, à mon réveil, mes seins gorgés de lait me rappellent, sans attendre, l'absence de mon fils. Ayant un tire-lait électrique à la maison, je peux exprimer mon lait presque aussi efficacement qu'à l'hôpital. Mylène Schryburt, une collègue LLL, m'a recommandé d'exprimer au moins 500 ml par jour afin de maintenir une bonne production. J'accumule des millilitres de lait. Je fais la paix avec le tire-lait. Il est devenu mon ami, il m'accompagne dans ces moments douloureux. Il m'aide, jour après jour, à garder un lien avec mon fils. Puis, le quatrième jour, Romain reçoit mon lait par gavage. Et hop, le lendemain il est au sein. Il tremble énormément et laisse le mamelon sans arrêt. C'est qu'il est en sevrage de morphine. Mais il persiste et, petit à petit, il le garde dans sa bouche un peu plus longtemps…

Les deux premières nuits, c'est Thomas, son papa, qui a veillé sur lui à l'hôpital. Ma grande, ayant un début de rhume, me réclamait à la maison. Comme j'avais de bonnes réserves de lait et que Romain buvait peu, ce fut assez facile. Je trouvais très pénible de voir mon petit homme en sevrage. Il bougeait et tremblait sans arrêt, mais nous ne pouvions le prendre à cause de certains fils. Mon mari était plus serein devant cette situation. Son calme aidait notre garçon à prendre du mieux. Je suis restée avec Romain une nuit. Il a peu dormi, mais a tété souvent. J'avais si hâte de l'allaiter dans notre lit à la maison. Il y avait tellement de bruit et d'agitation autour. Chaque fois qu'il réussissait à s'assoupir, une infirmière venait prendre ses signes vitaux ou une machine sonnait ou un patient pleurait ou toussait. Il avait tant besoin de dormir. Thomas a fait les nuits suivantes. Puis, le 21 février, nous avons eu le congé et nous sommes rentrés à la maison. Que la première nuit à la maison fut émouvante ! Le silence de la maison contrastait tellement avec les différents bruits du milieu hospitalier. Un autre sevrage. Mais au moins, je pouvais le laisser au sein, car nous dormions à nouveau ensemble. Thomas dormait sur un matelas qu'il avait placé à côté du nôtre. Puis Maxinne nous a aussi rejoints, ne voulant pas rester seule. Que j'étais heureuse de retrouver mon humble demeure avec tous ses habitants ! Je crois que c'est ça, la plénitude.

Depuis sa chirurgie, Romain boit beaucoup plus au sein et mange de bonnes purées bio que je lui prépare avec amour. Il est rose, enjoué, moqueur et dit « maman ». Vous devriez voir le brillant de ses yeux bleus quand il regarde sa grande sœur Maxinne. J'y vois tant d'admiration de sa part. J'en suis émue encore chaque fois.

Thomas et moi sommes restés unis. Je suis heureuse d'avoir cet homme à mes côtés pour vivre ces épreuves. Nous formons une équipe solide et forte. Il m'a toujours encouragée et appuyée dans tout. Quand je revenais de tirer du lait, il me demandait combien de millilitres j'avais obtenu. Il expliquait au personnel de l'hôpital à quel point le lait maternel, mais aussi l'allaitement, était bon et important pour notre fils, comme pour tous les bébés en fait. Merci Thomas. Merci Maxinne. Merci aussi à ma belle maman d'amour.

Depuis six ans, j'aurai eu peu de temps sans allaitement (huit mois exactement), mais chaque fois que j'y pense, je me dis que si c'était à refaire, je referais les mêmes choix au sujet de l'allaitement et du maternage. C'est si agréable d'allaiter. Je me sens si proche de mes bébés grâce à l'allaitement. Les prochains aussi seront nourris et aimés de cette façon. Et oui, parce que si tout va bien avec Romain et son cœur, nous en aurons d'autres. J'adore être maman, surtout que le papa que mes enfants ont est génial ! Merci la vie de nous avoir laissé notre cher Romain ! Merci Romain d'être parmi nous et d'être aussi énergique !

Chaque enfant a sa propre histoire

Mélissa

Lorsque j'étais petite, je voyais ma mère allaiter mon jeune frère et je faisais de même avec mes poupées. Sans le savoir, ma décision d'allaiter était déjà prise et ce geste était déjà des plus naturels pour moi. La question ne se posa donc pas lors de ma première grossesse, 20 ans plus tard. Au mois de janvier, j'accouchai naturellement de mon premier enfant, un gros garçon de 9 1/2 lb , en maison de naissance, après un très long travail de plus d'une trentaine d'heures. Toute ma fatigue disparut et mon cœur chavira aussitôt. Il fut mis au sein dans les minutes qui suivirent sa naissance et se débrouilla plutôt bien. L'allaitement démarra bien et se poursuivit jusqu'à ses 10 mois. Puis, j'ai dû le sevrer en raison d'une chirurgie que je devais subir dans les semaines à venir. Il était prêt et passa vite à autre chose. Nous avions vécu de très beaux moments ensemble durant l'allaitement, nous en avions bien profité, alors cela se fit en douceur pour nous deux.

Quelques semaines plus tard, j'ai appris que j'étais enceinte à nouveau. J'ai tout de suite été très heureuse à l'idée de donner naissance une seconde fois, bien que cette grossesse ne fût pas tout à fait planifiée. Malgré ma crainte d'un long accouchement comme le précédent, j'ai choisi encore une fois d'accoucher en maison de naissance, car il allait de soi que cet accouchement se fasse le plus naturellement possible, et ce, dans un environnement chaleureux où je serais bien entourée et où mon intimité et mes décisions seraient respectées. Au mois de novembre, 21 mois après mon premier accouchement, j'ai donné naissance à un beau garçon de 10 lb après une vingtaine d'heures de travail. Malgré ce long travail, la fatigue est disparue encore une fois, chassée par le bonheur de cette rencontre. J'ai mis mon bébé au sein et il a fini, lentement, par prendre le sein. Il arrêtait parfois pour gémir, semblant nous dire à quel point il avait trouvé le chemin long et combien il était fatigué. L'allaitement de ce second bébé se déroula très bien malgré quelques petites difficultés au cours des premières semaines. En effet, il vomissait régulièrement de très grandes quantités de lait à la fin de son boire. Nous avions beaucoup de difficultés à lui faire faire son rot et devions parfois nous résoudre à arrêter. Plus tard, il vomissait son boire et je devais recommencer à le nourrir. Cela était d'autant plus difficile que je devais également prendre soin de mon autre petit garçon, qui profitait des moments d'allaitement pour faire les quatre cents coups. J'ai fini par consulter un ostéopathe et, après seulement un traitement, mon bébé a cessé définitivement de vomir. Par la suite, j'ai souvent conseillé aux mères de mon entourage de consulter un ostéopathe reconnu lorsqu'elles avaient des problèmes avec leurs bébés puisque, pour nous, ce fut d'une grande aide. J'ai donc allaité mon garçon jusqu'à ses 11 mois. Ce fut un sevrage assez facile et encore une fois, j'étais pleinement satisfaite de cette expérience d'allaitement et j'en retirais une grande fierté.

Forte de deux expériences d'allaitement relativement faciles, je me faisais un devoir d'encourager les mères de mon entourage et de les féliciter. Pour moi, allaiter était la chose la plus naturelle du monde et un geste des plus beaux et des plus significatifs. Durant les périodes où j'allaitais, je refusais de me cacher ou de me couvrir à outrance. Je faisais cela où bon me semblait, prête à me défendre si quiconque osait me faire un commentaire. Ce fut rarement le cas. Je dus essuyer quelques regards désapprobateurs mais sans plus. De toute façon, cela m'était égal. Dans ma famille et ma belle-famille, j'ai toujours été encouragée et soutenue. Mon beau-père s'amusait même à m'appeler à la blague *feeding machine* et me racontait comment sa mère, à l'époque, en Italie, était la nourrice dans le voisinage.

Puis, alors que mon plus jeune garçon avait deux ans et demi, j'ai appris que j'étais enceinte à nouveau. Cette grossesse était planifiée et l'annonce de la venue de cet enfant nous a tous comblés de joie. Les garçons demandaient une sœur depuis si longtemps. Nous avons dû leur expliquer qu'on ne choisit pas le sexe du bébé et qu'ils devraient attendre à l'accouchement pour savoir si ce serait un petit frère ou une petite sœur. Puisque nous n'habitions plus la région de Montréal mais plutôt une petite ville dans une région sans maison de naissance, nous avons décidé que la naissance aurait lieu chez nous, dans le confort et la quiétude de notre foyer. Nous avons fait connaissance avec deux femmes exceptionnelles qui nous ont accompagnés dans cette grande aventure. J'ai consulté une excellente ostéopathe qui a entrepris, en douceur, de replacer mon bassin qui était dévié. C'était peut-être une des raisons pour lesquelles mes accouchements étaient longs. Je l'ai donc rencontrée à plusieurs reprises durant ma grossesse, et mon mal de dos, qui avait également été présent aux grossesses précédentes, a disparu au bout de deux rencontres. J'ai aussi fait beaucoup de visualisation afin de calmer ma peur d'un autre long travail. Sous les conseils de mes deux sages-femmes, je me suis mis en tête que chaque accouchement est unique et je me répétais cela jour après jour. Finalement, à la fin du mois de mars, après un court travail de six heures, j'ai donné naissance à une belle petite fille de 7 lb 13 onces. Ce fut une double surprise, car je ne m'attendais pas à avoir une fille et l'accouchement s'est fait plus rapidement que ce que j'osais espérer. De plus, notre petite fée avait choisi la journée de notre dixième anniversaire de vie de couple à mon conjoint et moi pour naître. Quelle belle histoire ! Ses frères avaient assisté à la naissance, car ils y tenaient beaucoup. Avant de se coucher le soir, ils nous rappelaient toujours de les réveiller si le bébé arrivait durant la nuit. Ma mère avait également assisté à cet évènement mémorable, discrète comme toujours, les larmes aux yeux.

Nous avons cependant dû être emmenées à l'hôpital, ma fille et moi, car nous avons commencé à faiblir quelque temps après l'accouchement. Quand le médecin et les infirmières ont eu fini de s'occuper de moi, on m'a installée dans une chambre, sans mon bébé. Mon conjoint est resté aux côtés de notre petite fée tout le temps que cela fut possible, mais il a dû venir me rejoindre aux petites heures du matin, exténué. J'ai très peu dormi, partagée entre plusieurs sentiments, dont ma peine d'être séparée de mon amour de petit bébé, ma douleur physique, le choc de la tournure des évènements, la culpabilité et, malgré tout, une grande joie, car j'avais maintenant une fille. À mon réveil environ deux heures plus tard, affamée, j'ai demandé à déjeuner, car je n'avais rien mangé depuis l'accouchement. Puis j'ai dû attendre que quelqu'un soit disponible pour m'amener voir mon bébé à la pouponnière, car j'étais trop faible pour marcher et mon conjoint était déjà aux côtés de notre puce. J'ai enfin pu la voir en matinée. Elle ne portait qu'un bonnet et une couche. Elle était dans un petit lit chauffé par une lampe. J'aurais tellement voulu la couvrir et la prendre. Elle était toute calme et dormait. J'avais de la difficulté à tendre le bras jusqu'à elle, mais je pu serrer sa petite main. Quelques heures plus tard, à son réveil, j'ai enfin pu l'allaiter. Elle a pris timidement le sein, durant une courte période. Puis, elle l'a repris et repris. J'étais si heureuse de la retrouver et de la nourrir, enfin. Notre séparation m'avait fait très mal. Par la suite, son papa et moi avons passé le plus de temps possible à la bercer dans la pouponnière. Nous ne la quittions pratiquement que la nuit lorsque nous allions dormir. Il était malheureusement interdit aux personnes autres que les parents d'aller dans la pouponnière, alors il était impossible qu'un autre membre de la famille puisse prendre la relève pour aller la bercer. Nous étions loin de la philosophie des maisons de naissance… Le lendemain, elle a reçu une transfusion sanguine et a encore passé les jours suivants en pouponnière.

Nous avons continué de la bercer durant de longues heures. Puis, la veille de notre départ, nous avons eu le droit de cohabiter dans la même chambre. J'avais enfin l'impression qu'on me laissait mon bébé. Je m'étais sentie beaucoup observée dans la pouponnière et certains membres du personnel infirmier, bien intentionnés, étaient même parfois venus jusqu'à replacer ma fille durant l'allaitement, pincer mon mamelon, etc., bref, entrer dans la petite bulle dont ma fille et moi avions tant besoin.

Le médecin qui m'a suivie durant ma grossesse croit que j'ai probablement fait un décollement du placenta, d'où la perte de sang de ma fille et la mienne. Les saignements étaient imperceptibles durant le travail, probablement en raison de la tête du bébé accotée sur le col.

Nous avons ensuite eu notre congé de l'hôpital au bout de cinq jours et sommes rentrés à la maison, exténués, là où nos deux fils nous attendaient. Les jours suivants furent ponctués de hauts et de bas. Mon conjoint fit tout en son possible pour que je me repose. J'allaitais ma fille et elle prenait du mieux. Par contre, elle ne semblait jamais boire assez longtemps et avait de plus en plus de difficulté à prendre le sein. Elle prenait très difficilement le sein droit. Un soir, elle a pleuré durant au moins deux heures, incapable de prendre le sein, et ce, malgré les différentes positions que j'essayais et le bain avec elle. Elle a fini par s'endormir, épuisée, puis elle s'est réveillée durant la nuit et je l'ai allaitée couchée. Elle avait eu le temps de se calmer. De mon côté, j'avais le cœur brisé et je ne comprenais pas pourquoi elle prenait si difficilement le sein. Le lendemain, nous avons pris un rendez-vous avec mon ostéopathe et j'ai commencé à tirer du lait à l'aide de mon tire-lait. J'avais décidé de préparer un biberon dans l'éventualité où je me retrouverais dans la même situation que la veille. Cette journée-là, dans l'après-midi, elle a commencé à refuser le sein à nouveau et j'ai dû me résoudre à lui donner un biberon, un peu à contrecœur, mais cela me semblait la meilleure décision. Elle l'a bu d'une traite. Dans les jours suivants, l'allaitement alla plus ou moins bien. Elle se réveillait une fois ou deux par nuit et buvait bien mais pas longtemps ; cependant, plus la journée avançait, plus elle refusait de boire au sein. Lorsqu'elle a vu notre bébé, l'ostéopathe nous a confirmé qu'elle avait un torticolis. Notre petite puce a pris du mieux après son traitement, mais a continué à éprouver des difficultés à prendre le sein. Un après-midi, après avoir passé plus de deux heures à essayer de la nourrir et à l'endormir, j'ai pris la décision de lui donner le biberon de mon lait que j'avais au réfrigérateur. Encore une fois, elle l'a bu d'une traite et a enfin semblé rassasiée. J'avais beaucoup de difficulté à accepter l'idée de ne pas nourrir mon enfant au sein, mais mon conjoint m'a dit de plutôt observer notre fille, de laisser aller les choses et de lui donner ce dont elle avait besoin. J'en ai parlé aussi avec ma sage-femme, qui m'a conseillé de lâcher prise et de laisser aller les choses car ces difficultés minaient mon moral déjà très chancelant. J'ai alors pris la décision de tirer mon lait à partir de ce jour à l'aide d'un tire-lait. Elle m'a conseillé d'en tirer très régulièrement durant la journée afin de conserver une bonne production. Comme j'avais toujours eu beaucoup de lait et un réflexe d'éjection assez puissant, cela se faisait assez facilement, heureusement. De plus, ma fille prenait son premier boire, le matin, au sein, dans mon lit. Cela était probablement dû au fait que je lui donnais le sein avec lequel elle avait un peu plus de facilité, mais surtout parce qu'elle était très détendue et endormie à ce moment. Par contre, elle ne buvait pas très longtemps et se rendormait pour un moment.

Ce fut donc notre routine durant quelques semaines. Sein au lever, puis je tirais du lait après mon déjeuner, en début d'après-midi, en fin d'après-midi et en soirée. Je tirais autant de lait que mon corps le permettait, parfois même jusqu'à 10 onces d'un coup ! Je laissais la quantité de lait dont ma puce avait besoin à la température ambiante et le lui donnais dans les heures qui suivaient. Cela était très pratique également lorsque nous étions à l'extérieur. Pas besoin de réfrigérer ou de réchauffer. De plus, papa pouvait nourrir sa fille lorsque j'avais grand besoin de faire une sieste ou de prendre un bain. Je tirais du lait en vidant mon lave-vaisselle avec l'autre main, le matin, en mangeant parfois, toujours d'une main, en faisant la lecture aux enfants le soir, en voiture (passagère, bien sûr) en allant visiter la famille ou en nous rendant à la pratique de soccer de fiston. Pas de temps à perdre avec trois enfants ! De plus, même si l'allaitement est un moment privilégié entre la mère et son enfant, donner le biberon peut être fait d'une manière agréable et chaleureuse aussi. En outre, il y a d'autres façons d'être en contact avec son bébé. Dans mon cas, j'ai toujours dormi avec mes nourrissons et je les ai toujours portés régulièrement dans des porte-bébés durant leurs premières semaines de vie. C'est d'ailleurs de ces façons que ma fille et moi nous sommes rapprochées et avons repris le temps perdu à la suite de nos heures séparées l'une de l'autre et de l'hospitalisation.

Puis, j'ai senti que cela ne suffisait plus. Quelques semaines plus tôt, j'avais de grandes réserves de lait que je congelais, mais depuis quelques jours, j'étais toujours juste avec mes quantités de lait et j'ai dû commencer à utiliser mes réserves de lait au congélateur. Il faut dire que notre petit ange faisait ses nuits depuis l'âge de 2 semaines et qu'elle dormait maintenant au moins 10 heures par nuit sans se réveiller et sans boire. C'était un beau cadeau, mais cela n'encourageait pas ma production de lait. J'ai alors pris une autre décision difficile : introduire un biberon de formule commerciale par jour pour répondre aux besoins de ma fille, qui augmentaient. Je n'avais jamais pensé nourrir un de mes enfants avec des substituts du lait maternel et des biberons, mais depuis la naissance de ma fille, je n'en n'étais plus à ma première surprise. Ce ne fut pas une mauvaise décision en soi puisque ma fille a semblé avoir une poussée de croissance peu de temps après et nous avons connu un épisode de canicule dans les jours qui ont suivi. J'ai donc pu répondre plus facilement à ses besoins. Ma production de lait diminuant, j'ai dû donner de plus en plus de formule, non sans un pincement au cœur. Combien de fois ai-je dit à mon conjoint à quel point je trouvais difficile que ma fille ne prenne pas le sein et que je doive envisager de la nourrir complètement à la formule si jeune. J'avais lu tellement de choses sur l'allaitement et ses bienfaits que je me sentais coupable de ne pas offrir tout cela à ma fille plus longtemps. Par contre, lorsque je la vois, pleine de vie, toujours souriante et de bonne humeur, je me dis que je dois aussi me féliciter pour toutes ces semaines où j'ai tiré mon lait et lui ai offert ce beau cadeau. Je ne l'ai pas nourrie au sein ou de mon lait aussi longtemps que je l'avais prévu, mais j'ai fait de mon mieux dans les circonstances. Avec la naissance de ma petite fée, j'ai appris beaucoup, entre autres, qu'il faut savoir s'adapter dans la vie et aussi qu'il faut essayer de voir le bon côté des choses, même lorsqu'il est plus facile d'en voir les mauvais côtés. En effet, j'ai nourri ma fille avec amour de mon lait si précieux durant quatre mois et je dois m'en féliciter et en être fière d'abord et avant tout.

Par ce texte, je souhaite non pas encourager les mères à abdiquer devant les difficultés qu'elles peuvent éprouver durant l'allaitement, mais plutôt les encourager à trouver leurs propres solutions aux problèmes qu'elles peuvent rencontrer et à se féliciter des efforts qu'elles font. J'espère aussi que cela pourra être un baume sur le cœur d'une maman qui, pour une raison ou pour une autre, ne peut allaiter son enfant aussi longtemps qu'elle le désire, tout comme moi. Nous avons toutes à cœur le bien-être de nos enfants.

Un lien de vie

Natacha Bherer

À mes trois enfants, Daphné, Loup et Gaïane,
et à mon compagnon de vie et parrain d'allaitement, Serge

À Mme Francine Martel, consultante en lactation, qui a su dire les
mots apaisants qui m'ont redonné de la force, de l'espoir et qui m'ont
guidée au moment le plus difficile de mon expérience d'allaitement

Je suis une femme privilégiée. Déjà, bien avant d'avoir des enfants, l'allaitement était la norme autour de moi. Durant mon adolescence, j'ai vu ma mère allaiter mes quatre jeunes frères et sœurs, et mes nombreuses tantes allaiter mes nombreux cousins et cousines. Dans la famille de mon père, on allaite de mère en fille depuis la nuit des temps. Comme jeune adulte, j'ai vu toutes mes amies devenues mères allaiter avec bonheur, et mes belles-sœurs allaiter leurs bambins jusqu'à plus soif...

Puis un jour, c'est à mon tour d'y penser... Y penser? Mais non! Pas besoin d'y penser. L'allaitement est pour moi la suite toute naturelle à l'expérience toute neuve de porter un enfant... Mon enfant. Ça va de soi que je l'allaiterai! Point besoin d'en parler ou de lire là-dessus. Je peux même me passer du cours prénatal sur le sujet. Surtout qu'il y a tant à connaître au sujet de la grossesse et de l'accouchement. Et ma curiosité est sans bornes.

Par une tiède soirée de printemps, se déroule l'expérience la plus forte et la plus belle de ma vie : un accouchement naturel, bien entourée, à la maison pour la majeure partie du travail et ensuite à l'hôpital, par mon compagnon de vie et une accompagnante à la qualité de présence hors du commun. Suite à cette naissance fluide et joyeuse, je me retrouve face à face avec une petite fille qui me regarde intensément. De cette intensité qu'on n'oublie jamais. Après un temps d'éternité, les yeux dans les yeux, où déjà l'Amour envahit chacune de mes cellules, je l'approche de mon sein. Mais ça ne l'intéresse pas. Elle veut revenir à mon regard. « Eh bien, avec plaisir! Regardons-nous! Tu auras bien le temps de téter un peu plus tard. Quand tu en auras le goût. »

La première nuit se déroule sans succès avec l'allaitement. On m'explique que mon bébé a beaucoup de sécrétions, qui lui causent peut-être des nausées. Et que c'est sans doute pour ça qu'elle n'est pas intéressée à boire. Au petit matin, je suis bien enthousiaste : elle boira aujourd'hui. Mais la journée avance et elle ne prend toujours pas le sein. Pas qu'elle se fâche ou proteste. Non. Elle ne le prend tout simplement pas, malgré toutes nos tentatives. En moi s'installe, dès lors, une grande tension qui ne me quittera plus. Plus pour longtemps. Ah ! Et si encore c'était seulement nous qui étions inquiets, de plus en plus inquiets… et que les autres, les professionnels, eux, nous rassuraient, nous disaient qu'elle peut encore passer quelques heures sans boire et qu'ensuite, s'il le faut, on envisagera des alternatives. Des alternatives qui ne mettront pas en jeu notre allaitement. Mais non, c'est le contraire. Les infirmières, qui se relaient pour tenter de m'aider à faire téter ce bébé, sont presque plus déçues que moi en repartant bredouilles. Elles entrent dans la chambre en nous demandant anxieusement : « Et puis, est-ce qu'elle a tété finalement ? » Ça devient vite intenable. J'en viens à voir mon allaitement en péril. Mais pour moi, il n'y a qu'une façon de nourrir mon bébé : c'est au sein. S'il ne tète pas, il mourra. C'est ça que je ressens intérieurement. Et ça prend toute la place.

Au cours de la première journée, j'attends fiévreusement la visite de mes deux belles-sœurs, marraines d'allaitement, et ensuite de mon accompagnante à la naissance. Et on essaie et essaie encore. Rien n'y fait. Mon bébé reçoit de l'eau glucosée, à plusieurs reprises. « Mais pas au biberon ! » que je veille et que j'insiste. Au bout de la deuxième journée, elle, qui s'appelle maintenant Daphné, prend parfois mon sein dans sa bouche mais ne tète pas vraiment. Nous sommes épuisés de toute cette tension et de l'hôpital. On entre dans notre chambre comme dans un moulin : le concierge, la dame préposée aux menus, une autre dame pour les petits cadeaux, la préposée aux télévisions, etc. Nous n'en pouvons plus. Nous nous disons que l'allaitement aura une vraie chance de démarrer dans le contexte calme de notre maison. Nous nous décidons à quitter même si notre bébé n'a pas reçu son congé. Nous devons donc signer un refus de traitement. On nous regarde avec un air désapprobateur. Presque comme si nous étions des criminels. Nous qui sommes si inquiets pour notre bébé. Mais on ne nous donne aucun conseil. Aucune balise. (« Vérifiez ce qu'il y a dans la couche. Faites peser bébé dans 24 heures… ») Seul un silence indigné nous accompagne lorsque nous sortons.

Les journées qui suivent, à la maison, nous apportent d'abord un calme bienfaisant et nous permettent de nous rapprocher de notre bébé. C'est là que je vois, émue, Serge, le papa, tomber en amour avec son bébé Daphné. Mais l'allaitement ne s'améliore pas et la tension et l'inquiétude reviennent vite et grimpent et grimpent… Je cherche une solution, je ne pense qu'à ça. J'appelle une marraine, qui me réfère à une autre, et encore une autre. On me parle de plusieurs choses : éviter la téterelle, madone inversée, stimuler ses lèvres avec le mamelon, faire beaucoup de peau-à-peau, etc. Je mets en pratique tous les conseils que l'on me donne. Parfois, je sens qu'elle tète un peu. J'essaie, je réessaie, je m'entête. Chaque tentative dure trop longtemps et nous laisse épuisées, elle et moi. Je m'endors d'un sommeil léger, rongée par l'inquiétude et obsédée par la mission que j'ai. Je mange peu, je n'ai pas faim. Tout ce que je réussis à avaler ce sont des céréales granola. Daphné, elle, a de beaux moments d'éveil où elle communique toujours si intensément avec nous par son regard. Ce sont de petits instants de bonheur, de toutes petites accalmies dans la tourmente. Autrement, elle dort et dort et est très difficile à réveiller. Je parle avec une marraine qui a eu des bébés dormeurs, elle nous donne des trucs. Serge découvre d'autres trucs pour la réveiller avant de l'essayer au sein ; ce qui fonctionne le mieux, c'est de la masser doucement de la tête aux pieds. Les nuits sont particulièrement pénibles. Le matin ramène un peu d'espoir. Nous mettons la couche sous haute surveillance, comme les marraines d'allaitement nous l'ont recommandé, et nous notons tous les pipis et cacas. Elle fait le minimum requis, bien juste, chaque jour.

Puis le sixième jour, presque plus rien dans la couche. Au bout de la journée, à peine deux pipis. Ce n'est pas assez. Il faut réagir. Je tente de me tirer du lait, en obtiens un peu et le lui donne à la seringue. Serge va acheter de la préparation commerciale et nous lui en donnons aussi à la seringue. Nous décidons que nous irons demain au rendez-vous prévu avec le médecin pour la 39e semaine de grossesse, que je n'ai pas annulé. Le lendemain matin, c'est la visite de l'infirmière du CLSC. Elle pèse Daphné et constate qu'elle a perdu beaucoup de poids. Environ 15 % de son poids de naissance. Elle qui était déjà toute petite, elle fait maintenant moins de 5 lb. L'infirmière nous recommande bien sûr d'aller comme prévu voir le médecin en après-midi. Et à peine un petit pipi et avec un peu de sang en plus, ce qui m'inquiète beaucoup bien sûr. Et je pleure et je pleure et ne peux cesser. Je voudrais que ce cauchemar finisse. Mais pas avec un biberon. Je dois allaiter. Je vais allaiter mon bébé. J'ai besoin d'aide. Avant de partir, je laisse à nouveau un message à une consultante en lactation dont on m'a donné le numéro de téléphone.

À la clinique, le médecin constate aussi que Daphné a perdu beaucoup de poids et qu'elle est déshydratée. Il nous envoie au pédiatre en service à l'hôpital en nous disant pour nous rassurer que c'est un bon monsieur et que sa femme a allaité tous leurs enfants. Le pédiatre nous annonce que notre fille doit être hospitalisée puisqu'il faut rapidement la réhydrater. Elle est en danger. Quand je comprends que nous resterons en pédiatrie, je mesure ce qui nous arrive, et pire, ce qui aurait pu nous arriver, j'en perds presque connaissance. Serge s'occupe de tout pendant que je me ressaisis.

Et là commence la ronde des piqûres : on la pique sur le talon pour un bilan sanguin et puis on tente de la piquer sur le bras et ensuite sur la tête pour pouvoir lui mettre un soluté. On ne veut pas le faire en notre présence. Je ne comprends pas, je m'objecte. On est catégorique. On l'emmène. Je finis par comprendre que c'est seulement pour que les techniciens se sentent plus à l'aise et non pour ma fille qu'on l'éloigne de nous. Et j'entends ses cris aigus, aigus comme ceux d'un oiseau de proie, à l'autre bout du corridor. Nous voulons être à ses côtés, c'est encore plus souffrant ainsi... On la ramène enfin. On n'a pas réussi à trouver de veine. Elle est si petite et déshydratée en plus. Quand le pédiatre apprend cela, il commence à s'énerver. Il nous dit qu'il veut un soluté pour pouvoir lui donner des antibiotiques au cas où. Quand nous lui disons que nous ne voyons pas la nécessité de lui donner des antibiotiques (elle ne fait pas de fièvre, n'a aucun symptôme d'infection), il devient hors de lui, menace de nous transférer à Sainte-Justine, nous dit que notre enfant ne va vraiment pas bien... (Les infirmières nous expliqueront un peu plus tard qu'il est de garde presque sans relâche depuis bientôt 72 heures). Je suis désemparée et mes épaules, déjà si lourdes d'inquiétude et de culpabilité, s'affaissent encore plus. C'est Serge qui parvient à faire revenir ce médecin à la raison. Il lui dit : « Elle est déshydratée. C'est de cela qu'il faut vite s'occuper. Comme le soluté ne marche pas, on va la faire boire. Dites-nous les quantités d'eau qu'il faut qu'elle boive et nous les lui ferons boire. Vous continuerez à vérifier son état entre-temps. » Le pédiatre retrouve son calme et nous indique les quantités et la fréquence des boires d'eau glucosée.

Il nous envoie une infirmière, qui arrive avec un biberon. Je lui explique que je ne veux pas que Daphné prenne le biberon, car elle ne réussit pas à prendre le sein et que ça pourrait compromettre l'allaitement. Je demande un tube de gavage pour la nourrir au doigt. L'infirmière est sceptique mais collabore et nous apporte le tout. Je n'ai jamais vu comment on fait cela, j'ai seulement lu au sujet de l'alimentation au doigt. Il y a beaucoup de choses à tenir. Serge est indispensable. Nous travaillons ensemble et faisons de notre mieux. Ça se passe bien. Daphné collabore à merveille. Elle boit toutes les quantités prescrites aux moments demandés.

Dès que j'en ai la chance, je me tire un peu de lait et le lui donne à la seringue.

Un peu plus tard, je réussis à rejoindre la consultante en lactation à laquelle j'avais laissé quelques messages. Je lui explique la situation. Elle m'écoute patiemment. Elle me donne de nombreux conseils qui vont se révéler très utiles dans les jours et les semaines qui suivent. Elle me dit de prendre une tétée à la fois, de ne pas penser plus loin : pas aux heures qui viennent, encore moins aux jours qui viennent. Une tétée à la fois, comme j'ai pris une contraction à la fois. Mais plus que tout, je n'oublierai jamais ses mots encourageants, ses paroles déculpabilisantes, qui me font tant de bien au moment ou j'en ai tellement besoin. « L'allaitement va réussir si tu persévères. Tous les bébés finissent par prendre le sein un jour ou l'autre. Un jour, sans doute que ta fille fera comme mon fils et dessinera une maman avec un bébé au sein. » Merci d'avoir pris soin de la mère naissante en moi qui se sentait si incompétente, si mauvaise. Infiniment merci.

Nous passons la nuit ensemble. Une nuit entrecoupée de boires au doigt. Moi dans le lit d'hôpital pour enfants avec Daphné, et Serge par terre sur une couverture. On tolère sa présence, car normalement seulement un parent peut rester au chevet d'un enfant en pédiatrie. J'en suis reconnaissante, car j'aurais difficilement tenu le coup toute seule. La deuxième journée passe avec les souffrances des prises de sang aux talons mais les succès des boires au doigt. Son état d'hydratation s'améliore et Daphné reprend toujours du poids. Aussi souvent que je peux, j'essaie de l'allaiter, mais maintenant je m'y prends autrement : j'essaie seulement quelques minutes, pas longtemps mais souvent, c'est bien mieux ainsi. Les infirmières sont bien intriguées de voir l'allaitement au doigt. Je communique avec elles, je leur explique pourquoi on s'y prend ainsi. Ça me fait du bien et la plupart sont intéressées. Le surlendemain, le pédiatre en service, qui est jovial et compréhensif, nous donne notre congé en nous demandant de revenir faire peser Daphné le lendemain matin.

De retour à la maison, nous savons que nous devrons continuer à supplémenter Daphné jusqu'à ce qu'elle tète vraiment bien au sein. Je veux lui offrir mon lait en supplément plutôt que des préparations commerciales. Je demande à Serge d'aller louer un tire-lait électrique et d'acheter le kit qui vient avec. Le kit double : je vais tirer mon lait des deux seins à la fois. Ça permet d'y passer moitié moins de temps et stimule plus la production de lait, m'a-t-on expliqué.

Nos familles nous soutiennent et nous apportent beaucoup d'aide Pendant notre deuxième séjour à l'hôpital, mes deux belles-sœurs viennent faire le ménage de la maison et remplissent le frigo de petits plats. Dès notre retour, ma mère vient passer une semaine avec nous. Sa présence nous apporte soulagement et réconfort. Avec son énergie débordante, elle nous aide à ranger la maison, fait tous les repas. Rien de mieux qu'une table bien mise avec un bon repas de maman : mon appétit revient peu à peu. Elle me concocte une potion aux flocons d'avoine pour stimuler ma production de lait. Quelques heures plus tard, tire-lait aidant bien sûr, me voilà en montée de lait. Que cet engorgement est bienvenu ! Plus, plus de lait dans mes seins, pour nourrir mon bébé !

Le premier mois de Daphné est vraiment le mois le plus long et le plus « vécu » de notre vie. Comme disait mon grand-père Jean-Baptiste, à propos des innombrables nuits où il a volontiers pris le relais de ma grand-mère Isabelle pour s'occuper de leurs neuf enfants : « Comme ça, on a connaissance de notre vie ! » Nous sommes programmés sur un horaire de boires aux 3 heures, ce qui nous donne 8 boires par 24 heures. On nous a dit de respecter ce nombre et nous y tenons mordicus : nous demeurons inquiets pour cette petite fille qui doit s'hydrater et grossir. Chaque bloc de 3 heures se répartit à peu près comme suit : 45 minutes à réveiller Daphné, 15 minutes d'essai au sein avec ou sans succès, 15 minutes pour donner le supplément au doigt, 30 minutes pour tirer mon lait après le boire, 15 minutes pour laver toute la quincaillerie de tire-lait et d'alimentation au doigt et une heure pour tout le reste : manger, dormir, se laver, etc. Les jours passent et on maintient la cadence avec des pavés de fatigue qui s'amoncellent mais que l'on ignore.

Si je dis nous, c'est que c'est vraiment NOUS. Papa Serge est présent et agissant à chaque étape de ce cycle immuable de trois heures. Il est particulièrement indispensable pour la supplémentation au doigt. Je lui donne donc le titre glorieux de « papa allaitant ». Le NOUS inclut aussi, pour la première semaine, ma mère qui nous aide à réveiller Daphné et reste marquée par cette expérience. De retour chez elle, mon père la surprend à être somnambule, semble-t-il pour la première fois de sa vie. Endormie, elle se lève, marche jusqu'au salon, ouvre la porte de la garde-robe et proclame « Le bébé va téter dans une heure », et elle retourne se coucher.

Eh bien, ce n'est finalement qu'au bout d'un mois que Daphné prend toutes ses tétées au sein sans supplément. Victoire. Soulagement. À peine alors quelques jours de sursis et encore de l'angoisse : ma très grande fatigue m'amène à faire une double mastite, une dans chaque sein. Un canal bloqué de chaque côté et, pas plus qu'une heure après, la fièvre et les maux musculaires si pénibles. Encore là, je suis intérieurement sur un pied de guerre : mon allaitement est menacé, donc la vie de mon bébé est menacée, je dois réagir. Ça prendra bien trois semaines avant de me sentir tout à fait rétablie des canaux bloqués. Viendront ensuite des coliques interminables, pour plus de six mois, le muguet avec des douleurs aux mamelons et à l'intérieur des seins, et un inconfort de mon bébé durant les tétées. Elle gigote, se tortille, bref, ce n'est pas tout à fait agréable. Mais je persévère, nous persévérons. Il va bien y avoir un moment où l'allaitement sera plus agréable…

C'était il y a neuf ans, mais pourtant, mes souvenirs de ces premières semaines sont encore vifs. Encore à vif. Au creux de mon ventre, une angoisse sourde et douloureuse jumelée à une obsession avait pris la place de mon bébé. « Il doit téter, ce bébé… Va-t-il téter, ce bébé ? Que faire pour qu'il tète, ce bébé ? » Ce bébé, dans mes bras, qui ne comprenait pas comment prendre mon sein. Alors que j'avais vu tant de bébés se mettre au sein sans demander leur reste.

Alors que Daphné a six mois, je décide de joindre le groupe d'entraide à l'allaitement de ma région. J'ai le goût de rencontrer d'autres femmes qui vivent cette expérience, et j'ai le goût de redonner un peu de ce que j'ai reçu : beaucoup d'appui et d'encouragement de la part des marraines d'allaitement qui m'ont aidée. Qui plus est, je me dis que j'ai déjà suivi une bonne partie de ma formation « marraine d'allaitement 101 » par expérience avec les nombreuses difficultés que j'ai rencontrées. Mais l'expérience d'accompagnement me montre rapidement que l'important est autant l'écoute attentive et active que le bagage de connaissances lorsqu'on aide en allaitement. Le partage avec les femmes que j'accompagne m'amène constamment à développer ma sensibilité et à pousser plus loin ma capacité d'ouverture à l'autre. Il me garde en contact avec l'émerveillement, l'intensité et la vulnérabilité des premiers jours avec un bébé. Ces jours à fleur de peau. À fleur de lait. Ces jours où notre cœur se gonfle comme nos seins. Se gonfle et s'ouvre tant que ça fait mal. Tant d'Amour. Tant de force. Tant de fragilité.

Et dans mon expérience personnelle, arrivent un jour ces neuf mois bénis. Plus de coliques. Un allaitement relax et agréable. Plus de muguet, plus de canaux bloqués. La grâce. Et on s'arrêtera bientôt ? Non. Aucune presse. J'aime allaiter Daphné. J'aime de plus en plus allaiter Daphné. Surtout depuis qu'elle tète en paix. Et visiblement Daphné aime téter à mes seins ! Alors, on verra. L'allaitement de cette bambine qui grandit me réjouit énormément. C'est le plaisir de la voir sourire et rire avec le sein dans la bouche… C'est la facilité pour consoler de gros bobos alors qu'elle apprend à marcher et à courir. C'est l'idéal pour calmer de gros chagrins alors qu'elle n'a pas ce qu'elle désire. C'est l'amusement de la voir nommer ce sein, ce lait, ce « tout confondu » – cet allaitement, quoi – qui la contente : « Doudou Maman, 'cor Doudou. » C'est la réconciliation, la paix des corps et des cœurs, alors que Maman et Daphné se sont affrontées sur le terrain des grandes explorations ou ont fait face au mur du NON. C'est vite, vite, vite – bottes, manteaux, tuques, projetés n'importe où – la façon de se retrouver après une journée séparées par le travail. C'est chaleureux, c'est douillet, c'est aimant. C'est notre refuge.

Et plus les mois passent et plus l'allaitement se poursuit et plus je me dis que j'aimerais bien que ce soit Daphné qui s'arrête d'elle-même. L'idée du sevrage naturel me plaît. Et ça correspond à mon tempérament paresseux. Pas d'effort, pas de travail de sevrage. C'est bambine qui décidera. Et c'est ce qui se produit un certain jour d'été alors que Daphné a un peu plus de trois ans. Je ne peux raconter exactement comment ça s'est passé. Elle tétait de moins en moins et un jour elle ne tétait plus. Je ne me souviens pas du tout de ce qui s'est passé durant les derniers jours. Je ne me souviens pas de la dernière tétée. Ça s'est terminé tout doucement et simplement. J'en ressens une grande satisfaction et une grande reconnaissance.

Par contre, si je ne sais comment, je sais pourquoi Daphné a cessé de boire à mes seins. Mon corps se concentre sur une autre mission. Il n'y a donc presque plus de lait. Je suis enceinte d'un deuxième enfant. Wé ! ! ! Cette grossesse était ardemment désirée et nous sommes heureux. Daphné est enchantée à l'idée que nous attendions un bébé et qu'elle deviendra une grande sœur. Avec sa fascination et son attention toujours concentrées sur les personnes plutôt que sur les objets, c'est un rôle tout désigné pour elle.

Ma deuxième grossesse se déroule aussi bien que la première, mais je prends plus de poids. Par contre, mon ventre n'est pas plus gros. On m'annonce un bébé de petit poids, donc sans aucun doute une fille. Moi, qui ne connais pas le sexe de mon bébé, j'ai pourtant la forte intuition que c'est un garçon (aussi forte que l'intuition que Daphné dans mon ventre était une fille). Eh bien, soit, c'est sans doute une deuxième fille, et c'est très bien ainsi.

J'arrive à la 37e semaine de grossesse, un peu fatiguée mais fébrile à l'idée de vivre encore cette grande expérience de l'accouchement et de la naissance. Je serai encore bien entourée par mon amoureux et cette accompagnante hors du commun, devenue notre amie. Après ma toute dernière journée de travail, je ne me sens pas bien. J'ai mal à l'estomac. Et la douleur empire toujours. En fin de soirée, j'appelle Info-Santé pour m'informer. Je demande à l'infirmière (ça me vient comme ça) si ça ne pourrait pas être une crise d'appendicite. Elle me répond que non, car j'aurais mal au côté droit et pas à l'estomac. Une crise de foie peut-être ? Après tout, ma mère en a fait une, enceinte. Peut-être. Au milieu de la nuit, je n'ai pratiquement pas fermé l'œil et la douleur, qui irradie partout dans mon gros ventre, est intolérable. Pire qu'un accouchement, je me dis. Je demande à Serge de me conduire à l'hôpital. À notre arrivée, on me conduit au département de la maternité, on me dit que ce doit être un banal mal d'estomac, peut-être une indigestion, et on me donne des antidouleurs. Je dors, je me réveille, je souffre, encore un antidouleur et je dors encore un peu. Ce n'est finalement que huit heures après mon arrivée à l'hôpital, et après les avoir menacés de descendre à l'urgence en jaquette d'hôpital, qu'on me fait voir un médecin. Ça ne lui prend pas cinq secondes pour constater que je fais une crise d'appendicite. Quoi ? Une crise d'appendicite, donc une anesthésie, une opération au ventre ? Et mon bébé, et mon accouchement, et mon allaitement ?

On me rassure. Je suis à 37 semaines de grossesse, il n'y a pas de danger pour mon bébé et ça ne provoquera probablement pas mon accouchement. Alors là, toute la machine médicale se met en branle très efficacement : échographie, examen obstétrique, rencontre avec la chirurgienne, l'anesthésiste, etc. On répond bien à mes questions et je suis nerveuse mais en confiance. On va m'opérer et me sauver la vie. Nous sauver la vie. Merci !

Tout se passe bien et je suis ensuite en convalescence, quatre jours à l'hôpital et plusieurs jours chez moi. J'ai mal à ma plaie, bien entendu. C'est d'abord ma mère et ensuite mon frère qui viennent m'aider puisque Serge est au travail. Chaque jour qui passe est important, car j'imagine mal un accouchement naturel avec cette douleur. Je peux difficilement bouger. On m'a dit que je serais en bonne partie remise de l'opération 10 jours après, ce qui nous mène au 1er février. Je demande donc à mon bébé d'attendre que nous soyons en février pour naître. Je lui répète souvent : « Nous avons traversé cette épreuve ensemble, nous allons attendre et pouvoir vivre ensemble une belle naissance naturelle. » Le 31 janvier, je me sens effectivement mieux, pratiquement plus de douleur. Eh bien, notre bébé ne se fait pas plus attendre. Le 1er février, vers 3 h du matin, commence notre travail d'accouchement.

Encore une fois, quelle chance, nous vivons un bel accouchement. Je suis en confiance avec Serge et Sonia. J'ai besoin de leur soutien. Je ne ressens aucune séquelle de l'appendicectomie. Et ainsi se déroule notre accouchement, avec ses hauts et ses bas, ses montées d'intensité, ses moments de découragement, ses lâcher-prise où je m'abandonne à la Vie. Mieux vaut s'abandonner. S'y abandonner. C'est la Vie qui mène.

En fin de matinée, une poussée finale, un dernier sursaut d'ardeur, et on dépose un petit bébé tout chaud sur mon ventre. Je suis encore une fois frappée par le miracle de la Vie. Éblouie. En allégresse. Je veux le regarder. Je suis si heureuse. Je le prends. Mais un silence « tout sourire » autour de moi me rappelle quelque chose. C'est vrai. Je n'ai pas regardé le sexe de mon bébé. Je pousse la couverture et, oh surprise, je vois un petit pénis. C'EST UN GARÇON. Je le crie. Le chante. Lui chante ma joie sans fin. J'embrasse son papa. Bienvenue dans notre vie, petit garçon.

Je cherche le regard de mon bébé, mais il ne me regarde pas. Je l'examine, le caresse doucement. Puis, je l'approche de mon sein. J'anticipe cette première tétée. Sera-t-il comme Daphné et refusera-t-il de boire ? Revivra-t-on ce cauchemar des premières semaines avec un nouveau-né qui ne sait comment téter ? Mais mon sein l'intéresse. Je le guide doucement. Il me sent, me touche. Il ouvre la bouche et oh OUI ! Oui, il l'a pris. Il tète ! Je n'en crois pas mes yeux. Mais mon corps le sait, lui, que ce bébé a bien pris mon sein. À merveille. Prise parfaite. Aucune douleur. Aucun tiraillement. Et déjà, je l'entends avaler. Mon lait est là pour lui et il sait comment le prendre. Je m'abandonne à cette douce sensation, si connue mais si nouvelle à la fois. C'est un bonheur intense et paisible. Petit corps, chaud, humide, à l'odeur enivrante qui d'une succion rythmique fait monter le lait et l'Amour dans mes seins et dans tout mon être. Le bonheur !

Cela fait plus d'une heure, me dit-on, que mon bébé est né. Pourtant, pour moi, il n'y a plus de temps qui file, il n'y a que l'instant présent. Il a bu longuement à ce premier sein. Je suis prête à lui offrir le deuxième sein, et lui, encore bien éveillé, est prêt à le boire. Mais je me dis que je dois être raisonnable et je cède à l'insistance des infirmières qui veulent lui faire ses soins de routine, sur la table à côté. Quand Serge me le redonne, il veut dormir. Raté l'allaitement au deuxième sein. Je suis déçue. On a mis un terme à notre premier contact qui se déroulait si bien. Je cherche son regard, mais avec l'onguent qu'on vient de lui mettre dans les yeux, il faudra attendre à plus tard pour notre premier contact visuel. Il s'endort dans mes bras et je relaxe. Sereine. Serge s'empresse d'aller chercher Daphné chez nos amis pour qu'elle rencontre son p'tit frère. Sonia me sert une tartinade de végé-pâté qu'elle a cuisiné. C'est comme si je mangeais pour la première fois. Que c'est bon !

Deux heures plus tard environ, mon petit garçon se réveille de lui-même. De lui-même ! Que c'est rassurant. C'est ce que je souhaitais tellement aussi, un bébé qui nous dit lui-même ses besoins. « Oui, oui, je t'allaiterai tant que tu voudras pourvu que tu me dises toi-même quand tu en as besoin. » Il est bien réveillé et prêt à boire à ce deuxième sein. Encore une fois, prise parfaite et gorgées de lait avalées à un bon rythme. Je suis une maman détendue. Puis arrive Serge avec Daphné, la nouvelle Grande Sœur. Elle est fébrile et émue de voir et de toucher son petit frère. Elle le prend et elle l'embrasse, ce bébé qui s'est déjà rendormi. Un bonheur familial, c'est un bonheur d'autant multiplié, me semble-t-il. « Quand reviendrez-vous à la maison avec le bébé ? » nous demande Daphné. « Bientôt, bientôt, dans deux dodos, ma chérie. »

Encore deux heures plus tard (notre garçon est définitivement réglé comme une horloge), il se réveille. Je veux l'allaiter, mais c'est clair qu'il ne veut pas. Ça m'étonne, mais je ne m'en inquiète pas. Il a eu deux si bonnes tétées ! Papa Serge en profite pour le prendre et le rendormir dans ses bras. À mon tour de dormir un peu. Encore deux heures plus tard, bébé est bien réveillé, mais il ne veut toujours pas boire. Il n'en faut pas plus pour m'inquiéter. J'éprouve un mauvais sentiment de « déjà vu ». Pourtant, c'était si bien parti ! Je m'extrais un peu de colostrum et on le lui donne à la cuiller. Ça fera ça au moins. Je réessaie de l'allaiter, réussis à lui mettre mon sein dans la bouche, mais il me mord avec ses gencives ! Il ne veut vraiment pas, mais je ne sais pas pourquoi. Cette fois-ci, au moins, les infirmières ne sont pas inquiètes, en plus de nous. Je constate d'ailleurs beaucoup de progrès pour faciliter l'allaitement à l'hôpital.

La soirée passe, et la nuit de même, sans que je ne réussisse à l'allaiter une seule fois. Pourtant, il se réveille toujours de lui-même aux deux heures. Je le garde collé, près de moi ou sur moi. À quelques reprises, l'infirmière nous aide à lui donner mon colostrum extrait à la cuiller. Durant la nuit, je constate qu'il a commencé à faire un petit bruit, comme une petite plainte, à chaque respiration. Je trouve ça étrange, mais je sais que les bébés peuvent faire des petits bruits. Bien sûr, je dors à peine, car l'inquiétude est omniprésente. Enfin, le matin arrive et nous sommes encore plus inquiets, car sa respiration est profonde. On attend impatiemment la visite du pédiatre, mais une infirmière nous conseille de l'amener à la pouponnière où il sera examiné plus rapidement. C'est papa Serge qui l'amène ; moi, j'ai besoin de parler. J'appelle ma tante et marraine, aussi marraine d'allaitement depuis 25 ans. Je lui raconte tout et pleure un bon coup. Je sens que ça ne va vraiment pas pour notre bébé.

Je rejoins Serge à la pouponnière. Il m'explique qu'on lui a fait une échographie des poumons et de la tête, et plusieurs prises de sang. On a trouvé quelque chose d'anormal, on est en train de vérifier cela. Je regarde notre bébé dans son incubateur avec des pansements aux pieds et aux mains et tous ces gens qui s'affairent autour et la souffrance me paralyse. Je pense à mon tout petit qui doit tant souffrir. Je laisse Serge veiller sur lui et je retourne à la chambre. Serge m'y rejoint un peu plus tard et m'annonce que notre garçon sera transféré à Sainte-Justine. Leur équipe ambulante s'en vient et va tout nous expliquer. On soupçonne un désordre métabolique.

Comme prévu la veille, Daphné arrive avec nos amis qui la gardent. Je dois prendre sur moi. Je dois expliquer les choses à ma fille. Expliquer. En parler. C'est douloureux mais ça m'aide. Comme il est à la pouponnière, elle ne pourra pas revoir son petit frère si ce n'est à travers la vitre. C'est trop injuste. Trop triste. L'infirmière responsable à la pouponnière, avec qui Serge en quelques heures à peine a établi une complicité, comprend la situation et fait venir Daphné à la porte du côté où Serge amène notre bébé. Elle peut ainsi le toucher et l'embrasser quelques instants. C'est l'heure de partir pour Sainte-Justine. Notre bébé est dans la civière-incubateur, et moi j'irai avec lui dans l'ambulance. Serge viendra nous rejoindre en voiture. Nous enfilons rapidement le corridor. Je fais un dernier bye-bye à Daphné, restée là-bas sans rien dire. Je crois être dans un mauvais rêve.

À Sainte-Justine, notre bébé est aux soins intensifs. Il est branché de partout. On ne sait toujours pas plus ce qu'il a. Une généticienne nous rencontre et nous pose des questions sur la provenance de nos parents. Y a-t-il des maladies héréditaires connues dans nos familes ? Oui, une cousine de Serge, de Jonquière, décédée à deux ans d'une maladie génétique, mais Serge ne se souvient plus du nom. On nous en dit peu. Oui, ce pourrait être quelque chose de génétique. On va faire de nombreux tests et on nous tiendra au courant demain matin. En attendant, oui, on peut rester au chevet de notre enfant. Et on pourra dormir ici, dans une autre aile de l'hôpital, où il y a des chambres à louer pour les parents. Je m'informe pour la location d'un tire-lait dans l'hôpital ou tout près. J'explique que je veux tirer mon lait pour qu'on le lui donne dès qu'il pourra boire quelque chose. La généticienne me répond qu'il n'y a pas d'urgence, car dans son état, notre garçon ne boira pas bientôt. Je me dis que je serais tout de même mieux de tirer mon lait, mais je verrai ça demain.

En fin de soirée, je peux enfin prendre notre bébé pour quelques minutes. Notre bébé s'appelle maintenant Loup, choix heureux et unanime de papa et maman. Je le tiens aussi collé sur moi que je peux, malgré tous ces tubes et fils. Je lui chante les chansons que je lui chantais alors que je le portais dans mon ventre. Puis je dois me résoudre à aller me coucher. Depuis la nuit de l'accouchement, il y a trois jours, je n'ai pratiquement pas dormi. Laisser là mon bébé malade, seul, sans son père ni moi, ce sera la chose la plus difficile que j'ai faite de toute ma vie. Ma seule consolation est de lui avoir expliqué, tout bas à l'oreille, pourquoi je ne serai pas là, et que je ne serai pas longtemps partie.

Serge et moi, nous dormons collés dans un des lits simples. Abattus. Épuisés. D'un sommeil lourd et sombre. Au lever du jour, le téléphone sonne. Je me réveille, affolée. On nous dit de venir au plus vite, car l'état de notre bébé a empiré il y a peu de temps. Lorsque nous arrivons aux soins intensifs, on nous apprend que l'on vient de le réanimer. Notre petit bébé. Si malade. À peine sommes-nous quelques instants à son chevet, que l'on nous dit que son état se dégrade à nouveau et que l'on doit le réanimer encore, sinon, il mourra. On nous presse de prendre une décision et vite. Je demande que l'on nous laisse seuls quelques secondes, Serge et moi. Quelques secondes pour prendre la décision la plus grave de toute notre existence. Nous nous regardons. Nous savons que nous sommes d'accord. Nous comprenons à l'instant même pourquoi la vie nous a réunis. Nous ne voulons pas qu'on le réanime à nouveau. Assez de souffrance. Notre petit garçon mourra de toute façon. Nous voulons que ce soit dans nos bras et pas sur une table d'hôpital. Dès que l'on communique notre décision, le personnel change d'attitude et collabore pour nous donner de l'intimité. On déménage l'incubateur de Loup dans un petit local tout près et on nous laisse seuls. Une infirmière vient de temps en temps pour vérifier.

Je prends Loup, maintenant intubé et encore tout branché, collé sur moi. Nous l'accompagnons du mieux que nous pouvons. Nous lui parlons. Des personnes et des choses de la vie qui nous sont les plus chères. Des personnes qui l'aimaient déjà et qui l'aimeront encore et toujours après sa mort. De celles déjà parties qui l'accueilleront dans cet ailleurs où il s'en va. Nous sommes là pour lui, pendant que les battements de son cœur diminuent et que son âme s'élève. Et c'est ainsi que notre petit garçon meurt. Tout doucement. Collé sur mon sein gauche, tout près de mon cœur. Entouré d'amour, de tristesse et de paix…

Le reste de la journée, des jours, des semaines et des mois qui suivent s'appelle pour nous une tourmente. Une tourmente, une tempête, où vents et vagues de tristesse, d'anxiété, de découragement, de peur, de confusion nous emportent sans cesse. Et cette peine. Cette grande peine que nous ressentons et qui se passe de mots.

Et bien sûr, il y a ce vide. Plus de bébé dans mon ventre et aucun dans mes bras. C'est souffrant. Mon ventre et mes bras sont vides, mais mes seins sont lourds. Lourds de ce lait qui a monté en même temps que notre bébé nous quittait. Ce lait prêt pour lui. Mes seins sont engorgés et très douloureux. J'utilise des feuilles de chou que j'applique sur mes seins. Et ça fonctionne bien : l'engorgement est diminué et est ainsi tolérable. Elles sont même indispensables : à peine quelques heures sans feuille de chou et mes seins redeviennent durs comme de la roche. Cet engorgement va durer environ 10 jours et j'aurai du lait dans mes seins pendant plus d'un mois. Ça m'attriste et me réconforte à la fois. Mon corps était fin prêt à nourrir mon bébé.

Mais nous avons de la chance. Dans la tempête, nous avons de larges îles où venir nous réfugier, passer quelques moments, des îles de réconfort, des occasions d'agir sur notre tristesse. Il y a d'abord un rituel d'adieu pour bébé Loup que nous organisons, pendant lequel notre bébé revient pour une dernière fois à la maison dans son petit cercueil. Cela permet à nos familles et amis les plus proches de le connaître un peu et de lui rendre hommage. Mais plus que tout, cela permet à notre fille de comprendre pourquoi nous sommes revenus à la maison sans le bébé. Il y a aussi le soutien inconditionnel de nos familles et amis, leurs bons petits plats, leurs messages où l'on sent qu'ils partagent notre peine. Il y a enfin les cadeaux laissés par ce bébé. Au début, je ne les aperçois que fugacement, lors de clignements de paupières, mes yeux étant envahis par les larmes. Mais plus le temps passe, et plus les cadeaux deviennent apparents. Ils sont nombreux, ils sont précieux, ils appellent à garder le cœur aussi ouvert que durant l'expérience de la naissance et de la mort. L'un de ceux-ci est que Loup m'a permis, le temps de deux tétées, de connaître un allaitement tout à fait confortable et détendu. C'est inoubliable. Merci.

Nous savons maintenant que notre fils est vraisemblablement décédé parce qu'il était atteint de l'acidose lactique du Saguenay–Lac-Saint-Jean[1] (même si le diagnostic formel ne viendra que dans cinq à six mois). Il s'agit d'une maladie génétique, transmise par les deux parents,

---

1. L'Association de l'acidose lactique regroupe les familles touchées par la maladie (www.aal.qc.ca). La Corporation de recherche et d'action sur les maladies héréditaires (CORAMH) est un organisme régional qui œuvre dans le domaine des maladies héréditaires au Saguenay–Lac-Saint-Jean (www.coramh.org).

porteurs sans le savoir. Comme dans le cas des autres maladies génétiques, les médecins veulent rencontrer tous les frères et sœurs de l'enfant atteint. Ainsi, trois semaines seulement après la mort de Loup, la généticienne de Sainte-Justine examine Daphné. Simplement une formalité, puisque notre fille, qui a presque quatre ans, va très bien. Or, cette maladie est grave et est manifeste chez les bébés et bambins atteints, qui sont plus faibles et plus malades que les autres enfants et ont des retards de développement. On ne doit donc pas s'inquiéter, mais c'est tout de même très pénible de retourner à Sainte-Justine et de subir cet examen. La généticienne déclare, après l'examen clinique de Daphné : « Elle est parfaite cette petite fille-là. » Elle nous envoie enfin faire la prise de sang, une dernière formalité. Nous revenons chez nous soulagés et envisageons l'avenir avec un peu d'optimisme malgré notre grande peine.

Deux semaines plus tard, un coup de téléphone fait basculer de nouveau notre vie. La généticienne nous annonce que les résultats des prises de sang faites à Daphné indiquent qu'elle est possiblement atteinte de la même maladie que notre fils. Alors que je suis certaine que rien de pire ne pouvait nous arriver, cette nouvelle me fait suffoquer. Ce que mon cœur vient d'entendre, c'est que ma fille, comme son frère, mourra aussi. Bientôt. Ou plus tard. Mais elle mourra. J'entre dans un état d'angoisse quasi permanent. Le matin, c'est le pire, le soir m'amène une petite accalmie. Par moments, je me sens au bord de la folie. Au bord du précipice. Mieux vaudrait me jeter dans le vide pour que cesse cette souffrance. Ou me jeter à la rivière alors que je suis seule en voiture. Mais ma petite fille est là, à la maison. C'est à moi de prendre soin d'elle. Je réussis tout de même à m'en occuper. Elle est tout le temps avec moi.

Les médecins me disent que le diagnostic final ne viendra que dans cinq ou six mois. Je leur réponds que vivre ainsi, dans l'attente de ce verdict si épouvantable, est pour moi pire que tout et que, d'ici ce temps-là, on m'aura très certainement internée. Comme je ne peux rien attendre de mieux de leur part, je m'informe sur la maladie : cause, effets, symptômes, etc. C'est si difficile de lire tout ça, si décourageant. Mais je prends le parti de faire face à la réalité. Je vais moi-même voir ce que j'en pense, tout en demeurant en attente de leur diagnostic. Et assez vite, je constate que Daphné, qui pourtant va très bien, a vraisemblablement certains signes et symptômes de la maladie, bien qu'atténués. Je me rends à l'évidence. Daphné est atteinte de l'acidose lactique.

Les semaines, les mois, les années qui suivent sont principalement consacrés à apprendre à vivre avec la réalité de cette maladie. Cette maladie a deux facettes. D'abord, elle entraîne des retards de développement.

Il faut accepter cela et s'y adapter, mais ce n'est infiniment rien devant l'autre visage de la maladie : n'importe quand (même dans un ciel bleu, nous ont dit d'expérience les médecins), une crise peut survenir à cause du métabolisme instable, une décompensation, qui mène le plus souvent à la mort. Parfois dans l'heure : 90 % des enfants atteints en meurent. Il faut être vigilant. Apprendre à déceler le moindre changement. Mener une vie encore plus équilibrée. Il faut vivre avec ça. Du mieux qu'on peut. Pas d'autre issue.

Aussi présent que soit mon présent à vivre avec ma fille, qui est sous ma haute surveillance et me demande beaucoup d'attention, je regarde aussi vers le passé. Pour comprendre comment on a vécu ces trois ans et neuf mois, paisiblement, sans rien savoir de la maladie de notre fille. Et c'est ainsi que je mesure toute l'importance qu'a eue l'allaitement pour Daphné. Cette maladie fait en sorte que l'enfant a moins d'énergie qu'un autre : probablement environ 50 % moins d'énergie. Or, pendant trois ans, Daphné a pu bénéficier de l'aliment le plus digeste qui soit, et ce, la majorité du temps à sa demande. Je m'imagine que, dès qu'elle sentait une baisse de son énergie, elle venait boire au sein pour se sentir mieux. Ces enfants ont moins d'énergie aussi pour leur système immunitaire et sont donc plus souvent et plus gravement malades que les autres. Mais dans le cas de Daphné, ce n'est pas vrai. Elle a toujours été plutôt moins malade que les autres enfants autour d'elle, par exemple à la garderie. Encore là, l'allaitement a été très bénéfique. L'on s'étonne aussi du très bon développement du langage et de l'élocution quasi normale de Daphné. Une fois encore, l'allaitement pendant trois ans l'a certainement aidée au niveau du développement de son cerveau et des muscles de son visage.

Et c'est ainsi que je remercie mon entêtement, voire mon obsession à vouloir allaiter notre petite fille. Bien sûr, Daphné, allaitement ou pas, avait dès la naissance une grande force et donc une chance par rapport à cette maladie, ce qui est un hasard ou un bienfait de la formidable diversité génétique. Mais je n'ose m'imaginer ce que sa vie aurait été sans l'allaitement. Comme alors qu'elle était nouveau-né, je ressens qu'elle devait être allaitée, qu'il ne pouvait en être autrement. J'en suis infiniment reconnaissante à toutes les femmes autour de moi qui m'ont servi de modèles et m'ont montré qu'on nourrit son bébé avec ses seins. Pas autrement.

Au moment de la rencontre avec cette maladie, un troisième deuil potentiel s'ajoute à celui de mon garçon et de la santé de ma grande fille : le deuil de ma maternité. Je devrai sans doute renoncer à avoir un autre enfant. Bien que secondaire, il est toujours en toile de fond dès que je pense à l'avenir. Serge et moi aimerions tant avoir un autre enfant. Un troisième enfant. Et exaucer le vœu le plus cher de Daphné qui, plus que tout, souhaite être une grande sœur. Mais bien plus vite que l'on aurait osé y croire, une bonne nouvelle, une excellente nouvelle, nous donne de grands espoirs. Un an seulement après la naissance et la mort de notre fils, la découverte du gène en cause dans cette maladie est annoncée. Cela ouvre la porte au diagnostic prénatal pour toutes les familles touchées. Nous voyons donc que c'est possible pour nous. Mais ce ne sera pas un chemin facile. Nous ne sommes pas prêts tout de suite. Surtout qu'un quatrième deuil vient brutalement terminer cette année si difficile : ma jeune sœur de 25 ans, la marraine de Daphné, meurt dans un accident de voiture. Elle était le premier petit bébé que j'ai connu intimement, alors que j'avais neuf ans. Le premier bébé que j'ai vu être allaité. Ce choc nous ébranle fortement. Colère, révolte, impuissance, déni sont exacerbés. Une immense peine se rajoute dans nos cœurs qui en sont déjà pleins.

On ne sait pas comment, mais lentement, mais sûrement, la vie reprend son cours. Avec un enfant, on vit au présent. Et peu à peu, la certitude que nous allons emprunter le chemin difficile du diagnostic prénatal s'installe en nous. Nous nous préparons à accueillir une autre petite âme parmi nous. Deux ans et demi plus tard, je deviens enceinte. Grande joie. Grands espoirs. Mais j'apprends rapidement que je fais une fausse couche. La peine est vive. Vécue sans réserve. Cette petite étincelle de vie s'en est allée. Nous appelons dans nos cœurs une âme qui veut vivre un grand bout de vie parmi nous. Quelques mois plus tard, je redeviens enceinte. Je suis à la fois confiante et inquiète. Mon sentiment profond est bon et fort, mais ma raison me ramène aux craintes de perdre encore. À 11 semaines de grossesse, le jour des 40 ans de Serge, nous subissons, le bébé et moi, une biopsie du chorion. Le moment est grave et impressionnant, mais l'équipe médicale est exceptionnelle. Nous nous sentons en confiance. Tout se déroule bien. Les jours qui suivent, notre attente est en phase aiguë. Nous retenons notre souffle. Mais pas plus de cinq jours après, nous recevons déjà le coup de fil du service de génétique : notre bébé n'est pas atteint de l'acidose lactique. Nous sommes si émus. Nous respirons. Une petite fille est arrivée dans notre famille pour y rester.

Mes dernières expériences de vie m'ont laissée inquiète et souvent anxieuse. Perdue, la bienheureuse innocence de ma première grossesse. Malgré cela, ma grossesse se déroule bien. Quelle grâce de me retrouver enceinte, de sentir cette petite fille bouger dans mon ventre. Elle a une énergie forte, bien plantée, elle est vigoureuse. C'est en novembre que ce petit bébé d'automne décide de sortir de mon bedon. Encore un bel accouchement naturel, qui m'amène au bout de moi-même, me met en contact avec cette femme des profondeurs qui a vu, a vécu, qui sait. Cette fois-ci, je suis accompagnée bien sûr par Serge, mon compagnon de vie, mais aussi par une amie, perdue et retrouvée, qui, de sa présence calme et confiante, me fait comme une protection et complète notre cercle.

Sitôt après la naissance, notre petite fille pleure. Ça me déstabilise. Je réalise que mes deux autres enfants n'ont pas pleuré. Je veux la consoler, lui dire que je comprends. Rapidement, je l'approche de mon sein. Elle est intéressée. Elle prend mon sein dans sa bouche. Je sens tout de suite que la prise n'est pas idéale ; alors qu'avec Loup j'avais tout de suite senti, au contraire, que la prise était parfaite, sans douleur aucune. Je sens un pincement au mamelon. Mais elle tète déjà et je ne veux pas l'interrompre. Je ne veux pas l'enlever du sein et l'aider à se replacer. Je veux rester centrée sur elle.

Mais alors, ce qui devait arriver arrive. Cordonnier mal chaussé. Marraine d'allaitement qui se retrouve avec un bébé qui n'ouvre pas assez grand la bouche pour téter. Elle a enregistré cette première façon de téter, elle a encodé ça. Dans les jours et les semaines qui suivent, toutes mes tentatives pour la faire changer de prise et ouvrir plus grand la bouche seront vaines. Pas moyen. Faut dire que, comme j'ai beaucoup de lait, cela ne l'incite pas à changer. Je regrette d'avoir précipité cette première tétée. Maintenant, je comprends mieux l'importance de laisser le bébé prendre le sein lui-même, comme le font tous les autres petits mammifères. Idéalement, le laisser ramper sur son ventre et trouver son chemin lui-même jusqu'au sein. Alors, lui-même, il va soulever sa petite tête et, dans cette position, il devra ouvrir grand, très grand la bouche, pour prendre le sein. Une prise parfaite, bien encodée par bébé, qui ne donne aucun inconfort à la mère et est un gage de succès et de longue durée d'allaitement.

Cet allaitement est donc inconfortable, voire douloureux les premiers jours. Comme mon bébé n'ouvre pas la bouche assez grand, il y a toujours un frottement sur le mamelon. J'expérimente alors une des seules difficultés courantes que je n'avais pas vécues avec l'allaitement de Daphné mais dont j'ai vu tant des femmes que j'ai marrainées souffrir : la douleur aux mamelons. Mais contrairement à ce que je crains, je ne fais pas de gerçures ni de crevasses. La peau de mes mamelons devient rouge, se transforme rapidement en une petite croûte brune qui tombe et une nouvelle peau, sans doute plus résistante, prend la place. La douleur ne dure pas plus d'une semaine, mais l'inconfort demeure.

Malgré ce désagrément, la vie avec notre petite Gaïane nous comble de bonheur. Cette petite fille est vraiment une bénédiction, un cadeau.

Celle par qui la vie renaît, le cycle recommence. J'ai peu de *blues*, peu d'inquiétude. Elle va très bien, se réveille d'elle-même, prend du poids à vue d'œil. Elle est éveillée et calme. Elle est une source de joie sans fin pour toute la famille élargie.

Avec Gaïane, la vie file plus vite que jamais. Des plaisirs de l'allaitement d'un bébé, je passe aux plaisirs et aux bienfaits de l'allaitement d'une bambine. Car l'allaitement avec Gaïane, c'est drôle, chaleureux et combien calmant. Quand elle m'apporte le coussin d'allaitement aussi gros qu'elle, avec un large sourire. Quand elle s'exclame qu'elle veut « le Bonbon » et que l'on croit que je vais lui donner un bonbon. Quand elle boit et que je lui pose des questions et qu'elle réussit à faire oui de la tête, mais lâche le sein pour répondre « Non ». Quand à 17 h, à la garderie, ainsi nous nous retrouvons, sans mot dire. Quand dans sa vie très animée de bambine, elle est surexcitée, fâchée ou fatiguée et que l'allaitement la calme, la ramène à elle-même. Et me ramène moi aussi à la quiétude. Même quand ce n'est pas le bon moment, quand je suis pressée, occupée, vite s'installe le bonheur lorsque je m'assois pour l'allaiter. Et quand le lait monte, je sens une vague d'amour m'envahir, déborder. Et quand elle quitte mon sein, tout sourire, calme, me fait un « gros câlin » et m'embrasse sur les deux joues, va embrasser son papa et sa grande sœur, je suis certaine qu'elle aussi a été remplie de cette vague d'amour. De l'amour intemporel. Inoubliable. De l'amour pour toute la vie.

> *Quand nous buvons le lait maternel,*
> *la compassion se manifeste en nous.*
> *Cet acte est un symbole d'amour et d'affection*
> *qui jette les bases de toute notre vie.*
> Le XIVe dalaï-lama

Et comme lors de l'allaitement de Daphné, jamais je ne remercie tant d'être une « mama-mmifère » que lorsque Gaïane est malade. Quelle sécurité extraordinaire que l'allaitement devant la maladie : je la nourris, je l'abreuve, je la réconforte et, qui plus est, je la soigne simplement en la mettant au sein. C'est merveilleux ! Je dirais même magique ! Et combien diminué est alors mon sentiment d'impuissance ressenti devant mon enfant malade. Vraiment, je ne vois pas comment je ferais sans cela.

Je suis une femme privilégiée. Je suis infiniment reconnaissante pour l'allaitement de mes trois enfants. Cette expérience pleine et sans réserve a comblé ma vie de mère et continue de le faire. Ma vie de mère dans l'abondance de lait et d'amour, dans la vie comme dans la mort. Je souhaite ce grand cadeau de l'allaitement à toutes les mères et les bébés. Afin que tous les petits êtres humains puissent commencer leur vie imprégnés, encodés d'amour. Et qu'ainsi notre société tout entière soit privilégiée.

Je crois que nous pourrons vraiment dire que l'allaitement a repris sa place dans notre culture, comme mode de vie avec bébé, le jour où les mères de bébés aux besoins spéciaux, atteints de maladies ou de handicaps, recevront tout le soutien et toute l'aide dont elles ont besoin pour réussir à allaiter leur enfant. Alors notre société accomplira le meilleur qui soit pour les familles les plus vulnérables : permettre cet allaitement si essentiel pour l'attachement et pour la santé du corps et du cœur des enfants fragiles et de leur mère fragilisée.

SIXIÈME PARTIE

L'ALLAITEMENT COMME UN BAUME

Geneviève Tremblay allaitant son fils Victor

Qui prend sein prend pays

Julie-Ève Proulx

Une longue nuit d'hiver s'évanouit dans les lumières frileuses d'un soleil pâle. Malik repousse la couverture, s'étire et, sans ouvrir les yeux, m'appelle de sa petite voix ensommeillée : « Gams ! » Je l'amène dans ma chaleur tout près de mon sein et là il boit en retournant délicieusement dans le monde des rêves. Le matin s'allonge en paresse caressante ; le temps ralentit son pas juste pour nous. Mon bébé roulé en boule contre moi me rappelle les premiers instants où, émue, je l'ai tenu dans mes bras. Je me souviens parfaitement de la première fois que je l'ai allaité. Quelques minutes après sa naissance, Malik s'emparait de mon sein comme s'il l'avait toujours fait, me laissant stupéfaite devant la force de succion de sa bouche encore toute fripée. Ma tête flottant toujours dans les vapeurs de l'accouchement, le petit contre moi, je me suis répété pour bien le croire que mon tour était venu, que c'était bien moi, assise là, qui donnais le sein. Je l'ai allaité pour lui souhaiter la bienvenue et l'assurer de ma présence. Ça n'a duré qu'un petit moment, puis Malik s'est endormi contre moi. J'avais un fils, je devenais mère. Sans mode d'emploi, j'ai avancé à tâtons, doutant parfois de mes capacités à tenir ce rôle. Alors, le plus simplement du monde, l'allaiter, le tenir contre moi et le nourrir de mon lait m'ont amenée tout doucement à nous découvrir tous les deux et à mieux comprendre ce bébé tout neuf.

Les semaines ont passé, les mois aussi, et Malik a bu des litres et des litres de mon lait. Mon petit blond a maintenant 16 mois. Il a transformé malicieusement le « miam-miam » utilisé par ses parents pour désigner les bons légumes à manger, en « gams » pour appeler le sein de sa mère. Il prononce le petit mot avec une telle conviction que je ne peux pas me tromper en lui offrant une banane à la place. Évidemment, l'allaiter alors qu'il marche, qu'il exprime ses besoins et qu'il peut patienter n'est plus tout à fait comme lorsqu'il était un nouveau-né. L'allaitement est là, bien installé, il fait partie de notre famille et se passe paisiblement. Alors je continue parce que j'aime ça et parce que je n'ai aucune raison d'arrêter.

Pendant ma grossesse, je ne me suis même pas demandé si j'allais allaiter ou non. Ma démarche n'a pas été réfléchie ; je n'ai pas accumulé les arguments vantant les propriétés nutritives et affectives de l'allaitement. Pour moi, il n'y avait pas d'autre possiblité tout simplement, parce que c'est ainsi que j'avais vu les femmes de ma famille nourrir leurs petits. J'ai simplement attendu avec impatience ce moment particulier. Encore aujourd'hui, c'est l'instinct qui parle et non la raison. Pourtant, au fil des questions venant de mon entourage, voyant bien que je suis un peu différente des autres, j'ai justifié mes choix en regard de la société. L'allaitement me permet d'affirmer mon rejet des impératifs consuméristes et de faire un pied de nez aux grandes compagnies qui nous assurent que le bonheur d'un bébé passe par des achats de poudres, d'eau et de milliers d'objets. Dans le même ordre d'idées, le fait que je prenne le temps d'allaiter mon enfant exprime mon refus d'un monde dans lequel la rapidité, la performance et la rentabilité dictent notre conduite. Je ne suis pas l'esclave d'un système qui nie l'être humain et qui fait la part belle à l'égoïsme. L'allaitement ne se mesure pas, ne se monnaye pas. Il découle d'une relation d'entraide et de solidarité. Je n'ai aucune envie d'un bonheur fabriqué à la chaîne. Libérer mon temps pour allaiter Malik en rejetant les fausses promesses d'allégresse, c'est oser me rapprocher de l'essentiel.

Pour être parfaitement honnête, si je fouille un peu plus loin dans mon cœur et dans ma tête, je dirais que l'allaitement pour moi est aussi une manière de transmettre à mon enfant une part de ce que je suis. Malik est né en France, où je vis depuis trois ans avec son père qui est français. J'ai trouvé très difficile de ne pas avoir ma famille près de moi pour accueillir mon bébé. Il n'y avait personne pour comparer ses sourcils à ceux de son grand-père maternel, pour lui prédire une carrière de hockeyeur, pour lui chanter que c'est à son tour de se laisser parler d'amour. À la maternité, chacun voulait lui prendre la « menotte » et, quand il a fait sa première dent, on a dit qu'il avait une « belle quenotte ». Cet automne, il a fêté la Saint-Nicolas, il a deux tatas et deux tontons français et le camembert fait partie de son quotidien. Alors quand Malik est tout près de moi, je lui raconte mon monde à moi. J'ai infiniment besoin des moments d'intimité de l'allaitement pour lui exprimer qui je suis, qui il est aussi. Parfois, j'aime à imaginer que dans le lait chaud qui passe de l'un à l'autre il y a un peu de sirop d'érable !

Un baume sur ma plaie

Marie-Ève Landreville

Comme dans un conte, j'apprends la veille de la fête des Mères que je suis enceinte… Les mois passent avec quelques inquiétudes, mais rien de majeur. Comme toutes les futures mères, je rêvais d'un bel accouchement, d'un poupon en santé et d'un allaitement facile. J'ai suivi mes cours prénataux pour en savoir le plus possible et être prête pour le jour J. Mon objectif : allaiter mon bébé au minimum six mois. J'avais lu beaucoup à ce sujet et j'avais une marraine d'allaitement. Convaincue dès le départ que l'allaitement créerait un lien unique avec mon enfant, j'étais impatiente de sentir la chaleur de son corps sur le mien et de voir son instinct le guider à mon sein. Mais rien n'est arrivé ainsi…

Ce lundi 8 janvier 2007, j'arrive à l'hôpital vers 2 h du matin après avoir fissuré à la maison. Je me souviens encore de la petite neige douce qui tombait cette nuit-là. On se serait cru dans ces fameuses boules de verre que l'on secoue. Ma bulle s'est brisée 17 heures plus tard. J'apprends que je ne peux avoir mon bébé par voie naturelle, je ne dilate pas… Je n'étais pas préparée à l'éventualité d'une césarienne. Mon infirmière m'explique la procédure. Mon rêve s'effrite un peu, mais je pourrai probablement prendre mon petit homme sur moi et l'allaiter même si je suis en salle d'opération. Sachant que les premières minutes sont importantes pour faciliter l'allaitement, je suis rassurée. À la salle d'opération, tout va mal. J'ai une malformation au niveau de l'utérus que l'on n'avait pas décelée auparavant et mon bébé y est coincé. Le rythme cardiaque du bébé décélère. C'est une course contre la montre. Le temps s'arrête et je plonge, avec mon conjoint, dans un mauvais rêve duquel on ne peut se réveiller…

18 h 24. Enfin, mon poupon voit le jour ! Je veux le prendre, mais on me refuse ce privilège, car je fais une hémorragie. Je ne le vois qu'une fraction de seconde, puis il part dans les bras de son papa. Je suis seule, le ventre et les bras vides, les yeux pleins de larmes. Je retourne à ma chambre près de deux heures après l'accouchement. Papa vient m'y rejoindre avec mon bébé. Quelle petite merveille ! Nous sommes émus. Mon fils est déposé sur moi, peau à peau, il cherche mon sein, j'en ai des frissons. Je ne parviens pas à le positionner, je suis épuisée, mes bras sont engourdis et j'ai de fortes nausées dues aux médicaments. L'infirmière place mon bébé à mon sein et papa le soutient, car je n'en ai pas la force,

et enfin il tète. Quelle joie ! Je regarde par la fenêtre. Il neige doucement. Je suis enfin dans ma bulle avec mon poupon.

Les jours passent, aucune douleur à l'allaitement, une union parfaite. J'oublie mes craintes, ma fatigue, mes nuits blanches, ma plaie qui me fait souffrir. Confiante et sereine, je profite de tous les bienfaits de l'allaitement. J'allaite en public avec discrétion mais sans gêne et je donne le sein à la demande. À certains moments, je doute de bien faire les choses, mon fils ne boit qu'un seul sein à la fois, régurgite à chaque boire puis s'endort. Il ne perd pas de poids, mais la fréquence des boires ne fait qu'augmenter. Au courant de son deuxième mois, il tète aux heures et demie, 24 heures sur 24. À ce rythme, je suis brûlée. Je me remets en question. Pourrai-je continuer ainsi jusqu'à six mois ? J'écoutais sagement les conseils de tout un chacun, faisant la sourde oreille à ceux que je trouvais négatifs (« Ton bébé te manipule », « Laisse-le pleurer », « Si t'es si fatiguée, arrête de l'allaiter. T'as fait ton possible », etc.). Avoir un bébé par voie naturelle était très important pour moi, mais je n'ai pas eu le choix de subir une césarienne. Cependant, ne pas pouvoir allaiter est un deuil auquel je ne peux me résigner. Il faut que ça fonctionne pour pallier le manque que j'ai ressenti. Ma marraine me conseille d'aller aux haltes-allaitement du CLSC pour échanger avec d'autres mères. Après discussion, on déduit que j'ai un réflexe d'éjection probablement trop puissant. Mon fils boit donc beaucoup de lait en peu de temps et a l'impression d'être rassasié, ce qui n'est pas le cas. La solution proposée est simple : exprimer un peu de mon lait avant de lui donner le sein, réduisant ainsi le débit et laissant à mon fils le lait qui est plus nourrissant en fin de tétée. Quelques jours seulement et un peu de persévérance suffisent pour que tout rentre dans l'ordre.

Aujourd'hui âgé de sept mois, Charles-Antoine tète en me regardant avec ses yeux rieurs pendant que sa petite main explore ma bouche, mon nez, mes cheveux en les tirant dans tous les sens. Il me sourit en oubliant parfois d'avaler son lait. Je ris. Ces temps d'arrêt sont précieux et magiques. Une fois repu, il se blottit au creux de ma poitrine pour s'endormir au rythme des battements de mon cœur, et moi j'écoute sa respiration, telle une berceuse. C'est à ce moment précis que je sais que je lui donne le meilleur de moi-même...

Médecin, maman, professeure…

Laura Rosa Pascual

Quand nous réfléchissons à l'histoire de notre vie, les images se superposent. Il est difficile de se remémorer la date exacte des événements. Par contre, les couleurs et l'intensité des émotions sont imprimées pour toujours dans notre cœur.

Remontons à l'année 1992, année de la naissance de mon premier enfant. Je n'oublierai jamais la tendresse que le visage de notre premier nouveau-né m'a inspirée quand je l'ai serré dans mes bras. En même temps, je me rappelle l'impuissance énorme que j'ai ressentie devant l'échec de mes efforts pour allaiter tel que je le désirais et l'avais décidé pendant ma grossesse.

À ce moment-là, j'étais médecin en Argentine et je terminais la rédaction d'une thèse de doctorat portant sur l'influence des régimes déficients en acides gras essentiels sur la santé reproductive des rats femelles. Je m'intéressais particulièrement à la relation entre la diète et les changements structurels. Je connaissais très bien l'importance du lait maternel pour les nouveau-nés et leur croissance. C'est pour cela que mon mari et moi recherchions les meilleures conditions pour la naissance et la croissance de notre petit.

Malgré toutes les précautions prises, l'accouchement fut très compliqué (monitoring, installation d'intraveineuse, perfusion d'ocytocine, épisiotomie, forceps). J'étais exténuée et, par conséquent, je n'ai eu aucune goutte de lait maternel. Mon petit a d'abord reçu une solution avec glucose et par la suite le biberon. Je me disais que, une fois rentrés à la maison, le réflexe d'éjection apparaîtrait. Mais il y a un monde entre la théorie et la pratique. Le lait ne sortait pas. J'avais les seins engorgés, pleins de lait, mais je ne réussissais pas à allaiter mon petit, qui hurlait de faim. Nous avons appelé le médecin, qui m'a prescrit un médicament pour supprimer la production de prolactine. Cela m'a profondément attristée. Rapidement, les jours ont passé, le bébé se portait bien, et nous sommes redevenus tous les trois très heureux.

Malheureusement, j'ai dû retourner au travail après un mois et demi puisque le programme de congé maternel de mon employeur ne me permettait pas de passer plus de temps à la maison. J'ai trouvé ces conditions extrêmement pénibles et difficiles. Mais mon expérience douloureuse me poussa à en apprendre davantage sur l'allaitement humain. Pour me rapprocher de la recherche dans le domaine mère/enfant, je décidai de m'associer au groupe CLACYD (Córdoba, Allaitement, Alimentation et Développement) de l'École de nutrition de la faculté des Sciences médicales de l'Université nationale de Córdoba (Argentine) et en même temps d'établir des contacts avec des professionnels en gynécologie d'un centre communautaire et d'un hôpital à Córdoba.

Trois ans après, en 1995, naissait notre deuxième fils. Cette fois, nous avons vécu un accouchement extraordinaire, sans souci, sans interventions médicales. Notre petit bébé était toujours près de moi, ça a été la joie pour nous tous ! Mais, au moment de commencer à allaiter, je me suis encore une fois retrouvée toute seule. Mon bébé avait toutes les capacités et habiletés nécessaires, et moi, j'avais du colostrum. Cependant, sa bouche n'arrivait pas à bien prendre le mamelon et à exercer une bonne succion. Pendant la grossesse, je m'étais préparée avec une diligence et une attention particulières. Je croyais avoir tout prévu. J'ai passé tous les examens médicaux et suivi les conseils prodigués. Mais personne ne m'avait indiqué de porter attention aux caractéristiques des mamelons et des aréoles. J'ai un sein plat et l'autre a le mamelon invaginé. Après de nombreuses recherches, nous avons finalement acheté des téterelles. J'ai réussi à maintenir la production de lait pendant trois mois, sans aucune forme d'accompagnement dans mon processus d'allaitement. Mais cet effort énorme, étant donné les circonstances, était constamment encouragé par l'incroyable sourire de notre enfant.

De notre côté, en tant que parents, le désir et la volonté d'allaiter étaient importants. De même, le milieu institutionnel qui nous a entourés a été déterminant dans notre capacité à résoudre ou non les problèmes qui s'y rattachaient.

Toutes ces expériences personnelles ont influencé mon cheminement comme professeure et chercheure. En 1999, j'ai suivi le cours sur l'allaitement donné par l'Organisation mondiale de la santé et j'ai alors saisi le besoin d'une transformation des instances éducationnelles dans la formation des médecins.

J'ai alors commencé à ébaucher des propositions pour changer la façon d'enseigner la structure mammaire dans les cours d'histologie et d'embryologie de mon département. J'ai proposé de considérer l'allaitement comme un processus de changements tissulaires continus. J'ai développé de nouvelles stratégies et du matériel (chapitres de livre, schémas, etc.). Parallèlement, j'ai expérimenté une forme d'enseignement en donnant des ateliers d'allaitement dans les cours de pédiatrie pendant quatre ans. Les questions des étudiants ont été très éclairantes pour moi. Elles m'ont fait comprendre leurs besoins : elles/ils veulent être d'excellents professionnels, mais aussi des parents qui peuvent choisir librement l'allaitement pour leur propre famille !

En 2002, l'UNICEF a mis sur pied un projet en collaboration avec l'Association des facultés de médecine d'Argentine : le « Renforcement de l'enseignement de l'allaitement dans les facultés de médecine et des sciences de la santé ». J'y ai participé comme réviseure scientifique d'un manuel d'instruction sur l'allaitement. En 2003, j'ai obtenu l'approbation officielle pour mettre sur pied, comme innovation au programme, un cours à option sur l'allaitement à la faculté de Médecine où je travaille.

Je me suis ensuite occupée de la formation d'un réseau de professeurs de différentes disciplines pour l'enseignement de l'allaitement en Argentine. Ce réseau a produit trois communications présentées dans les congrès nationaux en éducation médicale et sur l'allaitement.

En ce moment, en Argentine, la situation s'améliore. Il y a presque 50 hôpitaux Amis des bébés. Cependant, le pourcentage de femmes allaitant exclusivement est loin des recommandations énoncées par l'Organisation mondiale de la santé quant au mode d'alimentation infantile. Je suis convaincue qu'au XXIe siècle beaucoup de travail reste à faire pour qu'un changement, non seulement au niveau des services de santé, mais aussi des mentalités, permette à tout le monde de choisir librement et de façon éclairée l'allaitement comme manière de materner les enfants. Je suis de plus en plus consciente des vertus et bénéfices d'un tel choix, autant pour le bébé, pour son développement et sa santé présente et future, que pour la maman, pour sa santé psychologique et physique. Bien sûr, il ne faut pas oublier l'impact sur les liens mère-enfant, mère-enfant-père et mère-enfant-père-autres enfants. L'élaboration de programmes et de formations qui orienteront les pratiques professionnelles vers l'adoption d'attitudes et l'application de normes compatibles et cohérentes avec une culture de l'allaitement demeure une tâche à accomplir et un défi à relever.

Mon souhait le plus cher est de contribuer et de participer activement à ce changement d'attitude en Argentine, comme ici au Québec, ma terre d'adoption. Je continuerai également à établir des liens entre ces deux pays et à favoriser l'échange de connaissances sur l'allaitement.

Une histoire d'amour en deux temps

Solène Bourque

Chapitre un... Ariane

Dans la pénombre d'une nuit de printemps, je suis devenue mère... En fait, je suis mère dans mon âme, dans mon cœur et dans mon corps depuis déjà un bon moment, mais c'est aujourd'hui que je te rencontre pour la première fois, toi, petit être avec qui je partage mon espace intérieur depuis neuf mois.

Neuf mois à t'attendre, à t'espérer, à t'imaginer... Avec quelques attentes, bien des appréhensions mais quand même une certitude profonde : c'est au sein que je te nourrirai.

Dans quelques instants je te retrouverai après une longue heure d'attente en salle de réveil – réveil brutal d'un accouchement qui a été tout sauf ce que j'avais prévu et souhaité.

Dans quelques instants je sentirai la chaleur de ton corps contre le mien, ton odeur si particulière, ta peau si douce... Et ta bouche qui se posera sur mon sein mettra un baume sur mon immense peine de n'avoir pu te tenir contre moi au moment même où nos corps se sont séparés l'un de l'autre.

Les premiers jours, les premières semaines on s'apprivoise. Je t'observe au sein, m'assure que tu as bien et suffisamment bu en notant de façon presque compulsive les écarts entre les boires et tes pipis quotidiens. Quelques ombres au tableau : muguet, douleurs intenses, découragement. Je suis une nourrice, je me sens comme une nourrice. Mes seins ne m'appartiennent plus. Mais une main aimante sur mon épaule m'apaise et me rassure. C'est intense... mais en même temps je suis si fière de me dire que c'est grâce à mon lait, et uniquement mon lait, que tu grandis et grossis.

« Neuf mois de sang rouge, neuf mois de sang blanc », dit un dicton africain cité dans un article québécois lu il y a quelques années. Ça résume bien la vision que j'avais de l'allaitement au tout début. Je voulais te donner le meilleur de moi-même, Ariane, mais je n'imaginais pas recevoir moi aussi le meilleur de toi-même à travers cette expérience. Un coup en plein cœur cinq semaines après ta naissance. De grands yeux qui me regardent, une petite bouche qui lâche le sein en pleine tétée et qui me sourit, des gouttelettes blanches perlant partout sur les lèvres. Un « sourire de lait », comme je l'ai baptisé par la suite. À partir de ce moment, l'allaitement a pris un autre sens pour moi. C'est devenu plus que physique. C'est devenu nos petits moments à nous, un moment de relaxation et de pur bonheur, un plaisir partagé en « tête-à-sein » pendant de longs mois…

Chapitre deux… Thomas

Déjà dix lunes que je n'allaite plus… et neuf que je te porte en moi. Dans peu de temps, je reconnaîtrai cette sensation unique lorsque tu poseras à ton tour ta bouche sur mon sein.

Le scénario se répète – c'est encore sous le bistouri que je donnerai naissance – mais cette fois-ci je me sens en paix avec tout cela. Au moment où ta tête sort de mon bedon, l'infirmière abaisse l'écran pour que je voie ta petite frimousse toute mauve et mouillée de ce sang qui nous unit depuis que ton cœur bat.

Notre accompagnante nous a préparés à t'accueillir en douceur. Ton papa est maintenant avec toi et te gardera contre son corps tout chaud en m'attendant. Quarante minutes plus tard, je suis enfin là… Papa te dépose sur ma poitrine nue. Je te laisse découvrir mon odeur, la sensation de ma peau contre la tienne pendant un long moment avant que tu ne prennes le sein pour la première fois.

Je me sens bien, en confiance. Sensation à la fois connue et nouvelle, je retrouve avec plaisir l'état de relaxation instantané que me procure l'allaitement tout en apprivoisant un tout nouveau petit bonhomme au regard perplexe et profond.

Les premières semaines sont tout aussi intenses qu'avec Ariane, mais maintenant je sais que ce qui s'en vient sera tellement gratifiant que c'est avec plaisir – et la tête pleine de souvenirs ravivés – que je me donne tout entière à toi. En attendant ton premier « sourire de lait », celui qui fera vibrer mon cœur de mère et de nourrice.

Je vis ma vie de mère à deux vitesses : celle où le temps s'arrête quand tu es contre moi et que je te nourris au sein et celle où les mois passent à la vitesse de l'éclair sans que je me rende compte que tu grandis.

Une petite main tire sur mon chandail, une petite voix demande clairement et affirmativement le lait de sa maman. Tu es devenu un petit bonhomme. Et les gens se retournent, se détournent, questionnent… intrigués. Réactions de surprise, regards curieux, sourires amusés. Ça ne me dérange plus comme avant. Et je souris moi aussi. Car pour moi, maintenant, l'allaitement va de soi. Prolongement naturel de ce voyage entrepris à deux dans le même corps il y a déjà bien longtemps...

Dix-huit mois qu'on vit ces moments précieux en « tête-à-sein », mon petit Thomas d'amour. Depuis une semaine, tu « oublies » de plus en plus de demander le sein à ton lever. Ta première pensée est souvent pour ta sœur : « A-ia ? » Je sens que c'est bientôt la fin pour nous... Deux sentiments m'habitent en ce moment : tristesse et fierté. Pas besoin d'en dire plus. On vit tous de ces deuils, de ces « boucles qui se bouclent », comme le dit une amie à moi.

Des larmes coulent sur mes joues en terminant d'écrire ces mots. Larmes de bonheur, larmes de nostalgie, larmes de mère. C'est une fin en soi, mais c'est aussi le début d'autre chose...

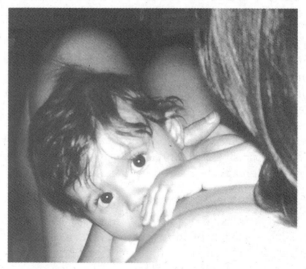

Ariane, dans les bras de sa mère, Solène

Un message d'espoir

Geneviève Tremblay

Mon premier contact avec l'allaitement remonte à mes sept ans. Alors que je fouillais dans le bric-à-brac de ma grand-mère, je suis tombée sur un gros klaxon de caoutchouc et de métal, mais qui ne faisait aucun bruit. Intriguée, j'ai demandé à ma grand-mère ce que c'était. Son regard horrifié et le rapide « c'est un tire-lait » murmuré d'une voix gênée ont fait forte impression sur la petite fille que j'étais : je voyais ma pauvre grand-mère se faire arracher le lait des seins par cet instrument de torture du Moyen Âge... Quelle drôle d'idée de vouloir allaiter !

Heureusement, avant la naissance de mon fils, j'avais été témoin de l'expérience de deux amies ayant allaité avec bonheur. Tout avait toujours bien été dans leur cas, et leur expérience semblait pleinement satisfaisante. Cela faisait contrepoids à la mauvaise première impression que j'avais eue, enfant, chez ma grand-mère. J'envisageais donc l'allaitement avec sérénité. En fait, pendant ma grossesse, je trouvais qu'on parlait si peu de l'allaitement comparativement à l'accouchement que cela devait forcément être facile... Donc pas besoin de s'y préparer plus qu'il ne faut ! En fait, j'étais surtout bien préparée à avoir la surprise de ma vie... car quelques heures après l'accouchement, j'avais déjà réalisé que l'allaitement était naturel, oui, mais que cela n'allait vraiment pas de soi. Ma sage-femme avait beau me répéter que mon bébé devait apprendre à téter autant que moi à allaiter, qu'il y avait une période d'ajustement inévitable, que ça irait beaucoup mieux rapidement, je me sentais complètement trahie. Comment allaiter quand j'avais si mal aux bras à cause de l'accouchement que je n'arrivais même pas à tenir mon bébé ? Et il tétait tout le temps, bon dieu ! Je plaisantais à peine en disant qu'il tétait pendant une heure, à chaque heure, pendant 24 heures... Je ne dormais donc pratiquement pas, moi qui ne survivais pas à moins de neuf heures de sommeil par nuit... Je m'attendais évidemment à dormir beaucoup moins avec la venue d'un nouveau-né dans ma vie, mais pas à ne plus dormir du tout ! En plus, allaiter était très douloureux, même en ajustant et en variant les positions d'allaitement et en guidant bien la mise au sein. La douleur n'allait qu'en s'amplifiant, et les crevasses n'ont d'ailleurs pas tardé à apparaître après quelques jours. Dès l'instant où mon fils prenait le sein, j'avais hâte qu'il le laisse tellement j'avais mal.

Avant l'accouchement, il me semblait si évident que j'allaiterais mon bébé jusqu'à ses six mois que je n'avais jamais envisagé qu'il puisse en être autrement. Les bienfaits inégalables de l'allaitement pour le bébé et pour notre portefeuille étaient indiscutables... Pourtant, au 10e jour de vie de mon fils, à 3 h du matin, j'ai craqué. Cette fois-là, j'ai allaité une fois de trop dans la douleur. Je sanglotais si fort au salon que j'en ai réveillé mon mari, presque aussi épuisé que moi, car il venait de retourner au boulot. Quand il est venu me voir, je pleurais sans pouvoir m'arrêter : mon désespoir, ma fatigue et ma douleur déferlaient hors de moi en des torrents de larmes. En me voyant ainsi, mon mari s'est aussi mis à pleurer, lui qui ne pleure jamais. Il s'est mis à répéter : « Qu'allons-nous faire ? » Je me rappellerai toujours lui avoir hurlé entre deux sanglots : « C'est fini, cette histoire d'allaitement de fou ! Demain, c'est le Similac ou plus rien ! » Je démissionnais devant quelque chose que tant de femmes faisaient si naturellement, depuis des milliers d'années, moi qui n'avais jamais rien abandonné de ma vie...

Un miracle s'est alors produit : mon fils a dormi. Enfin, assez pour que le lendemain, je me donne une autre journée d'essai, mais une journée où je pousserais encore plus loin ma quête pour faire partir cette douleur intenable. En plus de continuer à appliquer différentes pommades, j'ai appelé à plusieurs reprises la Ligue La Leche et ma sage-femme. Je suis allée aux haltes-allaitement de mon quartier pour obtenir des conseils et du soutien. J'ai fait tous les traitements possibles contre le muguet et les crevasses. J'ai consulté des professionnels pour m'assurer que la position du bébé au sein était correcte. Partout, on ne faisait que me répéter que l'allaitement ne devait jamais être douloureux, sauf un peu au début. J'étais bien d'accord, mais cela ne m'apportait pas plus de solutions que celles que j'avais déjà essayées ! Je me suis donc débattue seule, en poursuivant l'allaitement un jour de plus à la fois, souvent une heure de plus à la fois, tellement c'était douloureux.

Un mois a passé ainsi, et ça n'allait toujours pas mieux, tant sur le plan de l'allaitement que sur celui de mon adaptation en général à ma nouvelle vie de mère. Mon bébé pleurait beaucoup, ne dormait pas plus de 12 heures par jour, ne faisait toujours pas de sieste et tétait très longtemps et très souvent. J'étais épuisée comme je ne l'avais jamais été auparavant... La nuit, je me suis mise à fantasmer que mon bébé mourait, ou que je l'échappais dans les poubelles et qu'il brisait en morceaux, ou que je quittais la maison en pleine nuit sans laisser d'adresse... Je ne parlais à personne de ces sombres pensées, tellement j'en avais honte. Aujourd'hui, en les évoquant, j'ai des frissons dans le dos, car je pense à mon adorable fils que j'aime plus que tout au monde. J'ai même de la difficulté à croire que j'ai pu souhaiter de telles choses. Mais à ce moment-là, je souffrais terriblement, et je souffrais seule.

Allaiter était source de souffrance, mais, paradoxalement, c'était aussi pour moi la seule chose qui me rattachait à mon fils : j'étais la seule à pouvoir et à vouloir l'allaiter. Avec le recul, je réalise que l'allaitement m'a sauvé la vie, car c'est en constatant que l'allaitement était l'unique bouée de sauvetage qui m'empêchait de sombrer que j'ai commencé à consulter un psychologue. Je croyais que la seule chose qui faisait de moi une mère était l'allaitement que je poursuivais envers et contre tout. Je ne pouvais voir en moi autre chose qu'une personne incapable d'aimer un si petit et si beau bébé. Pourtant, de l'extérieur, j'avais l'air d'une mère comblée, entièrement dévouée à son bébé. Je faisais tous les efforts possibles pour favoriser ce fameux lien d'attachement en massant longuement mon bébé tous les jours, en lui parlant, en lui chantant des chansons, en le portant le plus possible et en dormant avec lui. Je sortais aussi de la maison fréquemment afin de me changer les idées en allant au cinéma, en faisant du sport avec d'autres mères et en fréquentant les haltes-allaitement et les clubs bébés. Mais rien n'y faisait : je me sentais de plus en plus seule et désespérée.

De mois en mois, j'ai continué à allaiter je ne sais trop comment, si ce n'est avec beaucoup de courage et le mince espoir que tout allait se replacer bientôt. Je dormais de moins en moins, et malgré tous mes efforts et les consultations psychologiques, mon esprit restait sombre. Alors que mon fils avait huit mois, j'ai été admise à la clinique d'allaitement de l'Hôpital juif grâce à une amie qui y était suivie avec son bébé. Je crois bien que les gens de la clinique n'avaient encore jamais rencontré une mère qui allaitait depuis tout ce temps avec des douleurs comme les miennes ! Fréquenter cette clinique a été pour moi un point tournant. J'étais vraiment à bout, tant physiquement que mentalement, et j'ai trouvé en ces consultantes et ces médecins des gens réconfortants et encourageants. Ils ont mis des mots sur ma douleur et, surtout, ils m'ont proposé toutes sortes de nouvelles pistes pour régler mes difficultés d'allaitement. J'ai découvert pourquoi mon fils tétait si difficilement : il avait un palais arché (une forme un peu différente des palais de la très grande majorité des bébés) et la mise au sein « traditionnelle » qu'il maîtrisait parfaitement bien était en fait inadéquate pour son palais ! Patiemment, je lui ai montré à téter différemment de façon à diminuer l'irritation des mamelons et à augmenter le débit de lait. J'avais une infection bactérienne tenace aux mamelons et j'ai découvert que j'avais développé le syndrome de Raynaud. Ces deux problèmes pouvaient désormais être traités, une fois diagnostiqués. Mais malgré la modification de la position de tétée et tous les traitements essayés, il restait toujours une douleur de fond assez forte lorsque j'allaitais.

À la même époque, je suis retournée au travail, car mon mari entamait son congé parental de deux mois. Ce retour au travail m'a fait réaliser avec une acuité extrêmement souffrante que je n'éprouvais toujours aucun attachement pour mon fils, si ce n'était du lien créé par l'allaitement. Il était donc clair pour moi que je devais poursuivre l'allaitement à distance… sinon, j'étais persuadée que j'abandonnerais mon enfant! Je tirais donc mon lait au travail deux ou trois fois par jour avec un tire-lait électrique. Et aussitôt arrivée à la maison, j'allaitais mon fils. Au départ, je pensais que ce serait un moment de douces retrouvailles, mais il se révéla plutôt que c'était une corvée pénible, car je ne faisais que penser à tout le temps qu'il me restait à passer en sa compagnie jusqu'au lendemain. En fait, je revenais à reculons chaque soir, en pleurant intérieurement. Je n'avais aucunement le goût de m'occuper de mon fils, mais j'y étais bien obligée puisque mon mari avait besoin lui aussi d'une pause bien méritée le soir venu… Je me suis alors mise à dormir à peine quelques heures par nuit et suis devenue de plus en plus anxieuse, tant au travail qu'à la maison.

Il aura fallu qu'au cours d'une marche je songe très sérieusement à me lancer avec la poussette devant un camion qui passait tout près de moi pour que j'aille, enfin, parler ouvertement de mon mal-être profond à mon médecin de famille. Après avoir discuté de mes symptômes, ce dernier m'a immédiatement mis en arrêt de travail avec un diagnostic de dépression post-partum. J'étais en état de choc. Je connaissais bien les symptômes communs de la dépression et je ne les présentais pas. Mais je me suis rendue à l'évidence: mon incapacité à m'attacher à mon fils malgré tous mes efforts, mes pensées obsessives comme celle de vouloir le tuer ou l'abandonner, mon anxiété et mon incapacité à dormir étaient aussi tous des symptômes d'une dépression post-partum. De plus, le contexte dans lequel se sont déroulées ma grossesse et la période postnatale ne faisait qu'appuyer ce diagnostic: grossesse surprise au début d'un nouvel emploi exigeant, fin de rédaction de mon mémoire de maîtrise, déménagement, bébé très exigeant, difficultés d'allaitement et peu de soutien familial. Au bout d'une semaine à être en état de choc face au diagnostic, j'ai accepté de prendre des antidépresseurs, moi qui ne prends même pas de Tylénol ni de vitamines. Mon bébé avait alors 10 mois.

Pendant la semaine qui a suivi la rencontre avec mon médecin, je suis aussi allée voir une homéopathe pour mes problèmes d'allaitement. Moi qui suis une scientifique pure et dure, je dois avouer que j'étais sceptique par rapport à l'homéopathie. La seule raison qui m'ait poussée à cette rencontre est la guérison quasi miraculeuse d'un cas de muguet très tenace chez la fille d'une de mes amies. Et si cela marchait pour mes difficultés d'allaitement ? Me voilà donc relatant ma petite histoire, le déroulement de ma grossesse, de mon accouchement, de ma vie depuis, et bang ! voilà que l'homéopathe me dit : « Ce n'est pas d'une dépression post-partum dont tu souffres, mais d'une déchirure. » Quoi, c'est tout ? Une déchirure. Et me voilà repartie avec un petit pot de granules dans la poche, abasourdie, presque insultée, avec l'impression d'avoir été escroquée.

À ma grande surprise, le lendemain matin, j'allaitais pour la première fois sans douleur. Sans douleur ! Je m'en rappellerai toute ma vie : lorsque mon fils se détacha doucement de mon sein, je n'ai rien ressenti d'autre que du plaisir... Quelle sensation délicieuse ! C'était la première fois en 10 mois qu'allaiter ne me faisait pas mal. Peut-être est-ce vraiment l'homéopathie ? Ou est-ce le fait que l'homéopathe a su mettre « le » mot sur mes maux, soit « déchirure » ? Toujours est-il que cette journée a été le véritable début d'une relation d'allaitement magique et de la mise en place du lent processus de la guérison.

Pendant les quatre mois d'arrêt de travail qui ont suivi, je me suis rétablie lentement de ma dépression. Au début, je me sentais comme si je me relevais d'un immense accident de la route dans lequel j'avais été détruite. Par la psychothérapie, la médication et différents traitements de médecine alternative comme l'acupuncture et l'ostéopathie, je me suis mise à guérir et, ô miracle ! à aimer pleinement mon fils. Durant cette période, allaiter est devenu une façon privilégiée de me « reconnecter » à mon fils. J'avais hâte d'aller le retrouver à la garderie pour lui donner la tétée à son réveil de la sieste. C'était pour moi tout un changement ! Je me suis mise à aimer plus que tout ces moments taquins où mon fils faisait semblant de me mordre, ou moi de faire disparaître mes seins pour le faire rire... Et que dire de ces moments de pure joie où on se réveillait ensemble le matin, après une tétée, lovés l'un contre l'autre ? Allaiter est devenu si agréable, si énergisant, que je n'ai dès lors jamais songé à sevrer mon fils. En fait, j'espérais secrètement qu'il continue à téter bien longtemps, car allaiter mon fils désormais bambin m'aidait grandement à m'attacher à lui pleinement et à guérir de ma dépression.

De retour au travail, j'avais tellement hâte d'arriver à la garderie pour que mon petit singe me grimpe sur les genoux et vienne téter ! C'était un moment de communion précieux où, lovés ensemble sur la grosse chaise berçante de la pouponnière, on faisait le plein de câlins et de chatouilles avant d'aller à la maison. De son côté, mon fils semblait entièrement satisfait de continuer à boire le lait de maman, même s'il ne pensait plus à téter très souvent, maintenant qu'il gambadait partout ! En fait, il s'est mis à téter moins souvent et moins longtemps de façon très graduelle. Si bien qu'à la veille de ses 18 mois, il oublia de venir téter avant le dodo. Quand j'ai voulu lui offrir le sein, le lendemain soir, il m'a répondu : « Pas le lait de maman, le lait de frigo ! » Depuis ce jour, il n'a plus jamais demandé à téter. De mon côté, le sevrage a été beaucoup plus facile que je ne l'aurais cru au départ. Quand il était tout petit, j'allaitais mon fils, car c'était pour moi la seule façon d'être liée à lui. Mais à la veille de ses 18 mois, j'étais liée de mille autres façons à mon fils ! L'allaitement n'était plus qu'un moment de tendresse partagée parmi des centaines d'autres, et non plus le seul...

Quand je parle de mon histoire, on me demande parfois : « Mais personne ne s'est rendu compte que tu étais en dépression post-partum ? » Évidemment, mon mari voyait bien que j'étais complètement « à côté de mes bottines »... mais notre fils était particulièrement exigeant, je dormais peu et c'était la première fois qu'il me voyait m'occuper d'un bébé. Cela pouvait excuser bien des choses... Car je cachais bien ma détresse ! Je crois aussi que ma sage-femme se doutait de quelque chose, mais elle ne s'en est pas alarmée. Elle devait penser qu'il était normal que je prenne plus de temps que la moyenne pour m'adapter et pour m'ajuster à ma nouvelle vie. Elle savait sûrement que, comme j'étais une femme carriériste et que j'avais vécu un passé familial difficile, avoir un bébé à la suite d'une grossesse surprise allait être tout un choc et source de nombreux deuils et remises en question.

Quant à mes ami(e)s, connaissances et collègues de la santé que j'ai côtoyés pendant cette période difficile, eh bien, je n'osais trop leur parler de mes pensées sombres... En effet, les rares fois où j'ai abordé le sujet avec eux, ils m'ont vite remis à ma place avec des phrases comme « C'est sûr que ce n'est pas facile pour personne, avoir un jeune bébé ! », « Tu vas finir par t'habituer ! », sans oublier la plus blessante dans mon cas compte tenu du rôle fondamental que jouait l'allaitement dans ma survie : « Arrête donc d'allaiter, c'est cela qui te fatigue... qui t'empêche de dormir... qui te prend tout ton temps ! ».

Heureusement, j'ai fait fi de ces commentaires. Il y aura toujours des gens qui manqueront de tact ou d'empathie, ou qui, pour toutes sortes de raisons, porteront des jugements plutôt que d'émettre des encouragements sincères. Il faut alors continuer à demander de l'aide jusqu'à ce qu'on tombe enfin sur celui ou celle qui saura nous écouter et nous aider vraiment. Et, surtout, il faut continuer de faire confiance à notre petite voix intérieure, qui est la meilleure conseillère, même si cela peut sembler irrationnel aux yeux des autres. Avec le recul, je suis tellement heureuse d'avoir persévéré, même si souvent je me sentais seule avec ma décision. En plus de m'avoir grandement aidée à maintenir l'attachement à mon fils dans les moments les plus sombres et de m'avoir aidée à guérir de ma dépression post-partum, l'allaitement m'a fait vivre une expérience de dépassement de soi et de courage hors du commun qui m'a transformée, me rendant moins prompte à juger, plus habile à écouter et plus sensible à la détresse des autres. Voilà pourquoi je souhaite à toutes ces mères qui se reconnaissent dans mon récit, tant pour ce qui est des difficultés d'allaitement que pour la dépression post-partum, de persévérer dans leur relation d'allaitement un jour de plus, une heure de plus, une tétée de plus... Le temps de trouver une solution, de la mettre en pratique, et si cela ne fonctionne pas, d'en trouver une autre, et une autre, jusqu'à goûter enfin au plaisir d'allaiter son enfant sans douleur et profiter au mieux des joies de la maternité.

Épilogue

Au moment d'écrire mon récit, j'étais enceinte de six mois de mon deuxième enfant. J'envisageais l'allaitement avec optimisme et sérénité, mais la période postnatale me faisait très peur, compte tenu de ce que j'avais déjà vécu. Maintenant, ma fille a deux mois et demi. La plupart de mes craintes se sont révélées non fondées, même si les débuts ont été difficiles.

Malgré mon expérience, l'allaitement a été tout un défi, dès le premier jour. Ma petite puce avait un torticolis et les mâchoires toutes crispées après avoir passé six semaines engagée dans le bassin à recevoir des contractions de plus en plus fortes. Lorsque je l'allaitais, elle n'ouvrait pratiquement pas la bouche, n'avançait pas la langue pour comprimer le mamelon et tournait difficilement la tête. Bref, la prise du sein était terrible. Rapidement, en moins de deux jours en fait, des crevasses ont commencé à apparaître et les tétées sont devenues extrêmement douloureuses.

Je n'arrivais pas à y croire ! Je faisais face à un problème d'allaitement sur lequel je n'avais aucun contrôle. Pour observer la moindre amélioration, je devais attendre qu'aient lieu les rendez-vous avec l'ostéopathe. D'ici là, pour allaiter, je devais attendre que ma petite pleure, car c'était le seul moment où elle ouvrait la bouche suffisamment pour téter. Je devais alors lui enfoncer le mamelon de force en maintenant sa tête contre le sein, ce que nous détestions toutes les deux. Des crevasses se sont formées et se sont mises à saigner rapidement. Pour couronner le tout, je me suis mise à avoir de la forte fièvre deux jours après l'accouchement, en pleine montée laiteuse. Du coup, de nombreux ulcères sont apparus, ce qui m'empêchait de manger. Cette fièvre, qui a duré quatre jours, s'est révélée être liée à la roséole, une maladie infantile bénigne que mon fils avait eu deux semaines auparavant.

Les premières semaines ont donc été très éprouvantes. Néanmoins, je n'ai jamais ressenti ce désespoir terrible et destructeur qui m'avait assaillie après la naissance de mon fils. Même si la douleur était insoutenable pendant les tétées, même si j'étais découragée, je *savais* que tout finirait par bien aller. Pendant mes moments de découragement, je me répétais comme un mantra que j'allaiterais sous peu sans douleur et avec satisfaction, et que je n'aurais aucune difficulté à m'attacher à ma fille et à m'adapter à la vie avec elle. Et j'ai eu raison d'y croire ! Au moment d'écrire ces lignes, la douleur a beaucoup diminué, et je suis convaincue que très bientôt je n'aurai plus mal du tout. Grâce à ma sage-femme, j'ai pu fréquenter de nouveau la clinique d'allaitement de l'Hôpital juif. Les professionnelles qui y travaillent ont encore une fois su faire des miracles, en parallèle avec le travail tout aussi extraordinaire de notre ostéopathe, qui a réussi à décoincer la mâchoire, la langue et le cou de mon bébé. Mais surtout, je me sens profondément amoureuse de cette petite puce pleine de vie...

Contrairement à ma première expérience, il n'aura pas fallu de longs mois pour sentir cet élan d'amour irrésistible, ni pour vivre un allaitement serein et satisfaisant. J'espère donc que les mères ayant souffert de dépression post-partum verront dans cet épilogue un message d'espoir quant à la venue d'un nouvel enfant. Ce n'est pas parce qu'on a déjà eu des difficultés d'attachement ou un allaitement difficile qu'on ne pourra jamais materner pleinement avec bonheur. J'en suis la preuve bien vivante !

Lien ultime d'amour

Célyne Perreault

Le grand miracle de la Vie est la Naissance, bien sûr, mais cela se poursuit et se prolonge par le flot d'amour de l'allaitement. Nourrir mon nouveau-né au sein est ce lien ultime d'amour entre moi et mon bébé : don de vie que je lui fais en toute simplicité de par mon corps et mon cœur tout entier.

C'est mon lien d'attachement tangible avec mon bébé, un cordon ombilical invisible, une partie de moi qui le suivait jusqu'à ce que mon enfant puisse passer à la prochaine étape. La vie m'a confié ce nouvel être humain. J'ai fièrement relevé le défi de le protéger et de l'aimer mais surtout de lui donner le meilleur de moi-même : de me dépasser, de m'épanouir, de me réaliser en tant que femme consciente. J'ai vu naître ma force et mon intuition maternelles qui surgissaient du fond d'un moi encore inconnu.

Je crois que ce trio d'événements, grossesse, accouchement et allaitement, donne à chaque femme l'occasion de se dépasser et de grandir. C'est une chance de toucher en soi-même une force profonde sous-jacente, de sauter sur un palier plus élevé, de faire mourir quelques peurs ou blocages et de renaître à un nouveau soi. Chaque femme a son histoire, ses acquis et ses limites. Pour ma première expérience, la grossesse fut magique et merveilleuse – l'extase même ! Mon accouchement fut limitations totales, prise en charge par tout le personnel médical, c'était mon trou noir sans munitions. Et... l'allaitement fut ma bataille, ma façon de récupérer les insatisfactions de mon accouchement, et ce fut MA victoire !

D'aussi loin que je puisse avoir souvenir, je trouvais ça beau des « seins » tout ronds, pleins et douillets comme un toutou chaud et réconfortant. (Ma mère a dû me sevrer à 17 jours lorsque sa mère est décédée.) Ensuite, petite fille, j'avais hâte d'être une « femme » pour avoir des « seins ». Lorsque je me suis intéressée aux bébés, j'étais intriguée et fascinée de savoir que le bébé buvait au sein. C'est à ce moment que s'est dessinée en moi l'image d'avoir un bébé au creux de mes bras qui buvait sur moi. Ce fut encore plus magique lorsqu'on m'a dit que le bébé ne voit pas plus loin que la distance qui le sépare de sa mère en position d'allaitement ! Juste assez de vision pour voir le visage de sa mère qui lui offre le sein.

J'ai dû être persévérante pour tomber enceinte, car j'étais diabétique à l'insuline depuis l'âge de 22 ans. Après trois ans d'efforts continus pour maintenir mon taux de sucre stable, j'ai pu essayer de concevoir, et immédiatement un petit être s'est pointé le bout du nez. Je me sentais tellement spéciale, car la vie me confiait ce trésor, j'étais bénie par les dieux ! Je ne faisais rien du tout, et une nouvelle vie se développait en moi ! Je rayonnais de bonheur. Mon gros ventre rond était ma plus grande fierté ; oui, en juillet 1997, je serais maman !

Même si j'ai toujours eu peur de l'accouchement, je planais tellement haut à ce moment-là que j'avais l'impression de pouvoir sauter par-dessus.

Le grand jour peint un portrait assez différent. L'inconnu et la peur m'enlèvent cette force magique qui me portait. La dilatation est très longue. La force de mes contractions me jette à terre, je suis envahie par cette douleur immense qui est tout à l'intérieur de moi en silence. Je me sens seule, même si mon mari est présent, je ressens son impuissance, il ne peut comprendre, il n'est pas une femme. Je suis démunie. Je suis clouée au lit. On me prend en charge, ce n'est pas moi qui accouche, mais les AUTRES qui M'accouchent. Les infirmières regardent les graphiques en oubliant de ME regarder. Ça se déroule sans cesse comme une chaîne de montage. Intraveineuse dans les deux bras (diabète), Pitocin, moniteur, non, ce n'est pas assez, moniteur interne, péridurale, sonde et amniomètre. Les infirmières viennent faire leurs inspections. Le produit n'est pas prêt à arriver encore ! Elles viennent pour FAIRE quelque chose, non pas pour ME voir. Les interventions semblent être leur seule façon d'aider. Je me bats contre le lavement ; ensuite, il FAUT crever les eaux, oups, elles ont manqué leur chance. Nous avons au moins réussi ça ! J'ai sept tubes qui me transpercent. Je suis un morceau de viande qui attend d'être découpé, puis, évidemment, j'en viens à la césarienne, 27 heures plus tard. La boucherie est complète !

Je suis vidée, le cœur déchiré mais surtout déçue. Déçue de moi-même, déçue du déroulement, dépassée par les événements qui m'ont éloignée de mon bébé. La coupure est plus profonde dans mon cœur que dans mon ventre.

Lorsque ma fille est née, tout ce que je voulais c'était le contact avec elle, la toucher, la ressentir, car je sentais l'écart entre nous. On me l'a arrachée des entrailles ! J'ai dû demander et insister pour au moins toucher sa main. Par la suite, son papa l'a prise et ne l'a pas lâchée d'une semelle.

Plusieurs heures plus tard, arrivée dans ma chambre, je demande ma fille. C'est le changement de garde ; on me dit d'attendre. Je ne veux pas attendre. Je sens que j'ai perdu le fil avec mon bébé. Je suis étourdie et assommée par les médicaments de l'anesthésie et j'attends : c'est long, c'est trop long. On m'a oubliée ! Mes parents ont même eu le temps d'arriver avant mon bébé ! La première chose que ma mère me dit est de mettre mon bébé peau à peau. J'éclate en sanglots. Submergée par l'émotion, je pleure à chaudes larmes. « Merci maman d'avoir été là ! » Petit à petit je découvre cette inconnue tout endormie sur moi. J'ai hâte qu'elle se réveille, j'ai hâte de l'allaiter ! Je ne la sens pas encore assez près de moi ! La séparation fut trop brusque, pas naturelle et surtout pas choisie ! C'est finalement une rencontre, et ce premier allaitement est tout en douceur. Les yeux fermés, elle boit et semble retrouver quelque chose de perdu. J'ai l'impression que je rassemble les morceaux du pot cassé et j'essaie de les recoller. Je veux la ressentir et lui dire avec mon sein : « Je suis là ! Je suis là pour toi, ma jolie Marie-Laure ! »

Je suis très fatiguée et je peux à peine bouger. À ma grande peine, je ne peux même pas prendre mon bébé toute seule ! Je dois même avoir de l'aide pour changer mon bébé de sein. Chaque allaitement est une occasion de s'apprivoiser. Je l'allaite au lit et c'est presque le seul temps que je l'ai sur moi. Elle joue avec le sein et j'ai vite les mamelons endoloris. Ma petite est agitée. Elle cherche et lâche souvent le sein. Comment décoder tout ça ? Elle semble désorientée. Je me sens démunie. J'ai l'aide des infirmières et chacune a son conseil, sa façon et son opinion qui me mélange. Mais où est le manuel qui vient avec le bébé ? Est-il resté sous le bistouri ? Ma montée laiteuse tarde. Ma petite pleure. Elle perd un peu trop de poids ; on est inquiet. On veut lui donner des suppléments. Dû à mon diabète, elle est un gros bébé ; mais moi, ça ne m'inquiète pas qu'elle ait perdu 10 % de poids ! Surtout que nous avons absorbé au moins trois ou quatre poches de soluté !

Quand je rêvais d'allaiter, ce n'était pas du tout ça mon scénario ! Que se passe-t-il ? Où sont l'amour et le bonheur qui devraient couler à flots ? Suis-je passée à côté ? Comme à l'accouchement ? Ces derniers jours, je cherche juste à rattraper ma fille… et j'ai peur de perdre le lien : il est introuvable !

Je reprends des forces et je commence à me lever toute seule, et là, j'en ai assez ! Toute cette tension, je ne la veux plus ! Je ne veux plus de suppléments non plus ! D'autant plus que ma sœur, qui était marraine d'allaitement, doutait comme moi de la nécessité de donner des suppléments. Ce soir-là, seules toutes les deux, pendant que je l'allaitais pour la première fois dans un fauteuil, je lui parle à voix haute. Je me recentre et c'est avec mon cœur que je reprends contact avec elle. J'arrête le temps. Il n'y a rien de plus important qu'elle et moi maintenant. On t'a sortie de mon ventre, la symbiose est finie, nous sommes deux maintenant. Formons une équipe ! Je veux déchiffrer tes besoins, les combler, et vivre ce bonheur immense d'être avec toi, revenir à l'essentiel ! Cette nuit-là ma montée de lait est arrivée. Il y a eu une petite fille heureuse et rassasiée, une maman comblée, et des mamelons apaisés. J'étais fière de moi, surtout fière d'avoir entendu la voix de mon instinct maternel et ressenti pour la première fois cette force intuitive. Mon corps s'est ouvert en même temps que mon cœur, et ma détermination a fait tomber les barrières. Je n'allais pas laisser quoi que ce soit entraver ou briser ce nouveau lien que j'avais bâti avec ma fille. Il est ma façon de la ressentir, de la connaître et de l'aimer.

Je suis une mère comblée, et c'est un privilège d'être avec ma fille et de sentir que c'est grâce à MON lait qu'elle peut grandir. Je sais très bien que c'est aussi ma chaleur, le battement de mon cœur, mon odeur qu'elle reçoit en plus de l'amour et de la présence. Lorsque le doute m'envahissait, je me rappelais que c'était surtout l'accumulation de la fatigue de la grossesse, de l'accouchement et de la césarienne que me vidaient de mes énergies et non pas l'allaitement ! Il restait toujours de la force dans mon cœur pour persévérer : c'était une conviction.

L'allaitement m'a permis de ressouder le fil énergétique avec mon nouveau-né, et en le gardant bien alimenté de douceur, d'amour et de temps, plus jamais ce contact ne sera brisé.

Je découvrais petit à petit les merveilles de la finesse de l'allaitement et cela me fascinait. J'ai appris que le colostrum dégage la même odeur que le liquide amniotique dans lequel le bébé baigne dans l'utérus. Dès sa sortie, le bébé intuitivement suivra l'odeur, comme son point de repère jusqu'au sein pour se nourrir ! Dès lors, je voulais aider d'autres mères et partager ma joie d'allaiter. Je désirais être marraine d'allaitement, mais je ne me croyais pas assez compétente. Pourtant avec ma fille j'ai eu bien des expériences. Elle a eu de grosses poussées de croissance, et j'ai eu longtemps des gerçures et du muguet. Personne ne trouvait de solution à ces problèmes qui persistaient. J'allaitais avec les larmes aux yeux et les orteils retroussés. Je ne lâchais pas, mais quand je me suis mise à saigner, j'ai tiré du lait manuellement pour me soulager de quelques boires. Ce scénario s'est produit à plusieurs reprises. Les gens se demandaient pourquoi je persistais… Je n'entendais pas cette question – ce n'était tout simplement pas une option ! Ce n'est qu'à l'allaitement de mon petit garçon que j'ai compris. Même si la position semblait bonne, lorsque je finissais d'allaiter, le bout de mon mamelon était souvent en bec de canard ou en bout de «nouveau rouge à lèvres». À toutes les mères : si c'est votre cas, votre poupon ne prend pas le mamelon assez loin. Celui-ci doit atteindre le palais mou dans la bouche de bébé, sinon il est contre le palais dur et cela veut dire friction à chaque succion, donc irritations et bobos.

J'ai allaité partout, en randonnée, pendant les vaccins, au resto! C'était une seconde nature! Je donnais à ma fille ce lait conçu spécialement pour elle. Pour 4200 espèces d'animaux, il y a 4200 types de lait pour leurs petits, chacun subvenant aux besoins spécifiques de son espèce. Alors pourquoi lui donnerais-je moins que ce qu'elle mérite? Je me devais de lui donner ce qui lui revenait de juste droit. De plus, je sais que je lui donne le meilleur de moi-même.

J'ai allaité ma fille exclusivement jusqu'à son premier anniversaire. Elle s'est sevrée d'elle-même à un an et demi. Mon fils a fait ça comme un «pro» dès le début. Je tirais mon lait manuellement chaque matin pour les céréales de la journée. Les deux sont passés du lait maternel au lait homo dans un gobelet directement. Je continuais l'allaitement par pur plaisir... c'était un temps d'échange et d'amour où la grandeur et la simplicité se côtoient.

Aujourd'hui, je suis très heureuse d'être marraine d'allaitement. J'aime encourager les nouvelles mères à développer leur confiance intérieure, à ouvrir leur cœur pour ressentir leur bébé et à laisser se déployer l'intuition et le pouvoir maternel en elles. C'est un acquis pour la vie!

D'une grande sœur

Marie-Laure Bertrand[1]

Quand j'étais petite, j'aimais faire semblant d'allaiter ma poupée, parce que c'était pareil comme une vraie maman.

J'avais huit ans à la naissance de mon frère. Quand je suis arrivée à la chambre de l'hôpital, j'ai été très surprise de le voir dans les bras de mon père. Ça faisait bizarre de voir MON papa à MOI avec un autre enfant dans ses bras. Quand je l'ai pris pour la première fois, j'ai remarqué sa petite tête rouge et picotée. Ses yeux tout brillants me regardaient avec un air familier.

J'aimais voir mon petit frère Alexis boire au sein de maman. J'aimais aussi regarder des photos de moi qui buvais au sein quand j'étais bébé.

Je voulais goûter au lait de ma mère encore. C'était drôle, car quand elle allaitait il y avait des gouttes de lait qui coulaient de l'autre sein ! Ça me donnait le goût d'en boire en même temps ! J'ai demandé à maman et finalement je l'ai fait. Ça goûtait l'eau sucrée ; c'était bizarre !

Plus tard, j'ai vu très souvent ma mère allaiter partout où elle allait. Les gens nous regardaient, car on était au centre d'achats, en avion, en pique-nique, en randonnée même dans la neige !

On ne donnait jamais le biberon à Alexis, mais la première fois qu'on lui a donné avec le lait de maman dedans, c'est MOI qui lui ai donné ! Il s'est endormi dans mes bras. Durant les vacances d'été, c'était souvent moi qui le berçais pour qu'il s'endorme.

Quand je serai grande, j'aimerais allaiter mon bébé, moi aussi. Je veux avoir deux enfants et les allaiter tous les deux. J'aimerais connaître le sentiment d'allaiter un bébé et d'avoir la responsabilité en tant que maman. J'ai hâte de m'occuper de lui, de le nourrir et de le protéger.

---

1. Marie-Laure est la fille de Célyne Perreault (témoignage précédent) et d'Éric Bertrand (témoignage suivant).

L'allaitement à travers le regard d'un homme

Éric Bertrand[1]

Pour un homme, l'allaitement peut être un événement vraiment traumatisant. D'abord, on se sent souvent exclu et impuissant dans un accouchement puissant et parfois sanglant, où l'on voit notre amour souffrir, et son sexe tant adoré se distendre, se déformer jusqu'à ne plus être reconnaissable. Ensuite, cet être sorti par l'antre du plaisir par lequel nous entrons habituellement se met à accaparer ce qui nous reste de sexuellement reconnaissable : les seins. Il les prend, les lèche, les étire, les mord et nous les laisse souvent blessés ou douloureux. Mais heureusement pour moi, je n'ai pas eu une telle perception des événements.

Mes souvenirs sont romantiques et bucoliques. Je me rappelle un décolleté outrageant dans lequel était plongée la petite qui m'a fait devenir père. Une encolure où se mêle désir et étonnement. Je reste là à contempler l'Art de la nature dans sa fonctionnalité mais surtout dans sa beauté esthétique. La peau est satinée comme un Renoir et vallonnée comme le décor des Télétubbies. Ma femme est belle, fière et rayonnante, et j'ai le goût d'être près d'elle. Je veux être là pour capter ce moment intime que nous pouvons vivre avec notre enfant à travers l'allaitement. Je ne peux allaiter ma fille, bien sûr (quoique j'aie bien tenté de la confondre en la mettant à mon sein. Mais c'est sans surprise et avec fierté que je la vis refuser net de téter ! Ah ! Tout de même, quelle perspicacité, ma fille !), mais je peux la caresser, la réveiller pour qu'elle continue de boire, rectifier la position, apporter des coussins pour qu'elles soient à l'aise et, bien sûr, lui faire faire son rot ! Combien d'heures ai-je passé à regarder les seins gonflés de ma femme nourrir ma fille, puis mon fils ! Une source nourricière intarissable alimentait mes enfants. Une formidable symbiose s'était naturellement créée entre la Vie et la donneuse de vie. Le bébé pleure ; les seins coulent. Les seins coulent ; le bébé a faim dans les minutes qui suivent. Le bébé est gourmand ; la production de lait augmente. Avec une facilité déconcertante, leurs corps cohabitent comme ils l'ont fait majestueusement avant la naissance.

---

1. Éric Bertrand est le conjoint de Célyne Perreault et le père de Marie-Laure Bertrand (témoignages précédents).

Ces seins qui pour moi étaient objets de désirs et de plaisirs devenaient soudainement des éléments de survie pour l'être que je chérissais
le plus sur terre. C'était l'acte le plus vieux du monde qui se perpétuait
devant moi. L'acte par lequel l'être humain est devenu ce qu'il est. Ces
moments d'allaitement furent des instants privilégiés empreints de
calme et de beauté. Je me plaisais à sortir ma femme et notre trophée de
bébé ; fier que j'étais de ma bien-aimée. Peu importe l'endroit, je tentais
de monter la garde pour assurer un allaitement respecté par tous et satisfaisant pour mon enfant et sa mère. J'admirais avec quel naturel ma
femme accomplissait son devoir, loin de toute inhibition et près d'elle-
même. Arrivés à la maison, après avoir fini de nous exténuer à désha-
biller, changer et endormir bébé, j'envisageais d'un regard fauve ma
femme désirable et ce n'était pas d'épais tampons d'allaitement peu éro-
tiques dépassant de son soutien-gorge qui allaient m'empêcher de
renouer avec son corps. Vite ! Avant que sa réelle propriétaire ne réclame
son dû !

Allaitement, intimité et sexualité

Carole Dobrich et Chantal Lavigne

Infirmière de formation, Carole Dobrich est consultante en lactation diplômée de l'International Board of Lactation Consultants Examiners (IBLCE). En 2003, elle fondait le Montreal Institute for Lactation Consultant. Elle est membre fondatrice et l'actuelle coordonnatrice du Programme d'allaitement Goldfarb de la clinique Herzl, à l'Hôpital général juif de Montréal. Depuis plus de 20 ans, elle soutient les mères allaitantes tout en contribuant activement à la formation des professionnels de la santé dans ce domaine. Originaire d'Australie, elle vit à Montréal avec son conjoint et leurs quatre fils.

Mère de deux enfants, Chantal Lavigne est consultante en lactation diplômée de l'International Board of Lactation Consultant Examiners (IBLCE) et accompagnante à la naissance. D'abord impliquée comme responsable de son secteur et marraine d'allaitement avec l'organisme Nourri-Source, elle siège actuellement au conseil d'administration de l'Association québécoise des consultantes en lactation. Elle soutient les familles, offre des formations en allaitement et est très active au sein de sa communauté depuis plus de 10 ans.

L'image qu'on se fait d'une mère qui allaite son bébé en est souvent une de pureté et de plénitude mais…

Introduction

L'allaitement fait partie de la vie sexuelle des femmes, car il implique des hormones et des organes sexuels. Le puritanisme religieux, en considérant le sein comme un organe sexuel qu'il fallait cacher, a dénaturé sa principale fonction : nourrir les bébés. Cela peut expliquer en partie pourquoi l'allaitement est, dans certaines sociétés, perçu comme un acte sexuel n'ayant pas sa place en public. Ce courant de pensée a, par le fait même, dénaturé tous les gestes sexuels pour ne rendre acceptable, et seulement dans certaines conditions, que la fonction reproductrice du coït. Cela étant dit, les femmes, bien qu'elles en retirent du plaisir physique, n'ont pas d'attirance sexuelle déviante envers leur bébé lors de l'allaitement. Le romantisme, la sensualité et la sexualité ont toujours fait partie et feront toujours partie de la vie saine des adultes normaux ; après tout, un bébé, c'est la consécration d'une relation sexuelle. Pourquoi devrait-il en être autrement une fois que les membres du couple sont devenus parents ? Les mamans ne sont pas uniquement des mères nourricières. Elles sont, d'abord et avant tout, des femmes qui ont besoin de sensualité et de sexualité. Il est important de noter qu'il n'y a pas de minimum ou de maximum de temps prescrit pour reprendre les activités sexuelles après la naissance d'un enfant. Cela dépend de chacune ; la communication et la patience sont vos meilleures amies. Dans ce texte, nous utiliserons le couple hétérosexuel comme modèle ; les couples lesbiens pourront toutefois se reconnaître dans plusieurs volets.

Parler de sexualité dans un contexte d'allaitement est complexe parce qu'il faut considérer les besoins et les limites de tous les membres de la famille. Devenir parents implique une réorganisation complète de la dynamique initiale ; de deux, on passe à trois. Il est presque impossible de réaliser, avant de le vivre, l'immense bouleversement que cela représente. Il y a très peu de publications sur les difficultés relationnelles des nouveaux parents, étant donné que le sujet est encore tabou. Peu de couples osent parler ouvertement des difficultés qu'ils ont à concilier leur rôle parental et leur vie intime.

Nous tenterons ici de démystifier l'allaitement et les relations intimes en considérant trois personnes : la maman, le papa et le bébé, chacun étant, à sa mesure, impliqué dans la dynamique relationnelle de la famille. Devenir et être parent est un long processus parsemé d'expériences qui peuvent être vécues différemment par les femmes et par les hommes. Dans nos pratiques de consultantes en lactation, nous entendons souvent des descriptions très différentes d'un même événement parce que les parents les vivent, les ressentent et les perçoivent différemment, selon qui ils sont et où ils en sont dans leur vie. Il peut être pertinent pour les couples d'essayer de connaître les sentiments profonds de l'un et de l'autre afin de découvrir l'origine du malaise et comprendre pourquoi l'intimité est parfois difficile à ce moment. La réponse se trouve dans la question. Le défi : trouver la bonne question ! En voici quelques-unes qui pourraient amorcer la réflexion, alimenter la discussion et permettre de comprendre les besoins et les limites de chacun.

La maman : qui est-elle ; quels sont ses préjugés et ses croyances ; comment s'est passée sa grossesse ; comment étaient ses relations sexuelles avant et pendant la grossesse ; comment s'est déroulé l'accouchement ; comment se passe l'allaitement ; quelles étaient et quelles sont ses attentes par rapport à la maternité ; quelle image se fait-elle d'une mère et d'elle-même ; comment perçoit-elle son image corporelle ; est-elle à l'aise avec sa sexualité ; a-t-elle eu des relations intimes ou sexuelles depuis la naissance du bébé ; comment se sent-elle par rapport au sexe ; a-t-elle subi de la violence ; est-elle aventureuse ou réservée au lit, etc.

Le papa : qui est-il ; quels sont ses préjugés et ses croyances ; comment a-t-il vécu la grossesse de sa conjointe ; comment vivait-il les relations sexuelles pendant la grossesse ; a-t-il assisté à la naissance du bébé ; quels ont été ses sentiments à ce moment et après ; quelles sont ses attentes par rapport à la paternité ; comment perçoit-il sa conjointe ; est-il à l'aise avec sa sexualité ; a-t-il eu des rapports intimes ou sexuels depuis la naissance du bébé ; comment se sent-il par rapport au sexe ; a-t-il subi de la violence ; est-il aventureux ou réservé au lit, etc.

Le bébé : est-il le premier enfant ; était-il désiré ; qui est-il ; quel est son tempérament ; est-ce qu'il partage la chambre des parents ; comment s'organisent ses périodes de sommeil ; comment vit-il l'allaitement ; a-t-il une bonne santé ; se développe-t-il normalement, etc.

Chacun joue un rôle dans la dynamique familiale et plusieurs facteurs peuvent influencer l'intimité et le désir des parents. Par exemple : l'état de santé de la mère, du bébé ou du père, l'organisation du sommeil, la douleur post-partum, un blocage sexuel, une difficulté à différencier la mère de la femme, un choc post-traumatique à la suite de l'accouchement, une panne de désir, des difficultés d'allaitement, des difficultés à s'adapter au nouveau rôle de parent, les croyances, la culture, etc.

La docteure Olga Garcia Falceto a fait, avec des collègues, une étude intéressante sur les relations de couple et l'allaitement, en examinant leur influence réciproque. Elle a observé que la qualité de la relation de couple n'a pas d'incidence sur la cessation de l'allaitement pendant les quatre premiers mois. Toutefois, et c'est là que c'est intéressant, lorsque la relation de couple est bonne, le père soutient davantage l'allaitement et s'implique plus dans les soins de l'enfant. Donc, investir du temps et de l'énergie dans sa relation de couple peut être bénéfique pour tous les membres de la famille.

L'ocytocine, hormone de l'amour et des relations

L'ocytocine joue un rôle important lors des relations sexuelles, de l'accouchement, de l'allaitement et favorise le développement des relations interpersonnelles. En plus de procurer une sensation de calme et de détente, elle a plusieurs effets bénéfiques sur la santé ; elle facilite notamment la cicatrisation et la digestion. Les hommes bénéficient aussi des effets de l'ocytocine lors des touchers agréables tels que les massages, les relations sexuelles de même que pendant l'orgasme et l'éjaculation. De plus, pendant l'orgasme féminin, l'ocytocine favorise, par les contractions de l'utérus, le transport du sperme jusqu'à l'ovule[1]. L'ocytocine est aussi sécrétée durant les moments agréables, tel un bon repas entre amis[2].

En post-partum, l'activité hormonale de la femme diffère de celle avant et pendant la grossesse, et peut influencer momentanément son appétit sexuel. L'expulsion du placenta entraîne une diminution radicale des taux d'estrogène et de progestérone, deux hormones responsables de l'excitation sexuelle et de la lubrification. En post-partum, ces taux restent bas quelque temps pour permettre la lactation et empêcher le retour des menstruations et de la fécondité de la femme. Pendant la lactation, l'ocytocine, responsable de l'éjection du lait, est sécrétée à chaque tétée, ce qui peut contribuer à diminuer le désir sexuel de la nouvelle mère, étant donné que cette hormone procure aussi un sentiment de plénitude. Plusieurs mères constatent que l'allaitement comble tous leurs besoins de contacts physiques et de proximité, tandis que d'autres s'inquiètent du contraire puisque les tétées stimulent leur désir sexuel envers leur conjoint. Dans les deux cas, l'ocytocine est probablement en cause. Les couples en panne de désir doivent savoir qu'avec le temps et un peu de patience, une fois la lune de miel et la période d'adaptation terminées, la vie reprend son cours et le désir sexuel recommence à se manifester. Entretemps, les mots d'amour et les caresses prennent toute leur importance. Une panne de désir sexuel n'est pas une panne d'amour.

Les travaux de Niles Newton, dans les années 1950, sont parmi les premiers à nous éclairer sur les similitudes physiologiques entre l'orgasme, l'accouchement et l'allaitement, notamment en ce qui a trait à la contraction utérine, l'érection des mamelons, les changements cutanés et l'élévation de la température corporelle. Newton explique que l'accouchement et l'allaitement sont des gestes volontaires de reproduction qui procurent une certaine satisfaction, afin d'assurer, dans un contexte d'évolution, la survie de l'espèce. Ce qui est fort plausible. À l'époque où l'être humain était chasseur-cueilleur, la survie reposait davantage sur l'instinct que sur le savoir scientifique ; s'il avait fallu que les relations sexuelles, l'accouchement et l'allaitement soient extrêmement douloureux et franchement désagréables, il n'est pas certain que nous serions là aujourd'hui !

---

1. Michel Odent, *L'amour scientifié*, Jouvence, 2001.
2. *Ibid.*

La concentration d'ocytocine dans le sang est influencée par l'environnement et le niveau de stress. En effet, en situation de stress ou de danger, le corps libère de la vasopressine, hormone responsable du mécanisme de lutte ou de fuite. Dans un contexte d'allaitement difficile, les effets de la vasopressine (augmentation du rythme cardiaque, sudation, etc.) seront plus importants que ceux de l'ocytocine et les plaisirs physiques seront inhibés. Cela est également vrai dans le cas de relations sexuelles non consenties ; le plaisir, la plénitude ou l'orgasme ne peuvent être présents lorsque la vasopressine domine l'ocytocine.

Le fonctionnement de l'ocytocine pendant l'allaitement

L'ocytocine est une hormone pulsatile qui stimule la contraction du muscle utérin pendant l'orgasme, l'accouchement et l'allaitement, et qui provoque la contraction des cellules myoépithéliales (muscles entourant les alvéoles et les canaux lactifères) pendant la tétée pour favoriser l'éjection du lait.

Le taux d'ocytocine augmente dans la première minute de succion et diminue six minutes après la tétée, et ce, pour toute la durée de la lactation[3]. Certaines femmes nous ont rapporté qu'elles sont épuisées après la tétée ; n'ayez crainte, ce n'est pas une fatigue extrême, mais plutôt une sensation de grande détente semblable à celle que l'on ressent après l'orgasme. Selon Michel Odent, le niveau de bêta-endorphine (opiacé naturel produit par l'hypophyse), aussi présent dans le lait humain, est maximal 20 minutes après l'allaitement. Ces substances expliqueraient l'état de plénitude observable après la tétée, tant chez les bébés que chez les mères.

Pendant la tétée, l'ocytocine est responsable de la contraction de l'utérus, de l'élévation de la température corporelle et de la sensation de soif. On comprend l'importance de l'ocytocine en post-partum immédiat pour contrôler les saignements et permettre à l'utérus de retrouver sa taille originale. À plus long terme, ces contractions rythmées de l'utérus peuvent être une source de plaisir pour la mère, allant parfois jusqu'à l'orgasme[4].

La professeure Kerstin Uvnäs Morberg résume ainsi les effets de l'ocytocine lors de l'allaitement[5] :

---

3. Alison Bartlett, « Maternal Sexuality and Breastfeeding », *Sex Education : Sexuality, Society and Learning,* février 2005.

4. J. Riordan et K. Auerbach, *Breastfeeding and Human Lactation,* Boston, Jones and Barlett, 1999.

5. Kerstin Uvnäs Morberg, *Ocytocine : L'hormone de l'amour,* Gap, Le Souffle d'Or, 2006, p. 133. Le chapitre 8 est entièrement consacré au rôle de l'ocytocine pendant l'allaitement.

1. Elle contrôle l'expulsion du lait;
2. Elle stimule la production de lait;
3. Elle redistribue la chaleur dans le corps de la mère pour réchauffer le bébé qui tète;
4. Elle aide le corps à rendre disponibles les nutriments;
5. Elle augmente la capacité de la mère à assimiler les nutriments lors de la digestion;
6. Elle réduit la tension artérielle et le taux d'hormones de stress chez la mère;
7. Elle induit une sérénité chez la plupart des femmes allaitantes (proportionnellement au taux d'ocytocine dans le sang);
8. Elle rend la mère plus préoccupée par les relations avec les proches. Les pics d'ocytocine mesurés dans le sang indiquent une disponibilité à la création de liens;
9. Elle améliore la mémoire sociale et rend l'enfant plus calme.

L'ocytocine est abondante quand on se dit «si ça pouvait continuer indéfiniment!». Étant donné que le taux d'ocytocine a la fâcheuse habitude de redescendre, nous avons besoin de recommencer ces activités agréables encore et encore. L'ocytocine, drogue naturelle produite par le corps, est bénéfique tant pour la santé physique que psychique; pourquoi s'en passer?

L'identité

Le passage de «la fille de» à «la mère de» n'est pas vécu de la même manière par toutes les femmes. La naissance d'un enfant, c'est la naissance d'une mère[6]. Certaines sont incapables, du moins pour un temps, d'être à la fois mère et femme sexuelle et s'investissent totalement dans leur rôle de mère. Il est évident que, dans ces circonstances, l'intimité du couple est mise à rude épreuve à tel point que certains hommes se sentent abandonnés.

Pour les hommes, le passage du «fils de» au «père de» peut engendrer une pression énorme, celle d'assurer la survie de la famille, et certains se lancent alors corps et âme dans le travail. Là aussi, l'intimité du couple est mise à rude épreuve, et les femmes se sentent abandonnées avec l'enfant.

Ces cas, à des niveaux variables, sont fréquents, et une communication franche et ouverte peut permettre un rapprochement. N'hésitez pas à demander de l'aide professionnelle si vous êtes dans cette situation qui

---

6. I. Brabant, *Une naissance heureuse*, rééd., Montréal, Saint-Martin, 2001.

peut devenir un tourbillon d'émotions et de fausses perceptions. Brisez le silence. Organisez des soirées entre pairs (femmes ou hommes) pour laisser libre cours à vos émotions et pour vous apercevoir que vous n'êtes pas seuls dans cette situation, pour découvrir des solutions créatives, pour vous rassurer sur le fait qu'avec le temps, la vie de parents en sera aussi une d'amoureux.

L'intimité

Avant l'arrivé du bébé, créer un climat d'intimité et une ambiance romantique était simple ; un bon souper, des chandelles, un bain partagé, des caresses, des baisers langoureux et, pour finir, une nuit d'amour torride. Avec la présence d'une autre personne dans la maison, un peu de planification s'avère peut-être nécessaire. Il faut être plus attentifs aux occasions que la vie nous offre de nous accorder quelques minutes de pur bonheur, par exemple : la sieste de bébé ou une grand-maman qui s'adonne à passer et qui pourrait emmener le bébé faire une petite promenade. Pour certains, intimité rime avec « faire garder », mais est-ce la seule façon de faire ? L'intimité peut s'installer même si le bébé est là, et généralement, le fait qu'il soit à proximité diminue l'anxiété des parents, puisqu'ils ne s'inquiètent pas. Comment installer un climat d'intimité avec un bébé à proximité ? Il suffit de faire exactement ce qui vous faisiez auparavant et qui vous plaisait. Par exemple : regarder un film enlacés et profiter des pauses publicitaires pour vous caresser, prendre un petit déjeuner décadent au lit, faire une balade en voiture et vous arrêter quelques instants dans un endroit calme et discret pour vous embrasser tendrement tandis que le bébé dort dans son siège d'auto, prendre le temps de vous asseoir côte à côte pour vous dire des mots doux tout en admirant cet être magnifique et si heureux d'être au sein, favoriser les contacts peau à peau en dormant nus ; enfin, peu importe, tant que cela favorise le rapprochement. L'intimité n'a pas nécessairement pour finalité la relation sexuelle, elle peut aussi mener à une pause tendresse salutaire. Tous ces petits gestes sont bénéfiques pour le couple et peuvent contribuer à éveiller les sens et le désir sexuel. Vous pouvez faire l'amour même si votre bébé partage votre chambre ou votre lit ; les bébés ne portent pas de jugement de valeur parce qu'ils n'ont pas de préjugés au sujet du sexe ! Si cette option ne vous convient pas, aucun problème : le salon ou n'importe quelle autre pièce de la maison pourra faire l'affaire. Dire « Je t'aime ! », « T'es belle ! (beau !) » ou « Je suis si heureuse (heureux) d'être à tes côtés » prend seulement quelques secondes et ça fait tellement de bien !

L'image corporelle

Pendant et après une grossesse, le corps se transforme, et certaines diront que ce n'est pas toujours pour le mieux ; surplus de poids, vergetures, cicatrices, points de suture et tout le reste. Difficile pour ces femmes de se trouver belles et croire qu'elles sont désirables. Nous sommes bombardées d'images de femmes enceintes sveltes avec une peau parfaite, de mannequins anorexiques qui pèsent à peine 50 kg, de publicités de diètes miracles et d'appareils d'exercice tellement extraordinaires qu'ils vous replacent les abdos en six semaines ou argent remis ! Les standards de beauté actuels mettent beaucoup trop de pression sur les femmes, et aussi sur les hommes.

Pour certaines femmes, il est extrêmement difficile d'apprécier les touchers et les regards de leur amoureux quand elles se trouvent affreusement moches parce que leurs seins sont lourds, que leurs vêtements sont détrempés de lait ou qu'elles ont les cheveux en bataille après une journée intense. Leur amoureux a beau leur dire qu'elles sont belles, elles n'y croient pas. Certaines mères nous ont rapporté être tellement fatiguées que juste l'idée de faire de l'exercice leur donnait la nausée. Il faut parfois prendre le temps de se regarder avec les yeux du cœur et apprécier ce que la vie nous apporte pour nous aider à remettre les choses en perspective. Pour se rassurer, il faut se rappeler que, petit à petit, ce corps se transformera à nouveau et reprendra du tonus, les seins arrêteront de couler et le sommeil sera mieux organisé. Avec un peu de patience, il sera plus facile de concilier et d'apprécier les deux rôles, ceux de mère et de femme. Plusieurs femmes – nous espérons et croyons qu'elles sont majoritaires – se trouvent belles et désirables même si leur corps ne correspond pas aux standards actuels. Nous ne pouvons que nous réjouir de ce que certaines compagnies commencent à recourir à de « vraies » femmes, qui sont belles sans être parfaites ou « améliorées » par la magie de l'ordinateur, comme modèles. Il nous reste à souhaiter que la tendance se poursuive.

Chez nous, au Québec, le futur papa est invité à assister et à participer activement à la naissance de son enfant. Cette pratique, récente dans l'histoire, peut dans certains cas créer un malaise ou être carrément contre-productive, en particulier lorsque que le papa ne souhaite pas réellement être présent mais ne le dit pas, ou encore, que sa préparation est insuffisante ou inadéquate. La naissance d'un enfant est quelque chose d'extraordinaire pour la femme qui deviendra mère, mais aussi pour l'homme qui deviendra père. Laissons-nous, comme société, suffisamment de place aux hommes pour vivre ce moment à leur façon ? Ont-ils l'espace nécessaire pour exprimer leurs sentiments et leurs craintes ? Ne mettons-nous pas trop de pression sur eux en leur demandant d'être à la fois *coach*, protecteur de l'intimité, massothérapeute, scientifique et zen ? Certains hommes, qui ne s'attendaient pas à tant de transformations physiques ou qui n'étaient pas préparés à voir le vagin de leur amoureuse s'ouvrir pour permettre le passage de l'enfant, peuvent être marqués au point d'avoir des difficultés, temporaires, à la désirer. Pour d'autres, une surcharge pondérale, des vergetures ou des cicatrices sont repoussantes, voire répugnantes. Plusieurs hommes ont, en revanche, une admiration incroyable envers la force du corps à se transformer et à s'adapter pour donner la vie et trouveront leur partenaire d'autant plus belle et désirable. La majorité des hommes apprécient le nouveau galbe et le volume des seins de leur partenaire, effets du marketing ou souvenir inconscient de la plénitude et du confort qu'ils ont déjà ressenti auprès de seins généreux et nourriciers. Peu importe la raison profonde, cette admiration ne peut que faire du bien à leur amoureuse, qui se sent un peu plus excitante !

Que faire pour accepter ce nouveau corps ? Il n'y a pas qu'une seule bonne réponse, mais le regarder de l'intérieur, afin d'admirer son incroyable capacité à se transformer et à s'adapter pour mettre au monde un enfant et le nourrir, ne peut que nous aider à l'accepter. Selon nous, se réapproprier ce corps puissant, c'est :

• Prendre le temps de le redécouvrir, d'apprécier ses nouvelles formes et de sentir du bout des doigts la douceur des seins, des hanches, des fesses, etc.

• Découvrir l'odeur nouvelle et réconfortante de cette peau maintenant sucrée par le lait qui s'écoule des seins.

• Apprivoiser ce nouveau sexe qui s'est transformé pour donner la vie et trouver ses zones érogènes.

• Laisser tomber les images toutes faites, « arrangées par le gars des vues » et se plonger dans les plaisirs de la chair, la vraie.

• Apprécier les hormones de plaisir que ce nouveau corps nous offre.

Inutile de brusquer les choses. Au bout d'un certain temps, vous apprivoiserez et apprécierez ce corps puissant pour ses qualités intrinsèques tout autant que pour ses attributs extérieurs.

Pendant les relations sexuelles...

Pendant les relations sexuelles, il arrive que des femmes en période de lactation aient des réflexes d'éjection de lait. Pour certaines, ce ne sont que quelques gouttes, mais pour d'autres, c'est littéralement la voie lactée! Ce phénomène tout à fait normal est causé par la libération d'ocytocine dans le corps. Pour celles d'entre vous qui préférez un lit sec à un lit détrempé, un piqué pour bébé avec fond plastifié permettra d'absorber le lait.

Pendant les relations sexuelles, certains hommes aiment lécher et goûter le lait qui s'écoule des seins de leur amoureuse. Est-ce une perversion ou une déviation ? Pas du tout, tant que les deux partenaires sont à l'aise et en retirent du plaisir. Ce genre de pratique, qu'on désigne parfois par les expressions *adult breastfeeding* ou encore *adult nursing relationships*, sont plus répandues qu'on l'imagine. Certaines de ces pratiques, qui n'enlèvent rien au bébé, peuvent avoir l'avantage d'augmenter la production de lait.

Pendant les relations sexuelles, une bonne lubrification est souvent un gage de plaisir et de confort. Si la sécheresse vaginale, due au manque d'estrogène, cause des douleurs et de l'inconfort pendant la pénétration, des produits de remplacement à action prolongée sont disponibles et sécuritaires ; à éviter, les gels de type K-Y[MD] qui sèchent rapidement et deviennent irritants. Optez plutôt pour les formules plus crémeuses comme le Replens[MD]. Il est important d'en parler avec votre médecin si vous avez des douleurs qui ne sont pas causées par un manque de lubrification.

Pendant les relations sexuelles, il peut s'avérer utile, lorsque que le bébé partage votre lit et se réveille pour téter, de privilégier les positions que vous aimiez pendant la grossesse ; pourquoi vous arrêter, votre bébé n'a-t-il pas déjà eu la visite de papa lorsqu'il était confortablement blotti dans le ventre de sa maman ? Pour certains couples, partager leur lit avec bébé n'est pas un obstacle pour faire l'amour ; pour d'autres, c'est tout le contraire, et c'est très bien. Dans plusieurs sociétés où le co-dodo est culturellement accepté et considéré comme normal, les parents ne s'empêchent pas de faire l'amour par peur de traumatiser leurs bébés ou de faire quelque chose d'inconvenant. Les petits bébés n'ont pas de préjugés, dorment solidement et ont la mémoire courte. S'ils se réveillent pendant les ébats amoureux de leurs parents, ils réclameront le sein, téteront quelques minutes et se rendormiront. Lorsque les enfants sont plus grands, les parents ont peut-être avantage, surtout s'ils ont l'intention de prendre tout leur temps, à trouver un endroit plus intime pour être à leur aise.

Pendant les relations sexuelles, certaines femmes en période de lactation ont une sensibilité accrue des seins, alors pourquoi ne pas en tirer avantage et découvrir toute l'érogénéité de cette partie du corps, d'autant plus que ces seins généreux sont provisoires. Il est important de noter que la stimulation des mamelons peut faciliter l'accouchement en signalant au cerveau de libérer de l'ocytocine et ainsi augmenter l'intensité des contractions. Ce qui est merveilleux, c'est que cela fonctionne aussi en post-partum ; les contractions utérines, causées par la libération d'ocytocine, peuvent déclencher l'orgasme.

Pendant les relations sexuelles, l'objectif n'est-il pas d'avoir du plaisir ? Ce qui se passe dans la chambre à coucher, ou ailleurs, ne concerne personne d'autre que les principaux intéressés ; s'inventer des jeux coquins, essayer de nouvelles positions, le faire en cachette, un peu à la sauvette ou trouver des endroits inusités peut rendre les relations sexuelles plus intenses. Un peu de folie aide à se laisser aller et à se laisser porter par ce que la vie a de plus merveilleux, cette capacité de l'humain à se faire plaisir pour le seul plaisir...

Conclusion

Devenir parent, c'est se forger une nouvelle identité, accepter les transformations corporelles, être attentif aux besoins de chacun en essayant de ne pas trop s'oublier, être créatif, se pardonner, apprendre pour finalement se réorganiser. Devenir parent, c'est, pour la plupart d'entre nous, la plus belle chose qui puisse nous arriver, c'est découvrir l'amour inconditionnel qu'un enfant peut nous porter, c'est ce qui donne un sens à la vie, mais surtout, c'est ce qui lie, pour toujours, deux personnes.

Être parent, ça dure longtemps. Étant donné que la sexualité fait partie de la vie et que les enfants sont allaités pendant des mois et même des années, il faut trouver des idées originales et créatives pour partager des moments d'intimité et d'amour. Tous les parents souhaitent bien faire et offrir le meilleur environnement possible à leurs enfants. Il est certain que contrôler le temps qu'ils passent devant la télé est important, mais dans la réalité du quotidien, les dessins animés de la fin de semaine deviendront certainement vos complices !

En tant que consultantes en lactation IBCLC, nous avons observé que les couples qui parlent ouvertement de leurs relations intimes, de leurs sentiments réciproques et de leurs attentes bénéficient d'une plus grande intimité et ne se sentent pas coupables ou gênés d'avoir du plaisir. Dans le continuum couple-parents, les relations sexuelles sont énergisantes et plaisantes dans la mesure où on les laisse se produire simplement.

L'amour, l'affection et l'intimité consolident les liens de famille. Au Québec, on les qualifie de « familles tissées serré ». Profitez de la vie !

Anouk Jolin et son conjoint, Erik,
des parents amoureux
Photo : Suzanne Lemay

SEPTIÈME PARTIE

AFFIRMATION ET ALLAITEMENT

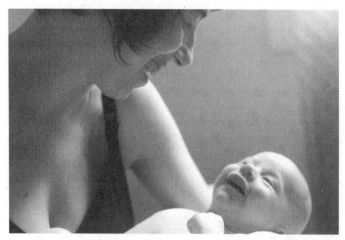

« La vie se transmet par mon or blanc. Je suis, donc j'allaite ! »
Alexandrine Agostini
Photo : Samuel Cloutier

Allaitement et féminisme[1]

Claude-Suzanne Didierjean-Jouveau

*Claude-Suzanne Didierjean-Jouveau s'interroge sur la naissance, le maternage et l'allaitement depuis plus de 30 ans. Animatrice de La Leche League, dont elle a été présidente dans les années 1990, elle est rédactrice en chef d'*Allaiter aujourd'hui, la revue de LLL France. *Elle a publié plusieurs ouvrages, dont* Anthologie de l'allaitement maternel *(Jouvence, 2002),* Allaiter, c'est bon pour la santé *(Jouvence, 2003),* Partager le sommeil de son enfant *(Jouvence, 2005),* Porter bébé : avantages et bienfaits *(Jouvence, 2006) et* Les 10 plus gros mensonges sur... l'allaitement *(Dangles, 2006). Elle a participé à de nombreux groupes de travail sur l'allaitement, notamment celui de l'Agence nationale d'accréditation et d'évaluation en santé (ANAES) chargé de rédiger des recommandations sur l'allaitement (2002).*

Le lait de sa mère auquel il [l'enfant] a droit.

L'allaitement est aussi une servitude épuisante [...] c'est au détriment de sa propre vigueur que la nourrice alimente le nouveau-né.

À priori, rien de commun entre ces deux phrases. Et pourtant... Toutes deux ont été écrites par des féministes. La première est de Marie Béquet de Vienne, féministe franc-maçonne qui créa en 1876 l'Œuvre de l'allaitement maternel et des refuges-ouvroirs pour femmes enceintes. Quant à la seconde, elle est tirée du *Deuxième sexe* de Simone de Beauvoir.

Les rapports entre féminisme et allaitement n'ont jamais été simples et ont beaucoup varié selon les époques et les pays. Car il y a féminisme et féminisme. Au fil des ans, le mouvement féministe s'est pluralisé pour donner naissance à une multitude de courants. Parmi ceux-ci, et en simplifiant énormément les choses, on peut dégager deux visions diamétralement opposées de la maternité :

- celle selon laquelle être une femme, avec un corps de femme et les fonctions biologiques qui vont avec (menstruations, grossesse, allaitement...), est une joie et une fierté ;

---

1. Ce texte a d'abord paru sous forme d'article dans la revue française *Spirale*, n° 27 (2003) : « L'allaitement est-il compatible avec le féminisme ? ». Revu et complété, il a servi de support à mon intervention sur « Féminisme et allaitement » au colloque de la Société d'histoire de la naissance, « Féminisme et Naissance » (Châteauroux, 22 septembre 2007).

• celle selon laquelle tout ce qui est proprement féminin est au contraire une calamité qui a de tout temps fait le malheur des femmes, et pour qui le combat à mener vise à obtenir une stricte égalité entre hommes et femmes (entre autres : partage des tâches domestiques, dont les soins aux enfants).

Selon donc qu'on considère la variante « différentialiste » (ou « identitaire » ou « essentialiste ») ou la variante « égalitariste » du féminisme, on pourra passer d'une exaltation de la maternité et de l'allaitement (comme pouvoirs spécifiquement féminins) à une vision de la maternité comme un esclavage (« lieu de domination masculine ») et de l'allaitement comme un esclavage à la puissance 10.

En France, au cours des dernières décennies, c'est manifestement le deuxième courant qui a dominé le mouvement féministe. Mais il n'en a pas toujours été ainsi.

Un peu d'histoire française

Les débuts du XXe siècle

À la fin du XIXe siècle et au début du XXe, les féministes françaises tiennent un discours qui en étonnerait plus d'un(e) de nos jours. Comme le montre très bien Anne Cova dans son ouvrage *Maternité et droits des femmes en France (XIXe-XXe siècles)*[2], elles parlent alors de l'allaitement comme de « cette obligation [qui] découle de la nature des choses », comme d'un « devoir maternel » et d'une « question vitale de notre pays[3] ». Elles luttent contre la mise en nourrice, ce « coup trop sanglant pour la maternité[4] », et les bureaux de nourrices, décrits comme « des officines épouvantables par lesquelles tant de pauvres petits diables qui ne demandaient qu'à vivre ont trouvé la mort[5] ».

Dès sa création en 1897, le quotidien féministe *La Fronde* entre aussi en campagne contre le biberon à tube, accusé à juste titre d'être un « tueur de bébés » (impossible à nettoyer correctement, c'était un vrai nid à microbes). Le journal ouvre un registre destiné à recueillir des signatures demandant l'interdiction de cet « ustensile meurtrier » (obtenue en 1910, par la loi du 6 avril).

---

2. Les informations sur cette période sont tirées de cet ouvrage.
3. *La Fronde*, 14 avril 1899.
4. *Le Journal des femmes*, février 1893.
5. *La Fronde*, 10 février 1899.

À cette occasion, le journal féministe parle de « ressusciter la maternité intégrale ». Il recommande d'ailleurs la lecture du roman de Zola intitulé *Fécondité*, qui est un hymne à la maternité et à l'allaitement. Et dans son numéro du 19 novembre 1899, il publie une interview de l'écrivain, qui déclare : « L'allaitement maternel est une obligation si naturelle, qu'il semble inutile de la commenter. »

À cette époque, les féministes soutiennent activement le travail de Marie Béquet de Vienne. Sa Société de l'allaitement maternel, créée pour encourager les mères pauvres à allaiter et leur fournir une aide matérielle, adhère en 1898 à la Fédération française des sociétés féministes. *La Fronde* en parle comme d'une « œuvre admirable ».

Elles luttent aussi activement pour que les travailleuses qui allaitent disposent de droits spéciaux. Elles se réjouiront du vote de la loi du 5 août 1917 instituant l'« heure d'allaitement » et les « chambres d'allaitement », tout en regrettant la durée trop courte prévue pour les tétées et en se plaignant de la mauvaise application de la loi[6].

Les féministes se féliciteront également de la loi du 24 octobre 1919 qui énonce que « toute Française [...] allaitant son enfant au sein, reçoit, pendant les 12 mois qui suivent l'accouchement, une allocation supplémentaire de quinze francs, entièrement à la charge de l'État[7] », tout en regrettant là aussi sa mauvaise application et le trop faible montant de l'allocation (par exemple, lors des premiers états généraux du féminisme, du 14 au 16 février 1929).

En 1925, *La Française* parle des propositions de lois faites par un groupe de députés communistes, qui demandent notamment le versement pendant un an d'allocations d'allaitement s'élevant à 25 % du salaire moyen de la région et l'installation effective de chambres d'allaitement (d'après le rapport d'Henriette Alquier en 1927, « jamais aucune loi ne fut aussi transgressée que celle sur les chambres d'allaitement »).

L'article 9 de la Loi sur les assurances sociales (1928/30) prévoit pour les mères salariées qui allaitent des allocations mensuelles dont le montant s'étale sur plusieurs mois et est dégressif avec le temps. Les féministes s'inquiètent de ce barème décroissant qui incite selon elles les mères à n'allaiter que pendant les premiers mois.

---

6. Voir l'étude de Gabrielle Letellier, *Les Chambres d'allaitement dans les établissements industriels et commerciaux*, 1920.
7. Voir leurs journaux *Le Droit des femmes* et *La Française*.

Au total, sur toute cette période, on peut dire que les féministes françaises mettent la maternité, et l'allaitement, au cœur de leurs préoccupations, luttant pour la reconnaissance de « la maternité, fonction sociale » (Henriette Alquier), et donc pour que l'État intervienne en sa faveur. À l'époque, peu nombreuses sont les féministes qui, comme Madeleine Pelletier, jugent la maternité aliénante.

Pétain et après

Après la Deuxième Guerre mondiale et tout au long des années 1950 et 1960, on assiste à un renversement de tendance complet : même s'il subsiste quelques féministes pour chanter la maternité (notamment dans la mouvance du Parti communiste), la majorité se retrouve dans le discours de Simone de Beauvoir et de son *Deuxième sexe* pour dénoncer l'esclavage de la maternité et centrer le combat féministe sur le droit à la contraception et à l'avortement.

Il faut dire que la période vichyste avait vu une telle exaltation de la mère et de la femme au foyer (« Travail, famille, patrie »), accompagnée d'une telle régression des droits des femmes, qu'on peut comprendre qu'on ait ainsi « jeté le bébé avec l'eau du bain »…

Mais du coup, toute une génération de féministes est passée complètement à côté de la maternité. Comme le dit la philosophe Elisabeth G. Sledziewski :

> *[…] pour les deux générations féministes de l'après-guerre, que l'on pourrait nommer d'une part celle du* Deuxième sexe, *d'autre part celle du MLF, l'intérêt pour la dimension maternelle de l'identité sociale et psychique des femmes a été et demeure une concession inenvisageable au système de l'oppression sexiste[8].*

Citons également Marielle Issartel :

> *Je fais partie des générations de femmes interdites de maternage. Mes amies de jeunesse entachaient de défiance leur lien avec leur enfant dès avant sa naissance. Crèche à trois semaines sans nécessité, dressage à la débrouille dès les premiers mois, honte des bouffées de compassion et, systématique ou presque : le refus d'allaiter[9].*

---

8. Intervention lors du 3e Congrès de maternologie, 10 novembre 1999.
9. Dans *Mémoires lactées*, Paris, Autrement, 1994.

En fait, les années 1970 (la « génération du MLF ») seront sur ce plan assez contradictoires, voyant à la fois la continuation, sur un mode assez violent, de la dénonciation de la « maternité esclave » (titre d'un ouvrage collectif paru en 1975) et l'épanouissement d'un courant «différentialiste» (Hélène Cixous, Annie Leclerc, Luce Irigaray, Julia Kristeva...) qui prône la reconquête de leur corps par les femmes («notre corps, nous-mêmes ») et permet à un certain nombre de femmes de vivre un allaitement heureux, voire sensuel et hédoniste[10].

Aujourd'hui

Plus récemment, même si les féministes anti-allaitement se font moins entendre, elles restent bien sur les mêmes positions. J'en veux pour preuve un article retentissant intitulé « L'OMS, valeur ajoutée ? », paru en 1993 dans *Chronique féministe*, l'organe de l'Université des femmes de Bruxelles. On y lit que l'OMS fait « pression pour moralement obliger les mères à allaiter », ce qui est « une manœuvre pour un retour des femmes au foyer », alors que « allaiter est très fatigant pour la mère » et que les mères doivent « avoir le droit de choisir le mode d'allaitement – sein ou biberon – qui leur convient [11] ».

Citons d'autres exemples récents de la hargne (le mot n'est pas trop fort) anti-allaitement de certaines féministes françaises :
- l'ouvrage d'Élisabeth Badinter, *Fausse route*, où elle attaque les « différentialistes » sur leur vision de la maternité (notamment Antoinette Fouque et Sylviane Agacinski), dénonce « la nouvelle culpabilisation des mères » soumises au « devoir d'allaitement », et regrette : « Aujourd'hui, l'OMS lance ses recommandations qui deviennent des directives européennes, et la Leche League prend les mères en main » [sic] ;

---

10. Voir, par exemple, dans *La guenon qui pleure* d'Hortense Dufour : « Je fais ce que je veux avec lui et il rampe et il tète et je dors et je me réveille et je le reprends et je le lèche et il tète et je l'oublie et je le reprends et je le remets encore à ma source de lait. » Ou dans *Parole de femme*, d'Annie Leclerc : « C'est le corps qui est heureux quand le lait monte dans les seins comme une sève vivace, c'est le corps qui est heureux quand le bébé tète. »
11. Le nombre croissant de femmes poursuivant l'allaitement après la reprise du travail semble bien contredire cette vision, au point que certains ont pu voir dans le tire-lait un instrument féministe ! C'est un peu comme si l'on revenait au féminisme des années 1900, qui se préoccupait des droits de la femme allaitante au travail...

- celui d'Évelyne Pisier, *Une question d'âge*, où, parlant de sa fille, elle se désole : « Elle a décidé d'allaiter. Encore un verbe de plus en plus intransitif ! [...] Que sont-elles devenues, nos belles années de féminisme ? Noyées dans un océan de lait maternel » ;
- celui de Flore Mongin, *Féminité, maternité, précarité* (Flammarion), qui développe la « théorie de l'allaitement maternel obligatoire », dénonce « l'ère de l'ultra-maternité », « l'intégrisme de l'allaitement » et... « l'écrasante influence de La Leche League dans le monde » *[re-sic]* ;
- l'article de Marie-Dominique Arrighi dans *Libération* du 23 octobre 2006 sur la Grande Tétée, qui portraiture les participantes à ce *nurse-in* en « mères très obéissantes » (à qui ? mystère !), tout en les accusant... d'évincer le père.
- dernier exemple en date, le récent pamphlet de Corinne Maier, *No kid*, qui dit carrément aux femmes : « Ne vous transformez pas en biberon ambulant » !

Ailleurs dans le monde

États-Unis

Un pays comme les États-Unis a vu lui aussi s'affronter les « égalitaristes » et les « différentialistes ».

D'un côté, celles pour qui le féminisme est basé sur la remise en cause radicale des déterminismes biologiques, qui voient dans leur corps et leurs capacités reproductives la source de l'oppression des femmes, qui pensent que la technologie (dont le biberon) est libératrice (R. Lazaro), qui voient toute information donnée sur l'allaitement comme un risque de « culpabilisation » des femmes et insistent sur la « liberté de choix ».

De l'autre côté, celles qui critiquent la vision technologique capitaliste de la grossesse, de l'accouchement (B. Rothman) et de la puériculture où des « experts » dictent leur conduite aux femmes (Ursula Franklin), qui dénoncent la dichotomie sein allaitant/sein érotique et la réduction des seins à des objets sexuels, qui voient le corps des femmes comme source de spiritualité et de pouvoir et non d'oppression, au risque de « romanticiser » la maternité et l'allaitement (*ecofeminism* ou *biological feminism*), ou qui insistent sur la production sociale que représente la maternité (M. Mies) et sur l'allaitement comme exemple de politisation de la sphère privée.

Comme en France, la « seconde vague » féministe, celle du début des années 1960 au milieu des années 1970, a vu la domination du courant rejetant la maternité. Un article de magazine de l'époque comparait même le fait de s'occuper à plein temps d'un bébé ou d'un bambin au fait de « passer toute la journée, tous les jours, en la seule compagnie d'un débile mental incontinent »... Au milieu des années 1970, d'autres voix se firent entendre, comme celle d'Adrienne Rich, qui militait pour une culture féminine séparée[12].

On peut également parler de La Leche League qui, depuis sa création en 1956, a accompagné un demi-siècle d'allaitement aux États-Unis et dans le monde. Certains s'étonneront sans doute qu'on puisse en parler comme d'un mouvement féministe. Et pourtant, les groupes LLL ne sont-ils pas les ancêtres des groupes de femmes, des groupes de *self-help* (« groupes d'auto-support ») qui devaient fleurir dans les années 1970[13] ? Comme le dit Mary-Ann Cahill, l'une des fondatrices de LLL, dans le livre d'entretiens *Seven Voices, One Dream* :

> *Même si nous ne le réalisions pas à l'époque, nous étions les précurseurs du mouvement de « libération de la femme », dans la mesure où il était pour nous capital d'avoir le contrôle sur les décisions importantes de notre vie, comme la façon d'accoucher ou de nourrir nos bébés.*

Et Marian Tompson, une autre fondatrice de LLL, de renchérir :

> *Nous voulions jouer un rôle actif dans le processus de la naissance et la façon de répondre aux besoins nutritionnels et émotionnels de nos bébés. Nous ne nous contentions pas de « faire comme on vous dit de faire » ni d'être de « bonnes filles obéissantes ». Nous insistions pour avoir notre mot à dire sur ces décisions qui nous concernaient si profondément en tant que femmes, et affectaient nos bébés et nos familles.*

---

12. *Of Woman Born*, 1976 (trad. fr., *Naître d'une femme*).
13. Je suis moi-même un bon exemple de cette continuité puisque, après avoir participé à un groupe de *self-help* dans les années 1970, j'ai, à la naissance de mon deuxième enfant en 1980, commencé à participer à un groupe de La Leche League, avant de devenir animatrice en 1986. Pour moi, le combat pour que toutes les femmes qui le souhaitent puissent allaiter dans de bonnes conditions a toujours fait partie du combat féministe. À noter que pratiquement toutes les chercheuses qui ont travaillé sur le sujet « allaitement et féminisme » ont elles-mêmes allaité leurs enfants : leurs théories s'enracinent dans leur expérience personnelle (voir ce que dit à ce sujet Bernice Hausman, livre cité en bibliographie).

Quant à Bernice Hausman, auteure d'un ouvrage sur les controverses américaines à propos de l'allaitement (voir la bibliographie), elle écrit à propos de LLL : « Ce genre de pratique centrée sur la femme, où l'insistance est mise sur le fait d'aider les mères à faire leurs propres choix (souvent contre l'avis des médecins), m'a toujours semblé profondément féministe. »

Pays scandinaves

Dans les pays scandinaves, les féministes se sont plutôt battues, comme les féministes françaises du début du XXe siècle, pour que soit reconnue la fonction sociale de la maternité (congés maternité, allocations…).

Parmi tous les pays occidentaux, c'est là que les taux d'allaitement sont actuellement les plus élevés, avoisinant les 100 % à la naissance, ainsi que… le pourcentage de femmes élues dans les différentes assemblées. Un exemple : alors qu'en France le taux d'allaitement à la naissance est de 60 % (chiffre de 2004), et le pourcentage de femmes élues à l'Assemblée nationale de 18,5 % (élections de juin 2007), en Suède, il y a 99 % d'allaitement à la naissance et 45,3 % de femmes élues au niveau national… Comme quoi, et contrairement à ce que disent tous ceux qui accusent les défenseurs de l'allaitement maternel d'être « contre les femmes », l'allaitement est tout à fait compatible avec un engagement des femmes dans la vie publique.

Cela dit, on peut aussi trouver là des journalistes branchés éreintant l'allaitement et le Code OMS, traitant les défenseurs de l'allaitement de « mafia du téton » et accusant le gouvernement de vouloir contrôler le corps des femmes[14]…

Brésil

L'opposition entre les différents féminismes renaît chaque fois que des féministes venues de différents pays se retrouvent dans une réunion internationale. C'est ainsi qu'au 2e Forum social mondial de Porto Alegre, en février 2002, dans un atelier justement intitulé « Féminisme et allaitement », l'animatrice brésilienne annonça dès le début que le débat porterait principalement sur la façon dont l'allaitement est vécu par les femmes approchant la ménopause, et non pas sur le féminisme en soi, chose selon elle déjà assez discutée par ailleurs…

---

14. *Nordic Work Group for International Breastfeeding Issues*, avril 2006.

Au Brésil, il est vrai, et ce, depuis les années 1980, l'allaitement est présent dans les préoccupations de plusieurs groupes féministes, et le thème occupe chaque fois plus d'espace dans l'ensemble des revendications féminines[15].

En 1980, la Brésilienne Bibi Vogel, comédienne et féministe, créait le Grupo de Mães Amigas do Peito (Groupe des mères amies du sein), en s'appuyant sur une idée chère au féminisme – le plaisir des femmes – pour revendiquer l'allaitement maternel comme un plaisir et non comme une obligation.

Les Amigas de Peito sont présentes chaque année dans les marches féministes organisées à l'occasion de la Journée internationale des femmes. Longtemps minoritaires et très critiquées, elles ont fini par s'imposer et même convaincre d'autres militantes féministes.

Une autre association brésilienne, le Grupo Origem, fondée en 1988, est née de la jonction du féminisme et du soutien à l'allaitement maternel. Sur son site Internet, on peut lire : « Origem fait partie du mouvement féministe, car nous considérons la question "genre" comme essentielle pour le développement d'activités de promotion et de soutien à l'allaitement maternel. » Il organise, dans les communautés pauvres de la ville de Recife, des groupes de soutien aux femmes qui veulent allaiter, considérées comme « des citoyennes dans la lutte pour un monde meilleur ».

Ses activités s'organisent autour de l'idée d'*empowerment*. Ce terme, quasiment intraduisible en français (j'ai juste trouvé *capacitation*, qui n'est vraiment pas très beau comme mot...), peut se définir comme « appropriation ou ré-appropriation du pouvoir » et se traduit, sur le plan individuel, par des notions comme la confiance en soi, l'initiative et le contrôle, mais aussi la compétence personnelle. L'*empowerment* suppose l'acquisition de nouvelles compétences et renvoie donc aux capacités intellectuelles (savoir et savoir-faire) et à la possibilité de faire des choix libres et éclairés.

L'allaitement, *empowerment* de la femme ?

En quoi l'allaitement participe-t-il à l'*empowerment* de la femme ?

Il échappe au système marchand, puisque le lait de femme est gratuit (sauf lorsqu'il est recueilli par les lactariums) et que, sauf exception,

---

15. Voir la thèse de Gilza Sandre-Pereira, *Anthropologie de l'allaitement maternel en France et au Brésil*, Toulouse II-Le Mirail, EHESS, 2006. Elle comporte tout un chapitre sur « l'allaitement maternel et les orientations féministes ».

il ne nécessite aucun dispositif pour sa production ni son utilisation. Il rend donc la femme indépendante de ce système marchand.

Il lui donne aussi une extraordinaire confiance en ses capacités, un sentiment de force, de puissance, de compétence, de plénitude. Elle sait en effet qu'elle a pu faire grandir et grossir son enfant avec quelque chose que son propre corps a produit. Elle n'a pas eu à s'en remettre à un produit industriel, elle n'a pas eu à suivre les directives d'un « expert » (très souvent masculin) sur les quantités à donner, les horaires à respecter, etc. C'était elle l'experte en ce qui concernait la nutrition et le bien-être de son enfant.

Et n'oublions pas le plaisir éprouvé par les femmes à allaiter leurs petits. Plaisir dont on parle peu, comme s'il était suspect (« elle se fait plaisir à allaiter ») et que décrivent tant de textes.

Un auteur comme le Canadien Joël Martine renoue avec la « radicalité politico-psychanalytique » des années 1970, en insistant non seulement sur l'enjeu sanitaire de l'allaitement, mais aussi sur son enjeu socio-économique, les « profondeurs charnelles et fantasmatiques du vécu féminin », la qualité du « dialogue charnel pré-verbal » de la mère avec son bébé, l'importance pour le mouvement féministe d'intervenir sur l'enfantement et le maternage, et de jouer ainsi « un rôle exemplaire dans la mise en œuvre d'une éthique de solidarité et d'émancipation[16] ».

Pour Penny Van Esterik, Américaine féministe et militante de l'allaitement, les groupes féministes devraient intégrer l'allaitement dans leurs luttes pour plusieurs raisons :

- l'allaitement suppose des changements sociaux structurels qui ne pourraient qu'améliorer la condition des femmes ;
- l'allaitement affirme le pouvoir de contrôle de la femme sur son propre corps et met en question le pouvoir médical ;
- l'allaitement met en cause le modèle dominant de la femme comme consommatrice ;
- l'allaitement s'oppose à la perception du sein comme étant d'abord un objet sexuel ;
- l'allaitement exige une nouvelle définition du travail des femmes – définition qui prenne en compte de façon plus réaliste à la fois leurs activités productives et leurs activités reproductives ;
- l'allaitement encourage la solidarité et la coopération entre femmes, que ce soit au niveau du foyer, du quartier, du pays ou du monde.

---

16. Voir son site http://joël.martine.free.fr.

Le thème choisi pour la Semaine mondiale de l'allaitement maternel en 1995 était justement *Empowering women,* traduit par « Renforcer le pouvoir des femmes ». Dans le dossier préparé par la WABA, on pouvait lire notamment :

> *L'allaitement maternel est un droit de la femme [...]. Allaiter au sein, c'est avoir le contrôle sur son propre corps [...]. Démontrons combien l'allaitement au sein peut être un acte de puissance, de pouvoir et de satisfaction pour les femmes. Montrons aux femmes que l'allaitement maternel conduit à l'affirmation de leur pouvoir spécifique[17].*

Les travaux de la sociologue Saskia Walentowitz auprès de femmes kényanes séropositives sont à cet égard très parlants[18]. Elle montre en effet que la promotion de l'allaitement maternel exclusif (dans le but de réduire la transmission du virus de la mère à l'enfant) se heurte à un obstacle majeur : le fait que la société dans son ensemble croit les femmes incapables de nourrir un bébé sans donner de compléments. Comme elle le dit, reconnaître leurs capacités dans ce domaine, ce serait révolutionnaire pour le statut de la femme !

Conclusion

Les femmes qui avaient organisé la Grande Tétée à Paris en 2006 ont répondu ainsi à l'article paru dans *Libération* :

> *Nous sommes parfois taxées de prôner un retour en arrière... très souvent d'ailleurs par les femmes d'hier. Celles qui, dans les années 60, 70, se sont battues pour les droits de la femme, ont fait des études, sont sorties de leur foyer pour rentrer en masse dans la vie active, ont obtenu la possibilité de planifier leur maternité. Celles aussi qui nous ont peu allaitées. Nos mères donc, dont nous revendiquons l'héritage féministe. Cet héritage, nous voulons le faire maintenant fructifier, dans une démarche résolument progressiste. Nous voulons faire des études, choisir le moment juste pour nous d'avoir des enfants, continuer à progresser professionnellement, mais sans renier notre maternité, sans renoncer à allaiter. On a le beurre, on veut aussi la crème.*

---

17. La WABA a également publié un dossier intitulé *Breastfeeding : A Feminist Issue* (voir la bibliographie).
18. Voir son intervention à la Journée nationale de l'allaitement, Brest, 19 mai 2006.

Comme le dit Elisabeth G. Sledziewski :

> *[…] le féminisme pourrait, en osant penser à neuf la maternité, trouver l'occasion historique de transformer un discours défensif et militant en discours sur les nouvelles exigences de la condition humaine, et donc en message éthique universel.*

L'osera-t-il ? Je l'espère.

Bibliographie

Blum, Linda M. *At the Breast : Ideologies of Breastfeeding and Motherhood in the Contemporary United States*, Boston, Beacon Press, 1999.

Cova, Anne. *Maternité et droits des femmes en France (XIXᵉ-XXᵉ siècles)*, Paris, Anthropos, 1997.

DeJager Ward, Jule. *La Leche League at the Crossroads of Medicine, Feminism and Religion*, Chapel Hill, The University of North Carolina Press, 2000.

Hausman, Bernice L. *Mother's Milk : Breastfeeding Controversies in American Culture*, New York, Routledge, 2003.

Knibiehler, Yvonne. *La révolution maternelle depuis 1945*, Paris, Perrin, 1997.

Van Esterik, Penny. *Breastfeeding : A Feminist Issue*, WABA (World Alliance for Breastfeeding Action).

Van Esterik, Penny. « Breastfeeding and Feminism », *International Journal of Gynecology & Obstetrics*, nº 47, suppl., 1994, S41-S54.

Wolf, Jacqueline H. « What Feminists Can Do for Breastfeeding and what Breastfeeding Can Do for Feminists », *Signs : Journal of Women in Culture and Society*, vol. 31, nº 2, 2006.

On vient nous aider

Isabelle Marchand

Amélie

Le 25 décembre 2003, à 5 h 45, les eaux ont crevé. Amélie était un mois d'avance, mais ça ne m'inquiétait pas. Toute ma famille dormait dans ma maison, certains au salon, d'autres dans l'atelier, et tous se sont levés, le cœur à la fête, pour me voir partir à l'hôpital. La veille seulement, je confiais mes inquiétudes à ma mère et à mes amies sur mes compétences à prendre soin de mon nouveau-né et j'ai demandé à ma mère de venir prendre soin de mon bébé, pendant que j'époussetterais ma maison… À 14 h 05, Amélie est née, après un accouchement facile, sans médication, et puisque les infirmières discutaient de leur party de la veille, presque sans interventions. Je ne souhaitais pas réellement allaiter. Dans ma famille, allaiter n'est pas la norme. Mon entourage est plutôt prude et par conséquent le sein est considéré comme une possession du conjoint, et surtout pas comme un moyen de nourrir son bébé. Le seul fait de devoir me découvrir pour offrir mon lait à mon bébé me décourageait, car j'entendais déjà les critiques, les farces plates, etc. Mais lorsque ma puce a commencé à me chercher, l'infirmière m'a demandé si je lui donnais le sein, j'ai répondu oui (comment refuser ça à ma fille qui me réclamait ?), mais j'ai demandé à l'infirmière de lui mettre mon sein dans la bouche, ce qu'elle fit. Amélie a tété efficacement durant un bon 45 minutes. Quand je lui raconte sa naissance aujourd'hui, je lui dis que, quand elle est née, mon cœur s'est agrandi, comme si, avant, je possédais un 3 1/2 et avec elle, un 4 1/2, mais que c'est quand je l'ai mise au sein que je suis devenue une maman.

Dans les heures qui ont suivi sa naissance, toute ma famille, 12 personnes, sont venues me voir en même temps à l'hôpital, et la puce a valsé dans 11 paires de bras. Seul son parrain a refusé de la prendre, considérant que c'était pas mal d'efforts pour elle… Les quatre jours suivants, Amélie ne buvait pas… Elle a perdu 17 % de son poids et pesait à la naissance 5 lb 2 oz. On me l'a fait réveiller aux heures ; donc, entre les boires, j'avais une demi-heure pour me reposer. La balance, la %$?&*#@ de balance entrait dans la chambre deux fois par jour. Ma fille pleurait, je pleurais, mon mari pleurait. Les infirmières m'ont littéralement attachée à mon bébé, elle était peau à peau avec moi 24 heures sur 24. J'ai testé, avec leur aide, toutes les positions d'allaitement, la louve y compris, où à quatre pattes au-dessus de mon bébé, quelqu'un trayait mon sein dans sa bouche. Quand je dormais, je rêvais que ma fille rapetissait tellement qu'elle disparaissait. Au bout de quatre jours, une infirmière entre dans la chambre et propose un biberon de préparation. Probablement parce qu'on m'a soudée à mon bébé, probablement parce que je m'étais tant acharnée, j'ai refusé net, et au lieu du biberon, on m'a amené la consultante en lactation. Je me souviens très bien que, quand l'infirmière m'a dit que quelqu'un venait m'aider, je tenais ma fille dans mes bras en sanglotant : « Ma chérie, on vient nous aider ! » Cette femme a changé ma vie, ça a pris 30 secondes. Elle a commencé par me demander comment s'étaient passés les premiers boires, et ensuite elle m'a demandé comment je m'imaginais, enceinte, allaiter mon bébé. Je lui ai raconté qu'Amélie avait, dans sa chambre, une chaise berçante où je prévoyais l'allaiter, à côté de la fenêtre. Elle a déplacé la chaise près de la fenêtre de l'hôpital, comme dans la chambre du bébé. Elle m'a demandé comment je tenais mon bébé dans mon « rêve » d'allaitement ; j'ai pris ma fille en madone inversée. Elle m'a dit de faire comme si je perdais connaissance, et Amélie a pris le sein, efficacement, durant de longues minutes. Mon mari, l'infirmière, la consultante et moi, on s'est aussitôt mis à pleurer tellement c'était beau, émouvant, qu'enfin je renoue avec ma fille... La consultante m'a alors regardée et m'a dit : « Tu es la mère de cette enfant. Tu es la SEULE personne au monde qui sait ce qu'il faut faire avec elle et ne laisse plus jamais personne diriger votre vie. » Cette femme a tout de suite ciblé mon problème : comment ma fille peut-elle se sentir en confiance dans les bras de sa maman qui a si peu confiance en elle, en ses capacités ? Je l'ai prise au mot...

À la suite de cette intervention, ma fille a bien bu et repris du poids. Bien entendu, elle est petite, et tout le monde – parenté, médecins, infirmières, étrangers au centre commercial – m'a dit quoi faire avec mon enfant. Mes craintes se sont confirmées à propos des mauvais commentaires (« Tu es l'esclave, la doudou, la suce de ton bébé ! ») et aussi j'ai goûté aux farces plates (« Oublie ça, maintenant, ton avenir n'est plus devant toi, il regarde le plancher » – en parlant bien entendu de mes seins...). Bref, j'ai reçu un accueil plutôt ordinaire de mon entourage. Mais maintenant, je savais que j'avais cette force en moi, et j'avais confiance en ma fille. L'approbation de mon p'tit monde avait avant une importance capitale dans mes décisions, mais le simple fait d'être responsable de cette enfant, de la voir pousser GRÂCE À MOI m'a donné le courage de les affronter, et pas une fois je me suis cachée pour la nourrir. J'ai rejeté toutes mes idées d'avant la naissance et je suis devenue mère à la maison. Je me suis impliquée dans le soutien à l'allaitement et aussi auprès des maisons de naissance. Moi qu'on avait accouchée, qu'on avait fait allaiter (parce qu'avec Amélie, on a fait, et à ma demande, beaucoup de choses importantes à ma place), j'ai pris en main ma vie, et celle de ma fille.

Lucas

Le 3 décembre 2005, Lucas est arrivé. Le travail a été long et, pour une sprinteuse comme moi, le marathon a été difficile, mais mon accompagnante, ma sage-femme et surtout mon mari m'ont soutenue. Quand Lucas est né, mon cœur est devenu un 5 1/2, et quand JE l'ai mis au sein, je suis devenue sa maman. Il a tout de suite pris le sein et a fait ça comme un professionnel, et j'ai réalisé tout le chemin que j'avais fait depuis la naissance d'Amélie. Durant six mois, j'ai nourri et Lucas et Amélie, non sans difficultés, mais toujours avec une fierté qui m'a fait défier les tabous reliés à l'attaitement d'un bambin et à l'allaitement en tandem. Parce que déjà, en allaitant Amélie, je défonçais une porte, l'allaiter plus de deux semaines a provoqué une chorale de critiques, alors imaginez allaiter deux ans et demi ! Bien sûr, personne n'approuvait et, en plus, Lucas est arrivé, et c'était reparti pour un autre tour :
– Tu ne te relèveras jamais de cet accouchement-là !
– Là, tu peux VRAIMENT oublier de retrouver tes seins fermes !
– Ben coudonc, tu dois aimer ça te faire téter !
– Amélie, vas-tu téter jusqu'à tes 25 ans ?
Mais cette fois-ci, c'est mon implication auprès des organismes communautaires qui m'a sauvée. J'y avais rencontré plein de femmes qui avaient aussi choisi ce chemin-là et grâce aux nombreuses formations que j'ai suivies et aux conférences sur le sujet auxquelles j'ai assisté, je savais pourquoi je le faisais et rien ni personne au monde aurait pu me faire changer d'idée. À chaque commentaire, j'avais une réponse et tranquillement ma famille a commencé à s'intéresser vraiment à mes explications. Certaines fois, mon avis a été demandé, et mon aide sollicitée. Jamais je n'aurais cru, avant mes expériences d'allaitement, devenir aussi sûre de moi et être fière de mon corps, pas parce qu'il est intéressant à regarder, mais parce qu'il donne la vie, il donne la santé, il réconforte, il réchauffe et, bien sûr, il nourrit.

Lucas s'est coulé dans la vie avec beaucoup de sérénité et la confiance qu'il a en moi me réchauffe le cœur. Il a maintenant 18 mois, tète toujours et le fera, je le souhaite, jusqu'à ce qu'il décide qu'il n'en a plus besoin.

Allaiter m'a redonné mon corps, m'a redonné ma vie.

Un mot de Manon Campagna, IBCLC
la consultante en lactation d'Isabelle

À Isabelle et à toutes les femmes qui, comme elle m'ont servi de modèle,

Avec elles, j'ai appris que c'est en créant une ambiance propice, en transmettant autant d'émerveillement que de connaissances et en s'ouvrant avec souplesse au rythme de la dyade que l'on peut témoigner des regards d'enchantement entre une mère et son bébé, que l'on peut contempler cette communication qui nourrit la confiance laissant place aux mouvements instinctifs et fluides qui bercent la famille doucement vers la naissance de l'allaitement, vers cette nouvelle communion visible de l'extérieur.

À mes enfants, mes trois meilleurs professeurs,

Jessyka, j'ai appris que le sentiment d'être une bonne mère naît avec la place laissée aux erreurs.

Myriam, tu m'as offert le cadeau du rire, avec cela j'ai appris à ne jamais trop me prendre au sérieux.

Xavier, j'ai appris, par les souvenirs de notre passé, à croire en la force des nouveau-nés.

Merci, vos leçons sont précieuses et m'accompagnent à chaque présence auprès des êtres auxquels je viens en aide, m'épaulant dans mon travail qui consiste à trouver, tel un D.J., la musique qui laissera naître une danse entre une mère et son bébé.

Enfin, j'aimerais rendre hommage à ma mère et à toutes ces femmes qu'on a privées de musique.

Cheminer grâce à l'allaitement

Marie-Anne Poussart

L'aventure s'est terminée il y a quelques mois seulement. Elle aura duré cinq ans. Cinq années marquantes et déterminantes, au cours desquelles j'ai allaité un premier, puis un deuxième, et enfin un troisième enfant.

Comment résumer cette période si intense de ma vie, sinon en disant qu'elle m'a tant changée ? Elle m'a tant fait grandir.

Je dirais avant tout que ces années m'ont apporté une grande fierté et m'ont donné confiance ; confiance en moi, confiance en mon corps, confiance en ma capacité à bien m'occuper de mes enfants. Elles m'ont confirmé que l'allaitement n'a aucun équivalent, que cette fonction biologique est d'une importance cruciale et que l'on a tout à gagner à s'y investir. Je n'arrêterai jamais de vanter les bienfaits de l'allaitement, de parler de ce que ça donne, de ce qu'on en retire et en retient.

J'ai la certitude d'avoir reçu plus que je n'ai donné. Et j'ai beaucoup donné ! Du temps, de l'énergie, de l'amour, de l'attention, du réconfort. Et pourtant, peu de réussites m'ont procuré un aussi grand sentiment d'accomplissement.

Saisir l'occasion

Tout a commencé en 2001, quand j'ai assisté, dans le cadre de mes cours prénataux, à une soirée-témoignage animée par une mère qui avait allaité ses trois enfants pendant une longue période. Son histoire m'a marquée et a confirmé mon désir de nourrir mes enfants au sein. C'était la première fois que j'entendais une femme parler d'allaitement avec autant de conviction, de franchise, d'enthousiasme et d'émotion. À l'époque, seule une de mes cousines avait allaité ses enfants, et je n'en savais que très peu de choses, mis à part le fait qu'elle avait apprécié l'expérience et me recommandait chaudement d'opter pour ce même parcours. J'avais été nourrie au biberon (après une tentative d'allaitement infructueuse), tout comme ma sœur, mon frère et la très grande partie de mon entourage. Cette rencontre prénatale fut donc révélatrice. Je me souviens particulièrement d'avoir trouvé cette mère persévérante d'avoir allaité son premier enfant jusqu'au moment de devenir enceinte du deuxième, et le deuxième, jusqu'au moment d'apprendre qu'elle était enceinte de son troisième. Jamais je n'aurais cru, à ce moment, que je ferais exactement la même chose ! Mais le plus drôle, c'est que cette mère allait s'immiscer un peu plus dans ma vie privée en devenant, quelques mois plus tard, ma marraine d'allaitement.

Quand Alessandro est né, en 2002, j'avais 30 ans. J'attendais ce moment avec impatience, j'étais heureuse de devenir mère et je savais déjà que ce ne serait pas mon seul enfant. J'étais habitée par un profond désir d'allaiter, de connaître ce privilège et je souhaitais que ça se passe bien. J'étais déterminée, prête à surmonter d'éventuelles difficultés, mais mon bébé, calme comme nul autre, m'a rendu la tâche facile. Il tétait avec vigueur, dormait bien et prenait du poids à vue d'œil. Je n'avais pas mal aux seins, j'avais amplement de lait, j'étais convaincue d'avoir donné naissance au plus beau petit garçon sur Terre, et je garde de cette période une série de souvenirs exquis.

J'ai néanmoins vite découvert à quel point l'allaitement constitue une grande responsabilité à partir du moment où l'on décide de s'y consacrer sérieusement. Mon premier souvenir de cette constatation remonte au jour même de la naissance d'Alessandro, lorsqu'on m'a invitée à lui donner le sein à quelques minutes de vie. Ce moment restera toujours gravé dans ma mémoire : je venais d'accoucher, j'étais fatiguée mais extrêmement fière d'être parvenue à lui donner naissance naturellement et sans médicament, et voilà qu'il fallait déjà que je l'allaite ! Moi qui tenais tant à le nourrir au sein, qui avais dit et répété aux infirmières de ne pas lui offrir quoi que ce soit d'autre, qui avais visualisé ce premier contact, j'aurais plutôt voulu avoir du temps pour me remettre de mes émotions. Une heure ou deux pour souffler, quoi ! Je me rappelle très bien m'être dit à ce moment-là : « Déjà ? Déjà ! », étonnée de la vitesse à laquelle mon monde venait de basculer.

Cette première tétée fut néanmoins extraordinaire. Un grand moment d'étonnement et de surprise face à la vigueur de la succion du bébé. Un grand moment d'admiration pour la nature et tout ce qu'elle nous offre. Un grand moment de plaisir, de chaleur, d'abandon et de douceur après plusieurs heures de douleurs et d'efforts. Une rencontre comme on en vit peu.

Quand je repense aux premiers jours de vie d'Alessandro, j'ai aussi le souvenir de ma toute première sortie de la maison, sans bébé. Il n'avait pas encore un mois. C'était le printemps. Mon conjoint, Giovanni, m'avait offert d'aller prendre une marche au soleil, seule, une heure ou deux, m'assurant que ça me ferait du bien. Je ne me souviens plus de ce que j'ai fait ni de l'endroit où je suis allée, mais je me rappelle de ne pas

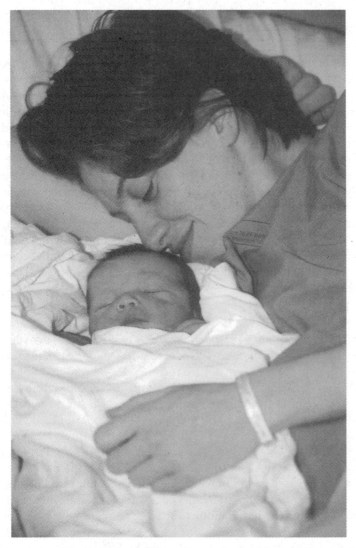

Marie-Anne et Alessandro, quelques minutes
après une toute première tétée... inoubliable !

avoir beaucoup apprécié l'expérience ! Je voulais être avec mon fils. Je ne voulais pas m'en éloigner. Et à l'avenir, je l'emmènerais avec moi plutôt que de le laisser derrière. L'allaitement ne me forçait pas à être avec lui, je VOULAIS être avec lui pour l'allaiter aux moments où je verrais et sentirais qu'il en avait besoin.

Mes premiers mois comme mère ont également chamboulé chez moi plusieurs croyances et perceptions que j'avais jusque-là. Les valeurs féministes avec lesquelles j'avais grandi et qui m'habitaient – égalité, indépendance, autonomie financière, pour ne nommer que celles-là – n'étaient plus en parfaite harmonie avec ce que je vivais. J'avais du mal à les appliquer à mon nouveau contexte. Par exemple, avant d'accoucher, j'avais envisagé un partage égalitaire des tâches liées à notre enfant. Je m'attendais à ce que mon conjoint se lève aussi la nuit, donne aussi à boire à notre bébé, le berce et le prenne, le baigne et le promène, le cajole et le change comme je le ferais. Mon conjoint, aussi féministe que moi, s'y attendait tout autant. Mais le partage s'est fait autrement. En effet, devenue mère, je me suis très vite approprié la fonction nourricière, n'ayant plus aucun désir de la partager, de tirer mon lait ou de confier cette tâche à qui que ce soit d'autre. La féministe en moi ne s'attendait pas à un appel aussi puissant !

Chaque bébé est unique

En 2003, 19 mois après la naissance d'Alessandro, est arrivée Elena, déterminée et vive comme pas deux. Mon expérience jusque-là ne m'avait pas préparée à l'aventure rocambolesque que m'a fait vivre ce bébé. Quel défi elle m'a présenté ! Moi qui rêvais d'une fille depuis si longtemps... Je la trouvais magnifique, avec sa peau d'une blancheur inouïe et ses beaux cheveux noirs. Je l'aimais TELLEMENT ! Mais comme elle a pleuré ! Et comme elle pleurait fort ! J'aurais tant voulu que mon sein la calme, la rassure, l'endorme comme Alessandro. Un rien la dérangeait ; elle était si sensible. Malgré ses besoins intenses et les nombreuses particularités de son tempérament, j'ai continué à l'allaiter, voulant connaître, avec elle aussi, de beaux moments à deux. Les tétées n'étaient cependant pas toujours simples. Souvent, elle n'acceptait de boire que si nous nous couchions ventre à ventre sur mon lit et que l'ambiance était calme, la lumière tamisée. S'il y avait trop d'activité autour ou que nous n'étions pas à la maison, il était fréquent qu'elle refuse mon sein. Rien ne me déroutait autant. Alors que l'allaitement avait tant simplifié mon quotidien avec Alessandro, il désorganisait maintenant mes journées et ébranlait ma confiance.

Puis les mois ont passé et est arrivé le moment de lui offrir des solides. Autre échec retentissant. Rien à faire ; elle refusait tout. Non pas que le goût ou la texture des aliments lui déplaisait ; nous ne parvenions même pas à approcher une cuillère de sa bouche. Elle n'acceptait que le lait. Mon lait, à la source. Ni les purées, ni les céréales, ni même les biscuits ne l'intéressaient. Une suce ? En trois secondes, celle-ci était par terre. Un biberon ? En moins de deux, il avait rejoint la suce sur le plancher.

Au bout de plusieurs semaines, et après avoir consulté divers spécialistes, une ergothérapeute établit finalement un diagnostic : hypersensibilité sensorielle. Enfin, une explication ! Voilà donc pourquoi elle pleurait tant, pourquoi elle n'appréciait pas être couverte, habillée ou prise de certaines façons et pourquoi elle refusait de mettre quoi que ce soit dans sa bouche. À partir de là, grâce à un efficace protocole de désensibilisation, les choses ont commencé à se placer. Notre petite a commencé à manger (elle avait 11 mois !), à être plus souriante, à moins pleurer. J'ai retrouvé la confiance que j'avais perdue, mais la fatigue ne me quittait pas. Mon entourage me suggérait de cesser d'allaiter Elena, mais je tenais aux tétées que j'avais gardées. Elles se passaient maintenant bien, mon bébé en profitait et je savourais ces nouveaux moments de sérénité.

Les tétées du soir, qui duraient plus longtemps que les tétées de jour, me permettaient notamment de mettre ma cocotte au lit en douceur, sans aucune difficulté. Tout en l'allaitant, je lui chantais des chansons, la serrais dans mes bras et la regardais s'endormir paisiblement. C'était une méthode infaillible, une routine à laquelle je tenais. Et un de mes moments préférés de la journée ! Il m'arrivait même d'admirer longuement mon bébé endormi, de le garder au chaud sur moi, plutôt que de tout de suite le déposer dans son lit. J'aimais l'observer, caresser ses petites mains, l'entendre respirer doucement. Quand j'allais me coucher par la suite, je savais que je lui avais offert et procuré tout ce dont elle avait besoin.

Alessandro avait trois ans et demi et Elena avait 21 mois lorsque j'ai appris que j'étais enceinte du troisième bébé que je désirais. Je venais de quitter volontairement mon emploi, j'étais parvenue à allaiter Elena dans le bonheur et la simplicité plusieurs mois, et je souhaitais maintenant mettre un terme à ce deuxième allaitement pour me préparer à la venue de l'enfant qui serait mon dernier. J'entrepris donc de sevrer Elena sur plusieurs semaines, ce qui se révéla relativement simple. Elena avait presque deux ans quand je l'ai allaitée pour la dernière fois.

Gloria est née en mars 2006, dans la même chambre que sa sœur, à la Maison de naissance Côte-des-Neiges de Montréal. Ce fut mon plus bel et mon plus intense accouchement. Notre premier contact peau à peau fut particulièrement émouvant. Elle était toute chaude et toute mouillée. Elle sentait bon. J'en ai un souvenir indélébile. Je pleurais de joie et n'en revenais pas de ma chance d'avoir eu une seconde fille, comme je l'espérais.

Avec Gloria, l'allaitement a débuté et s'est installé de façon instinctive, sans problème, sans stress. Après tant de tétées, je me sentais en pleine possession de mes moyens ! Je n'en retirais que du plaisir et de la satisfaction. Ma petite me confirmait chaque jour que tout se passait comme elle l'espérait ; elle était calme et souriante, malgré l'activité continuelle qu'il y avait autour d'elle. Je l'embrassais mille fois par jour, comme je l'avais fait et le faisais encore avec son frère et sa sœur. Je profitais de chaque instant. Elle buvait souvent, mais efficacement, ce qui... me creusait l'appétit ! Je prenais plaisir à manger souvent, à collationner et recollationner, tout comme j'avais mangé abondamment lors de mes autres périodes d'allaitement. L'épicurienne en moi y trouvait son compte ! J'emmenais Gloria partout où j'allais. Je l'ai allaitée à des endroits où jamais je n'aurais osé allaiter auparavant, vu la simplicité avec laquelle je parvenais à la mettre au sein ; dans la salle d'attente d'un garage, pendant des funérailles, à un mariage, sur des bancs publics, et j'en passe. Le regard des gens ne m'atteignait plus, je n'y pensais même pas.

Mon seul regret par rapport à l'allaitement de Gloria est d'avoir dû forcer son sevrage à 18 mois. J'aurais grandement désiré qu'elle décide elle-même de la fin de son allaitement, d'autant plus qu'il s'agissait de mon dernier enfant. Cependant, je devais me faire opérer à la colonne vertébrale et je savais que mon séjour à l'hôpital et ma convalescence seraient longs et affecteraient grandement ma mobilité. J'aurais voulu continuer d'allaiter, mais ce n'était ni faisable ni réaliste. Et c'est donc le dimanche précédant mon intervention chirurgicale que j'ai allaitée Gloria une dernière fois, tentant tant bien que mal de profiter de cette ultime tétée. Une belle et dernière tétée, planifiée et savourée, afin qu'elle soit à jamais imprégnée dans ma mémoire. À l'hôpital, la semaine suivante, c'est ce qui m'a le plus manqué. J'ai bien essayé de lui réoffrir le sein lorsque j'ai été rétablie, quelques mois plus tard, mais elle ne savait déjà plus quoi en faire. Aussi, je ne garderai de ce dernier allaitement que de beaux et vifs souvenirs.

Devenir marraine

L'allaitement a grandement influencé ma relation avec mes enfants, mais il m'a également fait connaître et découvrir un solide et efficace réseau d'entraide qui, lui, m'a apporté énormément sur le plan personnel et professionnel.

Mon premier contact avec ce réseau s'est fait lors des cours prénataux que je suivais au CLSC de Rosemont, à Montréal. La marraine d'allaitement venue animer le cours ce soir-là m'a convaincue de demander à être jumelée à une mère d'expérience. Comme je le mentionnais plus haut, cette marraine est par la suite devenue MA marraine. À mon grand bonheur ! Tout au long de ma première expérience d'allaitement, elle m'a fourni de nombreux et judicieux conseils. Je lui en serai d'ailleurs toujours reconnaissante. Mais c'est plus tard, en m'invitant à devenir marraine d'allaitement à mon tour, qu'elle a sans le savoir influencé directement le cours de ma vie. En effet, devenir marraine m'a ouvert plusieurs portes, tout en me permettant d'approfondir mes connaissances sur l'allaitement. J'ai ainsi pu non seulement aider de nombreuses nouvelles mères, mais aussi des membres de ma famille ; ma sœur, ma belle-sœur, mes cousines. Je les sentais ouvertes à mon aide et je crois les avoir bien renseignées et soutenues. Pouvoir faire une différence compte à mes yeux ; c'est un objectif que je me fixe souvent. C'est vrai, j'aime aider !

Faire partie de ce réseau d'entraide m'a aussi permis d'assister à des conférences, des congrès, des ateliers et de suivre de nombreuses formations. Cela m'a permis d'être mise au courant de la tenue d'une panoplie d'activités reliées à ce thème qui me passionnait et d'y participer. Mais surtout, cela m'a fait rencontrer des femmes convaincues et dévouées, avec qui j'ai animé des dizaines de rencontres prénatales et postnatales sur l'allaitement. Ce contact privilégié avec des centaines de mères-en-devenir et de nouvelles mères, je ne l'aurais pas connu autrement. Ces échanges marquants n'auraient pas été possibles et je n'aurais pas cheminé et grandi de la même façon. Mon expérience d'allaitement serait restée MON expérience, elle n'aurait pas débordé de ce cadre et ne m'aurait pas amenée à imaginer le présent livre et à en diriger la production. Mon expérience de mère aussi aurait été bien différente sans toutes ces conversations et discussions que j'ai pu avoir avec d'autres mères allaitantes. Tout cela me convainc d'une chose : j'ai gagné davantage que ce que j'ai investi, j'ai reçu bien plus que je n'ai donné. Quel immense privilège !

De mère en fille en fils

Anouk Jolin

Comme Obélix, je suis tombée dedans lorsque j'étais petite. L'allaitement a toujours fait partie de ma vie. Quand je suis sortie de ma mère, en 1977, on m'a rapidement déposée sur son ventre chaud (mon père venait de perdre connaissance et il fallait bien s'occuper de lui) et j'ai grimpé instinctivement jusqu'à son sein. Dès la première goutte, j'ai su que le lait maternel était ce qu'il y avait de meilleur.

Cette expérience sensorielle se transforma plus tard, à l'adolescence, en un sujet de discussion intellectuelle. L'allaitement était encore et toujours relié à ma mère, non plus parce que je tétais (qu'est-ce que vous croyiez?), mais bien parce que c'est son métier, son dada et une réelle vocation que de soutenir l'allaitement maternel. À la maison, elle nous faisait des résumés de quelques récentes lectures, nous parlait d'une conférence fascinante à laquelle elle avait eu le privilège d'assister ou encore nous racontait avec étonnement mais respect des différences culturelles rencontrées lors d'un cours donné dans un pays lointain comme le Liban, la République centrafricaine ou Tahiti. Le métier que ma mère pratique m'a toujours rendue fière; elle est médecin. Je me souviens encore d'une discussion fort animée que l'on a eue autour d'une table au cégep. Convaincue, je faisais l'éloge de l'allaitement maternel et de ses bénéfices, spécialement pour le bon développement du cerveau. Plusieurs de mes amis se sentaient provoqués et me trouvaient un peu trop entêtée. Je les comprends. Aujourd'hui, peut-être eux-mêmes parents, certains me qualifieraient certainement encore d'«adepte», mais je crois que la perception de l'allaitement maternel de plusieurs d'entre eux a changé définitivement pour le mieux.

Lorsque j'ai attendu mon premier enfant, ma mère fut une source d'inspiration intarissable. J'ai eu le privilège d'avoir accès à une littérature variée et très abondante sur les sujets touchant à la périnatalité. Je commençais à tracer mon propre chemin et à forger mes premières idées et impressions plus personnelles sur ma vision du maternage et de l'éducation d'un enfant. Je me sentais forte pour accoucher et j'avais confiance en la capacité de mes seins à s'occuper de la suite du travail.

Mais donner la vie, c'est l'inconnu, même si l'on a beaucoup lu. Allaiter, c'est la même chose, ce n'est pas un geste intellectuel. C'est un cri du cœur, un appel instinctif. J'étais fébrile à l'idée de la première tétée. Je connaissais les « règles » à respecter et ce qu'on dit être optimal pour un bon départ. Je voyais mon bébé revivre ma première tétée, en grimpant jusqu'à mon sein. Mais après un long et éprouvant accouchement, mon fils ne manifesta que très peu d'intérêt pour téter. Étendu sur mon ventre, en peau à peau et en face de mon mari et moi, il nous observait scrupuleusement, nous découvrait, nous, ses parents. Tout doucement, il s'aventura à lécher et à sentir le sein à quelques reprises, rien de plus. Cela m'étonna, me déçut certainement un petit peu mais sans plus. Nous avions maintenant la vie devant nous pour nous apprivoiser.

J'ai accouché en Suède, où je vis depuis bientôt quatre ans. Nous étions dans un petit hôpital Ami des bébés où toutes les familles cohabitent après l'accouchement (la raison principale pour laquelle nous avions choisi cet établissement). Nous étions tranquilles et laissés à nous-mêmes. Ce n'est qu'après 24 heures que l'appétit de mon fils se réveilla et j'avoue que je me sentais assez maladroite. Plusieurs infirmières et sages-femmes nous aidèrent et on nous encouragea à essayer différentes positions, assis comme couchés. On nous recommanda d'annoter la fréquence et la durée de toutes les tétées pendant les 24 heures suivantes. Ce système fonctionna bien pour nous et m'encouragea. Leonel prenait de l'expérience et les tétées étaient de plus en plus « efficaces ». Lorsque nous sommes rentrés chez nous (après un séjour de quatre jours), mon bébé était un expert-téteux !

Par un heureux hasard (je savais que mes parents venaient nous rendre visite du Québec, mais comment prévoir la date ?), le soir de notre retour à la maison, mes parents débarquaient pour deux semaines de relevailles. Ils allaient prendre en main toutes les tâches domestiques (quel bonheur !) et me permettre de m'adapter en douceur à ma nouvelle vie de maman. Ma mère n'aura même pas eu à mettre son sarrau pendant son séjour. Ma nouvelle carrière d'« allaitante » se déroulait à merveille et sans anicroches.

Dès la naissance de Leonel, même à l'hôpital, nous avons partagé le lit familial. J'avais lu sur les avantages que cela avait sur les relations d'allaitement et d'attachement, et Erik trouvait l'idée tout à fait naturelle (il avait lui-même rejoint le lit de ses parents pendant de nombreuses années). Nous nous sommes illico adaptés à la vie de famille et le fameux *baby blues* s'est tenu loin de chez nous. En rigolant, ma mère a même commenté que je vivais plutôt un *baby bloom* ! Cette période de plénitude dura pendant de longs mois.

J'ai l'impression d'avoir fait l'expérience de l'allaitement maternel avec beaucoup de curiosité et d'ouverture. Je me sentais fière, libre et belle dans ma nouvelle peau de maman. Nous nous sommes amusés à apprendre plusieurs positions pour varier les tétées telles que couché sur le côté, sur le dos (position dite « australienne »), la traditionnelle madone, la louve, à califourchon, debout avec l'aide du porte-bébé... car dans ce quotidien souvent routinier, la créativité m'a aidée à me distraire. Plus le temps passait, plus j'étais à la fois heureuse et agréablement surprise par la facilité de donner le sein à mon bébé. En Suède, comme lors de nos séjours au Québec ou en France, j'ai allaité à la demande partout. On m'a souri comme jamais auparavant ! On nous a complimentés sans retenue. Nous flottions...

À ce qu'on peut lire et entendre, la Suède sert de modèle ici et là et tout particulièrement dans le domaine de la périnatalité. Laissez-moi vous parler un peu de ce pays scandinave, « ma » Suède, et de mon expérience acquise autour de l'allaitement. Pendant la grossesse et l'accouchement, nous avons été suivis par des sages-femmes. À notre centre de santé communautaire (appelé *vårdcentral*), nous avons suivi gratuitement une série de cours prénataux et postnataux. À notre retour à la maison, une infirmière spécialisée nous a rendu visite pour voir quel était notre environnement familial, pour nous parler de l'importance de l'allaitement et pour peser et mesurer notre petit paquet d'amour. Je me souviens qu'elle nous avait cité un passage fort connu mais non moins touchant de l'anthropologue Margaret Mead :

> *Allaiter, c'est une façon d'être en relation avec son enfant. Dans d'autres cultures, la femme donne le sein sans restriction. Elle ne s'inquiète pas de savoir quand son bébé a tété la dernière fois ou de savoir si ses seins sont pleins ou vides.*
>
> *Elle n'allaite pas d'abord et avant tout pour donner du lait à l'enfant : elle allaite l'enfant pour qu'il se sente bien et pour qu'il soit content ; si l'enfant pleure, a le hoquet, se fait mal ou a peur de l'inconnu, elle donne le sein à l'enfant.*
>
> *De cette façon, l'enfant a tout le lait dont il a besoin.*

Cette femme, Inger, nous aura apporté un appui fantastique, et ses encouragements étaient, à chaque rencontre, indéfectibles. Lorsqu'elle nous montrait la courbe de croissance de Leonel, elle insistait sur la beauté de cette « cloche d'allaitement » des premiers mois. Je considère vraiment que cette personne a choisi un métier qui lui convient à la perfection !

Lorsque j'ai eu besoin, plus tard, d'un soutien plus spécifique, c'est vers Amningshjälpen que je me suis tournée. À la différence du Québec, où il existe une kyrielle de groupes d'entraide et de soutien pour les femmes allaitantes, en Suède, il n'y en a qu'un. Formé au début des années 1970, ce groupe national offre surtout un soutien téléphonique confidentiel (assuré par des consultantes formées et bénévoles) et, selon les régions, des rencontres occasionnelles. Par un concours de circonstances, la présidente de l'association m'a approchée pour faire la traduction française de leur dépliant *Soif de vivre*. De fil en aiguille, cela m'a finalement amenée à faire partie du conseil d'administration. Quelle source d'apprentissages enrichissants !

Pour brièvement commenter les idées préconçues sur l'allaitement en Suède, je peux confirmer que cette façon de nourrir son enfant est la norme. En 2004 par exemple, 98 % des femmes allaitaient leurs nouveau-nés une semaine après l'accouchement. On voit des bébés au sein partout (au café, au restaurant, chez IKEA, dans l'autobus...) et lorsqu'une femme est enceinte, on ne lui pose pas la question si elle allaitera ou nourrira au biberon. On tient pour acquis que si elle « peut », elle donnera le sein à son enfant. C'est plutôt celle qui donne le biberon qu'on interroge. On lui demande si elle a rencontré un problème particulier en allaitant ou pour quelles raisons elle a dû avoir recours à cette solution.

Dans les années 1990, tous les hôpitaux suédois ont été accrédités Amis des bébés. Cela peut nous sembler un exploit, alors qu'au Québec ces établissements sont encore l'exception. Mais cette « vague lactée » n'a pas eu que des répercussions positives. On ressent aujourd'hui ses effets, notamment transmis par les débats médiatiques. Plusieurs accusent cette normalisation de l'allaitement de rendre coupables les femmes ne s'y conformant pas. On peut lire que le personnel hospitalier refuse de parler des préparations lactées et que les femmes qui rencontrent des problèmes liés à l'allaitement des premiers jours sont totalement désemparées et laissées à elles-mêmes. Certains magazines proclament donc haut et fort que les Suédoises devraient pouvoir librement choisir d'allaiter ou pas. Ce faux pas démocratique est souvent accompagné de l'argument de l'équité entre l'homme et la femme. Lorsque je demande à une collègue d'Amningshjälpen un commentaire sur la situation actuelle, elle explique qu'un nombre inadmissible de femmes (25 000 en 2004, donc environ 25 % des nouvelles mères) interrompent leur allaitement avant d'atteindre les six mois recommandés, bien qu'elles désirent continuer. Elles n'obtiendraient pas l'information et le soutien adéquats. De déceptions en frustrations, cela expliquerait partiellement le climat tendu ressenti en Suède. Il reste que, personnellement, je ne connais que deux femmes qui ont eu recours aux préparations lactées (dont une à cause d'une maladie du foie).

J'ai allaité Leonel pendant presque 21 mois. Je me demandais justement s'il téterait encore au moment de la remise de ce texte... Enceinte de mon deuxième enfant, j'ai été préoccupée par l'influence de l'allaitement sur la grossesse. Je me posais beaucoup de questions sur l'allaitement en tandem, sur l'énergie que cela me demanderait. Finalement, j'aurais dû le sentir, tout ça n'avait pas grand-chose à voir avec ma tête. C'est mon corps qui a géré la situation et, au fil des jours, Leonel a changé sa relation à mes seins et a tout simplement arrêté de téter. C'est probablement ce qui a été le plus drôle de toute mon expérience d'allaitement! Je choisis donc de vous épargner le récit de mes difficultés de parcours et de plutôt me concentrer sur l'humour et le sevrage.

Je ne me souviens plus exactement quand mais, aux alentours de 18-19 mois, alors que nous prenions notre bain ensemble, Leonel a pris mes mains et les a mises sur mes seins. « Partis! » Ce petit jeu de cache-cache l'amusait. Si j'enlevais mes mains, il les replaçait tout de suite, avec un air à la fois sérieux et taquin. Vraisemblablement, il ne voulait pas voir mes seins. C'est aussi vers cet âge-là que notre fils réalisa que papa aussi avait des seins. Quelle joyeuse surprise! Il semblait comprendre qu'Erik n'avait pas de lait, mais la curiosité était trop forte : il voulait y goûter juste pour voir. Mais en approchant sa bouche, il se faisait chatouiller par les petits poils frisés. « Tiens, c'est rigolo, ça! » Il a continué de le faire jusqu'à tout récemment et le plus drôle, c'est qu'à la fin Erik répétait à Leonel qu'il n'avait pas de lait à lui offrir et je glissais le commentaire que moi non plus, je n'en avais plus!

Même si je continuais à le faire téter sur demande, ce qui pouvait être de une à quatre fois par jour, je pouvais sentir que ma production lactée ralentissait à grands pas. Déjà autour de 15 semaines de grossesse, il n'y avait presque plus de lait, mais Leonel souhaitait quand même téter. J'avoue que ça faisait assez mal. Je sentais ses dents bien appuyées dans le mamelon. Un soir où nous étions chez mes beaux-parents, confortablement assis devant la télévision, Leonel a demandé le sein pour s'endormir. J'avais au même moment très soif. Pendant qu'il tétait, j'ai commencé à boire un grand verre d'eau, mais il m'a rapidement interrompue en réclamant « de l'eau ». Ha! Ha! Ha! Il avait lui aussi soif et ce n'étaient pas mes seins qui allaient satisfaire son besoin et il le savait bien. À partir de ce soir-là, j'ai compris que mes seins étaient vraiment « à sec » !

Le dernier mois, les tétées étaient souvent très brèves. On avait même des tétées que je qualifierais d'«éclairs». Leonel prenait le sein pour téter une fois ou deux et immédiatement le lâcher en disant «non» ou «fini», comme si ça lui suffisait d'avoir vu, senti et rapidement goûté aux seins. Je me rappelle en particulier une fois où nous étions étendus sur le lit d'ami avec plusieurs jouets autour de nous. Après avoir demandé à téter, puis tout de suite lâché le sein, il a pris sa poupée Caillou et a redit «téter», puis a mis Caillou à mon sein en imitant le bruit de succion. Que j'ai ri! Mon petit bout d'homme commençait bel et bien à se distancier de son allaitement. Cet acte me parut comme une prise de conscience bien nette de sa part.

Depuis début février, Leonel n'a pas repris le sein. Il l'a parfois demandé puis, une fois en face à face, il a simplement dit «non». À l'occasion, j'ai eu un petit pincement au cœur, me disant que la dernière page de cette histoire d'intimité unique était écrite. Puis, à l'instant suivant, je me suis sentie soulagée, n'ayant plus à me projeter dans le futur pour anticiper l'entreprise d'un allaitement en tandem. Rien d'autre n'a changé. Nous continuons de nous faire beaucoup de bisous et de câlins. Nous dormons toujours collés ensemble dans le grand lit familial. À l'occasion, il demande à voir les «seins» (il ne dit plus très souvent «téter») et c'est de la plus grande importance qu'il voie les deux! Il les compte, «un, deux». Ils sont là. Il les reconnaît et ça suffit. Parfois, il les touche. Il leur donne une gentille petite tape et ça le fait beaucoup rire. Moi aussi, ça m'amuse et, en même temps, ça me fascine. Je trouve que cette transition s'est faite tout en douceur, pour lui comme pour moi, et surtout avec le sourire.

Je me réjouis à l'idée toute proche qu'une nouvelle histoire d'allaitement va bientôt commencer...

Leonel
Photo: Suzanne Lemay

Un « moufa » passionné

Daniel Jolin[1]

Je suis un « moufa ». J'ai un petit-fils suédois, Leonel, et dans sa langue « grand-père maternel » se dit *morfar*, littéralement, « le père de la mère ». Si on enlève les « R », c'est plus facile à prononcer pour un tout-petit, ainsi je suis un « moufa ».

Ma fille est enceinte à nouveau et Leonel a cessé de téter tout seul, comme s'il savait.

Les bébés sont plus compétents qu'on ne le soupçonne.

L'histoire de l'instinct se continue.

Comment a-t-elle commencé ?

En novembre 1968, j'étais en train de lire *Le singe nu* de Desmond Morris et je me posais des questions sur l'instinct. J'ai demandé à Lucienne, une cousine de mon père, qui venait du Manitoba et que j'aimais bien : « Pourquoi les femmes d'ici n'allaitent-elles pas ? »

Elle m'a répondu un peu sévèrement : « On voit bien que tu ne connais rien, allaiter ça fait mal aux seins. Quand j'étais petite, il y avait encore, au Manitoba, des femmes pauvres qui étaient obligées de le faire. »

C'était réglé : le biberon, c'est mieux ; allaiter, c'est pour les pauvres.

Quelques années plus tard, je me suis retrouvé professeur en Afrique, dans la brousse, dans le sud du Sénégal. Les femmes, là-bas, semblaient allaiter sans problèmes, le bébé sur la hanche ou sur le ventre, les seins à l'air, sans même sembler s'en apercevoir, alors que pour deux femmes de coopérants français que je connaissais, nourrir au biberon semblait compliqué : faire venir le lait de la ville, vérifier s'il était encore bon, le faire chauffer, éloigner les mouches, stériliser les tétines... Que de soucis !

On dirait que les seins sont très différents en Occident et en Afrique...

Au retour du Sénégal, je suis retourné à l'université et j'ai rencontré Suzanne, qui avait également séjourné en Afrique. En fait, je l'avais même rencontrée quand elle était venue évaluer le besoin d'infirmières

---

1. Daniel Jolin est le père d'Anouk Jolin (témoignage précédent).

dans ma région. Elle était étudiante en médecine et faisait un stage en obstétrique à Dakar.

Suzanne est devenue ma conjointe.

Quand elle est devenue enceinte, je lui ai demandé : « Juste pour le *fun*, pourrais-tu essayer d'allaiter ? » Elle m'a répondu : « Bien sûr, en Afrique, j'ai vu que ça avait l'air si facile… »

Suzanne m'a appris que, pendant son cours de médecine, elle n'avait eu aucun cours sur l'allaitement et ce qu'elle avait appris sur les seins concernait plutôt le cancer et les autres maladies.

Notre fils Éric est né et Suzanne a allaité. Ça a été facile. Elle devait toutefois être très discrète. Peu de gens nous critiquaient à haute voix. Pour plusieurs, nous semblions des originaux mais à cause de la profession de Suzanne, c'était acceptable.

Quelques semaines avant la naissance de notre deuxième enfant, Anouk, nous sommes allés à un congrès de la Ligue La Leche à Toronto et là : Révélation ! Étaient présentées des dizaines de conférences toutes plus intéressantes les unes que les autres sur l'allaitement et l'attachement parents-enfant, et pour la première fois de ma vie, j'ai vu dans les toilettes des hommes : « Please, don't throw diapers in the toilet » (« SVP ne jetez pas les couches dans les toilettes »). Je me rendais compte que les hommes aussi pouvaient s'occuper des bébés dans un hôtel.

Puis notre fille Anouk est arrivée.

Quand elle est née, j'ai pris des photos de la naissance et, soudainement, je suis tombé « dans les pommes ». Pendant cette diversion, Anouk, qui était déposée sur le ventre de sa maman, en a profité pour grimper et trouver elle-même le sein et téter.

Quelle surprise ! ! !

Moi qui croyais que c'était extraordinaire, j'ai appris plus tard que c'était un phénomène assez courant. En fait, les petits humains sont de vrais et compétents mammifères qui trouvent le sein tout seuls.

Je découvrais progressivement qu'allaiter en Occident existait encore de façon marginale. Si on n'allaitait plus, c'est que la vision des seins était associée à l'indécence. D'ailleurs, encore maintenant, en 2007, aux États-Unis, on a demandé juste avant le décollage à une femme qui allaitait de sortir d'un avion de la compagnie Delta Air Lines. De plus, à cause d'un marketing très puissant des « préparations commerciales pour nourrissons », le biberon faisait paraître les femmes à la mode, comme boire du Coke et fumer des cigarettes.

C'était le début d'un apprentissage passionnant et qui se poursuit sans cesse.

J'ai appris comment les modèles culturels transforment l'idée que nous avons de la santé et comment la recherche de profits crée un conflit d'intérêts énorme entre la santé publique et l'argent.

C'est incroyable à quel point on troque l'essentiel pour l'accessoire, et après on s'étonne qu'on ait des problèmes. Enfin...

C'est toute la vie dont il est question ici. Ce que la nature a prévu avec l'allaitement, ce n'est pas que la nourriture du bébé. C'est bien sûr le lait mais aussi la peau et les bras ; c'est aussi l'attachement, la sécurité et plus encore. Si un des éléments est manquant, il faut au moins conserver les autres.

En 1996, comme juriste, on m'a demandé de vérifier l'effet légal du *Code de commercialisation des substituts du lait maternel* de l'OMS et de l'UNICEF. Puis je me suis retrouvé impliqué dans des conférences sur l'allaitement en Polynésie française, en Tunisie, au Vietnam, en France, en Suède, en Ontario, et à donner des formations au Québec avec un gynécologue, un pédiatre, une omnipraticienne, moi, un notaire, n'est-ce pas amusant ?

J'ai observé et j'ai fait des liens entre mes différentes observations. C'est tout le sens de la vie qui se remet en question.

S'il faut prouver que l'allaitement, c'est bon, alors faut-il prouver que l'air est bon à respirer, que l'eau est saine à boire, que manger avec appétit est satisfaisant ?

Il n'y a pas d'avantages à respirer, ni à boire, ni à manger, comme il n'y a pas d'avantages à allaiter. Il n'y a que des conséquences à ne pas le faire. Tout le reste est illusion néfaste pour la santé publique.

Je pourrais dire, comme juriste : « N'inversez pas le fardeau de la preuve. »

Un moufa passionné

Devenir mère

Mirabelle Lavoie

C'est en allaitant que je suis devenue une mère !

Voilà déjà plusieurs mois que j'écris ce texte dans ma tête. Enfin, je prends un peu de temps pour le partager avec vous.

D'aussi loin que je me souvienne, j'ai toujours voulu des enfants, plusieurs, quatre pour être précise. Pourquoi ? Je n'en sais rien, c'est comme ça. J'avais confiance en mon corps qui saurait accoucher (encore une fois, pourquoi ?) et j'allais allaiter… Pas de peut-être, de « si ça marche », etc. Pourquoi cette certitude qui, encore aujourd'hui, n'est pas si courante ? Tout simplement parce que ma mère avait allaité ses trois enfants quelques mois chacun et que si elle avait pu le faire trois fois, j'en étais très certainement capable. En plus, elle avait aimé ça, le disait et, plusieurs années après, regrettait encore d'avoir sevré le petit dernier trop tôt. Merci maman !

Donc, en 1998, je deviens enceinte du premier coup. Bonheur ! La grossesse se déroule bien, le bébé se fait attendre, mais 24 heures avant la date prévue de l'induction, ma petite surprise s'annonce, le travail fait son petit bonhomme de chemin, tout doucement. Une fois à l'hôpital, tout continue doucement. Je rencontre un infirmier fantastique, qui m'encourage ; il a confiance que mon corps saura faire ce travail de naissance. Il propose à mon amoureux de toucher la tête du bébé alors qu'il est encore dans mon utérus et que mon col est dilaté à 7 cm. Quelle expérience ! Mais minuit arrive, c'est le changement de quart de travail ; ce formidable infirmier, gentil, attentionné, me propose de rester puisque, comme il dit : « Il n'en reste pas long » (en effet, j'en suis à 9 cm). Mais trop polie, je refuse, et encore aujourd'hui, presque 10 ans plus tard, je le regrette. Sa collègue, qui le remplace, me donne sans trop me demander mon avis du Nubin^MD parce que je suis fatiguée. Ce narcotique fait son effet, le travail de la naissance ralentit (ce qui fera que je recevrai du Pitocin, ocytocine de synthèse, pour accélérer la poussée) et deux heures plus tard, ma princesse, mon premier bébé, ma toute belle fille voit le jour. Elle pleure beaucoup. Très rapidement, on la soigne (vitamine K, etc.), on la sèche, on la pèse, on la mesure, on l'emmaillote et finalement on me la rend 20 minutes plus tard… momifiée ! J'essaie tant bien que mal de l'allaiter, mais pour elle aussi, le narcotique fait son effet.

Elle est endormie, n'ouvre pas bien la bouche. Et je suis maladroite et il n'y a plus personne pour nous aider ; d'autres naissances retiennent le personnel ailleurs. Plusieurs heures plus tard, on lui donnera un peu de colostrum à la cuillère. À l'époque, dans ce centre hospitalier, on donnait le premier bain au bébé dès l'installation dans la chambre en post-partum. Les bébés dormaient à la pouponnière.

Ces deux jours à l'hôpital furent extrêmement difficiles. J'étais en chambre semi-privée ; ma voisine, qui allaitait facilement sa fille, l'a sevrée au bout de 24 heures. Moi qui voulais tant, malgré l'aide, le tire-lait, les suggestions de tout un chacun (de ma mère jusqu'à la gynécologue), je n'y arrivais pas après les 24 premières heures. Ce n'est pas compliqué, la belle Héloïse m'a « dormi dans la face » durant cette première journée. J'avais l'impression d'avoir tout essayé. Mais ma mère et mon *chum* m'ont toujours encouragée, jamais personne ne m'a suggéré de lui donner un biberon. Durant la seconde journée, je suis arrivée quelques fois à lui donner le sein à condition que l'infirmière m'aide à le mettre dans sa bouche. Finalement, en attendant la visite du pédiatre pour pouvoir rentrer à la maison, je suis arrivée à la faire boire, toute seule, comme une grande. Je suis rentrée à la maison crevée mais victorieuse ! Et à partir de là, ce fut le bonheur. Héloïse était un bébé facile, heureux, qui faisait le bonheur de tous autour d'elle.

Après son rendez-vous de deux mois chez le médecin, le soir avant de lui donner son bain, je remarque dans sa couche un mince filet de sang. Pas beaucoup, un peu, mais tout de même, je m'inquiète. Héloïse fait encore trois ou quatre selles par jour. Le lendemain matin, j'appelle son médecin, qui me rassure : « C'est probablement simplement une petite fissure anale. » Mais je m'inquiète toujours, je prends donc rendez-vous à la clinique externe de pédiatrie. Quelle formidable erreur ! La jeune pédiatre qui examine ma fille ne trouve pas de fissure anale, son diagnostic tombe : allergie aux protéines bovines. Son traitement est sans appel : je dois sevrer Héloïse et la nourrir avec du Nutramigen (formule commerciale pour enfant allergique). Je suis catastrophée. Et il est hors de question que je sèvre mon bébé de 11 semaines. Elle accepte que, pour quelques jours, je change mon alimentation, elle prescrit une prise de sang au bébé (une horreur ! une vraie prise de sang à 11 semaines, ça a pris une heure, ça m'a pris une demi-heure pour la consoler, même au sein, et j'ai pleuré autant qu'elle !).

Je me renseigne : diététiste, ami étudiant en pédiatrie (il m'a beaucoup rassuré sur le nombre important de faux diagnostics d'allergie aux protéines bovines), Association québécoise des allergies alimentaires, nous assistons même tous les trois à une conférence sur les allergies alimentaires à l'hôpital Sainte-Justine quelques semaines plus tard. Je change complètement mon alimentation, je supprime tous les allergènes potentiels. Cette première épicerie est infernale et me prend deux heures. Mais rien n'y fait et, à l'occasion je retrouve, presque toujours le soir, un mince filet de sang dans la couche de ma cocotte qui, au demeurant, est en pleine forme et se développe bien. Après une semaine, ma jeune pédiatre consciencieuse m'appelle à la maison. Elle me déclare que son rôle est de traiter Héloïse et qu'elle comprend ma déception, mais qu'il n'y a rien d'autre à faire ! Je lui réponds qu'elle ne comprend rien du tout, que ce n'est pas elle qui met ce bébé six, sept fois par jour au sein. Elle prend donc pour moi un rendez-vous avec une de ses collègues pour une deuxième opinion et, surtout, elle prend rendez-vous avec un gastro-entérologue de Sainte-Justine (quatre mois plus tard). Quel dévouement ! Mais pendant ce temps, l'allaitement, qui avait été jusqu'alors aussi facile qu'Héloïse, s'est compliqué. Durant quelques semaines, je ne suis arrivée à la mettre au sein que couchée au lit. Aujourd'hui, je suis certaine que c'était sa façon de réagir à mon stress.

Néanmoins, tranquillement, tout se replace. Mais les symptômes ne disparaîtront complètement qu'autour de six mois. L'échéance de mon retour au travail approche (les congés sont de six mois à l'époque) et si l'idée de retourner au travail ne me déplaît pas (mère indigne !), l'idée de sevrer Héloïse, elle, m'est inconcevable. Je me mets à fréquenter les réunions de la Ligue La Leche sur le travail et l'allaitement, j'achète, en prévision de mon retour au travail et des voyages d'affaires que je ferai une ou deux fois par mois, un tire-lait électrique double-pompe, je fais des provisions de lait maternel. Compte tenu de mes horaires, de mes voyages, personne, pas même les monitrices de la Ligue, n'a voulu me donner de faux espoirs (elle pourrait refuser le sein, etc.). Je trouve une petite garderie en milieu familial qui nous prend comme nous sommes. Avec nos couches de coton et nos biberons de formule et de lait maternel. Le soutien de cette femme (qui n'a pourtant pas allaité ses enfants), de cette famille, a toujours été extraordinaire. Dès le départ, Renée a accepté de ne pas nourrir Héloïse en même temps que les autres enfants, d'attendre que je vienne l'allaiter pendant mon heure de lunch (quand j'étais au bureau), de lui donner ensuite ses purées et de la coucher presque une heure après tous les autres. C'est sûr que si Héloïse avait été difficile, avait beaucoup pleuré, ça n'aurait pas fonctionné. Mais avec la coopération de ma belle fille et celle de Renée durant de longs mois, j'ai réussi cet allaitement mixte, malgré mon retour au travail et mes voyages d'affaires.

J'ai sevré Héloïse à 15 mois, parce que je n'avais presque plus de lait ; il ne restait que le boire du soir et j'avais beaucoup moins de bonheur à le faire. Ce boire « m'obligeait » à être la seule (lorsque j'étais présente) à pouvoir endormir ma petite loulou. Et alors que j'avais continué à allaiter parce que j'aimais formidablement ça, que de tirer mon lait dans les endroits les plus incongrus et de demander dans les motels les plus reculés une petite place dans leur congélateur pour conserver ce que j'avais tiré ne m'avait pas pesé, cette « obligation » m'a fait arrêter. Quelques semaines plus tard, Héloïse a fait une gastro. Les conseils contradictoires de tous ont fini par nous faire passer une nuit blanche à la salle d'urgence où l'on a fini par la mettre sous soluté. Je suis sortie de là en promettant d'allaiter le prochain au moins trois ans pour ne plus jamais vivre un pareil cauchemar.

Quelques mois plus tard, je suis redevenue enceinte. Comme sa sœur, ce deuxième bébé s'est fait attendre et, la gynécologue se faisant insistante, j'ai accepté l'induction pour le vendredi 2 février. Techniquement, un accouchement parfait, départ de l'induction vers 15 h, naissance de ma petite sorcière vers 20 h 30 sans autre intervention que l'induction et la rupture artificielle des membranes. Mais moi, j'ai HAÏ ça. Seulement deux heures difficiles (après la rupture, comme souvent dans une induction), mais l'impression intense que mon rythme, mon corps, mon bébé sont bousculés, pas respectés. L'infirmière responsable de l'induction avait « callé » l'heure de la naissance (j'ai l'impression que peu importe ce que j'aurais pu en dire, elle s'est arrangée pour gagner son « pari » !). Et ma petite sorcière ne veut pas boire, malgré mon expérience, elle prend très mal le sein. Il faut dire aussi que l'accueil a été identique à celui fait à sa grande sœur. Les soins avant la rencontre, l'allaitement seulement quand tout le reste a été fait, y compris le transfert en post-partum. Et ces deux jours avec mes deux filles à l'hôpital sont aussi pénibles. La grande veut tout faire avec moi, mais c'est petit un lit d'hôpital pour trois personnes !

Après cinq semaines de guerre, de ténacité, de larmes, de découragement où l'on m'a laissée faire puisque j'étais déjà marraine d'allaitement, j'ai fini par apprendre à ma poulette à prendre correctement le sein. C'est aussi le temps que ça lui a pris pour reprendre son poids de naissance (mais elle n'a jamais perdu plus que le 10 % « alloué » avant que tout le système de santé ne s'énerve). Je sais que je ne pourrai jamais prouver que l'induction y est pour quelque chose, mais moi, j'en suis profondément convaincue. Après ce temps, nous avons poursuivi notre histoire d'amour autour de mes seins jusqu'à ce qu'elle ait 30 mois, sans histoire. Mais c'était un bébé plus difficile, avec un besoin de sécurité beaucoup plus grand que sa sœur. Elle m'a appris à me servir d'un porte-bébé (un *sling* à l'époque). Elle fut mon bébé à bras pendant un an. Mais cette sécurité que je lui ai donnée à travers l'allaitement et le portage en a fait une enfant sociable et infiniment charmeuse ! Quand elle est allée rejoindre sa sœur chez Renée à mon retour au travail, elle savait que je serais tout de même là pour elle à travers l'allaitement qui s'est poursuivi (j'ai allaité plus longtemps *après* mon retour au travail qu'*avant* !). Que de bonheur, dans nos rituels autour du boire du soir, dans ses tout premiers mots autour de cette relation. J'ai des souvenirs lumineux de cet allaitement, de sa façon de m'appeler en tapant sur notre fauteuil jusqu'à ce que je m'assoie, de ses rires, de ses blagues souvent encore le sein dans la bouche. Je l'ai sevrée quand je suis devenue enceinte du troisième.

L'induction, comme le faux diagnostic d'allergie aux protéines bovines m'ont poussée plus loin dans mes réflexions autour de l'allaitement. La grossesse, la naissance sont profondément reliées à l'allaitement. Pour le troisième, j'ai su que je ne serais plus jamais induite, que je ne voulais pas aller à l'hôpital. J'ai eu la chance d'avoir une place à la Maison de naissance de Pointe-Claire. J'ai raconté la naissance de mon petit prince en présence de ses sœurs dans le livre *Au cœur de la naissance* (Remue-ménage, 2004). L'accueil de ce bébé-là fut bien différent. Je l'ai vu la première, j'ai découvert un petit garçon et, tout de suite ou presque, il a trouvé mon sein et s'y est pendu pour plus d'une heure sans que rien ni personne ne nous dérange. Rien ou presque n'a été difficile avec ce bébé allaité et porté autant que nous le voulions tous les deux. Vers 13-14 mois, il est allé rejoindre sa sœur chez Renée, mais seulement à temps partiel. Et il boit toujours à l'occasion, à trois ans passé.

Je vous raconte toute cette histoire, enceinte de notre quatrième petit trésor, qui arrivera en septembre dans le lit où nous l'avons conçu, parmi les siens. Il sera accueilli dans le calme, la pénombre et, surtout, l'amour. L'allaitement ira de soi ou nécessitera plus d'apprentissage, mais fera partie de notre mode de vie. D'ailleurs, son grand frère Sacha, qui ne boit plus souvent depuis le milieu de la grossesse, en profitera peut-être pour avoir quelques boires supplémentaires, on verra. Mes enfants m'ont tout appris, même que je devais faire autre chose dans la vie que ce pourquoi j'avais étudié dans la vingtaine à l'université, et c'est par l'allaitement que j'ai découvert ces bonheurs. L'allaitement est tellement plus qu'une façon de nourrir un bébé !

Mirabelle et Sacha

Épilogue

Nous voilà maintenant en janvier 2008. Un deuxième petit garçon est venu agrandir notre famille en septembre dernier. Il est arrivé si vite qu'il est né sur le plancher de la salle de bain d'en haut, dans le matin naissant, entouré de toute sa famille. J'ai vécu cette naissance dans la plus totale confiance. Elle m'a laissé un sentiment d'amour infini. Tout s'est passé si vite, et ce plancher n'étant pas très confortable, les sages-femmes m'ont installée dans le lit de mes filles rapidement. Henri a pris le sein, mais je n'ai pas pensé à le mettre sur mon ventre et à le laisser grimper et prendre le sein de lui-même. Il ne buvait pas parfaitement, mais je « coule » tellement que ça n'a jamais vraiment changé grand-chose. Bref, mon seul regret est de n'avoir jamais laissé un de mes bébés faire ses premiers pas de bébé allaité tout seul comme un grand (après tout, la reptation et la prise du sein sont des réflexes normaux de nouveau-nés). Mais quelques semaines plus tard, un soir après une longue journée où, à part nos moments de tétée, je n'avais pas été très attentive à mon tout-petit, je traînais toute seule dans le bain avec lui et je l'ai déposé sur mon ventre parce qu'il en avait assez d'être sur le dos. Et comme pour me consoler, en quelques minutes pour mon plus grand bonheur, il a grimpé jusqu'à mon sein droit et s'y est installé comme un chef. Je sais, je sais, à six ou sept semaines de vie, c'est moins impressionnant que quelques minutes après la naissance. Mais quand même ! J'avais envie de partager ces petites perles d'amour où je lui donne du lait et c'est lui qui me donne la vie dans toute sa beauté ! Je me rappelais le bonheur de cette petite main qui caresse, ces yeux qui rient pendant que la bouche tète, mais ce n'est rien de le dire, c'est tellement mieux de le vivre !

Et la vie continue

Mélissa Bellemare

Mon histoire d'allaitement est simple, mais elle ne ressemble peut-être pas à ce que l'on entend tous les jours dans notre société.

Il y a un peu plus de cinq ans, en 2002, j'étais enceinte de mon premier enfant. Quand les gens autour de moi (famille, amies enceintes, connaissances ou même étrangers) me demandaient si j'allais allaiter, je répondais toujours avec assurance : « Oui, je vais allaiter. » Je ne disais jamais que j'allais essayer.

Pour moi, c'était le seul choix. La seule manière de nourrir le petit être qui vivait en moi à ce moment-là. Je n'allais pas « essayer », j'allais le FAIRE. J'allais être la première femme dans ma famille depuis trois générations à le faire.

Après un travail très long et très fatigant, le bébé qui venait de naître et moi étions tous les deux épuisés. Xavier n'a pas pris le sein tout de suite, mais ce n'était pas grave. Personne ne s'en est inquiété ; c'était normal pour un bébé fatigué.

Il a pris le sein seulement deux fois dans les 24 premières heures, mais quand on est rentré à la maison, la journée après sa naissance, il s'est décidé et c'est là qu'a commencé notre histoire d'allaitement.

Les premières semaines n'ont pas été très difficiles, mais c'est certain que ça demandait un ajustement.

Je nourrissais mon petit bébé tout nouveau, et mon mari prenait soin de moi, m'apportait à boire, à grignoter, était là pour moi. Quand je n'allaitais pas, c'est souvent lui qui prenait la relève avec son fils. Lui donner son bain, se promener avec lui dans l'appartement, le porter ou simplement se coller à lui et lui procurer un sentiment de sécurité.

Quand mon fils est né, je savais que j'allais l'allaiter au moins un an, mais très vite j'ai changé d'avis, voulant maintenant le laisser se sevrer lui-même. Plus mon fils grandissait, plus les gens me faisaient des commentaires. Ils ne connaissaient pas grand-chose sur l'allaitement et encore moins sur l'allaitement d'un bébé après trois mois, six mois, neuf mois… un an ! Dix-huit mois ! Il fallait qu'il soit « indépendant », me disait-on.

Ils ne comprenaient pas que l'allaitement ne nuit pas à l'indépendance, qu'au contraire ça la facilite. Ils ne comprenaient pas qu'on ne peut pas forcer l'indépendance (par le sevrage, en laissant l'enfant pleurer, etc.), que c'est quelque chose qui se développe graduellement quand un enfant se sent en sécurité.

À huit ou neuf mois, il ne voulait plus le sein, il était trop intéressé par tout ce qui l'entourait. J'ai appelé la LLL et la personne au bout du fil m'a dit que c'était tout à fait normal, qu'il ne s'agissait pas du tout d'un sevrage, car à cet âge-là les bébés ne se sèvrent pas, mais ont parfois des moments où ils sont tout simplement trop occupés pour boire. Elle m'a dit d'offrir le sein souvent quand il serait fatigué et quand la maison serait tranquille, et de ne pas donner de gobelet ou de supplément d'eau, etc. Deux jours plus tard, c'était recommencé à nouveau, et il n'y a pas eu de problèmes après.

Quand Xavier a eu 18 mois, je suis redevenue enceinte. Ma grand-mère ne me croyait pas, car elle était convaincue qu'une femme ne peut pas tomber enceinte si elle allaite. Encore une fois, j'ai eu de la pression de la part de la famille, de ma mère, de ma belle-mère, de quelques autres mères qui avaient des enfants autour de moi, pour que je sèvre Xavier. Elles disaient encore que je ne pouvais pas allaiter enceinte et que mon fils était trop vieux pour être allaité. Ma sage-femme, par contre, ne voyait pas de problème avec ça, me disant que beaucoup de femmes allaitent quand elles sont enceintes.

Pendant la grossesse, je suis devenue marraine d'allaitement. Je voulais aider d'autres mères, je voulais donner ce soutien que je n'avais pas reçu d'une autre femme ayant vécu l'expérience de l'allaitement.

Xavier avait deux ans et deux mois quand son frère est né, et il buvait à ce moment-là à une fréquence de deux ou trois fois par jour. Je l'ai même nourri pendant le travail pour l'aider à s'endormir pour la longue nuit qui allait suivre. Il était sur les marches devant la maison de naissance quand son frère est né et, quelques minutes après la naissance, il est venu se joindre à notre famille, qui comptait maintenant un membre de plus.

Colin a pris le sein tout de suite à la naissance et il buvait souvent. Nous sommes rentrés à la maison la journée après sa naissance et j'ai allaité en tandem pour la première fois.

Il n'y a pas eu de jalousie. Xavier avait perdu sa place comme enfant unique, mais il n'avait pas perdu sa place sur maman. Il la partageait, tout simplement. Un autre allaitement, un autre enfant, une autre période d'ajustement.

Quand Colin a eu deux semaines, il s'est mis à faire une fièvre très élevée et nous sommes allés à l'hôpital. Il était léthargique et avait de la difficulté à prendre le sein, mais je n'ai jamais abandonné. J'ai été à ses côtés pendant les cinq jours de son séjour à l'hôpital, essayant très souvent de le lui donner et ne laissant jamais les médecins lui donner de suppléments.

Je savais qu'il n'y avait rien de mieux pour lui que mon lait et que de lui donner des suppléments n'aurait que des conséquences néfastes, sans lui apporter de bienfaits.

Mon mari, mon soutien continuel, faisait à bicyclette un trajet de plusieurs kilomètres quelques fois par jour pour venir nous voir et pour m'amener Xavier, qui n'avait jamais passé la nuit sans moi. Xavier se collait contre moi et buvait, ça lui donnait un peu de ce qui lui manquait en mon absence.

Puis nous sommes retournés à la maison, et la vie a continué. Xavier a gardé son rythme de boire deux ou trois fois par jour, et c'était rare que les deux buvaient en même temps. Colin n'aimait pas ça, ça le dérangeait, mais c'était surtout à cause de son frère qui prenait beaucoup de place et le touchait, alors qu'il (Colin) n'aimait pas qu'on le touche quand il buvait. Donc, c'était chacun son tour, et la routine est apparue d'elle-même, sans qu'on la recherche. La famille ne disait plus rien sur le fait d'allaiter, ils étaient au courant et savaient qu'il était préférable de ne rien dire. J'avais été très claire avec eux : mes fils allaient se sevrer seulement quand ils seraient prêts à le faire. De toute façon, ils voyaient très bien que mes garçons se développaient parfaitement, étaient en parfaite santé, rarement malades. Ils n'avaient rien à me dire, rien à me reprocher.

À 9 ou 10 mois, Colin (comme son frère) a fait une « grève du sein », trop intéressé par ce qui l'entourait. Cette fois-ci, j'étais informée, et je donnais souvent les conseils que cette femme de la LLL m'avait donnés deux ans plus tôt. Sa grève ne dura pas plus de deux jours et l'allaitement se poursuivit.

Quand Colin a eu 18 mois, je suis redevenue enceinte. Une grossesse non assistée, par choix, que j'ai vécue en allaitant en tandem. La grossesse ne m'a causé aucun stress, c'était simplement la vie qui continuait. Xavier, quatre ans, venait maintenant se coller une ou deux fois par jour et, de temps en temps, il sautait même une journée ; et quand il buvait, c'était à peine quelques minutes ou même quelques secondes. Colin, qui avait près de deux ans, buvait deux ou trois fois par jour en fin de grossesse.

L'accouchement s'est aussi déroulé sans assistance, sans médecin ni sage-femme ; j'étais seule à la maison en présence de mon mari et de mes deux garçons, qui ont vu sortir Khéna, leur nouveau petit frère, dans un bain calme. J'ai mis mon nouveau bébé au sein quelques minutes après sa naissance et on s'est tous collés dans le lit familial.

Quelques mois après la naissance de Khéna, Xavier a commencé à sauter de plus en plus de journées et un jour j'ai réalisé que je ne me souvenais pas de la dernière fois où il avait bu. Je lui ai demandé s'il voulait et il a dit : «Non, plus tard .» Un jour, il me l'a demandé, mais il ne se souvenait plus comment boire. Il était triste mais pas beaucoup, c'était le temps et maintenant il pouvait simplement se coller contre moi. Il avait près de cinq ans la dernière fois qu'il a pris le sein. Il a laissé sa place à ses deux frères.

Ça fait maintenant plus de cinq ans que j'allaite tous les jours, sans arrêt, et il n'y a aucun jour de trop. Mes enfants n'ont jamais pris de biberon ni de supplément et j'en suis fière.

Mon mari n'a jamais ressenti de manques dans la relation qu'il a avec ses fils. L'allaitement – même si, à mon avis, c'est un des gestes les plus importants dans la vie d'un nouveau-né – ne l'a jamais empêché de prendre sa place en tant que père.

Ça fait cinq ans, et ça ne s'arrêtera pas là !

Colin au sein, sous le regard attentionné
de son grand frère Xavier

Pour Khéna

Simon Gingras[1]

Tu ne te souviendras de rien, mais à peine quelques minutes après ta naissance, déjà ta mère te présentait le sein, comme elle l'avait fait avec tes deux grands frères, mais avec encore plus d'assurance, encore plus de confiance.

Tu ne te souviendras de rien, mais à ce moment-là, alors que ta place dans le monde venait d'être dramatiquement inversée – n'étant plus dans le ventre de ta mère mais plutôt en dehors d'elle, avalant un liquide maternel pour que ça descende dans ton ventre –, tu étais pourtant calme et serein, c'était une transition normale et paisible…

Tu ne te souviendras de rien, mais les premiers jours de ton existence hors-ventre ont été calmes et soporifiques ; tu étais entouré d'une chaude couverture, blotti dans les bras de ta mère, son sein dans ta bouche, te sentant en confiance, libre d'absorber ton environnement de façon progressive et organique : les bruits ambiants de tes frères qui jouaient… les nombreuses odeurs de tes proches, et de cette nourriture dont tu n'aurais nullement besoin avant plusieurs mois encore… les baisers variés sur ta joue (doux et mouillés dans le cas de ton frère de quatre ans, rapides et un peu brusques dans le cas de ton frère de deux ans, un peu piquants quand c'est papa, et parfaits quand c'est maman)…

Tu ne te souviendras de rien, mais pendant des semaines, la quasi-totalité de ta vie se résumait à boire et dormir, dormir et boire, avec d'occasionnels et sporadiques épisodes d'éveil, pour prendre un bain, ou être changé, ou même pour qu'à son tour un de tes frères reçoive un peu de lait maternel, après quoi c'était encore plus doux de réintégrer les bras de maman, de refermer les yeux et d'ouvrir la bouche pour recevoir le liquide, le lait, le jus de maman, le MaJu…

Tu ne te souviendras de rien, mais pendant tes premiers mois, tu partageais le sein avec tes deux frères. Chacun votre tour, à différents moments de la journée, vous vous installiez sur maman pour recevoir ce breuvage magique qui est à la fois plaisir et nécessité, réconfort et nourriture. Évidemment, tu avais la priorité puisqu'il s'agissait de ton seul et

---

1. Simon Gingras est le conjoint de Mélissa Bellemare (témoignage précédent).

unique mode d'alimentation, mais ton grand frère de deux ans avait lui aussi de nombreux petits moments avec maman, son corps nourri par le lait maternel et son esprit apaisé par cette belle connexion avec sa mère, s'endormant chaque jour contre le sein, tout comme toi. De même pour ton grand frère de quatre ans, s'installant avec sa maman pour quelques minutes ou même pour quelques secondes, revivant ce lien avec la mère dont il était témoin en te regardant, jusqu'à ce qu'éventuellement, naturellement, il cesse d'en ressentir le besoin, un affranchissement qui s'est effectué sans peine et sans douleur, chez un petit garçon n'ayant jamais ressenti de jalousie envers toi.

Tu ne te souviendras de rien, mais même si les mois avançaient, le sein demeurait pour toi un confort et un réconfort sur lequel tu pouvais compter chaque fois que tu te faisais mal, ou que papa te faisait peur en éternuant, ou qu'un de tes frères te serrait un peu trop fort, ou que, tout simplement, tu ressentais subitement le besoin de n'être plus seul-au-monde au milieu du salon, mais relié à ta maman douce et pleine d'amour pour toi…

Tu ne te souviendras de rien, mais tu étais un bébé calme et confiant, sentant que maman serait toujours là pour toi et qu'elle te donnerait de son bon lait aussi longtemps que tu en aurais besoin…

Tu ne te souviendras de rien, mais les bienfaits de cette certitude primordiale te suivent et te suivront pour le reste de tes jours, j'en suis certain, car il y a une mémoire sous-jacente à tous nos souvenirs, une mémoire qui les teinte, les ordonne et les connote, tous.

Khéna et la main de son père

Une nouvelle passion

Mélissa Morin

J'avais tout juste 21 ans, deux emplois pour payer mes études et un copain à l'université. La façon dont j'allais nourrir mon bébé était donc la dernière chose à laquelle je pensais lorsque je suis devenue enceinte. La seule personne que j'avais vue allaiter nous avait fait manger des côtelettes de porc sans aucun assaisonnement parce qu'elle allaitait son bébé ! Rien pour me donner envie d'opter pour l'allaitement ! Ce n'est qu'au dernier mois de ma grossesse que la question s'est posée. Mon copain et moi étions à un salon pour futurs parents quand nous avons rencontré des intervenantes d'un groupe d'entraide en allaitement. À cause de l'horaire chargé de mon étudiant de conjoint, nous n'avions suivi aucun cours prénatal. Le groupe d'entraide offrait une série de rencontres à laquelle son horaire nous permettait d'assister. C'est ainsi que la décision d'allaiter s'est prise pour nous !

Les rencontres sur l'allaitement nous ont beaucoup appris sur les bébés et la façon de les nourrir. Nous avions confiance en nous et en notre capacité d'allaiter notre bébé. Mais bien sûr, tout ne s'est pas passé comme nous le prévoyions ! Mon fils est né à presque 42 semaines. Le travail a dû être déclenché et rien ne s'est passé comme prévu. Après une vingtaine d'heures de contractions, on m'a enlevé mon bébé à l'aide de forceps, car son petit cœur n'arrivait pas à suivre. Pour la première tétée dans la première heure de vie, c'était foutu !

Mon énorme fils de plus de 9 lb a donc commencé sa vie en néonatalogie, branché sur un paquet de machines de surveillance, loin des bras de sa maman. Son père et moi étions jeunes et effrayés devant cet imprévu. Nous ne posions pas beaucoup de questions, croyant qu'on nous tiendrait au courant de tout ce qui se passait autour de notre fils. Quelle ne fut pas ma surprise d'apprendre qu'on lui avait donné un biberon, puisqu'à son dossier il était inscrit que sa mère ne désirait pas l'allaiter ! Pendant que je m'effondrais, en ayant l'impression que mon bébé ne m'appartenait pas, mon conjoint prit les choses en main. Quelques heures plus tard, à deux jours de vie, mon bébé arrivait, prêt à être allaité !

Mon garçon avait plus de trois jours quand je suis rentrée à la maison avec lui. Il avait eu près de deux jours de biberons, prenait le sein depuis

24 heures seulement et m'avait déjà blessé les deux mamelons ! Il était affamé, ma montée laiteuse tardait. Bref, nous ne vivions rien de la belle histoire que nous avions imaginée ! Au matin du cinquième jour, mes seins regorgeaient douloureusement de lait, au plaisir de mon petit affamé, mais le soir je n'en pouvais plus. Il me semblait que la douleur de mes seins irradiait dans tout mon corps, à un point tel que j'avais décidé que, cette nuit-là, papa donnerait de la préparation un boire sur deux. Quelle nuit horrible j'ai passée ! Pendant que mon conjoint s'activait dans la cuisine, je tentais de consoler mon fils qui hurlait sa faim. En larmes, je finissais par le mettre au sein. Mon bébé buvait, s'accrochait à moi en me regardant dans les yeux, comme s'il me remerciait du sacrifice que je venais de faire. Avec les gerçures que j'avais, je vous jure que c'était un sacrifice que de le mettre au sein ! Le lendemain matin, mon conjoint téléphonait au groupe d'entraide en allaitement, qui nous a très efficacement conseillés, mais surtout rassurés ! Nous avons corrigé la mise au sein de mon fils, mes mamelons ont guéri et j'ai pu commencer à apprécier l'allaitement. Petite parenthèse, ce n'est que beaucoup plus tard que j'ai appris que mon conjoint n'avait jamais ouvert la boîte de préparation ; il savait que nous pourrions allaiter notre fils !

Les choses n'étaient pourtant pas aussi parfaites qu'elles le semblaient. Lors de sa naissance, j'avais eu l'impression qu'on m'avait enlevé mon fils. Le lien ne s'était pas fait et je ne m'attachais pas à cet enfant comme je l'aurais voulu. Je l'aimais, c'est certain, mais ce n'était pas le coup de foudre. Je l'allaitais et son père faisait tout le reste. Heureusement qu'il avait plus d'un mois de congé ! Par la suite, je me suis retrouvée seule avec ce petit garçon qui me semblait presque un inconnu. Cher petit bébé ! Lui savait quoi faire pour que sa maman tombe amoureuse de lui ! Notre première semaine en tête à tête fut bien exigeante. Mon fils passait ses journées au sein ! Il buvait bien, mais refusait de quitter le sein. Sans doute son instinct de survie… Mais ça a marché. Tant qu'il était là, blotti contre moi, je n'avais rien d'autre à faire que de le regarder, le caresser et… tomber amoureuse de lui !

Avec le temps et plusieurs moments de réflexion, je crois que, sans l'allaitement, je ne serais pas la femme que je suis aujourd'hui. Quand je suis tombée enceinte de ce bébé, il était hors de question que je sois une maman à la maison. Je prendrais mon congé de maternité et je retournerais ensuite terminer mes études pour enfin me bâtir une carrière. Les premières semaines de mon nouveau rôle de maman, je continuais à envisager cette option, qui était la seule pour moi. Mais plus les jours passaient, plus je changeais. J'allaitais ce petit garçon et je me rendais

compte à quel point j'avais pu être insensible à lui au début. Les circonstances de sa naissance m'avaient tellement éloignée de ce petit être !
Quand il était au sein, je lui parlais, lui confiais mes émotions, espérant
qu'il me pardonnerait de n'avoir pas été la maman aimante qu'il méritait
dès son premier jour. Il se roulait en boule contre moi en me regardant
dans les yeux, comme s'il comprenait tout ce que je lui disais. C'est ainsi
que nous avons appris à nous connaître et à nous aimer.

Les semaines, les mois ont passé. Mon fils adorait être allaité et je
partageais cette passion avec lui. Quand il a eu sept mois, mon conjoint
et moi avons commencé à discuter de notre avenir. Mon congé de maternité allait se terminer dans quelques mois, il fallait donc prendre une
décision. Mon amoureux fut presque surpris que je lui propose de rester
à la maison avec notre fils plus d'un an et, pourquoi pas ? peut-être avoir
un autre petit bébé. Je n'avais maintenant plus envie de quitter mon garçon, ma nouvelle vie de mère à la maison me passionnait ! Quelques
semaines plus tard, j'étais enceinte. Après m'être renseignée sur la faisabilité de la chose, j'ai décidé de continuer d'allaiter mon fils. Ce fut une
expérience merveilleuse ! Les semaines passaient, mon ventre s'arrondissait, le bébé commençait à bouger. Quand mon garçon était au sein, je
sentais sa petite sœur venir se placer contre lui. Quant à lui, il adorait
s'enrouler autour de mon gros ventre, recevoir de mon lait, pendant que
sa sœur faisait des vagues sous ses petites mains.

Ma fille est née naturellement, en maison de naissance, en présence
de son grand frère. Mon grand bonhomme de 17 mois n'a montré aucun
des signes de jalousie auxquels nous étions préparés à la suite de l'arrivée du bébé, sauf lorsqu'il m'a vue l'allaiter. Ça, c'était pour lui ! Aucun
mot n'a été nécessaire à ce moment, je n'ai eu qu'à lui offrir l'autre sein !
Très tôt, mes deux enfants ont pris l'habitude de se toucher les mains, de
se caresser la tête ou tout simplement de se regarder dans les yeux pendant qu'ils tétaient.

Nous avons partagé ces moments merveilleux jusqu'à ce que mon
fils ait deux ans et demi. Lentement, sur une période de quelques mois,
il s'est sevré. J'ai continué d'allaiter ma fille seule, jusqu'au jour où elle
déciderait de cesser l'allaitement d'elle-même. Je suis redevenue
enceinte alors qu'elle avait deux ans et demi. Contrairement à la grossesse précédente, je n'avais plus beaucoup de lait. Bien rapidement, mes
seins se sont mis à produire du colostrum. Avec un peu de chagrin, ma
grande fille a quitté le sein, revenant prendre une tétée de temps à autre,
afin de vérifier si le bon lait de maman était revenu.

Mon petit monsieur est né à la maison, sous l'œil émerveillé de mes deux grands. Dans les semaines qui ont suivi, il m'est arrivé quelques fois de servir le déjeuner de mes enfants accompagné d'un verre de lait de maman, selon leur demande. Ma fille a tenté de reprendre le sein, mais sans succès ; elle ne savait plus.

En conclusion, l'allaitement m'a permis de découvrir en moi une femme que je ne soupçonnais pas. Une femme de cœur, passionnée par ses enfants. Je suis donc, qui l'eût cru ? mère à la maison de trois enfants. J'allaite toujours mon bébé de 17 mois, qui décidera par lui-même du moment où cette merveilleuse relation cessera. Quant au quatrième, c'est une histoire à suivre !

Mélissa et Jacob

Comme une planète à son satellite

Mélodie Georget

Depuis quelques heures déjà, je m'agite à cet éternel recommencement qu'est la vie au foyer. Les vestiges du déjeuner, l'aspirateur à passer, les commissions auxquelles il faut penser... Merde, qu'est-ce que je vais faire pour le souper ? Tout près, elle commence à s'éveiller et à s'agiter. Sans que je la voie ni que je l'entende même encore, je commence à y penser aussi. Mon corps me parle, mes seins sont lourds, mon nez a besoin de son odeur. Comme une planète à son satellite, nous sommes liées par cette relation unique. Changer la couche, gazouiller un peu, une autre tâche, ce téléphone à faire, quelques minutes encore... Mais voilà qu'elle s'impatiente et hausse un peu le ton. Elle sait bien qu'il est là, tout près, son réconfort et aussi le mien, au creux de mon sein. Maintenant, je ne pense plus à rien d'autre. Barrer les portes, approcher le téléphone, prendre un livre ou la télécommande au cas où je ne m'endormirais pas, une collation, un verre d'eau. Elle reconnaît cette danse et s'apaise. Souriant d'un air entendu, elle se réjouit à l'avance. Son chignement se transforme en rire alors que sa tête descend le long de mon bras et qu'elle plonge sous les replis de mes vêtements. Enfin, nous glissons dans le nuage feutré de l'allaitement ; le monde entier peut bien attendre.

Sur les photos de mon enfance, dans une joyeuse commune hippie du Témiscamingue, les femmes ont leur bébé au sein. Forte de ces images pleines de tendresse et de sourires, je ne m'étais jamais imaginé une autre façon de nourrir un nouveau-né. On ne se rend pas vraiment compte, avant de s'embarquer soi-même dans le monde de la maternité, de l'effet insidieux des pubs de préparations commerciales pour nourrissons et de la pollution visuelle omniprésente du biberon. C'est donc avec enthousiasme que j'acceptai l'idée d'avoir une marraine d'allaitement lorsqu'on m'offrit cette possibilité lors des cours prénataux. Nul doute dans mon esprit : j'allais allaiter. Suffit de se renseigner un peu sur le sujet pour comprendre que c'est le seul choix logique.

Ma détermination ainsi que le soutien et l'information dont j'ai bénéficié ont fait de cette expérience une réussite. Malgré cela, et comme toutes les mères du monde, j'ai dû apprendre à allaiter et à connaître ce petit individu qui chamboulait tout. Bien sûr, il y eut le pénible séjour à l'hôpital, la douleur des premiers jours, les gerçures, l'engorgement, l'épuisement, les nuits blanches, et tout ce qui rend la vie avec un nouveau-né si exigeante. Mais jamais je ne lui aurais fait porter le poids de ces difficultés en renonçant à lui offrir le meilleur de moi-même. Jamais je n'aurais cessé d'allaiter.

Comme pour beaucoup d'autres femmes, l'allaitement fut pour moi une révélation et suscita une passion auparavant insoupçonnée. Cette expérience si fabuleuse et le lien si fort, chéri, avec ma fille me poussèrent à lire et relire sur le sujet afin de tout connaître et de toujours avoir le dernier mot avec ceux qui, trop nombreux, remettaient en cause l'allaitement ou donnaient des conseils totalement nuisibles. Mais ça ne suffisait pas. Comment était-il possible qu'autant de femmes se laissent convaincre qu'elles étaient incapables de répondre entièrement aux besoins de leur nouveau-né? Puis, comment était-il possible que même certains membres du corps médical les soumettent à des routines qui entravaient sérieusement les chances de réussite de l'allaitement? Comment était-il possible que nos mères et nos grands-mères soient parfois les pires conseillères en la matière, alors que nous avons tant besoin de leur soutien et de leur aide quand nous devenons mères à notre tour? Comment était-il possible qu'on laisse croire au monde entier que l'allaitement est quelque chose de facultatif et que de nourrir un bébé de formule artificielle au biberon est un choix équivalent ou même supérieur? Enfin, pourquoi tant d'histoires d'horreur d'allaitement manqué, de douleurs vives, de lait supposément pauvre et de sevrage précoce, de témoignages de femmes déçues, relatés une boule dans la gorge? C'était bien assez pour me convaincre de me dévouer entièrement et à ma façon à cette cause, et évidemment pour me convaincre de devenir marraine d'allaitement.

Puisque l'information et le soutien aux mères sont les nerfs de cette guerre, je m'y consacre depuis la naissance de ma fille, qui a aujourd'hui quatre ans. Je suis aussi présente que possible dans le groupe Nourri-Source de mon quartier, j'offre une petite formation de mon cru aux amis en attente de leur premier bébé, je dis à qui veut l'entendre ce que c'est que d'allaiter, et j'ai allaité et allaiterai à tout vent! Par nécessité d'abord, mais aussi parfois seulement pour que ça se voie; pour que tout mon entourage ait vu une femme allaiter sans gêne devant lui; pour que les amis de mon *chum* aient vu au moins une fois une femme allaiter en rigolant dans un party et qu'ils trouvent ça *cool*; pour que la famille comprenne et que tous ravalent leurs préjugés; pour que les futures mères voient que c'est acceptable et correct; et, enfin, pour que les gens s'habituent à voir cet acte dans les lieux publics. L'allaitement donne aussi du sens aux valeurs féministes et écologistes que je chéris. La promotion de l'allaitement, c'est aussi la promotion des femmes et de leur pouvoir unique, de leur capacité intrinsèque à donner la vie et à nourrir l'humanité.

Évidemment, défendre l'allaitement, c'est toujours marcher sur des œufs. Parfois, c'est être témoin d'un malaise profond chez certaines femmes ; car si leur corps n'a jamais été une source de réconfort, comment pourraient-elles s'offrir aussi entièrement à un petit être si affamé de tout ? C'est aussi très souvent faire face à la culpabilité des femmes et à l'incroyable ignorance de la grande majorité des gens sur le sujet. Puis, défendre l'allaitement, c'est surtout se répéter sans cesse qu'il est impossible de blâmer les mères pour qui cela n'a pas marché. On peut très bien comprendre que, lorsque son corps est meurtri, livré à la science et aux routines médicales, la femme se détache d'elle-même et de ses propres instincts. Puis, lorsque son corps ne « produit » pas le résultat escompté, la mère se sent seule responsable, alors que la réussite de l'allaitement est tellement liée au soutien et à la compétence des gens qui l'entourent. D'où l'énorme importance des professionnels de la santé (trop peu nombreux) qui s'y connaissent, des groupes d'entraide et autres avocats de l'allaitement maternel.

Nul ne pourrait justement blâmer les nouvelles mères qui vivent une pression énorme et épuisante, une tornade d'émotions qui les laisse fragiles et si vulnérables. On ne saurait non plus les blâmer, alors qu'au milieu de la nuit et seules dans une chambre froide peuplée de fantômes, elles ont abandonné leur corps lorsqu'on leur a offert une aiguille dans le dos plutôt qu'une caresse sur la joue ou une bouillotte de mots doux. Mais ce n'est pas grave, nous dit-on ; le bébé est en santé et c'est tout ce qui compte ! Qui pourrait dire le contraire ? La boule dans la gorge de la mère n'aura qu'à passer et elle aura vite fait de tout oublier et d'enfouir cette douleur dans un recoin de son cœur…

Pourtant, cette force qu'on n'a parfois pas su trouver existe bel et bien, enfouie au plus profond de nous-mêmes. Les femmes d'autres époques et d'autres lieux nous l'ont confirmé à l'infini. La naissance tout comme l'allaitement et l'expérience de la maternité sont des occasions peu communes de trouver en nous une énergie insoupçonnée et une détermination sans bornes. De toute façon, lorsque pousse en nous cette vie qui nous bouscule, qui nous fera mourir cent fois et renaître mille fois, avons-nous le choix de ne pas l'accueillir et de ne pas prendre tous les moyens possibles pour lui offrir le meilleur de nous-mêmes ?

L'Or blanc

Alexandrine Agostini[1]

Écrire l'histoire de ta venue me hante.

Et puis la rencontre de ma Louve et puis le lait, ta peau, les rires et puis les minutes de sommeil volées à nos moments d'éternité et puis tenter de nommer cette extase, ces glissements de terrain, ton cœur qui s'emballe comme un oiseau, ce fascinant mélange de fragilité et de puissance, tes regards d'une profondeur abyssale ! Et puis mon si cher amoureux devenu papa, et puis cette passion, cette adoration, souffles et sucs distillés goutte à goutte dans l'océan de tendresse sauvage qu'est devenue ma vie.

Le temps qui passe et se fige et ne revient pas, le temps qui se gagne et se perd, le temps souhaité, le temps qui répare... et déjà tu entames ta troisième année !

Mais depuis peu, un nouvel enthousiasme me porte. Ma nouvelle amie, affectueusement rebaptisée « Softphie Delalétché », m'a offert MAMANzine 2007[2]. Coup de foudre ! Urgent besoin d'un rendez-vous avec moi-même. Pour mieux te parler. Et aussi partager avec ces parents, ces mères ô combien héroïques. Alors, voici.

Sacha, mon amour. Te dire d'abord merci.

Merci de m'avoir imprégnée de cet euphorique univers aquatique. Moi qui avais si peur de l'eau... Voilà que nos neuf mois sous ma peau m'ont liquéfiée. De survivante cartésienne (rigide ascendant intense) traversée de ta présence, je me suis muée en algue flottante. Tu m'as ouverte au merveilleux monde des courbes et de l'apesenteur.

Même le violent mal de mer (de mère ?) du début n'ébranle ma joie de te savoir en moi. Une souplesse, une sérénité, une tendresse vis-à-vis moi-même jamais imaginée. Je suis issue d'une chaîne de femmes en colère, où au point névralgique se terre une peur sans visage, transmise de mère en fille.

---

1. L'auteure est porte-parole de la Ligue La Leche.
2. Bulletin d'information du Groupe MAMAN disponible en ligne : www.groupemaman.org.

Dès l'instant où je t'ai senti, ange invisible près de moi avant d'être lové dans ma chair, j'ai pris racine et j'ai fait confiance à la Terre. Planète verte et bleue qui nous porte et nous supporte depuis la nuit des temps.

Avec Samuel, chéri béni, je nous ai éloignés du vacarme ambiant, de toute insinuation, bémol, avertissement, cauchemar ou carcan.

J'observe les feuillages, traverse les parcs pour enfants, incarne la loutre trois fois la semaine en turquoise chlorée, te fredonne des berceuses, me baigne de lumière et de musique. Je sens un désir de réconciliation avec le monde entier. La pensée d'un futur bébé à mon sein m'offre déjà une délicieuse jouissance ! Sensuel univers inexploré, désir inassouvi, éternel phantasme sans cesse renouvelé : m'imaginer débordante de cet élixir de vie !

Je suis guidée vers une femme médecin, à l'origine d'Hypno-Vie en sol québécois, et vers une accompagnante-enseignante qui nous regarde droit dans les yeux en nous écoutant. Unique trio de lecture : *Une naissance heureuse*[3], *L'art de l'allaitement maternel*[4], *Les neuf marches*[5]. Je pense à l'instant magique où nous serons un certain nombre, puis un de plus, sans personne entré par la porte ni la fenêtre ! J'étais athée, je deviens croyante. Extatique. Avec toi au creux de mes entrailles, c'est un triple miracle...

Et puis une nuit, une onde lancinante se fait sentir. Je ne peux m'empêcher de sourire : tu te rapproches de mes bras ! L'algue s'étire au ralenti avec Björk. J'ouvre j'ouvre j'ouvre viens mon amour viens... Mes bras, mon cœur, mon utérus, mes cuisses... J'ouvre. Je t'ouvre mon univers, viens mon amour, viens...

Je crois fermement que c'est toi qui décides du moment de ton entrée dans mon monde. Je suis presque somnambule de douleur, de fatigue, de lâcher-prise... Plus tard, j'apprendrai que depuis le début des éboulements, vingt heures se seront écoulées. Et puis OOOOOOH... tu ES là. À mi-chemin, ton papa te prend et te dépose sur ma peau. NON NE L'ESSUYEZ PAS ! Trop tard. On te colle à mon mamelon. Tu ne bois pas. Je m'alarme un peu mais au fond j'ai si hâte de te regarder. Toi aussi, n'est-ce pas ? Oh mon amour c'est toi c'est toi c'est toi tes yeux ton regard Oh mon amour c'est toi oh mon amour ce sentiment que tu sais tant de choses mon amour cette irrépressible impression que tu es pris oui littéralement pris, emprisonné dans un corps de nourrisson oh mon amour

---

3. Isabelle Brabant, Montréal, Saint-Martin, 2001.
4. La Leche League Internationale, traduction de la 7e édition anglaise, 2005.
5. Daniel Meurois et Anne Givaudan, Paris, J'ai lu, coll. Aventure secrète, 2006.

c'est toi c'est toi mon amour mon amour je t'en fais le serment muet et solennel jamais je ne profiterai de ta vulnérabilité jamais je ne t'infantiliserai oh mon amour c'est toi c'est toi c'est toi c'est toi

Hypnotisée par tes fentes marines, je ne sais toujours pas si tu es fille ou garçon. Aucun intérêt! Te regarder te regarder te regarder... Nos peaux soudées... Garçon.

On nous laisse en divine trinité. Trois est maintenant le chiffre de l'Amour.

Comment pourrais-je dormir?! Notre chaleur, notre odeur, jamais jamais séparées.

Je me suis assoupie. Trois heures. Samuel nous couve déjà d'un regard... indescriptible. Silences souriants. Amour, plénitude. Je n'y crois pas. Un tel bonheur d'un seul coup? Reconnaissance envers mes deux hommes et aussi merci, merci la Vie.

Il fait beau. Tu es à mon sein, je me gave de ta peau. Tu dors. Te regarder encore et encore. Je pense: « J'en veux cinq!... et maintenant que je sais enfanter, la prochaine fois sera chez moi. » Te nommer Sacha.

Moi qui n'ai jamais été allaitée, je nage de bonheur de vivre enfin ce prodige de la nature. Petit ange diablotin, tu es né le 6-6-6!

Brutalement, je bascule de l'élément Eau à Terre. Fini la douce euphorie: je rencontre ma Louve! Elle est titanesque. Cent fois je me retiens de grogner. Si l'on te prend, je réprime l'envie de mordre. Des milliards de fils invisibles, de mon sein à tes lèvres, de tes iris à mes yeux, de chaque parcelle de ta peau à la mienne, se tissent à l'infini.

Je consens à te laisser quelques minutes aux bras de tes mamies. J'ai l'impression de faire un don d'organe! J'essaye d'en rire, mais je vis une telle violence, je ne me reconnais plus. Je te hume, te renifle, te lèche, te palpe, te caresse, te bise, te respire ah te respiiiiire te murmure inlassablement merci merci merci merci de nous avoir choisis.

Caverne laiteuse, savane passionnée, je suis maman Louve-Ourse-Lionne-Tigre-Panthère noire! Mon système nerveux, volcan indomptable, me brûle. Lorsque Samuel m'annonce un invité, je grommelle « Pourquoi? ». Il reste interloqué. « Mais... pour connaître Sacha... » Je me renfrogne. Je redoute qu'une voix fausse et aiguë te babille des fadaises. Rugissement dans mon ventre: « Mon fils n'est pas un chiot! » On m'a déjà affirmé que tu n'étais qu'un tube digestif!

Mes pensées deviennent chaotiques, passant de la joie à la méfiance, de la rage à l'amour, dans un cyclone mental impossible à harnacher. Je suis bouleversée. Si j'ai le malheur d'entendre un bébé pleurer, tout mon corps gronde de ne pouvoir le consoler au sein! Poursuivie par des images d'enfants rejetés, réprimés, je sens mon plexus se broyer. Tant d'abus sur notre planète. Lorsque tes traits se dessinent sur les visages flous, je me secoue pour stopper mon délire. Après trois jours de silence paniqué, j'éclate. Sanglots et tremblements. Je tente de nommer à Samuel mon trouble corrosif. Mon amoureux m'enveloppe de toute sa tendresse et m'encourage à laisser la Louve faire son territoire.

Chaque jour, sourires et larmes se chevauchent. Seuls les instants bénis où je t'allaite réussissent à m'apaiser. Souriants soupirs et goulues succions nous bercent. Je savoure nos silences.

J'ai si hâte que tu aies du pouvoir. Oh tes petits membres si frêles, tes regards lumineux si graves… Les premières lunes, je ne cesse de te sentir prisonnier de ton corps. Paraplégie totale. Tu as une perception si fine, à mille lieues, j'en suis sûre, du poupon vierge de la croyance populaire. Tu n'as que tes yeux et tes pleurs pour t'exprimer. Je me rappelle ma promesse. Je prends garde de te parler doucement, sans abaisser mon timbre.

T'offrir mon lait me fait voyager. Ta peau est la plus céleste des campagnes! Soyeuses vallées, moelleux vallons, gazouillis, parfums de printemps, sève, crème, miel de fruits et de fleurs. J'adore me fondre dans cette volupté gorgée de lait sucré!

Je me réveille trempée. Je crois que ton coton fuit, mais c'est un lac échappé de ma poitrine! Au salon, je remarque une tache par terre, puis une autre, puis une autre… tout mon plancher parsemé de flocons. Qu'est-ce qu'on a pu renverser? Une goutte glisse, contourne la malléole… elle coule de… mon aréole! C'est de moi?! Je suis émerveillée par tant d'abondance! Je rêve du bain de Cléopâtre…

Tous les prétextes sont bons pour t'offrir ma source: tes lèvres qui s'entrouvrent, ta petite tête qui cherche, une plainte, une friction sonore, un réveil difficile… Je ne me demande jamais si tu as faim. Tu es sans cesse nourri. Protection, sécurité, amour, paix, suprême aliment. La vie se transmet par mon or blanc. Je suis, donc j'allaite!

Des images de terriers, de grottes se superposent à notre appartement. Je sommeille, mange, lis, parle, observe, chante, écoute, marche… tout contre ton petit corps. Lorsque l'on nous visite, je m'habille à contrecœur. Le tissu, fine frontière entre nos chairs, m'est insupportable. Ma Louve me fait presque peur. Face au miroir, je m'attends à voir apparaître le début d'un museau. Mais ma figure s'obstine à rester humaine. Vais-je rester l'otage de ces griffes encore longtemps? J'observe mes avant-bras, pensant que ma pilosité se développe. Bizarrement, mon épiderme reste intact.

Je t'abreuve de lait amoureux mille fois le jour et la nuit. Je me déleste de ce sentiment d'abandon qui me contaminait depuis si longtemps. Je repense quotidiennement à notre accouchement… et au prochain. Ton papa est d'une sollicitude extraordinaire. Il me donne même à manger à la petite cuiller. Il apporte, prépare, range, récure, cuisine tout ce dont j'ai envie. Chaque fois que je contemple vos peaux-à-peaux, mon cœur s'embue. Nous sommes si riches de vivre auprès du meilleur papa au monde !

Les semaines passent et tu souris. Tu ris déjà ! Ton œil est si allumé, tes mimiques si expressives ! Lorsque l'humour entre dans notre dyade, je m'affranchis un peu de cette intensité. Nos rigolades m'enchantent. Je te sais heureux et je suis comblée !

Nous sommes enfin témoins d'une réunion de la Leche. Mon enthousiasme est inqualifiable ! J'ai découvert un continent de compassion ! Toute une population partage mon ADN ! Je me sens privilégiée et si reconnaissante.

Le plaisir des mes sens se décuple par un élan, à ma grande surprise, militant. Pacifique amazone, plus que jamais je découvre mon sein en public et revendique un paysage où l'acte d'allaiter est naturel. J'espère qu'il devienne un « bien commun », partie intrinsèque du tissu social, de la richesse culturelle et humaine du pays. Je suis cependant encore loin de me douter qu'un jour j'offrirai de porter officiellement la parole de cette ligue. Merci mon trésor de m'avoir dévoilé cette nouvelle facette ô combien stimulante de mon existence !

À travers ta beauté, j'évolue moi aussi. Tu aiguises ma conscience, et me redonnes le sens du sacré. Tu me rends plus humaine. Tu peux être fier de toi !

À ta vue, chaque personne nous gratifie de joyeux « Il est si doux ! Si sociable ! Si calme ! Si vivant ! ».

Sacha, petit sage (je ne parle pas d'obéissance mais d'énergie), oui je te reconnais une âme exceptionnelle. Mais je persiste et signe : depuis ton arrivée, grâce à quel méridien salvateur suis-je restée en cohésion ? Du nord de mon esprit jusqu'au sud de mes tripes ? Grâce à mon lait !

Remerciements

Un ouvrage collectif ne se bâtit pas sans la collaboration de plusieurs personnes. S'il nous a été possible de réunir autant de témoignages saisissants, c'est avant tout grâce aux nombreuses femmes qui ont pris le temps de coucher leur récit sur papier pour le partager avec d'autres mères. Bien que nous n'ayons pu retenir que le tiers des textes reçus, nous tenons à remercier chaleureusement toutes les femmes qui ont répondu à notre appel et ont livré sans retenue leurs émotions et leur intimité.

Nous tenons également à souligner la contribution remarquable des auteures des textes de réflexion. Nous croyons que leur expérience et leur analyse particulières de l'allaitement apportent un éclairage révélateur sur une époque confuse où l'allaitement est un geste à redécouvrir. Nous leur sommes reconnaissantes d'avoir si généreusement contribué à enrichir le contenu de cet ouvrage.

Les membres du comité d'évaluation des textes ont aussi joué un rôle central dans ce projet en nous permettant d'effectuer une sélection équilibrée parmi tous les témoignages soumis. La rigueur de leur travail et la sensibilité de leurs commentaires nous ont grandement soutenues pour dégager des thèmes et organiser le contenu. Chaque membre de ce comité était interpellée à titre personnel en fonction de sa propre expérience : Mounia Amine, étudiante sage-femme (maintenant diplômée) ; Mélodie Georget, marraine d'allaitement et membre du conseil d'administration de Nourri-Source Montréal, Sophie Lesiège, monitrice d'allaitement et directrice de la Ligue La Leche ; Bernadette Thibaudeau, infirmière en périnatalité à La Maison Bleue et enfin, Céline Bianchi et Catherine Lapointe, toutes deux représentantes du conseil d'administration du Groupe MAMAN. Leur expertise et expérience variées ont su éclairer nos choix. Nous les remercions chaudement pour leur aide précieuse, de même que Stéphanie St-Amant pour sa relecture attentive du manuscrit et ses observations avisées.

Plusieurs groupes de soutien en allaitement nous ont fait bénéficier de leur réseau pour rejoindre les mères et recueillir des témoignages. Un merci tout particulier à Nourri-Source et à la Ligue La Leche pour leur appui à la diffusion de notre appel de textes et pour la visibilité accordée au projet. Nous soulignons également à cet égard la collaboration empressée de Monik St-Pierre du Comité régional en allaitement de Québec. Notre gratitude va également à toutes celles qui nous ont soutenues au plan logistique et qui ont contribué à mener ce projet à terme : Chantal Dubois pour la saisie des données sur les témoignantes, Marc Saffioti pour la création de l'interface d'évaluation mise à la disposition du comité de lecture, Lorraine Fontaine et Catherine Chouinard pour leur participation à la diffusion d'informations et enfin, Catherine Pelletier pour les envois postaux. À toutes ces personnes, merci !

Merci aussi à la photographe Marylène Thériault, des Fées mères, de nous avoir offert gracieusement la magnifique photo de la page couverture et à Sophie Lesiège, de nous avoir proposé le portrait de son fils Romain. Quand nous avons vu les étoiles dans ses yeux, nous avons été conquises ! Avec son air presque rieur, il évoque de doux souvenirs d'allaitement. De plus, il regarde intensément sa mère et semble très *près du cœur* ! Pour avoir pensé à ce titre, à la fois simple et évocateur, notre gratitude s'étend aussi à la témoignante Caroline Di Cesare, qui a remporté le concours « Imaginez un titre ! ». Ces contributions confèrent au livre un charme indéniable qui ne pourra qu'en soutenir le succès. À cet égard, nos remerciements enthousiastes à Manon Lacourse pour sa généreuse contribution à la promotion du livre.

Nous ne saurions passer sous silence le soutien indéfectible de nos familles et conjoints respectifs. Témoins privilégiés de chacune des étapes de production de ce livre, ils nous ont soutenues et encouragées au quotidien. Fier pilier de la famille Poussart-Mulas, Giovanni aura été le premier à croire en ce projet et à en encourager la concrétisation. Merci aussi à nos enfants, grâce à qui nous avons découvert l'allaitement et nous en sommes trouvées transformées. Nous vous aimons très fort !

Enfin, nous remercions sincèrement Rachel Bédard et Élise Bergeron des Éditions du remue-ménage qui ont réservé un appui spontané à notre idée et ont suivi le projet avec confiance et intérêt. Leurs conseils et leur expertise ont permis la publication d'un ouvrage de qualité dont nous sommes très fières.

Au nom des membres du conseil d'administration du Groupe MAMAN, nous remercions toutes les personnes qui ont contribué à ce que la joie de l'allaitement se multiplie sur tant de pages.

Marie-Anne Poussart
Lysane Grégoire

Zachary

Distribution en librairie (Québec et Canada) : Diffusion Dimedia
Tél.: 514 336-3941/Téléc.: 514 331-3916 ou 1-800-667-3941

Distribution en Belgique : SDL Caravelle
Tél. : 32 (0) 2 240 93 00/Telec. : 32 (0) 2 216 35 98
info@sdlcaravelle.com

Diffusion en Europe (sauf la Belgique) : La Librairie du Québec à Paris/DNM
Tél. : 01 43 54 49 02/Téléc. : 01 43 54 39 15
www.librairieduquebec.fr

Distribution en Égypte : Librairie Plaisir de lire
Tél. : 202 418 25 26/Télec. : 202 226 71 01
nm31@hotmail.com

Distribution ailleurs à l'étranger: Exportlivre
Tél. : 450 671-3888/Téléc. : 450 671-2121
exportlivre@cyberglobe.net

MARQUIS

Marquis imprimeur inc.

Québec, Canada
2008

Imprimé sur du papier Silva Enviro 100% postconsommation
traité sans chlore, accrédité Éco-Logo et fait à partir de biogaz.

certifié   procédé   100 % post-   archives   énergie
        sans   consommation permanentes   biogaz
        chlore